크래프톤 웨이

배틀그라운드 신화를 만든 10년의 도전

크래프톤 웨이

배틀그라운드 신화를 만든 10년의 도전

1판 1쇄 발행 2021. 7. 1.
1판 7쇄 발행 2024. 2. 12.

지은이 이기문

발행인 박강휘
편집 심성미, 박완희 디자인 유상현 마케팅 백미숙 홍보 이한솔
발행처 김영사
등록 1979년 5월 17일 (제406-2003-036호)
주소 경기도 파주시 문발로 197(문발동) 우편번호 10881
전화 마케팅부 031)955-3100, 편집부 031)955-3200 팩스 031)955-3111

값은 뒤표지에 있습니다.
ISBN 978-89-349-8683-6 03320

좋은 독자가 좋은 책을 만듭니다.
김영사는 독자 여러분의 의견에 항상 귀 기울이고 있습니다.

홈페이지 www.gimmyoung.com   블로그 blog.naver.com/gybook
인스타그램 instagram.com/gimmyoung 이메일 bestbook@gimmyoung.com

KRAFTON WAY

크래프톤 웨이

배틀그라운드 신화를 만든 10년의 도전

이기문 지음

김영사

차례

프롤로그

2018년 10월, 장병규 의장이 크래프톤(당시 블루홀) 창업 후 10년 간의 이야기를 쓸 사람을 찾는다는 소식을 퍼블리 관계자에게 들었다. 나는 내가 쓴 기사 10여 편을 건네며 집필 의사를 전했다. '회사도 이야기의 주인공이라고 생각한다. 그동안 내가 썼던 신문 기사들을 보낸다. 순전히 내 마음에 드는 것들이다. 좋은 이야기를 잘 담았다고 생각한다' 하는 설명과 함께.

그 후 공동 창업자 중 한 사람인 김강석 전 대표를 만났다. 그는 크래프톤의 10년 역사를 일목요연하게 파악하고 글로 풀어내는 일이 무척이나 도전적인 작업이 될 것이라고 말했다. 그러면서 공동 창업자들을 비롯해 회사 설립 초창기부터 함께한 직원들을 인터뷰할 수 있게 돕고, 의사회 회의록과 경영진 주요 메일 등도 모두 공개하겠다는 말도 덧붙였다.

그다음 달, 장병규 의장을 만나러 가는 길에 장대비가 쏟아졌다. 무릎까지 젖은 바지를 입고 그와 대화를 나눴다. 장 의장은 특히 자신이 펴낸 스타트업 입문서를 언급하며 책 쓰기의 괴로움을 토로했다. "열심히 썼는데 생각보다 많이 안 팔렸다"면서. 그러고선 내게 물었다. "그 책이 왜 많이 안 팔렸다고 생

각하세요?" "노잼(재미 없음)이어서요." 그는 으하하 큰 소리로
헛헛하게 웃으며 펜으로 노트에 '노잼'을 쓰고, 그 단어 위로 여
러 번 동그라미를 쳤다.

2019년부터 본격적으로 취재를 시작했다. 2020년 3월까지 매
월 판교에 있는 크래프톤 사옥을 찾아 창업자들과 직원들을 만
났다. 공동 창업자 6인 가운데 박용현을 제외한 장병규·김강
석·황철웅·김정한·박현규, 그리고 창업 초창기부터 함께 일
했던 직원들을 대상으로 수차례 인터뷰를 진행했다. 김창한 펍
지 대표에게서도 지나간 일들을 들었다.
　이 과정에서 크게 2가지에 놀랐다. 하나는 모든 인터뷰에 서
기가 동석해 질문과 답변을 녹음하고, 회의가 끝나면 발언 내
용을 빠짐없이 정리해 나를 비롯한 참석자들에게 공유했다는
것이다. 크래프톤의 회의 문화이자 원칙이었다. 이런 기록 문
화에 대해 장병규 의장은 "말이란 게 아 다르고 어 다른 데다
사람은 시간이 지나면 과거를 희미하게 기억하면서 서로 딴소
리를 하게 마련"이라 보완책이 필요하다고 설명했다. 다른 하
나는 김강석 전 대표가 자신의 회사 이메일 계정을 통째로 내
게 넘긴 것이다. 공적인 사무용 메일이라도, 생면부지 타인에
게 마음껏 들여다볼 수 있도록 열어주기란 쉽지 않다.
　모든 걸 기록하고 투명하게 공개하는 기업 문화 덕분에 무대
장막을 걷고 크래프톤의 본모습을 들춰낼 수 있었다. 그동안

공개된 적 없는 구성원들의 이야기를 원고에 담았다. 시간 나는 대로 메일을 읽고 회의 내용을 빠짐없이 열람했다. 취사선택은 어디까지나 내게 달려 있었다.

광부가 된 심정으로 방대한 자료 더미 속에서 인물들의 이야기와 목소리를 채굴했다. 시간순으로 내용을 정리해 뼈대를 세우고 살을 붙여나갔다. 없었던 사건을 지어내지도, 있었던 현실을 구부리지도 않았다. 인터뷰이의 육성을 들은 대로 실으려 노력했다. 이메일도 가감 없이 원문을 담았지만, 모호하거나 어색한 문장은 자연스럽게 다듬고 업계 용어나 개념은 일반 독자가 이해하기 쉽게 풀어 썼다. 각 장 끝에 장병규 의장이 직접 쓴 '장병규의 메시지'를 붙여 그가 어떤 원칙과 철학으로 크래프톤을 이끌려 했는지 보여주려 했다.

초고를 완성한 2020년 1월, 김강석 전 대표는 "내 미션은 이기문 기자가 사료를 충분히 파악하고 스토리를 주체적으로 집필하도록 돕는 일이었고, 이제 그 일은 어느 정도 달성된 것 같다"며 프로젝트에서 손을 뗐다.

크래프톤의 서바이벌 슈팅 게임 '플레이어언노운스 배틀그라운드'는 2017년 출시돼 일약 한국 게임의 역사를 새로 쓴 작품이 됐다. PC용 게임은 전 세계에서 7천만 장 이상 판매되며 역대 가장 많이 팔린 PC게임에 올랐고, 모바일용 게임은 글로벌 누적 가입자 수 10억 명을 돌파하며 연일 기록을 갈아치우고 있다. 게임은 1조 6천억 원 매출을 올리며 게임 시장의 판도를 바꿨다. 세계적인 흥행을 바탕으로 국내 게임업계에서조차 변두리에 머물던 크래프톤은 단박에 글로벌 회사로 거듭났다.

크래프톤은 장인정신과 도전정신으로 '게임 제작의 명가'라는 비전을 향해 오늘도 내달리고 있다. 스포트라이트를 받는 크래프톤의 화려한 외양 뒤로 지난했던 과거 10년의 그림자가 길게 드리워져 있다는 걸 아는 이는 많지 않다. 많게는 수백억 원, 적게는 수억 원을 들인 크고 작은 게임들이 바로 그 어둠 속에 남아 있다.

크래프톤 역사를 담은 이 책은, 결국엔 사람 이야기다. 게임계에서 행성처럼 자전과 공전을 거듭하는 인간들이 서로 만나 부딪히며 벌어진 이야기다. 별처럼 빛을 내는 데 성공한 사람도, 유성처럼 추락하며 어두워진 사람도 있다. 대개는 실패했고 소수만 성공했다. 하지만 이들 모두 스스로를 태우며 끊임없이 움직였다.

많은 독자에게 재밌게 읽혔으면 하는 바람이다. 재미 속에서 저마다 의미를 발견했으면 한다. 그 의미로 더 높은, 혹은 더 나은 곳으로 나아가려는 의지를 점화했으면 좋겠다. 이 책이 자기 연소의 불쏘시개가 된다면 저자로서 더 바랄 게 없다.

이기문

2006

그라운드 제로:
신화의 시작

KRAFTON

이른 성공 뒤의 공허, 마땅히 보상받지 못했다
는 박탈감, 이루지 못한 꿈에 대한 미련…. 저마
다의 결핍이 새로운 시작을 부추겼다.

제작과 경영. 두 갈래로 나뉜 여섯 창업자는 서
로의 영역에 무지했다. 장병규와 김강석은 게
임 제작을 몰랐고, 박용현과 그를 따르는 세 팀
장(황철웅, 김정한, 박현규)은 회사를 경영해본 적이
없었다. 하지만 모두가 각자의 영역에서 입지를
다져온 베테랑 플레이어들이었다.

그들은 알았다, 스스로 '올 라운더'가 되기보다
는 자기가 갖지 못한 능력치를 가진 동료들과
힘을 모으는 편이 승산이 높다는 사실을. 그들
은 확신했다, 이 일이 젊음과 열정을 쏟아부을
만한 가치가 있는 게임이라는 사실을. 그들은
한배를 타고 공통의 비전을 그렸다.

성공의 후유증

2006년 어느 날부터 장병규는 "우울하다"는 말을 입버릇처럼 달고 살았다. 그의 나이 서른셋이 되던 해였다.

　그는 명실공히 '성공한 1세대 벤처기업인'의 대표주자였다. 카이스트 전산학과 출신으로 1997년 '네오위즈'를 공동 창업한 뒤 1999년 온라인 채팅 서비스 '세이클럽'을 세상에 내놨다. 2000년 네오위즈는 코스닥에 상장됐는데, 당시 그가 보유했던 주식 가치를 공모가를 기준으로 추정하면 400억 원에 달한다. 2005년 장병규는 또다시 온라인 검색 서비스 업체 '첫눈'을 창업해 급성장시켰고, 이듬해 온라인 포털 업체 '네이버'에 약 350억 원이라는 거금을 받고 매각하는 쾌거를 이룬다.

　이런 이력 덕분에 장병규는 '미다스의 손' '홈런 타자'라고 불렸다. 홈런 한 방에 수백억 원씩, 그것도 두 방을 연속으로 크게 터트린 것이다. 사람들은 그가 홈런을 두 번 치기 전까지 범했던 번트 실패나 삼진 아웃, 땅볼, 플라이 아웃 등은 사소한 일로 간주하거나 아예 기억하지 않았다.

　첫눈을 매각한 이후 장병규는 종종 "내가 아는 모든 좋은 사람들까지 다 네이버에 매각됐다"고 말했다. 돈 말고는 아무것도 없는 것처럼 느껴졌다. 허한 마음을 달래기 위해 서울 강남구 역삼동의 한 단독주택을 세냈다. 대로에서 멀찌감치 떨어진 이 주택을 장병규는 "도심 속 정원"이라 불렀다. 2층 테라스에 나무데크 공사를 하면서 하루를 때우는가 하면, 또 어떤 날은 네오위즈에서 서비스하는 온라인 게임 사이트에 접속해 주야장천 게임을 했다. 마우스 조작이 성에 차질 않아, 더 손쉽게 게임을 할 수 있는 와콤 태블릿을 주문했다. 화면을 펜으로 조작할 수 있어 사천성을 할 때 패를 맞추기가 수월했다.

그렇게 4개월 정도를 보내고 사천성 패를 보는 것마저 괴로워졌을 때 지인을 한둘 만나기 시작했다. 계기는 딱히 없었다. 어느 날 '이러다간 폐인이 되겠다'는 생각이 문득 들었고, 태블릿을 컴퓨터에서 떼어 배송 상자에 그대로 처넣었다.

그러고선 벤처기업에 투자하는 벤처캐피털 '본엔젤스벤처파트너스'를 세워 대표가 됐다. 성공할 가능성이 높은 스타트업에 자금 지원이나 경영 조언을 해주겠다는 뜻이었다. 그가 마주했던 수많은 실패와 시행착오를 후배들이 되풀이하지 않기를 바랐다. 될 성싶은 떡잎 기업을 미리 알아보고 초창기 투자를 선도하는 벤처캐피털의 탄생은 그 자체로 국내 벤처 생태계에 의미가 있었다.

그러나 투자자로 변신하고 나서도 무력감은 여전했다. 본엔젤스벤처파트너스 대표직으로는 무언가 불충분했다. 주변 사람들이 "부럽다" "좋겠다"고 하면, 그는 "즐기지 못하고 있다"고 답했다. 전장에 나서는 젊은 병사들에게 총과 대포를 보급하는 노회한 장군 노릇을 하며 팔짱 끼고 앉아 있기에는, 자신이 여전히 젊다고 생각했다.

첫 만남

장병규에게 전화 한 통이 걸려 왔다. "당신이 이 일을 세상에서 제일 잘할 수 있을 것 같아서 연락드렸습니다." 그 일이란 창업이었다. 지인은 게임회사 '엔씨소프트'에서 근무하고 있는 제작자 박용현의 사정을 풀어놓았다. 박용현은 엔씨소프트 대표 PC 게임인 '리니지2' 제작을 이끈 스타 제작자였다. 게임업계에서 그의 감각과 역량은 이미 정평이 나 있었다.

리니지는 대한민국 PC 게임의 역사를 만든 MMORPG 시리즈다. MMORPG란 대규모 다중사용자 온라인 롤플레잉 게임 **Massive Multiplayer Online Role Playing Game**의 줄임말로, 많게는 수만 명의 게이머가 온라인 가상공간에 동시에 접속해 전투를 벌이는 게임이다. 1998년 리니지가 세상에 나오면서 대한민국 온라인 게임 산업이 태동했다. 이후 2003년에 출시한 리니지2

제작을 박용현이 총괄했는데, 전작의 명성을 성공적으로 이으면서 엔씨소프트를 반석 위에 올렸다는 평가를 받았다.

리니지의 잇단 흥행으로 엔씨소프트는 국내 최고의 게임회사 가운데 하나로 발돋움했다. 박용현은 2005년부터 차기작 리니지3(당시 프로젝트명 L3)의 개발 책임자를 맡고 있었다. 또 하나의 대작을 2008년에 출시할 참이었다. 최대 개발 인력 200명, 개발비 270억 원을 투입하는 초대형 프로젝트로, 박용현은 휘하에 개발진 100여 명을 거느리고 있었다.

하지만 박용현의 열정은 다른 곳을 향해 있었다. "박용현은 직접 게임회사를 차리길 원합니다. 회사에 속해 줄곧 제작자로 살았어요. 회사를 만든 적은 없으니까 도움이 필요합니다." 박용현은 엔씨소프트라는 울타리를 넘고 싶어 했다. 그에게 안온했던 울타리는 어느새 족쇄로 변해 있었다. 박용현의 나이 서른여섯이었다.

장병규는 박용현을 도심 속 정원에서 만났다. 박용현은 세계 최고의 MMORPG를 만들 수 있다고 말했다. 3년간 300억 원이라는 투자 조건을 내걸었다. 더구나 혼자가 아니었다. 황철웅, 김정한, 박현규라는 걸출한 제작 전문가들이 박용현과 뜻을 함께하고 있었다. 이들은 한 팀으로 엔씨소프트에서 리니지2 제작을 주도했고 성공을 맛봤다.

게임 제작은 크게 보면 '아트' '프로그램' '기획' 분야로 나뉜다. 황철웅은 아트팀장으로서 게임 캐릭터를 비롯한 그래픽 디

자인을 맡고 있었다. 김정한은 프로그래밍팀장으로 일하며 수
만 개의 기계 언어로 이뤄진 게임 소프트웨어가 컴퓨터에서 원
활하게 작동하도록 만드는 프로그래밍을 담당했다. 박현규는
기획팀장으로 게임 스토리나 규칙, 전투 등을 조율하는 기획
업무를 챙겼다. 황철웅이 서른다섯이었고, 김정한과 박현규는
서른한 살 동갑내기였다. 박용현은 개발 총괄로서 이들을 통솔
하는 선장이었다.

"그럼 다 같이 보시겠어요?" 장병규의 제안으로 가을날 서울
강남의 한 카페에 장병규와 박용현팀이 둘러앉았다. 회사 설립
을 의논하는 첫 모임은 마치 맞선 자리 같았다. 장병규는 점퍼
를 대충 걸치고서 청바지 차림에 하드케이스 백팩을 메고 나왔
다. 프로그래밍팀장 김정한의 눈에 비친 장병규는 젊고 활동적
이며 명랑하고 두려움이 없었다. 장병규는 서먹하고 어색한 공
기를 아랑곳하지 않고 대화를 주도해나갔다.

"게임 제작자의 일과는 어떻게 돌아갑니까?" "언제부터 게임
제작 일을 시작하셨어요?" 장병규는 박용현팀에게 물었다.

아트팀장 황철웅에게 장병규의 첫인상은 썩 좋지 않았다. 대
화 도중 그의 심한 경상도 사투리가 종종 몰입을 방해했다. 지
금껏 그가 만나온 게임 제작자 중에서 장병규만큼 경상도 사투
리를 심하게 구사하는 사람은 없었다. 무엇보다 그는 장병규의
대화방식이 생경했다. 신변잡기에서부터 게임업 전반에 이르
기까지 온갖 것을 캐물었다. 장병규는 게임에 미쳐 있는 '겜돌

이'라기보다는 투자자에 가까워 보였다.

황철웅에게 장병규는 자신이 속한 세계의 바깥에 있는 사람처럼 느껴졌다. 황철웅이 쌓아온 사회 경험이라고는 기껏해야 게임 개발이 전부였다. 하루를 돌아봤을 때 대화를 나누는 상대는 게임 아티스트와 프로그래머 정도로 한정됐다. 조금 더 넓혀보자면 게임 사업이나 마케팅, 영상 업체 사람들 정도일까. 장병규 같은 사람은 익숙하지 않았다. 낯선 상대에게는 일단 경계를 하기 마련이라고, 황철웅은 생각했다.

"어떤 게임회사를 만들고 싶으세요?" 장병규가 물었다. 박용현팀은 게임 개발자로 살며 입은 상처에서 그 대답을 길어 올렸다.

게임 제작자들은 곰같이 산다. 재주를 부려도 경영진이 왕서방 노릇을 한다. 게임 흥행으로 인한 이득을 개발자들이 충분히 누리지 못한다고, 게임 플랫폼이나 포털과 같은 게임 외 분야의 배를 불리고 있다고 그들은 생각했다.

게임사의 누군가는 게임 사업의 리스크를 줄이기 위해, 혹은 회사 경영 포트폴리오를 다각화하기 위해 여러 투자를 병행할 수 밖에 없다고 주장했지만, 제작자들에겐 한낱 변명으로밖에 들리지 않았다. 박용현팀은 회사의 전폭적인 지지를 받아야 하는 개발자가 도리어 차별을 받고 있다는 피해의식에 시달리는데 지쳐 있었다.

국내 최고 게임회사의 대부분이 톱다운 방식으로 의사결정을 하는 것도 문제였다. 꼭대기에서 아래로 물을 쏟듯, 창업자나 경영진이 절대적인 권한을 쥐고 아래로 지시를 내리기에 여념이 없었다. 개발자들은 수뇌부의 진두지휘를 일사불란하게 따라야 했다. 경영진이 "만들라" 해서 애써 만들면 "안 되겠다, 그만하자"며 개발이 엎어지기 일쑤였다. 박용현팀은 이런 전철을 더는 밟고 싶지 않았다.

한국 게임 제작자는 자신이 만들고 싶은 게임 제작에 매진하는 창의적인 생산자보다는, 경영진이 만들어내길 바라는 게임을 찍어내는 기능인에 머물고 있습니다. 이래선 안 됩니다. 제작자를 위한 게임회사를 만들어야 합니다.

300억 원짜리 프로젝트

박용현팀과 장병규는 수차례 만남을 이어갔다. 서로 제법 편해졌을 때 역삼동의 한 포장마차에서 소주를 걸쳤다. 황철웅은 이제 장병규가 낯설지 않았다. 그는 무엇보다 배려가 넘치는 사람이었다. 장병규는 늘 '난 이런 사람'이라고 자신을 솔직하게 드러내면서 상대를 알기 위해 진지하게 노력했다. 즐거웠던

일과 괴로웠던 일, 관심사와 미래에 대해 수많은 이야기를 나
누며 서로를 조금씩 알아갔다.

장병규와 만나면 늘 발전적인 형태로 생각과 관계가 형성된
다는 점이 좋았다. 장병규와 이야기하면 할수록 황철웅은 자
신이 게임업계라는 좁은 우물 안에서 자신과 비슷한 사람들하
고만 어울린 개구리처럼 느껴졌다. 짐작건대 장병규는 벤처투
자자로서 재미나게 일하고 있지 않은 듯했다. 장병규는 재미를
느끼며 몰입할 수 있는 일을 찾고 있고, 그런 일로서 게임 사업
을 타진하고 있는 것 같았다.

황철웅이 주변에서 듣기로 장병규는 사람 됨됨이를 중요하
게 여기는 사람이었다. 치밀한 사업 전략을 짜거나 수지 타산
을 따지며 계산기를 두드리기 전에, 함께할 사람이 어떤 사람
인지를 더 중요하게 생각한다고 했다.

장병규는 첫눈을 매각할 당시 전 직원에게 105억 원 상당의
성과금을 지급하면서 '신의를 지킨 경영자'라는 세간의 명망을
얻기도 했다. 보유 지분 90퍼센트 가운데 3분의 1을 장기 인센
티브란 명목으로 직원 63명에게 지급했는데, 창업 당시 직원들
에게 약속했던 것보다 3배가 넘는 금액이었다. 그런 미담의 주
인공인 장병규가 함께 회사를 만들어보자고 말했다.

성공한 사업가이자 투자자인 장병규는 이제 게임회사 창업
의 꿈을 말하는 청년이 되어 있었다. "왜 이걸 하시려고 합니
까?" 프로그래밍팀장 김정한이 소주 한 잔을 입안에 털어 넣고

서 장병규에게 물었다. 장병규는 게임업에 종사하던 사람이 아니었다. 개발자 입장에선 IT업 전문가가 왜 게임으로 눈을 돌렸는지 의아했다.

"사회에 임팩트를 주고 싶어서요." 장병규에게 '임팩트'의 주체가 꼭 게임회사일 필요는 없었다. 게임회사 명함이 중요한 게 아니었다. 장병규는 세계를 무대로 성공 이야기를 쓰는 회사를 만들겠다는 원대한 이상을 품고 살았다. 그는 "검색의 글로벌 진출이라는 첫눈 설립 당시의 꿈을 이루지 못했다"고 말하며 한국 벤처 업계에 한 획을 긋겠다는 포부를 드러냈다. 그것이야말로 그가 진정 세상에 남기고 싶은 것이었다.

장병규는 선두에 서서 회사를 이끄는 우두머리이길 원치 않았다. 창업 이력에서 자신을 그런 식으로 내세운 적이 없었다. "내가 이걸 하려 하니 해줄 사람들 찾아오라"고 말하지 않았다. 시장에서 기회를 보고 열정을 가진 전문가들을 규합해 회사를 조직하는 게 그의 장기이자 전공이었다.

네오위즈에 이어 첫눈을 어떻게 창업하게 되었느냐는 질문에 대한 그의 대답은 언제나 "어쩌다 보니"였다. 그리고 이렇게 덧붙이곤 했다. "누군가 바른 생각과 열정을 가지고 있다면 사업은 언제든 해볼 수 있는 것이죠." 우연히 네오위즈 안에 훌륭한 검색 엔진 개발자들이 많았던 것뿐이라고 말했다.

장병규는 MMORPG는커녕 여느 게임을 알지도 못했고, 할줄도 몰랐다. 그는 다만 이토록 실력이 검증된 박용현팀과 함께라면 성과를 낼 수 있으리라고 믿었다. 회사를 세우고 운영하는 일을 누구보다 잘해냈고, 이를 평생 하고 싶어 하는 사람이라는 걸 스스로 알고 있었다.

돈과 상관없이 좋아하는 사람들과 뭔가를 이뤄가는 과정에서 존재감을 느낍니다. 돈 버는 것 자체는 재미가 없고, 돈이 많다고 해서 자존감이 생기지 않습니다. 사람들과 뭔가를 이뤘을 때 즐거움과 행복을 느낍니다.

장병규는 게임 산업을 눈여겨보고 있었다. 전통적인 콘솔 게임(게임 전용기기를 TV 등에 연결해 즐기는 게임)은 일본과 미국에서 탄생했지만, PC로 온라인에서 즐기는 MMORPG의 종주국은 누가 뭐래도 한국이었다.

MMORPG 산업의 핵심 인재와 노하우가 한국에 있었다. 무엇보다 게임은 해외 시장에서 서비스를 펼칠 수 있다. 한국산 포털 서비스는 국경을 넘는 데 어려움을 겪었지만 온라인 게임은 상황이 달랐다. 잘 만든 게임 하나가 인터넷망을 타고 해외에서 얼마든지 고객을 불러 모을 수 있는 시대였다. 해외에서 승부를 걸 수 있는 제품으로 게임만큼 매력적인 상품이 없어 보였다. 세상을 바꾼 창업가들이 오르는 명예의 전당이 있다면, 장병규란 이름을 기어코 그 명부에 새기고 싶었다.

장병규는 박용현팀이 게임 제작의 장인이란 사실을 알았다.

박용현은 노련하고 유능한 장수들과 함께 손발을 맞추고 있었다. 박용현의 호언대로, 이 패기 넘치는 젊은 전문가들은 세상에 존재한 적 없는 전대미문의 최고의 게임을 만들 수 있을 것 같았다. 이들은 제작자로 살며 실패의 쓴잔을 들이켜 본 일이라곤 없었다. 박용현팀은, 개발에 전념할 수 있는 보상과 환경이 주어진다면 잘해왔던 일을 더욱 잘 해내 최고의 MMORPG를 만들 수 있다고 말했다.

연전연승을 거듭하는 이 장수들은 게임 제국 엔씨소프트의 영주로 남기보다 스스로 왕이 되고자 했다. 엔씨소프트가 충성의 급부로 지급하던 보수와 인센티브에 더는 만족하지 않았고, 최고의 게임을 만든 대가로 얻은 전리품을 온전히 취하길 원했다. 하지만 이들은 자신들이 게임만 만들어온 이른바 대장장이 출신이란 사실 또한 잘 알고 있었다. 직접 나라를 세운 적도, 운영해본 적도 없었기에 능력과 의욕만으로 도전하기에는 위험부담이 컸다. 박용현팀은 창업의 꿈으로 부푼 만큼 막막했다.

장병규는 몸속 어딘가에서 무언가가 꿈틀거리는 게 느껴졌다. 성공이 쉽게 손에 잡힐 것 같았다. 박용현과 창업해 계획대로 투자를 끌어오고 회사를 운영하면 될 것이었다. 술자리를 파하기 전 장병규가 말했다. "이미 생각해둔 경영 파트너가 있습니다. 저와 함께 경영할 사람인데, 다음에 함께 보시죠."

이 술자리가 있기 며칠 전 저녁 장병규는 한강변에 있었다. 생

각을 거듭할 때 한강 공원에 나가는 일은 그만의 오랜 버릇이
었다. 그는 자신만의 이러한 의사결정 루틴을 "숙고의 시간을
가진다"고 표현하곤 했다. 어려운 결정을 해야 할 때면 집에서
가장 가까운 잠실 한강 공원을 찾는다. 폴크스바겐 골프 GTI를
주차하고 강변을 걷거나, 집에서 자전거를 끌고 나와 자전거길
을 달린다. 짧으면 20분, 길면 두어 시간을 넘긴다.

골똘히 질문을 되뇌이다 결정을 내린다. 문서를 싸매고 오진
않는다. 문서를 보고 결정할 수 있는 사안은 고민할 필요도 없
는 일이니까. 집으로 돌아가기 전 반드시 의사결정을 한다는
게 원칙. 그러고선 그 결정을 주변에 한동안 공개하지 않고, 자
신의 생각이 바뀌는지를 살핀다. 중요한 결정은 2~3주, 덜 중
요한 결정은 일주일 정도 속에서 묵힌다. 그래도 마음이 여전
한지를 확인한 뒤에야 결정을 내리고 실행한다. 그다음엔 후회
하지 않는다. 뒤를 돌아보지 않고 결과에 책임을 진다.

그날은 자전거를 타다 내려 근처 벤치에 앉았다. 장병규는
휴대전화에 저장된 이름을 찾았다. 김강석이었다. 그에게 전화
를 걸었다. "300억 원짜리 프로젝트가 있어요. 해보실 생각 있
습니까?"

김강석은 술자리에서 장병규 전화를 받았다. 오랜만이었다.
김강석은 장병규가 창업한 회사 네오위즈에서 2002년부터 근
무하고 있었다. 장병규가 네오위즈에서 일하던 때 소속 팀원
이기도 했다. 김강석은 채팅 서비스인 세이클럽 관련 기획 업

무를 하다가 게임 사업 부문으로 자리를 옮겨 게임 퍼블리싱
(배급) 책임을 맡고 있었다. 인기를 끌던 야구 게임 '슬러거', 레
이싱 게임 '레이시티'와 같은 PC 게임 7~9종의 서비스 운영을
도맡았다. 네오위즈 퍼블리싱 마케팅팀도 그의 휘하에 있었다.

  게임 퍼블리싱이란 글자 그대로 책을 출판하듯 게임을 시장
에 내놓는 작업이다. 퍼블리셔가 출판사라면, 게임 제작사는
작가다. 출판사가 작가에게 원고료를 지급하듯 퍼블리셔는 게
임 제작사에 돈을 내고 판권을 확보한다. 대개는 게임을 출시
한 뒤 판매량에 따라 수익을 배분한다. 퍼블리셔는 게임이 흥
행할 수 있도록 각종 마케팅과 홍보 활동도 벌인다.

  개발사 입장에선 퍼블리셔에게 유통과 마케팅, 홍보 업무를
맡기고 게임 개발에만 온전히 집중할 수 있다는 장점이 있다.
퍼블리셔와 게임의 성공으로 거두는 과실을 나누어야 하긴 하
지만, 출시한 게임이 실패했을 때 발생하는 위험도 분산되는
효과가 있다. 게임을 개발하는 도중에 파트너인 퍼블리셔로부
터 조언을 받을 수도 있고, 계약 대금으로 개발비를 충당하는
것도 가능하다.

  장병규는 김강석에게 "함께 게임회사를 설립해 경영 파트너
로 일해보지 않겠느냐"고 제안했다. "생각 좀 해볼게요." 김강
석은 답변을 보류하고 일단 전화를 끊었다.

창업이라는 마력

김강석은 며칠간 마음이 어지러웠다. 창업이란 단어에 깃든 마력 때문이었다. 김강석은 창업에 실패한 경험이 있었다. 대학 졸업 후 갓 입사한 회사를 나와 2000년에 IT 서비스를 하는 벤처 회사를 세웠다. 2년간 어려움을 겪다 회사를 청산하고 핵심 인력들과 함께 네오위즈에 입사했다. 이때 장병규를 처음 만났다. 5년간 네오위즈맨으로 정붙이며 일했지만, 창업이란 말에 여전히 가슴이 뛰었다. 이 단어엔 기업가 정신에 고취됐던 한 인간을 다시금 추동하는 힘이 있는지도 모르겠다. 서른여섯이 된 그로서는 창업자로 나설 수 있는 마지막 줄에 서 있다는 판단이 섰다.

다만, 마음에 걸리는 게 있었다. 김강석은 장병규를 게임 사업에 어울리지 않는 사람으로 봤다. 카이스트 출신 장병규는 이성적이고 논리적인 사람이었다. 말하자면 좀 썰렁한 남자였다. 장병규는 그 차가운 머리로 인터넷닷컴 비즈니스에서 잇단 성공을 거뒀다. 그가 네오위즈에서 내놓은 세이클럽은 온라인 커뮤니티 서비스였고, 뒤이어 창업한 첫눈은 온라인 검색 서비스였다.

이런 PC 온라인 서비스는 합리적이고 논리적인 영역에 속하는 사업이었다. 세이클럽 이용자들이 "커뮤니티 안에서 채팅이 원활하게 작동할 수 있으면 좋겠다"는 의견을 개진하면 능력 있는 엔지니어들이 서비스를 개발해서 적용하면 된다. "채팅을 하면서 음악을 들을 수 있었으면 좋겠다"는 요청에 음악 재생 프로그램을 재빠르게 만드는 식이다.

온라인 검색 서비스도 마찬가지다. 고객들은 키워드를 검색 창에 입력해 정확한 정보를 신속하게 얻길 바랐다. 정보의 바다에서 사용자가 잡기를 원하는 물고기를 가장 재빠르고 정확하게 잡아서 가져다주는 기술이 핵심 경쟁력이었다.

장병규와 한 팀으로 밤낮없이 일했지만, 이때엔 적어도 사용자들이 원하는 서비스가 무엇인지 알았다. 차곡차곡 서비스를 개발해 적용하면 가입자 수와 서비스 만족도 그에 맞춰 늘어났다. 어떤 서비스를 어느 시점에 어떻게 제공해 사용자가 얼마나 늘어날지 예측하는 일은 게임 산업에 비하면 비교적 수월한 일처럼 보였다.

게임 산업은 그런 방식으로 돌아가지 않았다. 김강석이 게임판에 들어와 퍼블리셔로 일해보니, 게임은 감성적인 부분이 주요하게 작동하는 흥행 비즈니스였다. 게임은 당연히 재미있어야 흥행한다. 그런데 사람마다 느끼는 재미가 다르다는 게 문제였다. 누군가에게는 테트리스가, 또 다른 이에게는 지뢰 찾기가 재밌다. 밤을 새워 카드를 만지작거리는 이가 있는가 하면, 스페이드나 클로버 문양을 극도로 꺼리는 이도 있다.

재미는 사람마다 다르게 분포하는 것이다. 게임의 흥행이란 저마다 품고 있는 재미의 파편 속에서 공통의 재미 감각을 엮어 올리는 예술이었다. 이 과업이야말로 게임 제작자들의 숙명이자 능력이었다. 제작자들은 저마다 확신과 기대에 차서 게임의 재미를 만들지만, 그 게임의 흥행 여부는 시장에 출시하기 전까지 판가름 나지 않는다. 게임은 시장에서 고객을 만나기 전까지 흥행을 예측할 수 없는 상품이었다. 재밌는 게임이 무엇인지는, 어쩌면 신만이 안다. 재미를 측정할 수 있는 요술 잣대를 가질 수 있다면 게임 제작자들은 영혼이라도 팔 것이다.

어떤 게임이 무엇 때문에 흥행했는지 제작진조차 설명하기 어려울 때가 많았다. 예언자가 되고 싶다면 실패 쪽에 패를 거는 게 압도적으로 유리했다. 한 달에만 수천 종의 게임이 세상에 나오지만 대부분 이름조차 남지 않고 사그라진다. 게임 산업은 영화나 아이돌 산업처럼 '대박 아니면 쪽박'의 운명을 타고난 대표적인 엔터테인먼트 산업이었다.

이 힘든 사업을 장병규가 하겠다고? 지금 하고 있는 게임 퍼블리싱 업무도 낯선데 아예 게임 개발 회사를 차리자고 하니, 영 마뜩잖았다. 김강석은 장병규에게 전화를 걸었다.

온라인 서비스 개발과 게임 콘텐츠 개발은 감수성이 굉장히 달라요. 일단 이 게임 동네는 논리적이지 않습니다. 제가 게임 퍼블리싱을 하면서 온갖 게임 개발업체 대표들을 만나봤잖아요. 말이 안 통할 때가 부지기수예요. 엔씨소프트에서 리니지 만들던 사람이라면서요.

몇백억 원을 수년간 투입해야 하는 MMORPG입니다. 예측이 안
되는 일을 하실 수 있겠어요? 그리고 이 사람들은 콘텐츠를 다루는
사람들입니다. 특정 분야를 파고드는 마니아 기질이 다분한 사람들
이에요. 안 맞아요, 우리랑. 게임회사를 차리고 의사결정을 해야 할
때 우리와 매번 충돌할 겁니다.

김강석이 말을 이었다.

훌륭한 동료들이 많은 회사를 제가 왜 굳이 떠나야 합니까. 제가 게
임 개발을 하는 오타쿠들하고 한 지붕 아래 있는 게 맞는 것 같나요?

김강석은 장병규라는 사람과 다시 한 지붕에서 일하는 게 반
은 좋고 반은 싫었다. 장병규의 명석함과 추진력, 소통 능력은
인정하지만, 마음에 걸리는 점이 몇 가지 있었다. 김강석은 장병
규와 접점이 많은 성격이 아니었다. 김강석은 부하 직원에게 과
감히 업무를 위임하길 즐겼다. 직원이 맡은 업무를 할 수 있도
록 최대한 기다리는 리더에 가까웠다. 반대로 장병규는 직접 빨
간 펜을 들고 시험지에 쫙쫙 줄을 긋는다. 핀셋으로 기어코 흠
을 집어내야만 직성이 풀리는 마이크로 매니저가 장병규였다.
  "네오위즈 시절 장병규 님 밑에서 일해본 적이 있으니, 또
할 필요가 있나 싶네요." 장병규가 잠자코 듣다가 입을 열었다.
"일단 이 사람들 좀 만나보시면 어떨까요."

박용현팀은 장병규와 함께 김강석을 만났다. 김정한은 김강석이 장병규와 달라서 좋았다. 청바지보단 잘 다려진 면바지가 어울리는 사람이었다. 부드러운 서울 말씨를 쓰는 김강석은 좋게 말하자면 선비, 나쁘게 말하자면 샌님 같았다. 조곤조곤한 말투의 김강석은 안으로 여물어 보였다. 둘의 대조가 오히려 조화롭게 느껴져 안정감을 줬다.

박용현팀과 따로 만나길 여러 차례, 김강석이 장병규에게 전화를 걸었다. "괜찮은 사람들이 맞군요. 철부지가 아니에요." 박용현팀은 프로였다. 이 사람들과 함께라면 창업을 해도 되겠다 싶었다. 박용현팀은 김강석이 그동안 마주쳤던 그렇고 그런 게임 개발자들과 차원이 달랐다. 김강석이 어떤 사람을 철부지라 부를 때는 몇 가지 기준이 있었다. 꿈은 큰데 자기 위치를 모르거나, 시장에 대해 허황된 생각을 품고 있거나, 취미와 직업을 구분하지 못하거나.

박용현이 이끄는 팀은 그 어느 경우에도 해당하지 않았다. 이들은 엔씨소프트에서 게임을 성공시켜본 프로 중의 프로로 보였다. 무엇보다 대화가 가능했다. 이들은 자신이 주장하는 바를 뚜렷한 근거를 들어 설득력 있게 말했다. "우리만 믿어달라"는 공수표를 날리지 않았고, "내가 해봐서 아는데" 하는 오만도 없었다.

김강석이 말을 이었다. "저런 사람들이라면 누군가 오류를 비판했을 때 수정하고 교정할 수 있겠어요. 프로들입니다."

그가 어떤 사람을 프로라 부를 때에도 몇 가지 기준이 있었다. 장르 전문성과 소통 능력, 그리고 열린 자세를 갖춘 사람을 프로로 인정했다. 김강석의 머릿속엔 '잘 만든 게임이 곧 성공하는 게임'이란 등식이 없었다. 게임을 배급하는 퍼블리셔 회사를 비롯해 수많은 사람과의 협업, 그리고 대화가 가장 중요했다.

게임 제작을 이끄는 리더 그룹은 누구에게든 언제나 열려 있어야 했다. 게임 제작사에서 제 잘난 맛에 사는 나르시시스트는 천지에 널렸다. 이들은 대개 자신이 제작하는 게임에 몰입할 수 있는 전문가이긴 했지만, 동시에 자기 주관이 석고처럼 굳어진 지독한 확신범이었다. 일반적으로 내향적인 이들은 공고한 자기 세계를 구축하고 있었다. 그것이 너무나 자랑스러운 나머지 다른 사람의 틈입을 조금도 허락하지 않는 고집불통의 애송이이기도 했다.

김강석에게 게임 제작을 이끄는 리더들은 게임에 파묻혀 사는 마니아이면서 동시에 열린 사람이어야 했다. 이런 상반된 자질을 구현할 수 있어야 적어도 게임의 성공을 노려볼 수 있는 것이다. 박용현팀은 이런 모순적인 속성이 잘 반죽돼 있는 사람들로 보였다. 한국 최고의 게임회사에서 게임 개발 실무를 이끌던 이들은, 여느 게임 개발자와 격이 달라도 한참 달랐다. 담금질을 끝낸 전문가들과 한 팀이 되어 회사를 시작해볼 수 있다는 기대가 차올랐다.

"이 네 사람은 정말로 훌륭하네요. 적어도 제작은 해내겠어요. 나머진 우리만 잘하면 되겠네요."

　오케이 사인이었다.

6인의 창업자, 3개의 중심축

경영과 제작. 두 분야로 나뉜 창업자 6인은 어떤 회사를 만들 것인지 논의해야 했다. 장병규와 김강석 머릿속엔 애당초 무슨 게임을 어떻게 만들 것인지에 대한 구상은 없었다. MMORPG 제작 전문가 집단인 박용현팀이 창업자 명단에 포진했다. 게임 제작은 이들이 알아서 하면 된다는 생각이었다. 어떤 게임보다 어떤 게임회사를 만들 것인지가 먼저였다. 회사가 어떤 철학과 원칙, 문화를 갖춰야 하는지가 중요한 의제로 떠올랐다.

　김강석에겐 네오위즈에 몸담던 시절부터 일관되게 신봉하는 기업관이 있었다. 적어도 IT나 게임과 같은 지식 산업에선 수평적인 소통 문화를 갖춰야 인재가 역량을 발휘할 수 있다는 믿음이었다. 네오위즈는 기존 한국 회사의 관성에서 벗어나, 직급고하를 따지지 않고 똑같은 발언권을 지향했다. 의견을 관철하려면 적어도 상대방을 설득하는 시늉이라도 해야 했다. 새 회사도 마찬가지여야 했다. 김강석은 이메일 작성 방법부터 직급별 호칭 등 세세한 조직 문화 전반을 함께 설계해야 한다고 주장했다.

장병규는 '회사란 이익을 내는 곳'이란 정의에 동의하면서도, 그것이 전부라고 생각하진 않았다. 그에게 회사란 혼자서 이루기 힘든 성과를 내기 위한 곳이었다. 저마다 다른 능력을 지닌 사람들이 모여 혼자선 넘볼 수 없는 목표에 도전하는 곳. 그리고 개인이 결코 이룰 수 없는 거대한 성취를 이루고 결실을 함께 나누는 곳.

그러기 위해선 조직원 모두가 공유하는 명확한 비전이 필요했다. 기업 비전은 경영진의 일방적 선언이 되어선 안 된다. 비전은 구성원이 함께 공감하면서 성장의 동력으로 삼는 가치여야 한다는 게 장병규의 믿음이었다.

커리어 대부분을 게임 제작에 바쳤던 박용현팀은 아무것도 없는 하얀 캔버스 위에 회사를 그리는 일이 버겁게 느껴졌다. 구체적인 게임을 구상하기에도 바쁜 와중에 회사의 비전을 고민하자니 시간이 아까웠다. 박용현팀은 잘할 수 있는 개발에 하루빨리 매진하고 싶어 했다. 장병규와 김강석 입장에선 창업자들의 목소리와 믿음이 반영되지 않은 기업은 있을 수 없었다. "불편하더라도 논의에 참여해달라"며 박용현팀을 채근하기도 여러 번이었다. 창업자들은 논의를 거듭하며 회사의 근간이 될 기둥을 세워나갔다. 창업자 6인이 고안한 3개의 중심축은 이러했다.

MMORPG의 명가

회사의 비전이었다. 비전은 미래에 달성하고자 하는 어떤 상태다. 박용현팀에겐 최고 수준의 MMORPG를 제작하는 회사가 되겠다는 선언이기도 했다. MMORPG 장르를 가장 즐기고 잘 만들 수 있는 사람들이 회사를 시작했다. 다른 차원의 MMORPG를 만들어 게임 시장에 새로운 기준을 우뚝 세우고 싶었다.

전 세계에서 돈을 가장 많이 버는 게임회사가 꼭 'MMORPG의 명가'란 타이틀을 차지할 필요는 없지만, 게임 제작에 온 역량을 우직하게 쏟아 MMORPG 전문 개발사로서 세계 시장에서 두각을 나타내고 싶었다. 창업자들은 직원들이 '명가'라는 낱말 속에서 자존심을 발견하길 바랐다. 만들고자 하는 게임이 시장에서 성공할지 알 수 없지만, 작품의 수준만큼은 인정받겠다는 의지는 게임 제작자의 자존심이기도 했다.

장병규에게 비전은 곧 공공선公共善이었다. 회사에 근무하는 모든 직원은 비전에 복무해야 한다. 창업자들도 예외일 수 없다. 회사의 구성원 모두가 이 비전을 달성하기 위해 헌신해야 한다. 시끄럽고 어지러운 논쟁의 마지막 귀결점은, 결국 비전이 되어야 한다고 장병규는 믿었다.

많은 한국 조직이 저 같은 사람을 오너라 부르며 오너에 충성하는 것을 중요한 가치로 여기고 있습니다. 저는 지금까지 그래왔고 앞으로도 창업자에게 충성하는 사람을 바라지 않을 겁니다. 비전에 헌신하는 사람이 필요할 뿐입니다. 비전을 달성하는 데 도움이 못 되면 저도 회사를 떠날 겁니다. 낯선 사람들이 하루 종일 부대끼면서 굳이 회사에 모여 일하는 이유는 비전에 헌신하기 위함입니다. 명가란 이름은 결국 남들이 불러줘야 되는 겁니다. 고객과 파트너 같은 타인이 인정해줘야 비로소 명가가 될 수 있습니다. 그러기 위해선 당연히 게임이 성공해야 합니다. 게임이 실패하면 명가가 될 수 없습니다.

경영과 제작의 분리

회사의 원칙이었다. 회사의 정체성은 경영자과 제작자로 나뉘는 창업자의 특성으로부터 기인했다. 게임 제작자가 대우받는 회사를 만들겠다는 것이 창업 정신이었다. 이에 창업자들은 각자 역할과 책임을 구분했다. 제작자의 것은 제작자에게. 경영진은 제작진의 독립성을 존중하기로 했다.

장병규와 김강석은 박용현팀에게 "잘해줄 것이라 믿는다"고 말했다. 시시콜콜 게임 개발을 두고 경영진이 왈가왈부하지 않겠다는 다짐이기도 했다. 제작 이외의 것은 장병규와 김강석이 맡았다. 인사와 재무, 투자 유치와 글로벌 전략, 파트너십 같은 경영 전반 업무를 그들의 책임과 권한으로 못 박았다.

장병규와 김강석은 제작에 돌입하면 제작자들에게 혼선을 주는 행동도 자제하기로 했다. 경영진과 제작진이 서로에 대해 가타부타 말을 하지 않기로 정한 것이다. 간여나 조언은 할 수 있지만, 결정은 철저히 각자의 몫으로 분리했다. 그렇기에 게임 제작에 대한 결정과 책임은 어디까지나 박용현팀이 짊어졌다.

창업자들은 제작자들을 위한 보상안도 확실하게 세웠다. 게임을 출시해 이익이 나면 개발자에게 일정 비율을 배분하는 원칙을 마련했다. 또 직원들에게 회사 주식을 인센티브 방식으로 공정하게 제공해 회사의 성장과 개인의 성장을 일치하게 만들기로 결정했다.

라지 스케일 프로덕션 온 타임 온 버짓Large Scale Production On Time On Budget(대규모 제작을 정해진 예산과 시간 안에 완수하는 것)

공동 창업자이면서 동시에 자본금을 대는 투자자이기도 한 장병규에 대한 박용현의 약속이었다. 박용현은 장병규를 통해 확보한 시간과 자금 안에서 퀄리티를 갖춘 MMORPG 완성품을 반드시 내기로 했다. 그러기 위해 필수적으로 중간 검증 단계인 '마일스톤milestone'을 두기로 했다. 게임 개발 중간중간 납기일을 정해, 그간의 제작 결과물을 검증하겠다는 것이다.

마일스톤을 통해 경영진은 제작이 순조롭게 진행되는지를 알 수 있다. 마일스톤 통과는 제작의 순항 신호다. 수백 명의 인력을 투입하는 대작 게임 제작에서 게임 서비스 출시 일정을 1~2개월 넘기는 건 큰 문제다. 게임은 다양한 직군의 개발자가 수년간 매달려 제작하는 노동 집약의 산물이다. 출시가 늦어질수록 막대한 인건비를 비롯한 운영 비용이 줄줄 새 나간다.

　박용현팀은 제작 기한 3년을 약속했다. 이 기한 안에 300억 원을 투입해 세상에 없던 MMORPG를 만들기로 기약했다. 이 여정 사이사이에 마일스톤을 세우고, 그때마다 개발 결과를 증명하기로 했다.

　그렇다고 사람 일이 뜻대로만 될 순 없다. 목표를 향해 달려가면서 중간 약속을 지키지 못할 수도, 추가 자금이 필요해지는 상황이 불쑥 생길 수 있다. 장병규는 "약속(마일스톤)을 지키지 못한 이유가 '말이 된다'고 생각되면 괜찮다"고 말했다. 그러면서도 "번번이 약속을 어기는 것은 용납할 수 없다"며 "그건 프로가 아닌 아마추어나 하는 짓"이라고 했다. "약속을 못 지키고 운 좋게 성공하면, 그 열매만 먹고 회사를 접는 게 맞아요. 그럼, 서로 열심히 합시다."

장병규, 김강석, 박용현, 황철웅, 김정한, 박현규는 해가 바뀌면 새로운 게임회사를 세우기로 결의했다. 주요 내용을 정리하자면 이러했다.

　제작 중심의 게임회사를 만든다. 제작과 경영을 분리해 각자 역할에 집중한다. 경영은 시간과 자원을 마련하고, 제작은 정해진 시간과 자원을 사용해 결과물을 낸다. 단, 그 결과물은 세계적인 경쟁력을 갖춘 MMORPG여야 한다.

　창업자 6인은 믿었다. 최고의 MMORPG를 만들어내기만 한다면, 그 게임은 한국의 대표 게임 리니지처럼 10년 이상 살아남아 고객을 만나는 장수 제품이 될 것이라고. 제대로 게이머들을 홀리는 게임을 만들어내기만 한다면, 그 게임은 세계적인 반향을 일으키며 부와 명예를 안겨줄 것이라고.

대규모 MMORPG 제작을 해낼 수 있는 게임회사는 세계로 눈을 돌려도 많지 않았다. 박용현팀은 "기술적으로나 기획적으로 허들이 높아 그동안 구현하지 못했던 게임을 만들고자 한다"는 포부를 밝혔다.

"박용현 님과 말이 너무 잘 통해요. 싸움도 안 하고 말입니다. 4년 안에 갑부가 될 것 같아요." 그해 연말 장병규는 주변에 자신이 만들고자 하는 회사를 자랑하기 시작했다. 게임 한 번 제대로 해본 적이 없는 그는, 박용현팀의 능력과 됨됨이를 보고 공동 창업을 결정했다.

그들이 만드는 게임을 봐도 모르고, 알려 해도 알 수 없다는 게 장병규의 생각이었다. '게임은 시장에 나오기 전까지 흥행을 예측하기 힘든 물건'이라는, 게임 시장의 오래된 룰도 받아들였다. 옆에 있는 사람에 대한 신뢰와 기대가 없었다면 창업은 생각조차 하지 않았을 것이다.

장병규는 제품보다 제품을 만드는 사람에 베팅해왔다. 네오위즈와 첫눈 창업 때도 마찬가지였다. 경험상 제품 이전에 사람으로 성공 여부를 가늠하는 편이 차라리 확실했다. 스타트업 투자회사 본엔젤스벤처파트너스의 투자 요건으로도 '창업자의 인성'과 '공동 창업'을 내걸었다.

장병규는 "단순히 돈 버는 것과 다르다. 창업자는 실패하더라도 언젠가는 다시 벤처 생태계로 돌아온다. 오랫동안 같이 하는 것이 중요하다"고 강조했다. 그다음 요건으로 실행력과 학습력, 열정과 비전을 꼽았다. 열정과 비전은 두말할 나위가 없고, 실행력과 학습력 가운데 굳이 하나를 꼽자면 후자였다. 2~3년 벤처에서 구르다 보면 끊임없이 배워야 했다. 창업 초기 세웠던 가정들은 시시때때로 무너졌다. 지금 당장 실행을 잘하느냐보다 중요한 건, 배울 수 있느냐였다.

문제는 이런 요소를 모두 갖춘 창업자 개인은 없다는 것이었다. 장병규 역시 마찬가지였다. 그렇기에 그는 공동 창업자들의 팀워크를 중요하게 여겼다. 1인 창업은 고독한 만큼 쉽게 무너진다. 한 사람이 능력을 두루 갖춘 경우가 없으니 다른 누군가가 이를 보완해야 한다. 창업팀은 지독스럽게 몰입해 업業을 이끌어야 하고, 생산적인 충돌과 명료한 최종 의사결정을 거듭하며 성공을 넘어 실패까지 껴안아야 한다. 그래야 성공의 가능성이 열린다.

사람을 믿고 벌인 일이 장병규를 성공으로 이끌었고, 이번에도 그의 판단이 맞길 바랐다. 이들이라면 동업자로서 함께 즐겁게 일할 수 있을 것 같았다. 실패해도 후회하지 않을 거라는 생각이 들었다. 다시 푸른 전장에서 뛸 채비를 마쳤고 게임 시작을 알리는 휘슬이 울렸다. 장병규는 더는 우울하단 말을 하지 않았다.

비전에 대하여

조직은 한 사람이 하기 힘든 일을 이루기 위해서 다양한 사람이 함께하는 곳이다. 사람들의 생각과 이해관계는 다르기에, 조직을 하나 된 방향으로 인도하는 비전이 무엇보다 중요하다. 조직의 비전, 미션, 핵심 가치 등은 '왜 함께해야 하는가'에 대한 답이 되며, 이런 요소가 중요하다는 사실은 많은 사람들이 이야기하고 있다.

처음 창업했던 네오위즈의 경우, 개발자로 참여한 공동 창업자들의 비전은 '딱 3년 정말 열심히 해서 10억 원을 벌자'는 것이었고, 그렇기에 주력 사업을 변경하는 것에 어떤 걸림돌도 없었다. 그 사업이 사회규범을 지키는 범위 내에서, 돈을 벌 수 있느냐만이 중요했었다.

크래프톤 최초의 비전은 'MMORPG의 명가'였고, 서로 다른 사람들이 한꺼번에 모였음에도 사전에 비전을 명료하게 정한 것이 조직력 강화에 큰 도움이 되었다.

세월이 흘러, 모바일이라는 새로운 플랫폼이 등장하고 글로벌 게임 산업이 진화하고 성장하면서 크래프톤도 다각도로 변화를 추진했지만 그 과정은 지난했다. 조직의 성공 경험이 일천하기도 했지만, 모든 구성원이 알고 있는, 몇 해에 걸쳐서 공고하게 쌓인 비전 또한 걸림돌로 작용했다.

창업 초기에는 공동 창업자들만 해당 비전을 믿듯이, 기존 조직에 필요한 새로운 비전은 소수에게만 먼저 보인다. 변화가 필요한 시기라 하더라도 그 비전이 다수의 구성원에게는 보이지 않는다. 즉, 비전이 잘 뿌리내린 조직일수록 다수의 구성원이 해당 비전을 '공공의 선'이라 강하게 믿고 있을 것이기에, 비전을 변경하는 것 자체가 도전이 된다.

저물어가는 비전을 공고하게 믿고 있던 기존 회사를 버리고, 새로운 비전으로 회사를 새롭게 만드는 것이 더 쉬울 수도 있다. 비전, 미션, 핵심 가치 등이 명확하고, 이익을 잘 내며 지금 잘나가는 회사일수록 그 변화가 더욱 어렵다.

그렇다. 비전을 창조하는 것보다 비전을 변경하는 것이 더 어려운 일이다. 창업가가 비전을 몇 년 만에 바꾸는 경우라면 더욱 그럴 것이다. 그렇기에 경영자는 비전을 재고하는 습관을 들여야 한다. 확고한 비전의 소중함을 이해하면서도, 비전 따위는 변경할 수 있다는 마음을 가져야 한다.

그렇다면 변하지 않는 것은 무엇일까? 단 하나만 꼽으라면, 고객 우선 가치다. 세상에 수많은 조직이 있지만 고객이 없는 조직은 존재 가치가 없다. 그렇기에 경영자는 비전, 미션, 핵심 가치 등보다 시장과 고객을 우선시하는 마음을 가져야 한다. 조직은 고객과 시장에 맞춰 변화를 멈추지 말아야 하며, 조직의 큰 변화는 비전의 변경에서부터 시작될 수도 있다.

2007

플레이어 입장:
ID 블루홀 스튜디오

KRAFTON

드높은 비전을 바라보며 돛을 올린 '블루홀 스튜디오'. 경영진과 제작자들은 세계 시장을 무대로 최초와 최고의 역사를 써 내려갈 계획을 세웠다. 제작자가 존중받는 새로운 조직 문화를 만들기 위해 블루홀만의 인사부서 '피플팀'을 꾸리고, 첫 프로젝트 'S1'에 시동을 걸었다.

하지만 회사 설립 일주일 만에 거친 풍랑을 맞닥뜨렸다. 박용현팀이 창업 직전 몸담았던 제작사 엔씨소프트와 경찰이 업무 기밀 유출 의혹을 제기한 것. 법정 공방이 시작되자, 블루홀은 대규모 MMORPG 게임 개발에 필요한 자금을 끌어올 투자처를 찾지 못하고 난항에 빠졌다. 회사 전체에 불안과 불신이 짙게 깔리자, 장병규는 뚜렷한 비전과 경영 철학을 내세우며 직원들을 안정시키려 애썼다.

이름 없는 회사의 첫 간담회

2007년 3월, 서울 강남구 강남대로 뱅뱅사거리에 있는 랜드마크타워에 사무실이 마련됐다. 간판은 없었다. 김강석은 네오위즈에 사표를 내고서 첫 출근을 했다. 텅 빈 사무실에 책상들만 띄엄띄엄 놓여 있었다. 직원 50명이 쓸 개발 PC 100대는 배치를 기다리며 구석에 몰려 있었다. 포장을 뜯지 않은 모니터도 보였다.

김강석의 직함은 경영기획실장. 며칠 후면 직원들이 왁자하게 사무실을 채울 예정이었다. 박용현과 3명의 팀장도 엔씨소프트에서 퇴사했다. 팀원 절반은 남고, 절반은 함께했다. 박용현과 뜻을 같이한 40여 명이 함께 회사를 나온 것이다. 이들 중엔 입사 2주 만에 퇴사를 결심한 직원도, 수년간 손발을 맞춰온 직원도 있었다. 사연은 저마다 달라도 기대는 비슷했다. 게임 개발에 집중할 수 있는 환경에서 일하며 제대로 보상받길 바랐다.

박용현이 개발 총괄을 이끌고 황철웅, 김정한, 박현규는 기존대로 아트팀장, 프로그래밍팀장, 기획팀장을 각각 맡았다. 박용현팀은 만들 게임의 밑그림을 그리는 일에 착수했다. 분야별로 당장 해야 할 일의 목록도 만들었다. 그래픽팀은 게임에 쓸 수 있는 캐릭터의 샘플 제작을 준비했다. 이름 없는 회사에 입사한 직원들은 임시로 메일 계정을 만들어 썼다. @ 뒤에 붙는 메일 이름은 'Guts Corporation.' Guts는 내장이라는 뜻 외에 배짱, 근성, 깡다구란 의미가 있었다.

이사회 의장을 맡은 장병규가 전체 직원 50명을 한데 모았다. 이름 없는 회사의 첫 간담회였다. 그에겐 늘 사소한 이야기로 대화를 여는 버릇이 있었다. 직원들에게 처음 던진 질문은 이러했다. "사무실 첫 느낌은요?" 한 직원이 답했다. "럭셔리하네요. 전에 다니던 게임회사는 닭장처럼 느껴졌는데 탈출한 느낌입니다. 층고가 높고 자리도 넓고요."

장병규가 말했다. "팀워크의 핵심은 커뮤니케이션이니까, 사무실 동선을 짧게 했어요. 더 중요한 건 여름 에어컨 문제예요. 좀 비싸긴 해도 좋은 에어컨을 설치하려고요. 궁금한 것이나 고민 있으십니까?" 가벼운 기운에 직원들 마음도 경쾌해졌다.

질문이 이어졌다. "앞으로 예상되는 조직 규모는요?" "첫 프로젝트로 최대 150여 명까지 갈 것으로 알고 있습니다." "그 정도 대형 제작이면 대표와 커뮤니케이션이 어렵겠는데요?" "사내 온라인 게시판이 도움이 될 거예요. 커뮤니케이션에 많은 노력을 쏟을 겁니다."

그러고선 비전 이야기를 꺼냈다. "회사의 비전에 대해선 어떻게 생각하세요?" 장병규의 질문에 한 직원이 대답했다. "MMORPG의 넘버원이 되겠다는 프로젝트에 관한 비전만 있는 것 같습니다. 그런데 회사는 이거 말고 더 있지 않겠어요?"

이 회사는 제작사여야 합니다. 게임 1개만 하고 끝나면 재미없고, 공통 역량을 쌓아가야 합니다. 'MMORPG의 명가'가 우리의 비전입니다. 세계적으로 인정받는 제작사가 되는 거예요. 남이 만든 게임을 퍼블리싱할 수도 있지만, 일단 그보다는 제작 라인을 더 늘리고 역량이 되면 다른 장르도 해보는 걸 선호합니다. 제가 엔지니어 출신이라 프로덕션 중심을 선호해요. 제작의 힘이 커지는 시점이 올 것이라 믿습니다.

직원들은 창업자의 생각이 궁금했다. 한 직원이 손을 들었다. "젊은 나이에 두 번 창업하고 성공하셨어요. 미디어도 이번 창업에 관심이 높고요. 회사를 세우고 사람들이 모여서 성과를 내는 데 가장 중요한 점이 무엇인가요?"

제일 중요한 건 신뢰입니다. 팀워크가 중요할수록 신뢰는 더욱 중요해요. 상대방을 모르겠으면 일단 긍정적으로 믿어주는 것이 신뢰의 시작이라 봅니다. 나이 들고 아는 게 많아질수록 힘든 일이예요. 제 20대를 돌이켜보면 남을 쉽게 믿은 것 같은데, 나이 들면서 점점 남을 믿기가 어려워지네요. 경영도 마찬가지예요. 저는 일단 팀원들을 믿어요. 불안해하지 않습니다. 여러분도 저를 포함한 경영진을 믿어 주셨으면 좋겠어요. 첫눈 매각도 구성원들이 조금이라도 의심했다면 실패했을 거예요. 신뢰가 쌓이면 회사에 큰 자산이 됩니다.

장병규가 정의하는 신뢰란 '일단 믿는 것'이었다. 그는 게임 속 캐릭터와 배경을 만드는 콘셉트 아티스트 직군 채용 면접을 예시로 꺼냈다. 장병규는 면접 때 지원자가 누군지 알 수 없었다. 경영인이기 이전에 장병규의 정체성은 프로그래머였다. 게임을 프로그래밍하는 직군은 조금 이해할 수 있겠다 싶었다. 그런데 콘셉트 아티스트라니. 단어조차 생소했다. 이 사람들이 도대체 어떤 일을 하는지 추정해볼 뿐이었다. 콘셉트 아티스트 지원자는 불가해한 영역에 있는 사람으로 보였다.

사람은 기본적으로 타인을 불신하는 존재다. 모르는 것은 믿지 않는 게 인간의 본성이다. 그렇다고 처음부터 모르는 영역을 불신한 채로 세상과 사람을 바라보기 시작하면, 봐야 할 것이 보이지 않는다는 게 장병규의 믿음이었다. 눈먼 이는 앞으로 나아갈 수 없다.

회사에 들어오겠다는 눈앞의 지원자들이 정말로 일을 잘할 사람인지 아닌지 저는 몰라요. 회사에 채용했어도 예상과 다른 경우를 숱하게 봤어요. 하지만 뽑습니다. 믿어보는 거예요. 일단 믿어야 일을 시작할 수 있으니까요.

장병규는 동시에 자신이 보낸 믿음에 대한 반대급부를 요구했다. 받은 만큼 믿음을 달라는 주문이었다. "경영진이 하는 일의 대부분이 구성원 눈에 보이지 않습니다. 경영진이 모르는 영역에서 사람을 일단 믿었듯이, 구성원 여러분도 경영진을 믿어줄 필요가 있어요." 그에게 믿음이란 의도적으로 가져야 하는 자세이기도 했다. 그렇기에 믿음에는 인내가 필요하다.

조직이 커질수록 회사에 도움이 되지 않는 직원이 전체의 10분의 1을 차지하고, 이들을 당장 내보내야 한다는 게 제 속마음입니다. 하지만 이를 밀어붙인다면 전체 직원 가운데 절반이 도망갈 걸 제가 또 알아요. 회사를 다니다 보면 맘에 안 드는 인간이 한두 명 있게 마련입니다. 하지만 함께 일하는 수고를 감수할 정도로 가치 있는 일을 하고 있다고 믿으면서 자리를 지켜주세요. 저도 그런 생각으로 지금껏 일해왔습니다.

간담회가 막바지에 이르렀을 무렵, 근태 관리에 관한 질문이 나왔다. "게임회사는 처음 경험하실 텐데, 직원들 근태 관리가 안 될까 봐 두렵진 않으신가요?"

과거 세이클럽을 서비스할 때도 마찬가지였지만, 중요한 건 근태가 아니라 성과 평가입니다. 성과 평가에 집중하지 못하고 조직이 커지면 경영진은 근태 통제에만 관심을 가지게 됩니다. 결국 성과를 제대로 평가하는 회사가 되는 게 중요해요. 성과가 제대로 나오면 출퇴근 시간은 중요하지 않습니다. 팀워크가 중요한 대형 프로젝트이니, 커뮤니케이션이 잘되는 게 필요해요. 커뮤니케이션이 가능한 선에서 출퇴근을 해주면 됩니다. 그런 면에서 일정 시간대엔 반드시 자리에 나와 있기를 바랍니다.

"MMORPG 해본 적 있느냐"란 질문에 장병규는 "없다"고 답했다. "PC 게임으로 스타크래프트, 워크래프트를 즐기긴 했어요. 시간에 대한 강박관념 때문에 MMORPG를 하진 못했는데, 커뮤니케이션을 위해 이제 해볼까 합니다."

"블루홀 입사를 환영합니다"

블루홀 스튜디오Bluehole Studio.

사내 공모를 통해 회사 이름을 정했다. 블루홀은 움푹 패인 바닷속 지형이다. 스쿠버 다이버들의 순례지라 불릴 만큼 사람을 매혹하는 장소다. 가장 유명한 블루홀은 아메리카대륙 남북을 잇는 카리브해에 있다. "블루홀이 우주의 블랙홀을 연상시킨다"며 한 직원이 아이디어를 냈다. 사명으로 채택되면서 그 직원은 게임기를 부상으로 받았다.

블루홀이란 이름에는 깊고 넓은 구멍에 블리자드(눈보라)를 능가하는 가능성을 담아보자는 뜻도 담겼다. '블리자드 엔터테인먼트'는 미국의 세계적인 게임회사다. 1991년 UCLA 대학 전기공학도 출신들이 모여 실리콘 앤드 시냅스Silicon & Synapse란 이름으로 창립한 회사가 블리자드의 시초였다.

'스타크래프트' '워크래프트' '디아블로'와 같은 굵직한 대작 RPG 게임들을 흥행시키며, 그 이름처럼 전 세계 게임 시장을 눈보라로 휩쓸어버렸다. PC 게임 스타크래프트는 이때 전 세계 1천만 장 판매를 향해 달려나가고 있었다. 2004년에 출시한 '월드오브워크래프트WoW'는 '와우'라는 별칭을 얻으며 한국을 비롯해 전 세계에서 가장 인기 있는 게임으로 성장해 MMORPG 장르의 새로운 기준이 됐다.

회사 이름이 정해진 후 김강석은 직원들에게 블루홀의 생일을 알렸다.

안녕하세요, 경영기획실장 김강석입니다. ㈜블루홀 스튜디오 설립과 관련된 모든 법적 절차(법인등기, 사업자등록)가 방금 완료되었음을 알려드립니다. 법적으로 우리 회사의 생일은 2007년 3월 26일입니다. 블루홀 스튜디오 파이팅!

푸른색 반원 3개를 겹쳐 블루홀을 형상화해 회사 로고를 만들었다. 직원들은 '블루홀 스튜디오'를 '블루홀'이라 줄여 불렀다.

김강석은 경영기획실장으로서 장병규와 계획했던 투자 유치 활동에 열중했다. 성공한 창업자 장병규와 스타 제작자 박용현이 손을 잡았다는 점, 한국에서 대규모 MMORPG를 제작할 수 있는 게임 제작사가 거의 없다는 점에서 투자자들은 지대한 관심을 보였다.

하지만 잘 진행되던 투자 논의에 종종 브레이크가 걸렸다. 협상에 나서는 김강석은 경영기획실장이란 직함에 한계를 느꼈다. 대부분의 상대가 논의를 신속하게 결정지을 수 있는 권한을 가진 대표이사를 만나길 원했다. 협상 테이블에서 "제가 사장입니다. 저와 이야기하시죠"보다 더 강력한 설득의 말은 없을 것이다. 다른 업체와 대등하게 대화하고 필요한 의사결정을 신속하게 내릴 수 있는 주체가 블루홀에 필요했다.

이사회 의장 장병규는 CEO 겸직을 거부했다. 장병규는 "CEO는 맡지 않는다는 확고한 신념이 있다"고 밝혔고, 김강석은 이를 두고 "똥고집"이라 했다. 그렇다고 게임 개발을 맡고 있는 박용현이 창립 원칙을 버리고 경영 일선에 나설 순 없는 노릇이었다. 김강석 이름이 자연스레 물망에 올랐고, 이사회에서 김강석이 CEO로 선임됐다.

"블루홀 입사를 환영합니다"란 문구가 달린 풍선이 책상 50개 앞에 하나씩 붙었다. 낯선 사무실에 출근하는 직원들은 '복리 후생에 대한 고민과 약속'이란 제목의 A4용지 한 장짜리 문서를 받았다. 복지제도와 휴가, 상해보험 등에 관한 내용이 담겨 있었다.

작은 회사에서만 누릴 수 있는 기쁨, 회사가 성장해나가는 과정에서 나 자신이 조금씩 작아져가는 느낌이 들지 않고 회사와 내가 함께 커나가는 기쁨을 맛볼 수 있는 분위기가 확고히 자리 잡힐 수 있도록 기업 문화를 만들어가겠습니다.

문서 마지막 맺음말이었다. 이후 김을 한 장 두 장 집어먹으며 회의하는 새로운 풍경이 블루홀에 등장했다. 직원들이 무료로 즐길 수 있는 다양한 먹을거리가 휴게실에 채워진 덕분이었다. 선반에 컵라면이 종류별로 놓였고 그 옆에 컵밥과 햇반, 죽, 김치, 김이 자리했다. 냉장고엔 캔 음료와 우유가 가득했다. 휴게실 사용 안내 공지는 이러했다.

대부분의 회사가 휴게실에 먹을거리를 놓습니다. 인기 브랜드 몇 가지 위주로 비치하는 게 일반적인데, 블루홀은 선택의 폭을 가능한 한 넓게 제공하자는 취지에서 먹을거리 종류가 많습니다. 회사 밖으로 나가지 않고 휴게실에서 식사와 간식을 해결한 후 곧바로 업무에 집중할 수 있는 환경을 만들려는 노력이 들어가 있는 것이죠.

안마 의자와 커피머신도 휴게실에 마련됐다. 이런 일은 블루홀의 인사관리 부서 '피플팀'이 도맡았다. 피플팀장으로 네오위즈에서 인사 업무를 시작해 첫눈에서 일하기도 했던 임재연이 합류했다. 장병규와 김강석 모두 그와 함께 일해봤다. 추구하는 바가 같고 믿을 수 있다는 점에서, 임재연에게 소신대로 팀을 운영할 권한을 줬다. 임재연은 새로 생긴 회사의 조직 문화 근간을 직접 만드는 경험을 그의 이력에 쉽게 찾아오지 않을 소중한 기회로 여겼다. 그는 여느 인사·총무 부서와 현격히 다른 조직을 만들고 싶어 했다.

이런 뜻에서 팀 이름을 정할 때 인사팀, 총무팀과 같이 다른 회사가 사용하는 표현을 따르지 않았다. 업무 중심이 아닌 구성원 중심으로 일하면서 구성원에 집중하겠다는 의미로 '피플'이라 이름 지었다.

피플팀 임무 가운데 하나는 '직원들이 회사를 신뢰할 수 있도록 하는 것'. 사무실에 앉아 있으면 안 되는 게 원칙이었다. 직원을 찾아다니고 이런저런 대화를 자유롭게 나누면서 문제를 파악하고 해결했다. 간담회에서 나온 건의 사항을 해결하는 실무도 맡았다.

간담회에서 한 직원이 해외에서 발행하는 게임 잡지와 디자인 잡지를 비치해달라고 요청했다. 자기계발과 정보 습득을 쉽게 할 수 있다는 이유에서였다.

당연히 해야 할 것이면 합시다. 시작해봅시다. 해보고 좋으면 구독 종류를 늘리는 거고, 아니면 아닌 거예요. 당연한 것을 가지고 지질하게 살지 맙시다. MMORPG라는 게, 제대로 만들려면 정말 제대로 만들거나, 아니면 포기하거나 해야 하는 겁니다. 우린 그런 비즈니스를 하는 겁니다. 마지막에 성과를 보이고 승리하면 되는 겁니다.

장병규의 말에, 피플팀은 잡지를 구독해 휴게실에 비치했다.

프로젝트 S1

'프로젝트 S1'. 블루홀의 첫 프로젝트가 닻을 올렸다. 300억 원 짜리 초대형 온라인 게임 개발 프로젝트였다. MMORPG 제작을 위해 40억 원에서 60억 원 정도를 투입하면 대작 게임으로 취급됐다. S1의 제작비는 국내에서 역대 최대 규모였다. 기존에 발표된 MMORPG와 차원이 다른 혁신과 재미를 보여주지 못하면 회사를 세운 이유가 무색해질 터. '액션성을 극대화한 사실적인 전투'를 목표로 내걸었다.

제작진은 MMORPG의 핵심인 전투를 일신하지 못하면, 차별화에 실패할 것이라 판단했다. 세계 최초로 MMORPG 장르에 논타기팅non-targeting 전투를 구현하는 것이 가장 큰 도전 과제로 떠올랐다.

몬스터와 전투를 벌이는 일이 MMORPG의 기본 플레이 방식이다. 기존 게임에선 타기팅 방식으로 전투가 이뤄졌다. 게이머가 마우스나 키보드를 조작해 타깃 몬스터를 지정해 공격하는 방식이다. 대상을 정한 다음에야 공격이 이뤄지기 때문에 동작이 단순하고, 단순한 만큼 기술 난도도 낮다. 공격 명령이 일단 입력되면 게이머나 몬스터는 속절없이 공격을 당해야 한다. 몬스터가 칼을 빼드는 순간에서부터 이미 미래는 결정된 것이며, 휘두르는 건 연출일 뿐이다.

반면 논타기팅 방식은 타깃을 정하지 않고 공격을 수행하는 방식이다. 대상을 지정할 필요 없이 칼을 휘두르기만 하면 칼을 뻗는 범위 안에 있는 모든 몬스터에 공격을 가할 수 있다. 또 몬스터가 공격을 하면 실시간 조작으로 이를 피할 수도 있다. 공격 대상을 애당초 지정하지 않기 때문이다.

'때리면 무조건 맞아야 한다'와 '때리면 피할 수 있다'의 차이를 상상해보라. 그 차이만큼 전투의 재미가 달라진다. 실제 전투같이 거리와 방향, 타이밍을 실시간으로 섬세하게 조작 가능하기 때문에 사실적인 전투를 만끽할 수 있는 것이다.

MMORPG 역사상 몬스터 공격을 피할 수 있는 게임은 없었다. 그동안 게임 제작자들 모두 논타기팅 방식이 전투 재미와 몰입감을 높일 수 있다고 입을 모았지만 감히 시도할 엄두를 내지 못했다. 수많은 명령과 게임 동작을 컴퓨터가 계산해야 하는 만큼 기술 난도가 높았다.

프로젝트 S1엔 '어그로' 기술도 발전시켜 적용하기로 했다. 어그로는 몬스터가 가장 위협을 주는 캐릭터를 인식해 우선 공격하는 선진적인 시스템이다. 어그로 기술이 발전하면 몬스터가 더 똑똑해진다. 여러 게이머가 대왕 몬스터와 전투를 벌이는 상황을 예로 들어보자.

MMORPG에서는 보통 앞에 선 게이머들이 방패를 들어 방어하고, 뒤편에 있는 게이머들이 활을 쏘아 공격하는 전략을 쓴다. 이때 몬스터는 방패를 든 게이머들을 성가셔하면서 이들을 먼저 때린다. 그러다 뒤쪽 궁수가 쏜 화살에 세게 맞는다면? 일격을 당한 몬스터는 곧장 마음을 돌려 활을 쏜 기사를 때리러 간다. 전투가 이렇듯 사실적으로 구현되면 게임의 재미는 배가된다.

심리스 로딩seamless loading 기술도 채택됐다. 흔히 '심리스'라 불리는 이 기술은 '이음새가 없는'이란 말뜻처럼 매끄럽게 게임이 진행되도록 돕는다. 수만 명이 접속하는 MMORPG는 가상공간에서 장소를 옮길 때마다 지형지물이나 몬스터를 화면으로 보여주는 데 긴 로딩 시간이 필요했다. 대규모 전투를 끊김 없이 즐길 수 있도록 기술 수준을 높이기로 했다.

마지막으로 프로젝트 S1은 압도적인 물량을 선보이기로 했다. 게임 캐릭터와 몬스터, 무기 같은 콘텐츠를 다양하게 늘려 거대한 게임 세상을 보여주겠다는 야심이었다.

게임 캐릭터와 몬스터의 수, 게임 단계마다 등장하는 보스급 몬스터의 수, 유저가 교체할 수 있는 무기의 수 등 모든 콘텐츠 규모가 물량이다. 물량이 많으면 많을수록 게임이 다양하게 전개되고, 몬스터 사냥으로 게이머가 받는 보상 체계도 탄탄해진다. 더 좋은 무기를 획득하거나 캐릭터 능력을 높이면 그만큼 게임에서 성장하고 있다는 만족감이 커진다. 물량이 많아야 게이머들이 만족할 수 있도록 다채롭게 환경을 설계할 수 있다. 다양하게 확장되는 재미를 선보이면 많은 고객이 블루홀이 만든 게임 세상에 오래 머물 것이다.

갈 길이 천길만길이었지만, 프로그래밍팀장 김정한의 마음은 만선을 꿈꾸는 어부처럼 부풀어 있었다. 그는 프로젝트를 시작할 때 자신을 대항해를 앞둔 선원으로 여겼다. 그 선원은 출항 전에 기타를 치며 노래를 부른다. "이 항해 끝에 우리는 보물을 찾을 거야. 우린 긴 겨울을 지나고 봄을 찾을 거야."

압수수색과 워크숍

2007년 4월, 회사 법인을 낸 지 일주일 만이었다. 출근길 김강석의 휴대전화에 장병규의 이름이 떴다. "경찰 압수수색이 시작되어서 사무실에 있는 모든 하드디스크를 가져갔어요." 김강석이 웃었다. "장난하지 마시고요. 왜 아침부터 이런 장난을 하세요." "김 대표님. 실제 상황입니다."

사무실에 도착해보니 경찰이 컴퓨터에서 하드디스크를 모두 떼어 갔다. 게임 개발자는 PC 2대를 쓴다. 하나는 외부 인터넷과 연결돼 있는 PC이고, 나머지 하나는 보안 문제로 외부와 단절된 개발용 PC다. 하드디스크 총 108개가 경찰의 압수수색 상자 안으로 들어갔다. 개발자들이 쓰는 PC 하드디스크 전부가 없어진 셈이었다. 다음 날은 블루홀의 첫 워크숍이었다.

경찰은 박용현팀이 엔씨소프트에서 개발 중이던 자료를 무단으로 복제하거나 유출했다는 데 혐의를 뒀다. 장병규와 손을 잡기 전 일본 게임업체로부터 투자를 유치하기 위해 교감했던 사실을 문제 삼은 것이다. 경찰은 이들이 일본 업체로부터 투자를 받아 새로운 회사 설립을 타진하면서 엔씨소프트에서 제작하던 게임 L3의 개발 자료 일부를 넘겼다고 보고 있었다. 업무상 배임과 부정 경쟁 방지 및 영업 비밀 보호에 관한 법률 위반 혐의였다. 일본 회사에서 L3의 기획 문서를 요구했고, 박용현팀이 기획 내용이 담긴 20여 장짜리 파워포인트 파일을 넘긴 것이 화근이 됐다.

경찰이 들이닥치기 전까지 장병규와 김강석은 이런 사정을 전혀 알지 못했다. 박용현과 김정한은 게임업계에 발을 들인 이래 처음으로 경찰서로 불려가 참고인 조사를 받았다. 경찰은 엔씨소프트에서 만든 게임 작업물을 블루홀 신작 게임 제작에 활용했는지 묻기도 했다.

"이전 회사에서 개발한 작업물을 가지고 나와 창업을 하는 것은 삼류나 하는 짓입니다. 저는 일류 개발자입니다." 김정한은 "압수해간 하드디스크를 포렌식(복원)해봐도 엔씨소프트 때 개발했던 프로그램 코드 하나 나오는 일은 없을 것"이라고 호기롭게 말하고 자리를 나섰지만, 그날 잠을 이루지 못했다. 프로그래밍팀 누군가가 실수로라도 기술 유출의 가장 강력한 증거인 프로그램 코드를 하드디스크에 가지고 있었다면? 김정한은 이날 이후에도 담당 형사로부터 종종 전화를 받았다.

엔씨소프트는 사내에서 가장 공들여 준비하던 게임 후속작인 L3 개발진이 블루홀에 유출된 것에 분노했다. 1년 정도 진행한 프로젝트에 투입했던 인원은 대체 불가능한 회사 개발력의 정수였다. 회사가 보유한 핵심 개발자 대부분이 L3 프로젝트에 포진해 있었다. 엔씨소프트는 L3의 정보가 유출됐다며 경찰에 수사를 의뢰했고, 이와 별개로 블루홀에 대한 민사 소송도 검토하고 나섰다.

장병규와 김강석은 엔씨소프트와의 갈등이 법적으로 확산돼 블루홀이 타격을 입을 수 있겠다는 상상은 했다. 우려가 현실이 되자 등골이 오싹해졌다.

엔씨소프트에서의 작업 결과물을 블루홀로 가져와 게임을 개발하는 걸 원하지 않았다. 김강석은 줄곧 직원들에게 "전 직장에서 만든 작업물을 가져올 의사가 없다는 약속을 해달라"고 말했다. 문제가 생기면 개인이 책임을 져야 한다는 규정을 만들고, 채용할 때 이를 점검했다. 박용현팀에게도 마찬가지였다. 예전 회사 결과물을 절대 블루홀로 들이지 못하도록 했다.

이 마당에 워크숍을 가야 하느냐는 말이 나왔다. 장병규는 "압수수색을 당했으니 워크숍을 더욱 가야 한다"고 주장했다. "일할 수 있는 컴퓨터도 없으니 워크숍 가는 게 더 좋네요. 워크숍 가는 주말에 하드디스크 주문해주시고요."

블루홀 첫 워크숍은 경기도 가평에서 1박 2일 일정이었다. 장병규는 신이 난 듯 보였다. 진짜인지 그런 척을 하는 것인지 직원들은 알 수 없었다. 장병규는 워크숍을 "블루홀의 방향성을 다 같이 확인하고 팀워크를 다질 기회"라고 했다. 그래서 그는 사주社酒를 돌릴 계획을 알렸다. "술을 강권하는 우리의 나쁜 문화와 동급이 될 수도 있기 때문"에, 그는 워크숍 직전 직원들에게 사주의 취지를 설명하는 메일을 썼다.

저는 술자리에서 술을 강권하거나 약게 빼는 것을 모두 싫어합니다.

또한 높은 사람만 죽어라 먹는 문화도, 낮은 사람만 죽어라 먹는 문화도 싫어합니다. 모두 팀워크를 방해하는 행위라 생각합니다. MT나 워크숍을 가면 특정인들만 죽어라 먹고 생쑈를 하고 다른 사람들은 멀쩡한, 정말 팀워크에는 별로 도움이 되지 않는 모습을 많이 봅니다. 저는 이런 모습을 바라지 않습니다.

이런 맥락에서 사주가 원칙과 행위에서 서로 간 신뢰를 바탕으로 팀워크에 도움이 된다고 믿고, 약간은 한국적인 문화이지만 사주를 진행할 예정입니다. 질문을 해주시면 언제라도 투명하게 설명하도록 최대한 노력하겠습니다. 공식행사에서 인원 규모가 허용해주는 한, 가급적 사주를 계속 돌릴 생각인데요. 한번 해보죠.

그가 말한 사주의 핵심 취지는 "상호 신뢰를 바탕으로 팀워크에 도움이 되어야만 한다"는 것.

소주 한 병을 맥주잔 세 잔에 따르고 사이다 서너 방울을 떨어뜨리는 게 제조 방법이다. 사이다를 이보다 많이 따르거나 적게 따르면 달거나(사이다 맛) 써서(소주 맛) 원샷에 마시기 부담스러워진다는 게 그의 지론이다.

마시는 데도 원칙이 있다. 2인 이상이 함께 마신다. 그리고 높은 직책의 사람부터 마신다. 술을 마시지 않는 사람을 제외하고 예외는 없다. 사주는 계속 마실 수 없으며, 기본적으로 한 잔이다. 한 잔 더 마시는 경우는 허용하지만, 세 잔 이상은 금지다. "이런 원칙을 지키지 않을 것이라면 사주는 소주 3분의 1병을 원샷하는 만큼 매우 나쁜 술이 된다"는 게 그의 설명이었다.

워크숍 당일, 봄 햇살이 산뜻했다. 장병규가 직원들 앞에서 발표를 했다. '새로운 10년을 시작하며'란 제목이었다.

제가 진정으로 하고 싶은 일은 신뢰하는 좋은 사람들과 위대한 회사를 세우는 일입니다. 저는 블루홀 창업자이기도 하지만 동시에 투자자이기도 합니다. 아이템이나 성공 가능성보다는, 좋은 사람에게 투자한다는 게 저의 오랜 신념입니다. 블루홀은 글로벌 시장에서 게임을 서비스하겠다는 의지와 가능성이 있습니다.

그래서 저는 실패가 두렵지 않습니다. 여러분이 일정 수준을 넘어서는 결과물을 반드시 내줄 것이란 믿음이 있습니다. 시장에서의 성패는 다른 문제입니다. 실패하더라도 과정이 아름답다면 의미가 있습니다. 최선을 다한다면, 그것이 아름다운 것입니다. 실패한다고 삶의 의미가 없어지는 것은 아닙니다.

기업의 존재 이유와 목적은 무엇일까요. 기업이 돈을 버는 건 사람이 숨을 쉬는 것과 같습니다. 숨을 못 쉬면 죽지만, 숨만 쉰다고 사람인 것은 아닙니다. 법인法人은 법이 만든 인간이란 뜻입니다. 꿈과 도전, 개척이 인간을 인간답게 만들듯 기업도 마찬가지입니다.

기업의 목적이 이윤 추구에만 함몰되었을 때 기업답지 못합니다. 이윤 창출보다 중요한 것은 비전이나 꿈, 도전과 같은 가치를 확립하고 집중하는 것입니다. 오랫동안 잘나가는 기업은 비전과 핵심에 대해 집착에 가깝도록 집중합니다. 조직다운 조직에선 신뢰를 토대로 팀워크가 형성됩니다. 개인이 할 수 없는 성취는 함께하면 달성할 수 있습니다. 그러기 위해선 먼저 내 옆에 있는 상대를 신뢰하는 것이 우선입니다. 블루홀의 업業은 대규모 제작입니다. 신뢰와 팀워크가 중요할 수밖에 없습니다. 저는 어떤 사업이든 좋은 팀이 3년 정도 치열하게 일하면 소기의 성과를 성취한다고 믿습니다.

그가 비전을 말했다. 블루홀이 내건 비전은 'MMORPG의 명가'였다. 장병규가 단어 하나하나를 뜯어 설명했다.

'MMORPG'는 장르에 포커스를 둔 것입니다. 퍼블리싱보단 온라인 게임 제작에 집중하겠다는 의지를 엿볼 수 있지요. 온라인 게임은 제작사가 배급사보다 힘을 더 가질 수 있다고 봅니다.

'명가'는 세계적으로 통할 만한 수준의 제품을 내고, 또 세계에서 인정을 받겠다는 의미입니다. 시장에서 성공을 한다고 명가가 되는 것은 아니겠죠. 하지만 성공이 명가가 되는 필요조건은 됩니다.

블루홀의 핵심 역량과 경쟁력은 결국 대규모 블록버스터급 게임을 제작할 수 있다는 데 있습니다. 핵심 비전에 집중하고 이를 통해 성장하는 기업이 되는 것이 중요합니다. 블루홀이 이윤을 극대화하거나, 매출액이나 채용 규모만을 높이는 식으로 '성장을 위한 성장'을 하는 기업이 되어선 안 된다고 생각합니다. 블루홀은 비전에 맞는 성장을 추구하는 회사가 되어야 합니다.

　이윤이 더 남지만 비전에 부합하지 않는 일을 할 것인가. 그의 대답은 '아니다'였다. 그렇다면 회사는 성장해야 하는가? 장병규의 대답은 명백하게 '그렇다'였다. 구성원들이 성장한 만큼 회사가 성장해야 기회가 생긴다. 성장이 멈춘 회사에서 구성원들이 떠나는 모습을 장병규는 수도 없이 봤다.

　그는 블루홀의 성장이 비전을 향하는 성장이길 바랐다. 경영자 장병규와 제작자 박용현이 손을 잡고 만든 회사인 만큼, 회사의 큰 틀에 대한 역할과 책임Role & Responsibility도 분명히 알렸다. 제작은 박용현이, 경영은 장병규가 한다. 이 둘은 서로 신뢰하고 존중하면서도 역할과 책임은 구분한다. 교감하고 조언하되, 의사결정 권한과 책임은 서로에게 명확하게 귀속하기로 약속한다.

　사업 책임자로서 장병규의 역할은 회사 경영을 살피고 제작 결과물과 기업 가치를 향상하는 일이었다. 퍼블리싱 파트너를 찾거나 필요한 투자 유치를 해내어 명가에 어울릴 만한 글로벌 파트너십을 맺어야 한다. 제작을 지원하고 회사를 운영하며 블루홀의 가치를 높이는 일도 필수였다.

　제작 책임자로서 박용현의 역할은 정해진 시간에 최상의 게임 제작을 해내는 '온 타임 맥시멈 퀄리티 프로덕션On-time Maximum Quality Production'으로 요약됐다. 명가에 걸맞은 양질의 게임 산출물을, 약속한 시간과 자원으로 뽑아내기로 했다.

　장병규는 "새로운 10년, 신뢰를 바탕으로 MMORPG의 명가로 태어나자"고 말했다. "신뢰란 먼저 주는 것입니다. 신뢰는 지대한 관심을 가지는 것이고, 또 책임지는 것입니다. 신뢰는 경청이며 이해하는 것입니다."

발표 막바지에 이르러 장병규가 직원들에게 "눈을 감아보라" 고 주문했다.

바다의 거대한 블루홀을 떠올려봅시다. 이제 거센 눈보라를 떠올려보세요. 거센 눈보라가 블루홀 근처에 오지만, 블루홀은 이내 조용하면서도 과묵하게 눈보라를 쓰윽 삼켜버립니다. 그러고는 다시, 블루홀이 세상 그 자체인 양 고요하면서도 엄청난 스케일을 과시합니다. 이름 그대로 '그레이트 블루홀'인 거죠.

현존하는 세계 최고의 게임회사라고 불리는 미국 게임업체 블리자드의 뜻은 눈보라입니다. 이 블리자드가 블루홀이라는 심해의 구멍에 삼켜져서 조용해진 세상을 생각해봅시다. 블루홀이 블리자드를 품는 광경을 상상해봅시다. 이만 발표를 마치겠습니다.

전 직원이 카메라 렌즈 앞에 섰다. 첫 기념사진을 남겼다. 다음은 '함께 땀 흘리기' 시간이었다. 피구와 단체줄넘기, 족구 경기를 끝내자 해가 저물었다. 저녁 식사와 함께 사주를 마실 차례가 왔다. 3명씩 앞으로 나와 함께 사주를 들이켰다. 돌아가며 마이크를 잡고 한마디씩 해야 했다. 손에 든 술잔을 모두 비워낸 불콰한 얼굴들이 저마다 외쳤다. "우리 꼭 성공하자" "좋은 게임 만들어서 세상에 보여주자" 직원 하나하나가 결의 넘치는 말을 쏘아 올리면 환호와 박수가 터져 나왔다. 몇몇 직원은 테이블에 놓인 티슈를 집어 폭죽처럼 하늘로 던졌다. 그릴에 간 은박지까지 긁어버릴 정도로 준비한 고기가 동났고, 빈 술병은 어지럽게 테이블 위아래로 쌓였다. 첫 워크숍의 밤을 밝히는 불빛은 꺼질 줄 몰랐다.

워크숍이 끝나고 며칠 지나 장병규가 '현재 우리에게 중요한 것은'이란 제목의 메일을 직원들에게 보냈다.

저희가 새로운 부푼 꿈과 불안정한 현실에서 약간의 두려움으로 시작한 지 벌써 2개월 정도가 흘러갑니다. 그동안 워크숍에서 회사의 비전과 앞으로 제작할 게임을 공유했습니다. 4월 사태(압수수색) 등을 겪으면서 회사는 조금씩 단단해져 가는 것 같습니다.

최근에는 외부 시각과는 달리 약간씩 안정을 느끼고 계시죠? 우리가 팀으로 일하는 것은 개인이 이룰 수 없는 성과를 함께 이루기 위함이라는 이야기가 생각납니다. 그리고 그 성과는 분명히 비전을 얼마나 잘 실현했느냐에 따를 것입니다. 돈을 얼마나 잘 버느냐, 도덕적으로 얼마나 훌륭한가, 사회에 공헌하는가, 임직원이 얼마나 행복한가 등도 분명히 중요합니다.

하지만 기업에 있어서 가장 중요한 것은 비전의 실현입니다. 워크숍에서 우리는 'MMORPG의 명가: 세계가 인정할 만한 블록버스터 MMORPG 제작'이라는 비전을 공유한 바 있습니다. 기억하시죠?

언제라도 주기적으로 한 번씩 저희의 비전을 상기해주세요.

4월 사태도 가닥을 슬슬 잡아가고 있는 이 시점에서 중요한 것은 간담회에서도 말씀드린 대로 저희의 업인 제작에 집중하는 것, 각자 맡은 역할과 책임을 잘하는 것입니다. 평소처럼 집중해주세요. 그런 이후에, 저희는 한배를 탔으므로, 동료를 토닥이고 챙기는 것이 추가로 중요한 시점입니다. 분명히 지금은 위험과 기회가 공존하는 시기니까, 이럴 때일수록 저희가 서로 돕고 뭉쳐야 인생이 즐겁겠죠?

항상 회사에 나와서 벤치마킹과 학습을 핑계로 월드오브워크래프트를 하는 것이 약간 찔리기도 하는데, 여러분을 믿기 때문에 제가 이렇게 놀아도 좋은 결과가 있을 것이라 생각합니다.

간담회 때나 평소에도 항상 편하게 이야기를 나눌 수 있기를 희망하고요, 조금 있다가 간단히 한잔하자고요. 오늘 날씨도 우중충한 것이 한잔하기 딱이네요. 건강 챙기시고요!

인재와 노동자의 차이

압수수색 한 달 뒤, 경찰이 수사 결과를 발표했다. 장병규를 만나기 전 박용현이 일본 게임업체에 400억 원 규모의 투자 유치 협상을 위해 L3와 또 다른 프로젝트 M의 기획 문서를 이메일로 4회 전송한 것으로 결론 내리고 검찰에 사건을 송치했다. 경찰은 블루홀 회사 컴퓨터가 아닌 개인 PC에서 이런 증거를 발견했다. 영업 비밀 유출과 업무상 배임 혐의를 두고 검찰과 재판에서 법적 공방을 시작해야 했다. 엔씨소프트는 이와 별개로 여전히 민사 소송을 검토했다.

장병규가 직원들과 간담회를 다시 열었다. 뒤숭숭한 상황에서 대화가 더욱 중요하다고 여겼다. 이번엔 4~5인이 조를 이뤄 장병규와 만났다. 일하며 든 생각이나 궁금한 점을 장병규에게 허심탄회하게 전하는 자리였다. 직원들과 제대로 소통하는 회사를 만들겠다는 게 장병규의 공약이었다.

하루에 두세 차례 간담회를 열어 나흘간 직원 50명 전부를 면담할 계획을 세웠다. 간담회 시작은 언제나 가벼운 주제였다. 먼저 장병규가 입을 뗐다. "이번 상황으로 인해 우리가 하려던 게임 제작을 제대로 진행하지 못한다면, 우리가 이 일을 시작한 의미도 사라지게 됩니다. 우리가 나누는 얘기들을 향후 의사결정 시에도 잘 참고하고자 하니 편안하게 얘기 나누면 좋을 것 같습니다. 사무실이 초토화된 덕분에 WoW 폐인이 되었어요. 평소 같으면 이렇게 시간 내서 집중해 게임하기 어려웠을 텐데. 향후에는 리니지2까지 해보고자 합니다."

직원이 물었다. "집에서도 WoW를 하시나요?"

"집에서도 합니다. 이거 때문에 아내에게 미안하긴 한데. 주로 아내가 아이들 재우고 잠든 이후, 10시 30분쯤에 그냥 자기 그렇잖아요? 노트북 갖고 합니다. 그나저나 엔씨소프트 일로 주위에서 걱정하는 분들 없나요?"

직원이 답했다. "가끔 전화 옵니다. '신문에 보니 기사 자주 나오는데, 너 괜찮은 거냐?' 묻는 지인이 많아요. 그러면 괜찮다고 답하고 있습니다."

장병규가 물었다. "곧 결혼하시죠? 부인 되실 분은 어떻게 알게 되셨어요?" "다음 달 16일에 결혼해요. 아내 될 사람은 할머니께서 소개해주셨습니다." "할머니?" "할머니께서 교회 다니시며 알게 된 분을 소개해주셨어요. 주일에 수지에서 신촌까지 교회에 모셔다드렸고, 저는 교회 안으로는 들어가지 않았는데. 암튼 소개받게 되었습니다." "수지면 이사 와야 되지 않을까요?" "신혼집은 일단 할머니 댁 옆으로 했어요. 이제 할머니, 아내를 교회에 모셔다드리게 됩니다."

다른 직원에게도 장병규가 물었다. "결혼하셨어요?" "여자 친구는 있어요. 친한 형의 아내분이 직장 후배를 소개해주셨어요. 인터파크 고객지원팀에 있다는데, 정확히 무슨 일을 하는지는 잘 모르겠습니다. 허허." "아니 어떻게 그럴 수가? 대화가 없는 커플?"

웃음 위로 심각한 질문이 하나둘 고개를 내밀었다. 법적 다툼이 주요 관심사였다. "경찰이 압수한 하드디스크는 어떻게 되는 건가요?" 장병규가 말했다. "하드를 다시 받게 되면 일등으로 돌려드리겠습니다. 하하. 액땜이라고 생각하면 좋을 듯합니다. 그런데 중요한 게 하드에 많이 들어 있나요?" "모아둔 자료, 사진이 많습니다." "아, 그러고 보니, 사진 같은 건 중요하겠네요. 주로 무슨 사진인가요?" "여러 종류입니다. 제 사진들 모아둔 것이 많습니다." "본인 사진? 그럼 나르시시즘이 있는 게 아닌가요?"

분위기가 무르익자 장병규가 말했다.

이번 주로 큰 고비는 넘어간 듯합니다. 이 상황을 굳이 비교하자면 당뇨를 앓고 계시는 우리 어머니의 경우로도 얘기할 수 있을 듯한데요. 우리 어머니는 건강하긴 하세요. 하지만 당뇨가 있느냐 없느냐 물으면 있다고 해야 합니다. 엔씨소프트와의 법적 분쟁은 그렇게 안고 가는 경우라고 봐야 해요. '관리되는 폭발물' 혹은 '하루아침에 털 수 있는 것이 아닌 것'으로 봐야 하죠.

그동안은 상황이 어떤 방향으로 튈지를 알 수가 없었지만, 이제부터는 예측이 어느 정도는 가능하리라 봅니다. 그러니 본연의 업무, 즉 세계적 수준의 MMORPG를 만드는 데에 주력해주면 좋겠어요.

이 상황을 야기한 그 회사의 의도가 뭐였겠는가? 그 의도를 넘어설 수 있도록 합시다. 우리는 한배에 탔으니 다 함께 잘 가야 하는 겁니다. 좋은 게임, 장수하는 게임을 보며 느끼는 건, 열심히 살고 좋은 방향을 추구하면 좋은 게임이 나온다는 겁니다. 말 그대로 우리가 어떻게 하느냐에 따라서 결과는 결정된다고 봅니다.

장병규의 눈에 MMORPG 장르는 분명한 초기 시장이었다. 아시아를 비롯해 미국, 중국, 유럽 시장에서 블록버스터 게임 4~5종이 더 나와도 수요가 충분히 뒷받침될 것이라 판단했다.

우리는 정말 재미있는 일이 많은 산업에 있는 거예요. MMORPG는 이제 시작입니다. 블루홀은 더 큰 무언가가 될 수 있어요. 가볼 만한 가치가 있는 길입니다. 발전 가능성이 엄청난 곳에 여러분이 있는 거예요. 7, 8년 전 NHN을 보세요, 당시 NHN에 가는 사람들 보고 모두 비웃었습니다. 그런데 지금 어떤가요? 특히 초창기 NHN에 있던 사람들은 지금 어떻게 되었습니까?

저는 게임 산업이 포화라는 얘기는 믿지 않습니다. 지금부터라도 역사를 만들어가면 됩니다. 우리만의 색깔을 가지고, 세계적인 게임을 만들어내면 됩니다.

장병규는 여러 팀을 면담할 때마다 이렇게 말했다.

학교 다닐 때 배우셨겠지만 기업의 3요소가 뭔지 아세요? 기업에 필요한 3가지가 바로 토지, 자본, 노동입니다. 블루홀에 토지가 필요한가요? 그렇지 않습니다. 이렇게 건물에 세 들어 살면 됩니다. 자본? 자본은 필요하죠. 게임을 만들려면 자본이 있어야 합니다.

그러면 마지막 노동. 블루홀에 노동이 있나요? 우리에겐 노동자 대신 인재가 필요합니다. 노동자와 인재의 근본적인 차이는 무엇일까요? 바로 대체 가능 여부입니다. 노동자는 대체가 가능합니다. 공장에서 사람 하나 빠지면 2~3일 지나 곧바로 다른 인력으로 대체할 수 있습니다. 그런데 인재는 대체 불가능합니다. 그 사람이 하던 일을 다른 사람이 그 수준으로 못 합니다. 인재는 회사가 싫어지면 회사를 나가면 끝입니다. 오히려 회사가 인재를 잃기 싫어 남아주도록 매달려야 하죠.

그만큼 인재와 노동자는 다른 것이고, 인재의 힘은 큽니다. 예를 들어 블루홀이 만드는 게임 캐릭터를 그리는 원화가가 그만두고 나가면, 이 사람 작업을 다른 이가 완전하게 대체하기란 불가능해집니다. 다른 사람이 작업을 새로 시작해야 하는 겁니다. 그림이 다르게 나오기 때문이죠. 프로그래머도 마찬가지예요. 그렇기에 우리는 '노동자'라는 말 대신 '인재'라는 말을 씁니다.

장병규가 생각하는 '인재론'이었다. 그는 토지, 노동, 자본이란 생산의 3요소를 스타트업 특성에 따라 다르게 해석했다. 그가 보기에 생산의 3요소는 전통적인 제조업에 해당한다. 제조업 중심의 경제 시스템에선 이 3요소가 모두 갖춰져야 사업을 제대로 시작하고 지속할 수 있다. 공장을 세울 토지와, 공장을 돌릴 노동이 필요하다. 또 토지와 공장, 노동, 원재료를 확보하고 마케팅을 할 수 있는 자본도 필요하다. 제조업 중심의 대기업에선 회사나 공장 위치가 어디인지, 임직원 규모는 얼마인지, 그 회사의 자본금이 얼마인지가 중요한 문제다.

반면 스타트업은 사람과 돈만 있으면 시작할 수 있다. 얼마든지 멋진 스타트업으로 성장하는 것도 가능하다. 창업자가 본인 아이디어 일부를 구현할 때 자본 없이도 가능할 수 있다. 아이디어에 돈을 댈 투자자를 구하면 되기 때문이다.

그의 눈에 제조업과 스타트업의 가장 큰 차이는 이렇게 생산을 위한 요소가 다르다는 점이었다. 스타트업은 토지, 노동, 자본에 크게 구애받지 않는다.

스타트업의 필수 조건은 그래서 사람이다. 다만 그 사람은 인재이지 노동자가 아니다. 스타트업에서 사람이란 곧 아이디어, 지식, 역량을 뜻한다. 장병규는 피터 드러커가 주창한 '지식 근로자knowledge worker'란 개념이 이를 적절하게 표현한다고 생각했다.

'대체 불가능함'이야말로 대기업 노동자와 구별되는 스타트업 인재의 속성이다. 공장에서는 노동자 한 사람이 그만두더라도 공장의 최종 생산물은 달라지지 않지만, 스타트업에선 상황이 다르다. 인재 하나하나가 자신만의 역할과 특성을 지니는 경우가 많다. 스타트업에서 한 사람의 엔지니어, 한 사람의 디자이너, 한 사람의 경영자를 대체하기란 쉽지 않다. 사람이 바뀌는 순간 최종 산출물에 큰 변화가 생긴다. 스타트업에서 생산 요소는 '사람' 그리고 '자금' 2가지뿐이다.

블루홀엔 토지와 노동 대신에 인재와 자본이 전부입니다. 그동안 꿩

장히 많은 벤처들이 기존 거대 제조 기업의 전철을 밟는 것을 보아왔어요. 회사가 조금 잘된다 싶으면 대기업의 뒤를 밟고 싶어 하는 모습을 참 많이 봤습니다. 그렇게 되면 게임회사에선 개발이 힘을 잃습니다. 경영진이 엉뚱한 곳에 눈을 돌려 사옥부터 으리으리하게 올리려 하고, 직원들을 인재로 대우하지 않고 노동자로 바라보기 시작하면요. 전통적인 경영 방식으로 직원들을 노동자로 바라보면 비극이 시작됩니다.

서구 선진 기업에선 이미 노동자와 인재를 다르게 보는 시선이 일반화되어 있어요. 그런데 우리나라는 아직 이런 인프라가 형성되어 있지 않고, 토지-자본-노동 관점이 판을 치고 있습니다.

블루홀은 다른 것을 믿는 회사입니다. 어쩌면 당연한 것을 믿고 있습니다. 별거 아닌 거 같지만, 중요한 차이입니다. 이 차이로 인해 여느 한국 게임회사와 다른 회사가 될 수 있다고 봅니다. 블루홀에 노동자는 없습니다. 블루홀에서는 모든 사람을 인재라고 봅니다.

장병규는 인재가 노동자보다 꼭 좋은 것만은 아니라고 설명했다.

인재는 성과를 내지 못하면 스트레스를 받습니다. 다시 얘기하지만 인재와 노동자는 다릅니다. '인재가 좋다'는 얘기가 아닙니다. 다르다는 겁니다. 인재는 성과를 내야만 합니다. 인재는 한 사람 한 사람 그 자체로 역할이 소중합니다. 블루홀만 해도 누구 하나라도 빠져버리면 그 작업을 못 합니다. 그렇기에 개개인의 복리 후생 등에 신경을 쓰는 것이고, 그와 동시에 인재에게 더욱 많은 것을 요구하는 것입니다. 이런 면에선 공장 노동자로 사는 게 더 편할 수도 있습니다.

장병규에게 성과를 내지 못하는 인재는 진정한 인재가 아니다. 성과 없는 인재는 인재로서 존재하지 못한다. 그의 눈에 게임 산업은 본질적으로 지식 산업이다. 지식 산업의 근간은 지식 근로자, 곧 인재에서 출발한다.

장병규가 간담회를 마무리했다. "혹시 월급 제일 많이 주는 기업이 어딘지 아시나요? 현대중공업입니다." 한 직원이 웃으며 물었다. "얼만데요?" "아, 혹시 거기 가시려고요? 암튼 많이 줍니다."

왜 많이 주느냐 하면 지금 조선업이 산업 분야 1위이기 때문입니다. 업종 생산력이 높으니까요. 그만큼 경쟁력이 있다는 겁니다. 한 산업을 이끄는 리딩leading 회사의 역할이 바로 그런 겁니다. 그 업계의 전체 경쟁력을 높여줘야 하는 거예요. 그래서 그 업종에서 세계 1위가 되는 게 중요한 겁니다.

삼성중공업은 현대그룹 창업자 정주영 씨가 삼성그룹 이병철 씨에게 만들어야 한다고 얘기해서 만든 것으로 알고 있어요. 심지어 현대중공업 사람을 3년간 임대하기까지 했습니다. 왜 그랬겠어요? 그래야 현대중공업도 더욱 발전할 수 있다는 것을 알았기 때문입니다.

한국 게임업계가 지금 전 세계 1위인가요? 절대 아니죠. 업계 넘
버원이 된다는 게 얼마나 중요하고 의미 있는지 아십니까? 리딩 회
사라면, 산업 전체가 글로벌 경쟁력을 갖도록 2, 3등을 키워줘야 한
다는 책임감도 갖고 있어야 합니다. 공생하고 함께하면서 시장 경쟁
력을 끌어올려야 합니다.

이번 일로 저는 더 열심히 살아야겠다는 생각을 했습니다. 그동안
은 게임 제작물이 나올 때까지 잘 챙기겠다는 마인드였는데, 이제 모
드를 전환했습니다. 훌륭한 제작물이 나오지 않으면 성을 간다, 꼭 만
들어내겠다, 인생 쪽팔리게는 안 살겠다! 그러니 잘해주셔야 합니다.

장병규는 아침형 인간이 아닌 탓에 오전 10시쯤 일을 시작
했다. 그는 제작에선 박용현, 경영에선 김강석을 전적으로 신
임하고 있었고, 자신을 경영진에 앞서 투자자로 생각했다.

블루홀보다 본엔젤스벤처파트너스 업무를 주로 했다. 블루
홀 관련 업무는 정기적으로 하지 않았다. 다만 인재 전쟁 시대
의 숙제를 푸는 것이 당면 과제였다. 블루홀 같은 중소 개발사
가 살아남기 위해선 좋은 사람을 확보해야 한다고 여겼다. 자
본도 결국 좋은 사람들이 있어야 모인다는 것을 체감해왔다.

그가 생각하는 좋은 사람이란, 일 잘하는 사람이기 이전에
대화가 통하는 사람이었다. 나아가서 자신의 이익보다는 전체
의 이익을 위해 과감한 결단을 내릴 수 있는 사람이었다. 블루
홀에 필요한 인재는 자신의 좁은 세계에서 벗어나 있어야 했

다. 경험한 만큼만 안다는 사실을 인정하고, 끊임없이 배우고
소통하려는 자세를 갖춘 지식 근로자를 최대한 블루홀에 품고
싶었다.

  그의 눈에 기획, 프로그래밍, 아트 직군에 속하는 직원들은
서로 다른 행성에서 온 것이나 다름없었다. 게임 비즈니스엔
실패의 위험이 늘 도사리고 있다. 게임에서 가장 중요한 '재미'
가 측정하기도, 관리하기도, 예측하기도 어렵기에 그렇다. 어떤
게임이 재밌는 게임인지 저마다 기준이 달랐다. 게임을 제작할
때 이질적인 직군 간 대화와 공감을 최우선으로 둬야 했다. 장
병규는 "실력을 보고 채용하고 싶다는 유혹을 많이 느꼈지만,
결국 좋은 게임을 만드는 건 좋은 문화를 가진 조직이어야 한
다"고 언급했다.

  게임업계 채용은 일반적으로 한 번의 인터뷰로 결정되곤 했
다. 함께 일할 팀에서 지원자를 만나보고, 괜찮다 싶으면 곧바
로 사번을 부여했다. 블루홀은 채용 전형에서 임재연 피플팀
장, 김강석 CEO, 장병규 의장을 면접관으로 하는 최종 인터뷰
를 추가했다. 구성원으로 적합한지를 한 번 더 검증하자는 취
지였다. 게임이 좋아 게임 만드는 일에만 온전히 집중하려는
장인이면서 동시에 동료를 존중하고 배려하며 소통하는 직원
을 맞고자 했다. 임재연 피플팀장은 "블루홀 최고의 복지는 나
에게 자극을 줄 수 있는 동료들이 되어야 한다"고 강조했다.

제작 초기 시니어 확보가 어려워 경력이 상대적으로 많지 않은 주니어 위주로 채용이 이뤄지고 있습니다. 그럼에도 이분들은 서로의 장점에 자극받아 업무에 몰입하면서 역량이 급성장하는 경험을 하고 있다고 말합니다. 좋은 동료들과 이야기를 나누며 선의의 경쟁을 해야 실력이 늘고, 더 나아가서 높은 연봉 상승을 이룰 수 있습니다. '좋은 동료가 구성원의 최고 선물'임을 알고 빈틈없이 검증하는 채용 전통을 만들어야 합니다.

장병규는 "블루홀의 많은 직원이 새로운 도전, 새로운 프로젝트를 하고 싶어 하는 만큼 기회를 많이 주고 싶다"고 밝혔다. 회사는 구성원들이 존중받고 있다고 느낄 수 있는 무언가를 주어야 했다. 그래야 직원들이 평소 갖고 있는 아이디어들을 활발히 교류하며 조직이 발전할 수 있다고 믿었다.

좋은 사람들이 만든 좋은 게임을 세계 시장에 내놓아 보란 듯 성공하고 싶습니다. 블루홀은 '게임 산업은 존경받을 수 없다'는 사회적 인식을 깨야 합니다.

근무는 자유롭게, 성과는 확실하게

"1층 혹은 외부 출입 시 슬리퍼를 신고 다니는 일을 자제해주셨으면 합니다." 블루홀 사무실이 입주한 랜드마크타워 관리실로부터 이러한 당부 메시지가 날아왔다. 건물에 입주한 회사들 가운데 근무 환경이 자유로운 업체는 블루홀이 유일했다. 나머지 입주사들의 복장 규정은 정장이었다. 블루홀 직원들은 자유로워 보였다. 티셔츠와 면바지, 슬리퍼가 그들의 비공식 유니폼이었다. 임원실은 따로 없었고 임직원 모두가 같은 크기의 책상에서 일했다. 휴식이 필요한 직원들은 회사 근처 카페에서 커피를 마시거나 휴게실에 있는 안마 의자를 찾았다. 점심시간엔 삼삼오오 팀을 이뤄 게임을 즐겼다.

장병규는 자유로운 근무 환경은 더 나은 성과를 내기 위한 조치라는 것을 분명히 했다.

자유로운 분위기임에도 성과는 확실하게 칼같이 따지겠습니다. 자유로운 분위기를 좋다고만 할 수 없어요. 성과를 제외한 모든 것은 매우 자유스러운 분위기를 유지하지만, 성과에 대해서는 냉정하리만큼 따지겠습니다. 그것이 우리 회사 피플팀이 존재하는 목적이라 말할 수 있습니다. 여러분이 업무 이외의 일들로 신경을 쓰지 않도록 해드리는 것이 피플팀의 존재 이유입니다. 아마 다른 회사와 분명 차이가 있을 거예요.

인재가 노동자보다 좋기만 한 것은 아닙니다. 인재는 스킬 의존적입니다. 성과에 대한 압박이 있고 평생 학습을 해야 합니다. 노동자들은 주어진 근무 시간에 일 잘하고, 퇴근해서 나머지 시간을 보내면 그만입니다. 인재는 그렇지 않습니다. 인재로 살려면 힘이 듭니다.

그렇다고 이윤 창출이 우리의 최대 목적은 아닙니다. 그것을 목표로 하지 않고 앞으로도 그럴 겁니다. 그럼, 비용 통제? 그렇지 않아요. 블루홀은 다만 성과에 대해 냉정하게 따질 수 있는 회사이고, 성과를 내는 회사입니다. 우리 모두 재밌게 일하면 좋겠습니다.

장병규는 블루홀이 지금 "새로운 시대, 새로운 형태의 회사를 만들어가고 있다"고 말했다. 직원들에게 투명하게 회사 정보를 공유하고, 최대한 대화를 늘려나가겠다고 밝혔다. 그만큼 직원 한 사람 한 사람을 인재로 대우하겠다는 의지였다. 그러면서도 성과를 확실히 따지는 원칙이 블루홀이 보여주고 싶은 새로움이었다.

블루홀은 업무 외적인 일로 여러분을 스트레스 받게 하지 않을 겁니다. 하지만 업무 스트레스는 받아도 좋다고 봅니다. 여러분에게 좋은 일이 될 거라 생각해요. 자, 앞으로 잘 해보도록 합시다.

하루는 보고서를 들여다보던 장병규가 "중국식 오크도 있다"

며 킬킬댔다. MMORPG에 흔하게 등장하는 기본 몬스터인 오 크를 그려달라는 그래픽 외주 작업을 중국에 있는 5개 업체에 동시에 줬다. 오크의 생김새나 피부색과 같은 외형 정보를 동 일하게 보내어 같은 일을 맡겼는데, 보내온 결과물이 모두 달 랐다. 심지어 그 지역 특성이 묻어 왔다. 한 업체에서 보낸 오 크는 중국식 빵모자를 쓰고 있었고, 또 다른 업체의 오크는 중 국 전통 의상을 입었다.

장병규는 대체 불가능한 인재의 특성을 다시 한번 체감했다. 게임 제작자는 공장 노동자가 아니었다. 같은 그림도 누가 그 리느냐에 따라 확연히 달라졌다. 중국 그래픽 업체들이 보낸 오크들의 다양한 모습은 직원 교육 때 인재의 특성을 설명하는 단골 사례가 됐다.

이렇게 결과물이 사람마다 차이가 납니다. 인재가 하는 일이 대체 가 됩니까? 시간만 주어진다고 될 문제가 아니잖아요. 주어진 시간 을 얼마나 열심히 집중해서 하느냐, 동기 부여가 되느냐 안 되느냐, 퇴근 출근하면서 업무 생각을 하느냐 안 하느냐, 그만큼 내 일이라고 생각하느냐 안 하느냐에 따라 성과가 바뀌잖아요. 블루홀이 호봉제 입니까? 내년 되면 그냥 연봉 올라가나요? 저희 연봉제입니다. 연봉 제에서 연봉이 동결되면 얼마나 괴로운 줄 알아요? 개인도 괴롭지만 회사도 괴롭습니다. 담당 매니저들요? 머리에 쥐 납니다. 블루홀은 매년 성장해야 합니다.

신뢰를 쌓는 일의 어려움

"챙겨준다, 챙겨준다, 얘기만 하다가 끝나는 일이 없기를 바랍니다." 블루홀에 새로 입사한 경력 직원이 장병규와 처음 만나는 간담회장에서 말했다. 몇몇 경력 직원은 블루홀이 내세우는 수익 배분 정책에 노골적인 의심을 드러냈다. 신입 직원들이 보이는 날선 태도에, 한 팀장급 직원이 장병규에게 메일을 보냈다.

게임업계 사람들이 워낙에 사기와 배신이 난무하는 험한 세상에서 지내다 보니 어느새 사람을 잘 믿지 못하는 태도가 마음 깊숙이 자리 잡게 된 것 같습니다. 사람들의 민감한 반응이 조금 의아하실 수도 있겠지만 저런 이야기를 하시는 분일수록 '아, 과거에 좋지 않은 경험과 고생을 많이 하신 분이구나' 하는 너그러운 눈으로 봐주시면 감사하겠습니다.

장병규가 답했다.

말씀하신 이야기를 직관적으로 느끼고 있습니다. 그런 경험을 가진 분들이 계시므로, 저희가 주장하는 신뢰라는 가치관을 블루홀 스튜디오에서 잘 지킬 수만 있다면, 오히려 저희만의 좋은 경쟁력이 될 수도 있겠다는 생각도 드니까요. 어차피 이 세상에 사는 사람들은 모두 다릅니다. 다른 사람들이 서로를 이해하고 뭉쳐야 팀으로 얻을 수 있는 성과를 내는 것이니까 열심히 이해하려고 노력하고 있습니다. 당연히 첫 느낌은 의아함이었지만요.

직원 회식을 앞둔 장병규가 이번엔 '물(水) 사주 등록제'를 고안해냈다. "금주 중인 분들이나 당일 컨디션이 매우 좋지 않으신 분들을 위하여, 사주와 외양이 동일한 물을 원샷하는 것을 의미하며 사전에 알려주신 분들에 한합니다." 팀워크를 위한 사주의 취지를 살려 지난 워크숍에 이어 또 사주를 돌리기로 했다. 장병규가 메일을 보냈다.

일부 직원들 의견을 반영해 사주를 버전 업up하였습니다. 사주 1.1에서는, 지난 워크숍 때 선보인 사주 1.0을 계승하면서 다음과 같이 개선했습니다.

소주 양은 그대로 하되 3명이 아닌 4명이 함께 마십니다. 구성원이 늘어난 만큼 조금 빠르게 진행하기 위해서입니다. 가장 큰 변화로 물 사주를 도입합니다. 술을 못 마시는 분들이 나오셔서 뻘쭘한 상황이 연출되기도 했고 술이 약한 분들은 도저히 술이 들어가지 않는 날이 있을 수도 있으므로 물 원샷을 추가한 것입니다.

물 사주를 원하는 분들은 나오셔서 사주 제조자에게 "물 사주"라고 아주 조그만 목소리로 말씀해주시면 되겠습니다. 크게 말씀하시면 술 한잔하는 분위기가 썰렁해질 수도 있으니 미리 귀띔해주시거나 조그맣게 말씀해주세요! 사주를 마시기 전에 지난번 제가 보낸 사주에 대한 메일을 다시 한번 읽어주시면 분명히 이런 행위가 서로 간의 신뢰를 바탕으로 팀워크에 도움이 된다고 느끼실 것입니다. 전체 회식을 기다리며, 이만 줄입니다. 더운데, 건강 잘 챙기시고요.

물 사주를 도입한 지 한 달도 안 되어 블루홀 제1호 퇴직자가 나왔다. 그래픽 아트 직군 직원이었다. 퇴사 결정을 한 직원은 피플팀의 면담 대상이 됐다. 퇴사자 면담 원칙은 무조건 들어주기. 회사를 나갈 때는 그동안 꺼내지 못했던 진심이 담긴 말이 나온다. 김강석과 임재연이 그 직원과 반주를 겸해 밥을 먹었다.

장병규가 김강석에게 "블루홀을 창업한 지 몇 달도 안 된 시점에 퇴사자가 나온 이유가 궁금하다"고 물었다. 엔씨소프트에서 이직한 직원이기에 더욱 그랬다. 김강석이 메일로 답했다.

면담을 통해 설득할 수 있다면 잔류했으면 하는 희망이 있었습니다만, 아쉽게 되었습니다. 곧 다른 팀장님과 면담이 한 번 더 있다고 들었으나 현재로서는 퇴직을 하지 않을까 예상합니다. 본인의 입을 통해 확인한 퇴직 사유를 정리합니다.

독특한 한 사람의 목소리일 뿐일 수도 있고, 많은 부분이 사실이 아닌 본인의 인식 오류일 수 있습니다. 떠나려는 사람이야 당연히 불만이 있어 그런 것이고, 그 불만이 본인의 인식보다 과장되어 표현되었을 수도 있겠고요. 또한 저분이 과연 우리 조직에 맞는 사람이었는가 뒤늦은 질문도 해볼 수 있습니다.

아무튼 우리가 지향하는 조직의 가치 체계(신뢰, 팀워크)를 감안할 때 그냥 소홀히 흘리기보단 새길 것은 새기고 고칠 것은 고치는 노력도 게을리할 수 없다 생각합니다. 그런 차원에서 우선 그의 목소리를 그대로 공유합니다.

직원의 퇴사 이유는 이러했다.

업무 추진 방식의 문제점은 까라면 까는 방식이다. 일정과 결과물 품질 간에 긴장이 있을 경우 이를 현명하게 해결하지 않고 그냥 밀고 가는 문화다. 문제의식이 있어도 커뮤니케이션할 상대가 없다. 이런 이야기를 회사 윗선과 자세히 하는 것도 거의 처음이고 할 사람이 없었다. 서로 터놓고 문제를 상의하고 해답을 찾지 않는 문화가 아쉽다.

조직 구조는 지나치게 톱다운 방식이고 역할과 권한이 불명확한 리더 그룹이 있다. 과연 적합한 자질의 사람이 윗자리에 앉아 있는 것인가 의문이 든다. 팀장급 이상 매니저와 팀원 간 대화도 너무 없다. 결론적으로 조직과 미래 성과에 대한 신뢰와 기대를 포기했고, 고통이 심해 최근 머리가 빠지고 있다. 블루홀에 오면 위아래 사람이 유연하게 대화하며 일할 거라 생각했으나 그렇지 않았다. 이런 식으론 좋은 결과를 기대하기 힘들다.

　기업의 본성은 사람의 본성처럼 변하지 않는다고 확신한다. 고로, 변화를 기대하기 힘들다. 인간적 실망 때문에 감정이 상한 것도 사실이다.

장병규가 답했다.

잠깐 대화를 나눴는데요, 저희의 비전인 'MMORPG의 명가'보다 개인이 즐겁게 일하는 환경이 더욱 중요하다고 생각하신답니다. 어쩔 수 없죠. 나가신다고 생각하고 이번 일이 그래픽팀이 좀 더 뭉치는 기회가 될 수 있도록 각별히 신경 써주세요. 그리고 이런 경우엔 전격적으로 업무 인수인계와 퇴직을 진행하는 것이 좋다고 생각합니다.

다음 10년을 이끌 게임을 꿈꾸다

회사를 설립한 지 두 달이 지나서야 직원들은 '블루홀 스튜디오'라 적힌 첫 명함을 받았다. 명함 이미지 파일은 진작 만들었지만 경찰이 하드디스크를 압수하면서 다시 제작해야 했다. '최고경영자CEO'라 적힌 직함이 무색할 정도로 김강석은 법적 문제를 처리하는 데 연일 신경을 쏟았다. 총대를 메고 변호사들과 함께 법률 싸움의 최전선에서 싸웠다. 이 문제에 업무 시간 대부분을 할애했다.

창업할 때만 해도 이런 일에 시간과 에너지를 허비할 줄 몰랐다. 게임회사를 만들었으면 게임에 대해 논의하는 게 정상이었다. 개발자들이 의도하지 않았더라도 그들 PC에 엔씨소프트에서 만든 작업물이 복사돼 있다면? 혹여나 일부 직원이 전 회사에서 만든 결과물을 몰래 들여왔다면? 이 문제에 더욱이 회사 핵심 인재가 연관되어 있다면? 꼬리에 꼬리를 무는 의심에 머리가 지끈거렸다.

법적 리스크가 블루홀 성장의 발목을 잡고 있었다. 투자를 받거나 프로젝트 S1의 퍼블리싱 계약을 협의할 때에도 늘 걸림돌이 됐다. 꿈을 품고 블루홀에 합류했는데, 꿈꾸는 일조차 사치로 여겨졌다. 경영은 고사하고 법률 사무소를 들락날락하며 법정 대응에 골머리를 앓았다. 김강석은 그저 벌어지는 일들에 전력투구할 수밖에 없었다.

박용현팀은 프로젝트 S1 서비스 전략을 고민하며 장병규, 김강석과 수시로 머리를 맞댔다. 이들은 '한국 시장의 성공은 여러모로 매우 중요하다'는 데 우선 의견을 모았다. 해외 시장에서의 파급 효과를 위해서나, 차기작을 만들기 위해서라도 국내에서 발판이 필요했다. 그렇다 할지라도 해외에서 두각을 나타낼 게임을 만드는 게 아니라면 회사를 시작한 의미가 퇴색될 터였다.

한국에서 먼저 게임을 출시한 이후 순차적으로 북미와 유럽, 중국, 일본 등 해외 시장에 선보일 계획를 세웠다. 해외 진출의 파트너로서 현지 퍼블리셔는 반드시 필요하다고 판단했다. 게임 제작사 블루홀에 다른 나라 시장에서 고객을 모집하고 서비스를 관리할 역량은 없었다. 해외 게이머들을 이해하는 외부 퍼블리셔가 꼭 필요해 보였다. 또한 게이머에게 매월 게임 이용 요금을 받는 월정액제 방식으로 게임을 만들기로 결정했다.

투자자 유치 전략도 논의 대상이었다. 투자자들을 어떻게 설득할 것인지가 중요했다. 초기 기업에 투자하는 벤처캐피털vc들은 대작 게임 프로젝트 S1과 신생 회사 블루홀 가운데 어떤 것에 더 큰 매력을 느낄까?

의견이 갈렸다. 단 하나의 게임이 블루홀의 비즈니스 모델이 될 수 있는지가 쟁점이었다. 장병규는 "회사가 지속하기 위해선 블루홀이란 회사 자체에 매력을 느껴야 한다"고 주장했다. S1은 그것을 위한 설득의 도구였다. S1을 중심으로 내세우면서 성공 확률이 높은 다른 프로젝트를 시작할 기회를 얻고자 했다. 블루홀이 영속하기 위해선 여건이 허락하는 한 게임 제작 라인을 늘려야 했다.

게임 하나의 수명은 어디까지일까. 다시 말해 게임 하나로 돈을 버는 일을 언제까지 지속할 수 있을까. 장병규는 이 물음들에 "최대 10년"이라 답했다. 물론 그는 별 의심 없이, S1이 제대로 제작된다면 10년은 너끈히 블루홀을 뒷받침할 것이라 믿었다. 이미 엔씨소프트의 게임 리니지가 이를 증명해주었다. 1998년 9월 서비스를 시작한 이 게임은 여태 살아남아 위세등등한 존재감을 내뿜고 있었다. 리니지가 구축한 철옹성에 로그인하기 위해 게이머들은 여전히 입장료를 기꺼이 지불했다.

"내년 1월 마감을 위해 타이밍을 맞추고 있습니다. 문제없습니다." 연말 회의에서 박용현이 말했다. 그간의 제작을 중간 평가하는 마일스톤 일정이 한 달 앞으로 다가온 때였다. 프로젝트 S1 개발자는 100명을 향하고 있었다.

게임 사운드 쪽 스케줄이 다소 무리이긴 합니다. 5일 정도 사운드 작업 시간이 부족할 수 있는 것 같긴 합니다. 아웃풋은 꽤 자신이 있습니다. 이번 것의 장점이기도 하지요. 게임 자체의 완성도는 지금도 훌륭합니다. 그럼에도 그건 유저가 알 수 있는 수준이고, 투자자 입장에서 알아차리기는 쉽지 않은 부분이긴 하죠. 그 외에 걱정할 부분은 없을 듯합니다.

박용현은 "게임 그래픽과 기획 인원 채용은 잘 마무리됐다"고 덧붙였다. 사운드 분야가 걱정이었지만 괜찮은 지원자가 모여 1월에 채용하기로 했다는 소식도 전했다. 블루홀의 꿈은 알

차게 여물고 있었다.

아트팀을 총괄하는 황철웅은 하루 종일 책상에 파묻혀 수백 장의 그림과 그래픽을 쏟아냈다. 그는 장발의 로커처럼 머리카락이 길었다. 게임업계에 몸담은 이래 그의 머리칼은 늘 어깨를 덮었다. 무슨 이유로 이런 헤어스타일을 유지하는지를 아는 사람은 적어도 블루홀에는 없었다.

"왜 머리를 기르시나요?"란 질문에 그는 늘 "비밀"이라고 답했다. 황철웅은 리니지2 아트디렉터로 6년간 일하면서 한국을 대표하는 최고의 3D 아트 전문가란 명성을 얻었다. 유저들을 게임으로 불러들이기 가장 효과적인 수단이 그래픽이었다. 화려한 효과와 미려한 외관에 게이머들은 일단 매혹된다. 아름다운 캐릭터는 게임을 해보고 싶다는 욕망을 끌어 올린다.

"출시 초기 흥행은 그래픽이, 인기 유지는 기획이 담당한다." 게임업계에서 진리처럼 떠받드는 명제 가운데 하나였다. 황철웅은 프로젝트 S1 아트 팀장으로서 욕심낼 수 있는 모든 부문에 신경을 쏟았다. 차세대 플래그십 MMORPG를 지향하는 S1에서 다른 차원의 게임 그래픽을 유저들에게 선사하고 싶었다. 그에게 그래픽 작업이란 극대화maximization와 최적화optimization 사이에서 벌이는 줄다리기와 같은 것이었다.

그래픽 기술 발전 수준을 유감없이 보여주면서도, 동시에 고객이 보유한 보편적인 성능의 컴퓨터에서 무리 없이 구현될 수 있게 수준을 조정해야 했다. 두 마리 토끼를 잡는 균형점을 찾아내는 것이 황철웅의 과제였다. 새로운 기술을 적용하면서 프로그래머와 서버 기술자들이 이를 소화할 수 있도록 조율해야 했다. 그러면서도 차세대 MMORPG를 선언한 만큼 모든 요소에서 기존 것을 압도하길 원했다.

　장시간 집중하며 일한 탓에 황철웅의 목은 수시로 뻐근해지고 손목은 시큰거렸지만, 기분은 반대로 한껏 고조됐다. 이 머리 긴 사내는 압도적인 그래픽에 게이머들이 감탄하는 상상을 마취제 삼아, 늘 작업대에 웅크려 펜과 마우스를 바삐 움직여댔다.

의사결정에 대하여

경영자의 주요 역할과 책임은 의사결정 그 자체다. 합리적 추론, 이성적 토론, 과학적 판단, 다수결 등으로 결정할 수 있는 것들이 의사결정자에게 주어지지 않는다. 의사결정은 고유한 권한으로 입체적 관점에서 소신과 직관을 동반한 주체적 판단이며, 경영자는 자신의 판단을 말로써 설명해 상대방을 설득할 수 있어야 한다. 그리고 그에 따른 성과와 결과를 담담하게 받아들여야 하며, 필요한 경우 본인의 잘못을 인정하고 투명하게 공개해야 한다.

의사결정을 내릴 때 다른 사람들의 도움을 받을 수 있지만, 의사결정과 추진은 온전히 혼자만의 몫이다. 외로운 일이다. 설득과 설명이 쉽지 않은 경우에는 고독함이 배가된다. 세상의 모든 짐을 혼자 떠안은 느낌이 강하게 든다. 그럴 때는 땀을 흘리거나, 명상을 하거나, 멍하게 밖을 바라보는 순간이 필요하다.

크래프톤이 어려웠던 시절, 나 또한 수많은 의사결정을 내려야만 했다. 자금 문제는 일상이었고, 공동 창업자와의 충돌도 불편했다. 게임은 도통 알 수 없는 물건이었고, 구조조정은 다시는 겪고 싶지 않은 경험이었다. 그런 때마다 혼자 한강 공원에 나가서 걸었고, 어떻게든 결정을 했다. 후회하지 않기 위해서, 해당 결정 이후에 마음이 평온한지를 조용히 지켜봤다. 돌이킬 수 없는, 회사 전체에 미치는 영향이 큰 의사결정일수록 침묵의 시간은 좀 더 길었다. 정해진 시간이 지나고도 마음이 평온하면, 뒤를 돌아보지 않고 결정을 알리고 실행하기 시작했다. 고독한 산책이 나의 의사결정을 도운 것이다.

경영자들만 고독할까. 세상의 모든 비전가는 고독하다. 비전이라는 것은 무릇 소수의 사람에게만 보인다. 일반 대중이 비전가의 꿈을 믿게 되는 것은 그로부터 한참 후다. 처음에는 손가락질을 받거나 외면을 당하기 일쑤다. 당연히 고독하다. 스스로 본인이 믿는 비전이 맞을지를 끊임없이 자문할 수밖에 없다.

조직 내에서 라스트맨이, 고독한 사람이 하나는 아니다. 조직에는 역할과 책임을 맡은 사람이 수많이 존재하고, 그들은 자신의 역할과 책임에 맞는 권한을 가지고 있다. 게임 제작 책임자는 게임 제작에 대한 책임을, 대표이사는 회사에 대한 책임을, 이사회 의장은 이사회에 대한 책임을 지며, 그에 맞는 고독함을 안고 살아간다.

특히 게임 제작의 최종 책임자는 대표이사만큼이나 외롭다. 구성원들 누구나 멋진 게임을 만들고 싶어 하지만, 동원할 수 있는 자원과 조직이 쌓아둔 역량과 경험에는 늘 한계가 있다. 게임의 본질은 재미인데, 재미는 복합적이며 취향을 타기에 설명이 용이하지 않다. 조직을 이끄는 것 자체도 도전적이다. 심지어 게임이 실패하면, 구성원 대부분이 게임 제작 책임자를 탓하기 일쑤다.

라스트맨인데 고독하지 않다는 것은, 어쩌면 권한과 보상을 누리면서, 주체적이고 능동적으로 책임을 다하지 않고 있다는 방증일지도 모른다. 조직 내에서 고독을 느끼지 못한다면, 본인에게 주어진 역할과 책임이 그만큼 중요하지 않다는 의미일 수 있다.

　그렇다. 의사결정은 라스트맨이 짊어져야 할 숙명이며, 그 과정은 고독하다.

2008

튜토리얼:
첫 번째 미션, 프로토타입

법적 리스크를 떠안은 신생 회사 블루홀에 국내
외 벤처캐피털이 모두 등을 돌린 가운데, 박용
현팀은 'S1' 개발에 박차를 가했다. 승패를 예
측할 수 없는 게임업계에서 연전연승해온 박용
현팀의 실력을 증명하듯, 프로젝트 개시 1년 만
에 공개된 프로토타입(시제품)은 단번에 합격점
을 받았다. 'S1'을 향한 대외적 기대치가 높아지
고, 블루홀은 'S1'의 퍼블리셔와 투자자를 구하
는 데 성공했다.

블루홀에 투자한 회사들이 나타난 이상, 이제
블루홀은 블루홀만의 것이 아니게 되었다. 퍼
블리셔와 투자자에게 보여줄 객관적 지표를
마련하기 위해, 경영진은 제작진에게 '예측 가
능하게' 게임을 개발해줄 것을 요청했다. '제
작과 경영의 분리'라는 기치 아래, 블루홀은
'MMORPG의 명가'라는 비전에 점점 가까워지
는 듯했다.

프로토타입 공개

2008년 장병규와 김강석은 프로젝트 S1 카드를 내걸고 투자 유치에 본격적으로 나섰다. 김강석의 마음은 한결 홀가분했다. 그동안 로펌(법무법인)과 함께 법적 분쟁에 대응하며 요령이 제법 붙었다. 비상사태로 널뛰던 업무도 점차 일상으로 내려앉았다.

어떻게 프로젝트 S1을 매력적인 투자 기회로 보이게 할지가 주된 관심사였다. 두 사람은 S1을 함께 서비스할 퍼블리셔 업체를 모집하는 일에도 힘을 쏟았다. 넥슨과 네오위즈, NHN(한게임)같은 파트너사를 후보군으로 두고 관계자들을 수시로 만났다. 잠재적인 파트너들과 앞으로 어떻게 게임 사업을 진행할 것인지 논의했다. 법적인 위험이 여전히 수면 아래 웅크리고 있었지만 블루홀 스튜디오는 분명 게임업계와 투자자들이 주목하는 회사였다.

김강석은 "법적 리스크가 안정화되면서 블루홀이 일반적인 스타트업이 가야 할 길을 비로소 걸을 수 있는 회사가 됐다"고 진단했다. 제작뿐 아니라 IR(투자 유치), HR(인사 관리), PR

(홍보) 같은 일반 경영 업무를 재정비했다. 특히 투자 유치가 시급했다. 국내외 할 것 없이 거의 모든 게임회사 관계자를 만났다. 벤처캐피털에도 투자 유치 제안서를 제출하고 프레젠테이션을 했다.

투자자 대부분이 협상 막판에 고개를 돌렸다. 장병규라는 걸출한 스타트업 스타가 아무리 건재하다 하더라도, 블루홀이 스타트업으로선 무모한 투자를 하고 있다는 우려가 팽배했다. 신생 업체가 3년간 300억 원을 들여 게임 하나를 만들겠다는 계획은 투자자 입장에선 도박으로 보였다.

한국 게임업계를 이끄는 엔씨소프트와의 마찰과 그에 따른 리스크도 걸림돌이 됐다. 블루홀이 최고의 게임을 낼 수 있다는 데 어렵사리 동의할지라도, 법적인 문제에 결국 발목이 잡힐 것을 투자자들은 우려했다. 벤처캐피털 심사역들이 투자 요청서 품의를 올려도, 내부 법무팀에서 법적 분쟁을 이유로 위험 의견을 제출하면서 투자 진행을 멈추기 일쑤였다. 김강석이 변호인 의견서를 제출하고 사실 문서를 들이밀어도, 어디까지나 블루홀의 주장으로 치부될 뿐이었다.

"블루홀에서 대작 게임을 제작하는 사람들은 정말 훌륭한 인재입니다. 진정한 프로패셔널이고요. 여러모로 이상적인 면이 많습니다." 김강석은 망망대해에 홀로 떠 있는 낚싯배의 조타기를 잡고 있는 선장으로 보였지만, 결코 만선滿船을 의심하지 않았다.

과거 네오위즈에서 게임을 퍼블리싱한 경험을 비추어봤을 때 프로젝트 S1는 아무리 생각을 거듭해도 결과를 의심하기 힘들었다. 그가 겪은 거의 모든 게임 제작자들이 제작 기간과 예산을 맞추지 못했다. 그들은 자신이 가진 역량과 처한 상황을 제3자의 시선에서 객관적으로 살피지 못했다. 그들이 주장하는 논리는 허술하기 짝이 없었다.

블루홀은 달랐다. 박용현팀은 정교한 논리로 무장하고서 "3년 300억 원"을 외친다. 산전수전과 시행착오를 다 겪어본 게임 제작 베테랑들의 공언公言에는 묵직한 힘이 있었다. 게임 제작에서 마주치는 갖가지 문제를 이미 경험하고 또 돌파해본 사람들이었다.

수백 명을 투입하는 게임 제작을 과거에도 해냈다. 언제, 어느 단계에, 어디에서 어떤 문제가 발생하는지를 빠삭하게 알고 있는 잔뼈 굵은 장인들이었다. 노련한 어부들이 힘주어 하는 말을 어찌 선장이 신뢰하지 않을 수 있겠는가. 박용현팀은 "새로운 게임을 만들고 싶다"고 말하지 않았다. "지금껏 해왔고 충분히 성공한 프로젝트를 더 잘해보고 싶다"고 했다. 김강석은 2가지 발언의 차이만큼 제작진을 신뢰했다. 박용현팀이 시장에서 쟁취한 트랙 레코드(과거 실적). 이것이야말로 미래를 예측하는 데 가장 신뢰할 만한 지표였다.

블루홀은 그저 좋아하는 게임을 만들려는 철부지들이 모인 회사가 아니었기에 제작해본 적 없는 장르에도 도전하지 않았

다. 유능한 개발자들이 최고의 MMORPG를 만드는 데 꼭 필요
한 제안을 하고 있었고, 대작 게임을 세상에 내놓겠다는 그들
의 의지는 누구보다 드높았다.

박용현팀은 처음부터 제작 인력 150명을 요구했다. 팀장 3인
하나하나가 성숙한 개발자였고 박용현을 정점으로 한 제작 라
인 모두가 빠릿빠릿했다. 김강석이 겪은 여느 제작자와 차원이
다른 인재들이었다. 그렇기에 블루홀 창업자는 드림팀 대우를
받을 자격이 충분했다. 김강석은 투자자를 만날 때마다 "300억
원으로 3년 후에 최고의 게임이 나온다"고 피력했다. 그는 투
자자에게 제시하는 장밋빛 계획이 부끄럽지 않았다.

2008년 3월, 블루홀 회의실에 창업자들과 몇몇 직원, 외부
전문가들이 모였다. 나른하던 낮 공기가 팽팽해졌다. 개발진이
프로젝트 S1의 프로토타입(시제품)을 처음으로 선보이는 자리
였다. 프로토타입은 완성 게임이 아닌 맛보기 게임이다. 진짜
제품이 나오기에 앞서 빠른 시간 안에 만드는, 최종 제품의 원
형이자 게임에서 구현하려는 핵심 특징이 담긴 초기 모델이다.
짧은 플레이 타임에 S1의 주요 기능과 콘텐츠를 담아 만든 테
스트용 게임이었다.

그동안 머릿속에만 존재하던 S1이 실제 게임 형태로 옷을 입
었다. S1의 게임성과 재미를 눈으로 처음 확인해볼 수 있게 된
것이다. 대형 모니터가 켜지자 시선이 쏟아졌다. 관중은 숨죽
여 15분간 펼쳐지는 게임 장면을 지켜봤다. 화면에는 몬스터와

기사 여럿이 등장했다. 곧바로 싸움을 시작했다. 몬스터와 멀리 떨어져 있는 한 기사가 원격 무기인 대포를 쐈다. 포탄은 궤도를 그리며 몬스터의 몸으로 날아가 터졌다. 포탄에 맞은 몬스터가 씩씩거리며 거대한 칼을 휘둘렀다. 칼날이 지나가는 범위 안에 있던 기사 여럿이 상처를 입었다. 게임 영상이 끝날 때쯤 모두가 웃고 있었다. 그토록 원하던 전투 액션이 실제 게임 안에서 작동되고 있었다. 그야말로 혁신이었다.

기술상 난제로 여겨지던 논타기팅 기술을 MMORPG로 구현했다. 회의실은 환희로 가득 찼다. 평가를 위해 부른 외부 전문가들도 모두 놀라 입을 다물지 못했다. 기획팀장 박현규의 눈에도 믿기지 않을 정도로 수준이 높았다. 게다가 과거에 비슷한 규모의 프로토타입을 만들었을 때보다 제작 시간은 절반으로 단축했다. 단번에 혁신적인 시제품을 만들어낸 것이다.

회사가 겪는 법적인 위기가 오히려 직원들을 단단히 뭉치게 한 것 같았다. 생존을 걱정하던 직원들이 외려 악에 받쳐 밤낮없이 개발에 몰두했다. 아트팀장 황철웅에게도 프로토타입 제작 성공은 큰 의미로 다가왔다. 이전 회사에서부터 손발을 맞춰온 핵심 인력들과 헤어지게 되면서, 블루홀에서 새 구성원을 뽑아 팀을 재구성해 힘겹게 결과를 냈다. '나 아직 안 죽었다'고 세상에 증명한 것 같았다.

S1 프로토타입을 보고서 다른 게임회사에 다니던 한 사람은 스톡옵션(주식매수선택권)을 포기하고 블루홀로 이직하기도 했

다. 반짝이는 시제품을 만들었으니 이제 제품화하는 과정이 남았다. 전체 공정을 따지자면 프로토타입은 개발 단계의 10퍼센트 정도에 불과했다. 전체를 완성하기 위해 다시 바닥부터 쌓아 올려나가야 했다. 그래도 블루홀 제작진은 목표물을 확인했다. 갈 길이 멀지만 깃발은 제대로 꽂았다. 시간 내 바삐 달리기만 하면 금메달을 목에 걸 수 있을 것 같았다.

김강석의 어깨는 한결 가벼워졌다. 블루홀의 실력을 입증하는 시제품이 손에 들렸다. 블루홀 CEO의 확신은 비로소 공허한 말에서 눈에 보이는 물건으로 변했다. 김강석에게 '3년 300억 원'은 행동 강령이기도 했다.

"3년간 300억 원을 써서 2010년 S1을 출시한다." 이 계획에 맞춰 장병규와 함께 자금을 마련하고 인사, 마케팅 등 경영 업무 전반을 수행해나가면 됐다. 김강석에게 블루홀의 성공은 풀기 쉬운 일차방정식으로 여겨졌다. 그의 머릿속에 블루홀의 미래는 구불구불한 그래프가 아닌, 간단하고 깔끔한 우상향 직선으로 그려졌다. 예컨대 블루홀이 유치한 투자금이 언제쯤이면 떨어질지, 어느 시점에 벤처캐피털로부터 투자를 받아야 할지 그 시기를 쉽게 가늠할 수 있었다.

그럼에도 자금이 필요해지면? 게임 출시 전에 S1의 판권을 일본, 대만, 중국, 북미, 유럽의 퍼블리셔들에게 팔아 자금을 충당할 계획을 세우면 됐다. 퍼블리셔에게 받은 계약금으로 은행에서 돈을 빌리는 방안을 고려할 수도 있었다. 제법 쉬운 시나리오였다.

처음 5분만으로 해피 엔딩을 알아맞힐 수 있는 뻔한 로맨스 영화를 보는 것 같았다. 정해진 마일스톤에 따라 면밀히 계획을 세우고 근면히 일한다면 능히 성공할 수 있을 것 같았다. 그동안 해왔던 일이면서 잘할 수 있는 일이었다. 블루홀이 겪고 있는 갖가지 어려움이 사소하게 느껴졌다.

퍼블리셔 찾기

게임을 직접 서비스할 것이냐, 파트너를 맺어 퍼블리싱을 할 것이냐. 연초부터 블루홀 이사회에선 S1의 한국 서비스 방식을 두고 갑론을박이 벌어졌다. 블루홀이 직접 게임을 서비스하면 흥행 수익은 커진다. 반면 실패의 위험을 오롯이 블루홀이 떠안아야 한다. 전문 퍼블리셔에 서비스를 맡기면 수익을 나눠야 하지만, 마케팅과 홍보 비용을 줄일 수 있고 초기 집객에도 유리했다.

박용현은 직접 서비스를 해보고 싶어 했다. 그는 "하나의 게임을 제작사와 퍼블리셔 둘이 관리하면 '한 지붕 두 가족'의 비효율이 발생할 수 있다"고 염려했다. 의사결정을 블루홀이 단독으로 하는 게 유리하다는 주장이었다. 파트너사가 갑작스레 변심해 신뢰를 저버릴 위험도 제기했다. 함께 게임을 성공시키겠다는 열정이 식어 마케팅이나 홍보, 운영을 소홀히 하지 않을까 하는 우려였다.

장병규는 "결국 비용이 문제"라며 퍼블리싱 계약 쪽에 무게를 뒀다. 빠듯한 주머니 사정을 고려했을 때 퍼블리싱 계약으로 실패 리스크를 줄이는 게 낫다는 의견이었다. 이사회에서 "블루홀이 초기 단계 회사인 만큼 위험부담을 나누는 게 필요하다"는 결론을 내리고, S1을 퍼블리싱할 업체를 찾기로 했다.

블루홀은 국내 퍼블리싱 파트너로 NHN과 넥슨을 놓고 저울질했다. 장병규는 NHN에 한 표를 던졌다. NHN이 넥슨보다 초기 유저를 적어도 10퍼센트는 더 불러 모을 수 있다고 판단했다. 게임 출시 후 초기 집객을 늘리는 게 성공에 유리했다.

박용현은 "10퍼센트는 오묘한 숫자"라고 언급했다. 20퍼센트 격차라면 무조건 NHN과 계약해야겠지만, 10퍼센트란 수치는 애매하다는 것이었다. 그가 보기에 게임을 성공시키겠다는 의지는 넥슨이 NHN보다 높았다. 넥슨은 블루홀의 S1을 강하게 밀어줄 것으로 보였다. NHN은 고객을 빨리 모아줄 것 같긴 했지만, 블루홀을 여러 파트너 제작사 가운데 하나로 여긴다는 인상을 주었다. NHN은 해외에서도 대작 게임을 수입해 퍼블리싱하고 있었다. 특히 글로벌 화제작 '워해머 온라인'의 퍼블리싱 계약을 NHN이 따냈다는 게 문제였다.

미국 게임업체 미씩엔터테인먼트가 제작하는 MMORPG 워
해머는 전 세계 게이머들을 마니아로 둔 유서 깊은 시리즈였
다. NHN이 계약한 워해머의 새 작품은 국내 시장에서도 강력
한 기대작으로 떠오르고 있었다. NHN은 MMORPG 강자 엔
씨소프트에 맞서 워해머를 국내로 들여와 한판 붙을 채비를 하
고 있었다.

　이런 상황에서 NHN이 아무래도 블루홀 S1에 소홀하지 않
겠느냐는 우려를 박용현이 제기했다. 그는 "우리 물건이 한국
기준으론 워해머보다 멀쩡해 보인다"고 말했다. "결국 NHN의
역량, 넥슨의 의지를 선택하는 문제네요." 장병규가 문제를 간단
히 정의했다. 최종 결정의 공이 CEO 김강석에게 넘어왔다. 김
강석은 "의지는 바꿀 수 있지만 역량은 바꿀 수 없다"고 말했다.

　퍼블리싱 업체의 역량은 블루홀 같은 개발사에서 어떻게 할 수가 없
는 문제죠. 퍼블리싱을 잘할 수 있게 만들 도리가 우리에게 없습니
다. 반면 블루홀 게임이 흥행에 어려움을 겪는다면, 지금 생각과는
다르게 퍼블리셔의 의지가 약해질 수 있어요. 넥슨의 역량이 발전할
것이란 기대가 있지만 어디까지나 기대일 뿐이죠. NHN은 객관적인
능력이 있습니다. 우리를 위해 얼마나 그 역량을 쓸 것이냐가 문제이
긴 하지만요.

　장병규가 회의를 마무리했다. "정리하자면, 역량이 있는 곳

에 의지를 심어주자는 거네요. NHN을 우선 협상자로 선정하고 S1 퍼블리싱 논의를 진행하겠습니다."

블루홀은 NHN과 두 달여의 협상 끝에 8월 퍼블리싱 계약을 체결했다. NHN이 퍼블리셔로 등장하면서 S1은 게임업계의 기대작으로 화제를 몰았다.

간만에 전해진 대규모 MMORPG 출시 소식에 게이머들은 술렁였다. 블루홀 홈페이지에 화려한 그래픽의 게임 이미지(스크린샷)가 공개되는 족족 환호했다. "현실과 흡사하게 원하는 방향으로 공격을 하고, 공격 거리와 방향이 맞지 않으면 칼과 마법 공격이 먹히지 않는다." "적에게 맞으면 뒤로 밀려나는 물리적 거리가 충격에 따라 달라진다." MMORPG 장르 최초로 전투 방식에 논타기팅 방식을 적용한다는 뉴스는 비상한 관심을 끌었다. 현실과 가깝게 사실적인 전투를 즐길 수 있다는 점에서 게임 마니아들의 기대감이 커졌다.

NHN도 프로젝트 S1을 흥행작으로 만들어 경쟁 업체 엔씨소프트와 자웅을 겨뤄보겠다는 의욕을 불태웠다. 마케팅 비용을 쏟아부어 '고객 모집을 가장 잘하는 퍼블리셔'란 시장 내 위상을 공고히 할 계획을 세웠다.

첫 투자 유치

엔씨소프트는 블루홀을 상대로 민사 소송을 제기했다. 블루홀로 이직한 직원들이 엔씨소프트의 영업 비밀을 침해했다고 주장하며 프로젝트 취소에 대한 손해배상으로 71억 원을 청구했다. 블루홀은 형사에 이어 민사 소송까지 감당해야 하는 처지가 됐다.

예상하지 못한 시나리오는 아니었지만, 첫 투자 유치가 법적 문제로 인해 번번이 미끄러졌다. 투자하기로 했던 미국의 벤처캐피털은 사인 직전에 "법적 리스크로 투자를 재검토하겠다"며 논의를 원점으로 되돌렸다.

장병규는 격앙돼 소리를 높였다. "그들이 내건 조건을 보고 투자 협의를 진행해왔습니다. 이성적으로는 이 회사와 계속 협상하는 것이 맞지만 감정적으로는 협상할 마음이 떠났습니다." 결국 논의를 없던 것으로 하고 곧바로 다른 투자자를 만나기 위해 미국으로 떠났다.

장병규는 홍보용 자료를 챙기고 캐리어를 꾸리는 일을 수차례 반복했다. 그러다 2008년 10월 첫 투자(시리즈A) 유치에 성공했다. 미국에 거점을 두고 한국에서 활동하는 벤처캐피털 '알토스벤처스' 등이 85억 원을 투자하기로 결정한 것이다. 알토스벤처스는 국내 벤처캐피털들이 등을 돌린 블루홀에 구원

투수 역할을 자처했다. 블루홀이 맞닥뜨린 법적 갈등에서 블루홀의 주장을 믿어줬다.

이 회사의 대표인 한국계 미국인 김한준은 '한킴'이란 미국 이름을 주로 사용했다. 평소 한킴과 알고 지내던 장병규가 어느날 "한 국내 벤처캐피털과 만든 투자 협약서를 검토해달라"고 요청한 것이 계기가 됐다.

협약서엔 장병규가 개인 돈으로 투자 손실의 일부를 물어내야 한다는 독소 조항이 있었다. 한킴이 보기에 장병규 개인이 엄청난 짐을 떠안는 투자 구조였다. 한킴은 "말이 안 되는 부당 계약"이라며 "차라리 알토스벤처스가 투자하겠다"고 나섰다. 그 대신 블루홀이 평가받은 기업 가치보다 20퍼센트 정도 낮은 가격에 투자하겠다는 조건을 걸었다.

장병규는 대번에 투자 제의를 거절했다. "회사 지분을 가장 많이 가지고 있지만 나도 여러 창업자 가운데 하나"라며 "내가 손해 보기 싫다고 블루홀의 기업 가치를 훼손하면서까지 다른 창업자들에게 해를 끼치긴 싫다"는 이유를 댔다. 그렇게 장병규가 밀고 나갔던 투자 유치 건은 2008년 7월에 불발됐다.

한킴은 장병규와 다시 협의를 시작했고, 서로 주장하는 회사 가치의 중간쯤에서 타협을 봤다. 투자 진행 과정에서 한킴은 블루홀의 창업자들이 모든 사안을 올바르게 판단하고 있다고 확신했다. 특히 회사의 모든 주요 결정이 두 달에 한 번씩 열리는 이사회에서 결정된다는 사실에 놀랐다. 창업자의 독단에 의

해서, 혹은 팀 내에서 주먹구구식으로 의사결정이 이뤄지는 여느 한국 스타트업과 달랐다. 투자 계약 사인을 끝낸 한킴은 "합리적인 의사결정 과정을 가지고 회사가 할 수 있는 것을 다 해보는 블루홀 같은 회사에 투자하는 건 전혀 후회가 없다"고 말했다.

장병규는 첫 투자 유치를 발판 삼아 미국으로 떠났다. 알토스벤처스가 소개한 사람과 9박 10일 일정으로 미국 투자 업체 15곳을 만나는 타이트한 일정을 소화했다. 블루홀의 사업 방향과 비전을 이야기할 때마다 그는 비슷한 반론을 마주했다. "과연 MMORPG가 오랫동안 서비스해 돈을 벌 수 있는 상품이 맞느냐"는 질문이었다.

블리자드에서 2004년에 출시한 MMORPG '월드오브워크래프트'는 전 세계에서 그 기세를 멈추지 않고 있었다. 투자자들은 월드오브워크래프트를 이례적인 성공을 거둔 특별한 제품으로 취급하고 있었다. 블루홀이 과연 월드오브워크래프트의 성과를 재현할 수 있을지 의심을 드러냈다.

장병규는 "한국의 엔씨소프트가 1998년부터 서비스하는 리니지1을 한국 유저들이 여전히 즐기고 있는 것처럼 MMORPG란 물건은 잘 만들기만 하면 오랫동안 서비스할 수 있다"고 답했다. MMORPG를 10년 이상 서비스할 수 있다는 확신이 없었다면 블루홀 창업도 하지 않았을 것이다.

블루홀은 세계 게임 산업의 주류 시장인 미국에서 승부를 걸 생각으로 북미 자회사 '블루홀 인터랙티브Bluehole Interactive' 를 설립하며 의욕적인 행보를 이어나갔다.

블루홀의 S1은 월드오브워크래프트를 잇는 차세대 MMORPG 글로벌 성공 신화의 주인공이 되어야 했다. 장병규에게 블루홀 의 무대는 한국을 넘어선 세계였다. 글로벌 사업은 장병규가 블루홀을 시작하게 된 중요 키워드였다. 장병규에겐 '게임'보 다 '글로벌'이란 단어의 의미가 더 컸다.

과거 온라인 검색 엔진 서비스 첫눈을 창업할 때에도 일본과 아시아 시장 진출을 목표로 삼았지만, 네이버에 회사가 매각되 면서 도전은 미완으로 끝났다. 장병규는 블루홀 공동 창업자들 에게 "원화는 벌 만큼 벌었다. 달러화나 위안화를 벌고 싶다"는 농담을 할 정도로 글로벌 사업에 강한 의지를 내비쳤고, 다른 창업자들도 장병규와 마찬가지로 글로벌 서비스에 대한 로망 을 품고 있었다.

블루홀은 초창기부터 선발대 2명을 미국으로 보냈다. 이들 은 어바인의 한 아파트에 살며 사무실을 물색하다 캘리포니아 주 맨해튼비치에 전초기지를 마련했다. S1 프로토타입 영상을 가지고 미국에서 현지 게이머들을 섭외해 그래픽·캐릭터 호감 도 조사와 심층 인터뷰를 진행하기도 했다. 프로토타입으로 구 현된 게임 수준은 어떠한지, 이런 게임을 하고 싶은지 자세하 게 물었다.

장병규와 박용현은 직접 미국으로 날아가 이 테스트를 지켜 봤다. 블루홀 인터랙티브의 모든 업무는 2010년 세상에 나올 S1에 맞춰져 있었다.

예측 가능한 게임 개발을 위하여

게임업계 용어 가운데 '빌드Build'라는 것이 있다. '건축하다'란 말뜻처럼 게임의 일부를 실제로 플레이해볼 수 있게 만든 결과 물을 말한다. 게임 완성까지의 긴 여정 중간중간 빌드가 나온 다. 게임회사 선수들끼리 하는 "빌드 나오냐?"라는 말은 곧 "게 임을 해볼 수 있을 정도의 완성도를 갖춘 시험 제품 개발에 성 공했느냐"는 의미다.

선수들에게 빌드가 과제물이라면, '마일스톤'은 과제물을 제 출하고 평가받는 중간고사다. 마일스톤은 최종 목표까지 달려 가는 도중에 거쳐야 할 중간 정착지이자, 굵직굵직한 개발이 계획에 맞춰 이뤄지고 있는지 점검하는 관문이다.

'언제까지 어떤 캐릭터로 특정한 맵에서 몬스터와 싸움을 할 수 있도록 게임을 구현해보자'와 같은 마일스톤 과제를 설정했 다고 치자. 개발자는 주어진 마일스톤을 통과하기 위해 빌드를 만든다. 마일스톤이 임박해오면 밤낮을 가리지 않고 맹렬하게 개발에 몰두한다.

블루홀은 정해진 마일스톤을 지킬 수 있느냐를 개발 역량을 가늠하는 척도로 삼았다. 마일스톤은 개발진이 반드시 지켜야만 하는 의무이자 약속이었다. 정해진 약속을 지켜야 미래는 비로소 예측 가능해진다. 예측 가능성이 보장되어야 글로벌 게임 제작의 명가로 거듭날 수 있다.

블루홀 경영진은 기회가 있을 때마다 제작자들에게 "예측 가능하게 게임 개발을 해달라"고 주문했다. 퍼블리셔나 투자자에게 "블루홀이 약속한 미래를 향해 잘 달려가고 있다"며 제시할 증거 역시 빌드와 마일스톤 결과였다. 빌드와 마일스톤은 마케팅과 투자에 있어 핵심이 된다. 구체적인 개발 일정이 보장되어야 퍼블리셔는 마케팅을 준비하고, 투자자는 후속 투자를 염두에 뒀다. 블루홀의 게임은 블루홀만의 것이 아니었다.

황철웅은 지금이 개발자 인생에서 가장 힘든 시기인 것 같았다. 사내 인적 자원이 턱없이 부족했다. 회사 인지도가 낮은 탓에 숙련된 인재를 영입하기란 여간 힘든 일이 아니었다. 당장 해야 할 일이 산더미인지라 일단 경력에 상관없이 사람을 뽑았다. 50명이던 개발 인력은 어느덧 200명까지 불어났지만, 군사 훈련도 받지 않은 훈련병들을 곧바로 야전에 투입해놓은 형국이었다. 군장 싸고 총 쏘는 법부터 일일이 가르치는 분대장 노

롯을 하고 있자니 황철웅은 힘이 부쳤다. 개발진을 혼내기도
어르기도 하며 빌드 완성을 향해 달렸다.

MMORPG는 부품 하나 잘못되면 작동하지 않는 내연 기관
과 같다. 복잡하고 거대한 온라인 세계를 정교하게 설계하고
창조하는 작업은 나날이 버거워졌다. 채용과 예산, 인프라 등
여러 방면에서 어려움을 마주하다 보니 개발 과정이 순탄치 않
게 느껴졌다.

지난한 민형사 소송 대응도 점점 힘겨웠다. 법정에 선다는
것 자체가 황철웅에겐 충격적인 일이었다. 그저 게임밖에 모르
고 살아온 그에게, 변호사와 판검사 앞에 서는 현실을 감내하
기란 쉽지 않았다. 개발자는 물건을 찍어내는 기계가 아니기에,
아무리 한 걸음씩 성실히 나아간다 해도 요동치는 주변 환경에
영향을 받았다.

탈진한 상태로 간신히 걸음을 떼던 황철웅은 신기하게도 어
느 때보다 개발에 몰두하는 자신을 발견하고 놀랐다. 블루홀은
남들이 하지 않는 새로운 도전 목표를 설정했다. 블루홀 경영
진은 적어도 감 놔라 배 놔라 가타부타 말을 하지 않고 개발팀
을 믿어줬다. 블루홀은 인적 자산과 개발 인프라는 부족해도,
개발자가 온전히 개발에 집중할 수 있는 환경만큼 그 어느 회
사보다 탄탄했다. 팍팍한 살림살이에도 세심한 배려와 도움을
주는 경영진에게서 황철웅은 위안을 얻었다.

김정한도 주먹구구식 개발 관행으로 생겼던 염증이 가라앉

왔다. 보여주기식 결과를 낼 필요 없이, 실제 제작에만 초점을 맞추면 된다는 점이 만족스러웠다. 그가 보기에 대한민국의 게임회사 제작진의 대부분이 게임의 본질보다 경영진에 집중했다. 경영진의 입김으로 게임 프로젝트 방향이 좌지우지되기 때문이었다.

사내 중간 평가를 통과하기 위해 실제 게임에서 쓰지도 못할 장면을 만드는 데 헛심을 쓰곤 했다. 일반적으로 그런 자리에선 여태껏 보지 못한 장면이 담긴 중간 결과를 선보이고 박수를 받는다. 하지만 정작 쓸 수 있는 물건이 아닌 경우가 많았다. 실제 게임 제작과 별개로 벌이는 요식 행위는 제작의 역량을 갉아먹었다.

김정한이 보기에 블루홀 경영진의 신뢰는 아이러니하게도 그들의 무지에서 나왔다. 장병규와 김강석은 게임 제작에 대해서는 전문가가 아니기에 개발자를 존중했다. 낭비가 사라진 시간에 개발자들은 스스로 지름길을 내고 있었다. 생산성을 높이는 제작 프로세스를 구축한 게 대표적이었다. 누군가는 아티스트로, 다른 누군가는 게임 디자이너로, 또 다른 누군가는 프로그래머로…. 매일 200명이 프로젝트 S1에 매달려 각자 다른 일을 했다.

블루홀은 그날 하는 일들을 한꺼번에 중앙 저장 장치에 올려놓고 공유하는 시스템을 구축했다. 옛날 같았으면 베테랑들이 한 달간 뜯어고쳐야 작동하는 게임 빌드를 하루 이틀 만에 완

성할 수 있는 자동화 시스템을 만든 것이었다. 블루홀 제작자
들은 실시간으로 결과물을 확인해나가며 경영진의 신뢰에 응
했다.

투자에 대하여

본엔젤스벤처파트너스의 파트너로 수많은 초기 기업에 투자하면서 '투자란 무엇일까?'라는 질문을 되새겼다. 본엔젤스벤처파트너스 초창기에 6~7개 회사에 투자했던 20억 원가량을 모두 날리면서 시작된 질문이었다.

투자는 '믿음을 사는 행위'이며, 초기 기업 투자는 '창업자를 향한 믿음을 웃돈을 주고 사는 행위'라고 나는 생각한다. 창업자의 꿈에 깊이 공감할 수도 있고, 창업자 자체를 믿을 수도 있고, 아니면 창업자를 소개한 누군가를 믿을 수도 있다. 어떤 경우든 창업자와 관련된 무언가를 믿는 것이다. 신뢰하는 것이다.

그렇기에 투자는 위험을 감수하는 일이다. 믿음은, 신뢰는 일단 먼저 주는 것이다. 특히 창업자와 투자자 관계에서는, 투자자가 투자를 통해 신뢰를 먼저 표현한다. 함께 크게 성공할 수도 있지만, 대부분의 경우 투자금을 날리게 된다. 그렇기에 믿음을, 신뢰를 먼저 준다는 것은 위험을 감수하는 일이다.

창업자가 투자자의 믿음을 얻는 과정은 다양하다. 회사가 돈을 버는 모습을 보여주는 것이 가장 효과적인 방식이겠지만 초기 기업이나 성장하는 기업은 이것이 쉽지 않다.

블루홀은 설립 초기 '잘 만든 MMORPG는 10년 이상 서비스할 수 있다'는 믿음을 팔았다. 프로토타입 그래픽을 최고 상태로 보여주고자 무거운 고성능 프로젝터를 들고서 실리콘밸리 투자자들을 찾아다녔다. 물론 프로젝트 S1의 결과물인 '테라'는 10년 이상 서비스를 하고 있지만, 당시 나의 믿음은 틀렸고 변경되었다.

돌이켜보면 블루홀의 초기 투자자들은 나와 창업자들을 과감히 믿어주었던 것 같다. 블루홀은 수많은 어려움을 겪었지만, 투자자들의 신뢰에 보답하기 위해서라도 도전을 포기하지 않고 끊임없이 노력했다. 그리고 결국 지금의 크래프톤을 만들어냈다.

투자를 할 때 창업자가 유념할 것은 "모든 사람을 잠시 속이거나 몇몇 사람을 영원히 속일 수는 있다. 하지만 모든 사람을 영원히 속일 수는 없다"는 격언이다. 투자는 '많은 사람을 잠시 속이는 행위'처럼 보일 가능성이 높다. 그래서 속이고 싶은 유혹에 빠질 수 있다. 심지어 창업자 스스로 자기합리화를 하기 쉽다.

하지만 투자를 받은 사실과 투자 이후의 과정과 결과는 계속 남는다. 트랙 레코드는 쌓여간다. 평판은 쌓여간다. 평판 때문에 재도전이 힘들 수도 있으며, 무엇보다 자기합리화는 창업자 스스로를 피폐하게 만든다.

투자는 믿음과 신뢰에 관한 행위이며, 함께 협업하는 사회에서의 평판과 이력을 쌓아가는 행위다. 투명한 대화, 일관된 행동, 믿음과 신뢰, 상호 존중 등이 계약서보다 중요하다는 점을 잊지 말아야 한다.

2009 ~
2010

I

버그 발생:
게임 안팎의 에러들

KRAFTON

블루홀이 선보이는 첫 MMORPG 게임 '테라'가 출시를 공식 예고했다. '테라'의 성공을 낙관하는 투자회사가 연이어 등장하고, 북미와 일본 진출의 발판까지 마련됐다. 모든 것이 순조로워 보였다. 정식 출시 전 '베타 테스트'를 시작하기 전까지는. 시험판 '테라'를 맛본 유저들의 평가는 냉정했다. 전 직원이 매달려 피드백을 반영해 게임을 고쳤지만 수정 작업은 끝날 기미가 보이지 않았다. 이 와중에 약속된 출시 일정이 코앞으로 다가오고 있었다. 박용현이 이끄는 '테라' 제작진을 향한 경영진의 신뢰에 금이 가고, '제작과 경영의 분리'라는 회사 운영 원칙이 뿌리째 흔들리기 시작했다.

테라, 출사표를 던지다

테라TERA: The Exiled Realm of Arborea.

2009년 1월, 프로젝트 S1의 공식 이름이 정해졌다. '테라: 아르보레아의 유배된 세계'라니. 김강석은 출시 행사를 앞두고 직원 몇몇과 머리를 맞대고 지은 이 이름이 썩 마음에 들지 않았다. 게이머들이 들었을 때 이름만으론 어떤 게임일지 짐작하기 힘들 것 같았다.

게임 스토리에서 따온 이름이었다. 게임 속 판타지 세계엔 아르보레아라 불리는 대륙이 있다. 태고의 두 신神으로부터 신족들이 태어나고, 신들의 자손이 여러 종족으로 나뉘어 싸운다는 설정이었다.

퍼블리셔 NHN(한게임)은 행사를 열어 테라 출시를 대대적으로 예고했다. 개발사 블루홀도 이날에 맞춰 그동안 만든 결과물을 일부 공개했다. 김강석은 테라를 이렇게 소개했다.

제작 기간 3년, 개발 비용 300억 원이 투입되는 MMORPG로 사실감 있는 논타기팅 전투 방식과 한 차원 높은 그래픽 수준을 구현한 블록버스터급 대작입니다.

블루홀은 "테라의 클로즈드 베타 테스트CBT/Closed Beta Test
와 오픈 베타 테스트OBT/Open Beta Service를 올해 실시할 계획"
이라고 알렸다.

베타 테스트란 게임을 정식 출시하기 전 프로그램 오류를 점
검하고 사용자로부터 다양한 의견을 받기 위해 일정 기간 운영
하는 맛보기 서비스다. 게임을 테스트해보고 프로그래밍상 문
제가 발생하면 이를 고친다. 유저들이 게임의 만듦새를 두고
평가를 내리면 제작사는 이들 의견에 따라 콘텐츠 일부를 바꾸
기도 한다. 고객 입맛에 맞게 게임 출시 전까지 수정을 거듭해
성공 확률을 높이는 작업이다.

CBT는 한정된closed 소수 인원을 선발해 사전에 게임을 하
게끔 하는 일종의 내부 품평회다. 영화로 치자면 제작 중인 영
화를 개봉 전에 배급사나 미리 선발한 관객들에게 선보이는 사
전 상영회다.

OBT는 열린open 방식의 테스트로, 일반 사용자가 자유롭
게 게임에 접속하게 해 평가를 수집한다. 실제 게임 서비스와
똑같은 상황에서 하는 실전 테스트이니만큼 유료 상용화 직전
에 주로 실시한다. 정식 출시가 임박한 만큼 게임의 완성도는
CBT보다 높다. OBT에서 유저들에게 좋은 반응을 얻으면 그
만큼 실제 게임의 성공도 보장된다.

베타 테스트 실시는 정식 게임 출시가 임박했다는 사실을 나타내는 알림 신호이기도 했다. 2010년이면 테라는 게이머들을 만날 것이다.

국내 벤처캐피털 케이넷투자파트너스를 비롯한 투자회사 6곳이 블루홀에 투자를 결정했다. 블루홀은 알토스벤처스에 이어 후속 투자를 유치하면서 테라 개발비 상당 부분을 조달하게 됐다. 엔씨소프트와 법정 다툼을 벌이는 와중에 이룬 쾌거였다. 블루홀의 투자 담당자들은 양 사의 소송전이 블루홀에 별 영향을 미치지 않을 것이란 전망, 더 나아가서 출시하지도 않은 게임의 흥행 가능성을 투자회사 내부에 설명하면서 힘겹게 반대 의견을 뚫어야 했다.

결과적으로 6곳은 '소송 중인 기업에는 투자하지 않는다'는 벤처 투자업계의 불문율을 깨고 컨소시엄을 이뤄 총 180억 원을 블루홀에 수혈하는 과감한 베팅을 단행했다. 스타트업 업계에서 이 정도로 큰 규모의 후속 투자는 당시로선 드문 일이었다. 게임업계에서 블루홀의 위상이 달라졌다는 증표로 받아들여지기에 충분한 수준이었다.

퍼블리싱과 투자 계약이 속속 이뤄지면서 언론의 주목도 이어졌다. 매체 대부분이 테라를 내년도 게임업계의 최고 기대작으로 꼽았다. 한껏 무르익은 분위기 속에 200여 명의 대규모 제작 인력이 테라 제작에 전념하고 있었다.

김강석의 블루홀 성공 그래프는 여전히 우상향 직선을 유지
했다. 어려움을 딛고 굵직한 투자 유치와 퍼블리싱 계약을 잇
따라 해냈다. 이 정도면 순항이었다. 성공의 꿈은 너무나 달콤
해서 그가 겪는 갖은 어려움을 사소한 것처럼 느끼게 했다. 블
루홀 직원들은 테라를 1년 뒤 당첨이 확실한 로또로 여겼다.
반듯한 주행로를 달려 완주 테이프를 끊기만 하면 당첨금을 수
령하는 게임으로 생각했다.

미국 현지 법인 블루홀 인터랙티브는 북미 시장에 테라를 소
개하는 임시 사이트를 열었다. 한국 시장 다음으로 미국과 유
럽 시장에 테라를 서비스하겠다는 야심찬 계획이 착착 진행돼
갔다.

이어 블루홀은 일본 시장 출시를 위해 NHN 재팬과 퍼블
리싱 계약을 체결했다. NHN 재팬 대표는 "콘솔 게임 유저
가 대세인 일본 시장에서 테라는 콘솔감感을 주는 최초의
MMORPG가 될 것"이라고 말했다. 테라가 자랑하는 화려한 그
래픽과 논타기팅 전투 방식은 그간 콘솔 게임에서만 가능한 기
술이었다. PC용 MMORPG에선 기술적 문제로 시도할 엄두를
내지 못했다.

콘솔 게임은 보통 1~2인용으로, PC 게임처럼 온라인에 접속
하지 않고 독립적으로 작동하는 스탠드얼론stand alone 방식으
로 게임이 이뤄진다. 반면 PC용 MMORPG는 수만 명의 게이
머들이 실시간으로 온라인에 접속해 가상공간에 모여 게임을

즐긴다. 한 게이머의 모니터 화면에 펼쳐지는 게임 상황이 함께 접속한 수많은 다른 게이머의 모니터에도 똑같이 나타나야 하기에, 기기가 처리할 정보 값이 많다. 그만큼 같은 기술도 콘솔용 게임보다 PC용 MMORPG에 적용하기 어렵다.

　"콘솔에 버금가는 MMORPG"란 칭찬은 곧 블루홀이 보유한 개발력과 테라의 액션성이 일본 퍼블리셔에 인정받았다는 증거였다.

예상한 버그와 예상하지 못한 버그

"테라 CBT를 할 수 있는 기회는 로또에 당첨될 확률."

　2009년 8월 테라 1차 CBT 게이머를 공개 모집하면서 지원자들 사이에서 푸념이 쏟아졌다. 베타 테스트 기간은 단 이틀이었고 게임 인원도 200명으로 한정됐다. 기대작인 테라를 남보다 빠르게 해볼 수 있는 기회인 만큼 지원 열기가 뜨거웠다. 블루홀은 이번 테스트에서 몬스터 사냥과 집단 교전 같은 전투 시스템을 중점적으로 테스트했다. 소규모 인원을 모집하고 짧은 시간 테스트를 했기에 전체 게임의 윤곽을 거의 공개하지 않았다.

두 달 뒤인 10월, 테라의 2차 CBT가 이뤄졌다. 테스트 인원을 200명에서 3천 명으로 대폭 늘렸다. 총 3개 대륙, 8개 사냥터에서 고객을 맞았다. 블루홀은 지원자에게 20시간 이상 즐길 수 있는 게임 콘텐츠를 제공했다. 각 종족 캐릭터에 따라 선택할 수 있는 직업도 선보였다.

CBT가 예정된 일자에 맞춰 속속 진행되면서 테라의 정식 서비스는 초읽기에 들어갔다. 2010년 초에 3차 CBT와 OBT를 거치면 테라는 계획대로 정식 출시될 예정이었다.

블루홀은 CBT에서 정성적 평가와 정량적 평가를 동시에 진행했다. 설문 조사는 여러 평가 방식 가운데 하나였다. 게임을 맛본 유저들에게 무엇이 재밌고 무엇이 아쉬웠는지 디자인과 게임 기획, 전투 방식 등 다양한 항목을 물었다. 고객이 매긴 점수와 의견으로 '게임성'을 측정했다.

아무리 게임의 재미가 수치화하기 어려운 주관의 영역에 속한다고 해도, 제작사는 이를 어떻게 해서든지 측정하고 평가하는 기준을 마련해야 했다. 고객 의견과 점수를 토대로 제작 결과물에 블루홀 나름의 해석과 평가를 내렸다. 퍼블리셔와 블루홀의 일부 직원도 한데 모여 테스트를 진행한 뒤 게임에 버그가 없는지, 충분한 재미를 느낄 수 있는지 측정하는 평가표를 작성했다.

이 밖에도 블루홀은 게임을 평가하는 온갖 기법을 동원했다. 게이머들과 내부 직원, 외부 퍼블리셔들은 기본적인 전투 방식부터 전체적인 게임 흐름까지 게임 전반에 대해 다양한 지적을 쏟아냈다. 이들이 제기한 문제가 타당하다 생각되면 개발진은 게임을 고쳐나갈 방식을 논의했다.

"퍼블리셔와 고객들은 테라에 블리자드가 월드오브워크래프트에서 보여준 수준의 게임성을 요구하고 있습니다." 두 차례 진행한 CBT에서 게이머들의 가장 큰 요구는 이 한 문장으로 요약됐다.

월드오브워크래프는 MMORPG가 제공하는 퀘스트quest를 예술의 경지로 끌어올렸다는 찬사를 받았다. 퀘스트란 온라인 게임에서 캐릭터가 수행해야 하는 임무이자 게임의 스토리를 이끌어가는 이벤트다. 간단하게 말하자면 백마 탄 왕자가 용을 물리치고 공주를 구하는 일, 반지 원정대의 프로도가 골룸과 함께 불의 산에 올라 절대 반지를 용암 속에 던지는 일과 같은, 게임 속 과업이나 사건이다. 일반적으로 게임 속 어느 한 마을에서 주요 등장인물을 만나 어떤 문제를 듣게 되고, 이를 해결하려 전투를 벌이고 대가로 보상을 받는 일이다.

게이머는 다양한 퀘스트를 수행해나가며 이야기의 주인공으로서 자연스레 게임 속 세계관을 학습하고 역할에 몰입하며 성장을 체감한다. 월드오브워크래프트를 경험한 게이머들은 다른 MMORPG에서도 풍성한 내러티브로 채워진, 탄탄하고 거대한 세계관을 체험하길 원했다.

문제는 한국 게임업체는 게임에 서사를 불어넣는 데 서툴다

는 점이었다. 캐릭터가 풀어가는 이야기에 유저를 홀딱 빠져들
게 만드는 서구 게임 제작사의 세련된 스토리텔링 기법을 한국
제작사는 흉내도 내지 못했다.

블루홀은 테라 개발을 시작할 때부터 블리자드가 빚어낸 스
토리 중심의 게임성을 따라잡기 어렵다는 것을 인정했다. 그렇
기에 블루홀은 블루홀이 잘할 수 있는 것에 집중해왔다. 바로
전투였다. 고객들이 퀘스트 대신 사냥터를 이동하며 전투 그
자체에 카타르시스를 느끼길 바라면서 게임을 설계했다. 다양
한 캐릭터가 각종 몬스터와 오랜 시간 싸우면서 서로 다른 능
력을 결합해 전략을 만들어내고, 마침내 몬스터를 격퇴하는 쾌
감을 핵심적인 재미 요소로 삼았다. 전투를 최대한 사실적으로
만들기 위해 논타기팅 기술도 적용하지 않았던가.

그런데 고객과 퍼블리셔 모두가 이구동성으로 "퀘스트가 필
요하다"고 외쳤다. "MMORPG를 바라보는 고객의 눈높이가 높
아졌음에도 전투만 좋으면 통할 것이란 낙관이 오히려 방심을
부른 것 같습니다."

제작진은 다시 바삐 움직였다. 개발 방향에 변화를 꾀해 스
토리가 빈약한 테라에 이야기를 채워 넣기로 결정했다. 캐릭터
가 한 마을에 당도했을 때 한두 번 사냥터로 보내던 설계를 대
폭 수정해 사냥터를 왔다 갔다 할 때에도 인과가 분명한 스토
리를 덧씌우고 보상을 다양화하기로 했다.

그러자 "퀘스트를 급조해 게임에 욱여넣고 있다"는 개발진의

우려가 증폭되기 시작했다. 레벨에 따라 정해놓은 콘텐츠를 초반 경험에 끌어 쓰다 보니 게임 후반에 쓸 콘텐츠가 부족해졌다. 퀘스트 몇백 개를 얼기설기 만들어 뚝딱뚝딱 게임에 욱여넣다 보니 전체적인 게임 밸런스도 흔들렸다.

"고객 요구에 따라 수선하려다 매끈했던 옷을 천을 덕지덕지 덧댄 누더기로 만들고 있다"는 경고가 제기됐다. 정식 출시까지 촌각을 다투는 상황 속에서 퀘스트를 짜내다 보니 프로그램 버그(결함)도 잦아졌다. 기획팀장 박현규가 밤새워 퀘스트를 짜면 다음 날 프로그래밍팀장 김정한이 뜬눈으로 버그를 고쳤다.

버그 1개를 고치면 다시 2개가 생겨나는 악순환이 되풀이됐다. 개발팀 내부는 덜그덕거렸다. "아트는 좋은데 게임이 왜 이렇느냐" "기획이 이런저런 게임 디자인을 해봤자 아트가 좀처럼 따라오질 못한다" "빌드 개발이 늦어지면서 프로그램 최적화를 할 시간이 없다" 아트팀, 기획팀, 프로그램팀이 저마다 상대를 탓하며 손가락질해대기 시작했다.

2008년에 성공적으로 개발한 프로토타입은 상대적으로 적은 수의 제작진이 동일한 이상형理想型을 추구해 얻은 결과물이었다. 200여 명으로 불어난 제작진은 테라 개발을 놓고 서로 동상이몽을 하고 있었다.

김정한이 보기에 테라 개발 초기엔 10개 팀이 하루마다 10개의 결과물을 뽑아낸다고 가정했을 때 7개가 잘됐고 나머지가 안됐다. 그런데 이제는 2개만 잘됐다. 3개는 잘 모르겠고, 나머지 5개는 이상했다.

제작이 갈피를 잡지 못하고 널뛰면서 빌드 제작 일정도 밀리고 있었다. 빌드를 두고 경영진과 제작진 사이에 견해차가 생겨났다. 제작 평가표를 받아든 김강석이 고개를 갸우뚱하기 시작했다. 제작진에게 질문이 많아졌다. 질문이란 대개 이런 것들이었다. "이 정도면 테라 제작이 잘되고 있는 건가요?" "시장 눈높이에 맞는 것인지요?" "게임 완성도가 기대한 것과 맞나요?" 기대에 맞는 결과물이 마일스톤마다 나오고 있는 것인지 김강석은 의심하기 시작했다.

테라 정식 발매가 가시권에 들어오면서 김강석이 이러쿵저러쿵 의견을 내는 일이 잦아졌다. 경영진과 제작진 사이에 오가는 언어는 눈에 띄게 거칠어졌다. 블루홀 경영진은 개발을 존중하겠다는 뜻에서 지금껏 "제작과 경영의 분리"를 말해왔다. 김강석은 "분리라는 단어가 서로 남남을 의미하는 것이 되어선 곤란하다"고 말했다.

제작에 관여하는 일이 부쩍 많아진 그의 귀에 어느 날 이런 반문이 돌아왔다. "대표님 맘대로 게임을 바꾸자는 거예요?" "그런 건 아니고, 얘기를 해보자는 거죠."

김강석은 제작자의 반발을 이해할 수 있었다. 한국 게임업계에서 게임 제작자들은 보통 창업자가 주도하는 경영에 휘둘려왔다. 최고경영자가 곧 제작 책임을 의미하던 게임업계에서 제작자 대다수가 경영이 제작을 쥐고 흔든다는 피해의식에 짓눌려 있었다.

　제작자들은 게임회사의 주체가 되길 원했다. 대표의 입맛에 따라 돌연히 게임 제작 프로젝트의 큰 방향이 흔들려선 안 됐다. 창업자의 변덕으로 개발 중인 프로젝트를 접어야 하는 일이 여러 게임회사에서 무시로 일어났다. 이런 리더십이 지지를 얻기 위해선 정점에 선 경영자가 진정으로 훌륭한 독재자여야만 했지만, 그런 행운은 흔치 않았다.

　블루홀 창업자들은 경영이 제작을 지배하는 기존 게임회사들의 의사결정 구조와 문화를 거부했다. 박용현팀은 기존의 불합리한 관성에 반발하며 블루홀을 세웠다. 제작이 줏대와 책임감을 가지고, 만들고 싶은 게임을 온전히 개발할 수 있어야 세계 무대에서 경쟁력 있는 게임 콘텐츠가 나올 수 있다는 믿음을 창업자끼리 공유했다. 블루홀은 언제나 한 팀이어야 한다고 결의했다.

　'팀 경영'과 '팀 제작' 그리고 '팀 창업'이란 낱말은 블루홀 창업자들 스스로 내건 자랑스러운 수식어였다. 블루홀의 존재 의의를 담은 '개발과 경영의 분리'는 '서로 존중하고 대화하겠다'는 행동 원칙이자 공약이기도 했다.

　의견이 다를 때마다 대화를 앞세워왔지만, 이제 눈에 보이는 CBT 빌드를 두고 블루홀 경영진과 제작진은 조금씩 엇박자를 냈다. 김강석의 언성이 때때로 높아졌다. 그의 마음속에서 불안이 고개를 쳐들었다. 지금껏 그가 제작진에 발신해온 것이 신뢰였는지 방임이었는지 헷갈리기 시작했다.

　블루홀을 창업할 때 굳건하게 세웠던 창업의 모토가 흔들리고 있었다. 작은 균열이 곧 전체로 퍼질 것 같았다. CBT를 계기로 블루홀 안에서 불협화음이 들리기 시작했다. 아니, 지금껏 하모니를 이루긴 했던 것일까. 테라 출시 예정일은 반년이 채 남지 않았다.

마지막 산통

2010년. 테라가 세상에 나올 해였다. 블루홀은 한국을 넘어 전 세계 게이머를 만나기 위해 해외 사업을 예열했다. 글로벌 게임이란 곧 미국 시장에서 성공한 게임을 의미했다.

　블루홀 북미법인 이름을 '블루홀 인터랙티브'에서 '엔매스 Enmasse 엔터테인먼트'로 바꿨다. 엔매스는 '여럿이 함께'라는 뜻의 프랑스어로, 모든 구성원이 한마음으로 작품을 완성한다는 의미와 여럿이 즐길 수 있는 완성도 높은 게임을 서비스하겠다는 의지를 담았다.

　사명 전환을 계기로 글로벌 전문 인재를 영입하겠다는 계획을 세우고 북미에서 테라를 직접 서비스할 구상을 구체화했다.

곧바로 미국 샌프란시스코에서 열리는 세계 최대 게임 개발자 콘퍼런스GDC에 참가해 블루홀과 테라를 홍보했다.

엔매스는 블리자드 출신의 19년 경력 베테랑 프로듀서 패트릭 와이엇을 영입했다. 온라인에 접속해 세계 각국의 사용자와 게임을 겨룰 수 있는 '배틀넷' 시스템을 고안한 인물이었다. 이밖에도 게임업계에서 이름이 난 글로벌 인재들을 속속 영입해 조직을 보강했다. 장병규는 이들에게 지급하는 고액 연봉이 아깝지 않았다.

올해 상반기 테라를 국내에 출시합니다. 하반기는 북미 시장에 첫 비공개 서비스를 시작합니다. 꿈에 그리던 게임의 본산, 미국 시장에서 블루홀이 발걸음을 내딛을 준비를 하고 있습니다.

무대 조명이 점차 밝아지고 있었다.

테라의 3차 CBT는 예정대로 2010년 2월에 열렸다. 2주간 2만 명을 상대로 실시하는 마지막 CBT였다. 이번에도 게이머들의 지적은 줄어들지 않았다. 고객들은 "초반 이후의 플레이가 아쉽다"며 콘텐츠 완성도에 불만을 터뜨렸다. 논타기팅 전투에 대한 반응도 엇갈렸다. "몰입감이 대단하다"는 평가가 있는 반면에 "게임 조작이 명쾌하지 않고 전투 화면이 어지러워 피로하다"는 의견도 만만치 않게 제기됐다.

블루홀은 "유저가 만족할 때까지 테라를 개발하겠다"는 약속을 발표하기에 이르렀다. 누구나 접속해 한정된 시간 동안 게임을 할 수 있는 OBT를 한 달 앞둔 시점이었다.

OBT 시행은 게임을 완성했다는 사인으로, 보통 정식 출시를 코앞에 두고 열린다. 일반적으로 게임업체들은 OBT를 끝내고 보름에서 한 달 뒤부터 이용료를 받는 정식 서비스를 시작한다. 테라를 기다려온 고객에게 OBT는 사실상 출시의 신호탄과 다름없었다. 그때까지 블루홀이 품질 완성에 막판 스퍼트를 올릴 수 있을지가 관건이었다.

김강석이 보기에도 3차 CBT에서 구현한 논타기팅 액션은 프로토타입과 비교해 수준이 떨어졌다. 개발진은 개인 생활을 모두 접어두고 컴퓨터와 씨름했다. CBT에서 발견한 버그를 없애면서 OBT를 위한 빌드를 만들었다.

설 명절 연휴 일요일, 김강석이 아침 식사로 떡국을 먹고는 그 길로 사무실에 갔다. 아무도 없는 사무실의 빈 좌석에 홀로 앉았다. 의자를 당기고 차가운 손을 호호 불면서 마우스를 잡았다. 연휴를 앞두고 개발진이 밤낮없이 크런치(장시간 일을 지속하는 업무 관행) 모드로 달리며 OBT 게임 빌드를 완성했다. 몇 주가 지나면 대망의 OBT 날이었다. 김강석은 저녁까지 내리 8시간 동안 OBT로 선보일 테라를 플레이했다.

마우스를 바닥에 던지고 욕설을 뱉었다. 현기증이 몰려왔다. 하얀 사무실 천장이 노랗게 보였다. 재미가 없고 결함도 많았다. 테라의 모든 게 마음에 들지 않았다. 게임의 핵심으로 삼았던 전투가 다듬어지지 않아 몰입할 수 없었다. 물량 공세로 수많은 콘텐츠를 밀어 넣었지만 완성도가 떨어졌다. 각종 콘텐츠가 유기적으로 연결되지 못한 탓에 게임 속에서 성장하는 쾌감을 느낄 수 없었다.

MMORPG는 2000년대 초반만 해도 화면이 버벅거리고 조작이 불편하더라도 게이머들로부터 합격점을 받았다. 다른 유저들과 채팅으로 소통하며 각종 몬스터를 함께 사냥하는 것만으로도 MMORPG는 재밌는 게임으로 취급됐다.

그러다 2004년 블리자드의 월드오브워크래프트가 등장하면서 게이머들의 눈높이가 한껏 높아졌다. 이 게임은 탄탄한 세계관으로 무장한 스토리, 유려한 그래픽, 다양한 콘텐츠, 현실적인 조작감과 환상적인 몰입감 등 모든 면에서 압도적인 재미를 선사하며 MMORPG 장르의 새 기준이 됐다.

게이머들의 높아진 기대치에 맞춰 테라에 성장과 보상, 전투 요소를 모두 집어넣었지만 어설픈 흉내에 그친 것만 같았다. 게임 콘텐츠 하나하나가 감동적으로 느껴지지 않았다. 수준 낮은 사용자 경험은 당장 유저를 불쾌하게 만든다. 김강석의 상식에선 이런 수준의 게임을 한 달 뒤 일반 대중에게 공개한다는 건 도무지 용납되지 않았다.

김강석은 사무실 문을 박차고 나왔다. 고개를 땅에 처박고 연휴로 적막한 강남대로를 걷고 또 걸었다. 한두 달 안에 게임을 뚝딱 고쳐서 해결될 문제가 아닌 것 같았다. 테라가 도통 재미가 없는 제품이 돼 있었다. 그의 머릿속에 공고했던 블루홀의 성공 방정식, 우상향 직선 그래프는 휘청대고 있었다.

어떻게 CEO가 게임 출시 직전에서야 전체를 살피고 치명적인 흠을 발견하게 되었을까. 정해진 시간과 예산으로 가장 효율적인 생산을 추구하는 대규모 MMORPG 제작 방법론에서 그 원인을 찾을 수 있다.

객실을 수백 개 갖춘 거대 유람선을 제작한다고 가정해보자. 선미부터 시작해 후미까지 순차적으로 선박을 만드는 것보다는 객실과 엔진, 갑판 같은 다양한 부분을 여러 팀이 동시에 만들어놓고 한꺼번에 조립하는 방식이 시간과 비용을 대폭 줄일 수 있다.

수백 명의 제작자가 달라붙는 대규모 MMORPG 제작 역시 마찬가지다. 먼저 구현하려는 기술과 콘텐츠가 실제로 가능한지 프로토타입(시제품)을 개발해 확인하면, 이것을 기준 삼아 전체 게임을 다시 바닥부터 쌓아나가는 과정을 거친다. 프로그램과 아트 등 각 분야 제작팀은 저마다 고립된 섬에서 제가 맡은 물량을 열심히 만들어 쌓아놓는다. 각자 쌓아올린 팀별 작업물을 붙이고 이어야 비로소 플레이를 할 수 있는 게임 빌드가 만들어진다.

게임 제작에서 이 같은 '합침 공정'을 줄이면 줄일수록 물량은 늘어나고 비용과 시간은 절약된다. 합침 공정을 뒤로 미룰

수록 제작 효율성이 커지는 것이다. 이 때문에 전체 게임이 완성되는 마일스톤은 보통 제작 단계의 가장 뒤쪽에 위치한다. 게임 캐릭터를 레벨 1부터 50까지 키우면서 전체 콘텐츠를 온전히 해볼 수 있는 최종 빌드가 나오는 것도 이때다.

CBT 때 선보인 게임은 전체 게임의 일부분만을 이어 붙여 만든 맛보기 게임이었다. 파편화된 빌드에서 김강석은 숲을 보지 못하고 나무만 봤다. 더군다나 테라는 콘텐츠 물량을 최대치로 뽑는 것에 중점을 둔 탓에 합침 공정을 최대한 뒤로 늦췄다. 그로 인해 전체 게임의 모습이 개발을 진두지휘하는 소수 핵심 개발 책임자들 머릿속에만 존재하는 한계가 생겼다. 각 부분 제작을 맡은 개발진은 방 안에서 맡겨진 임무만을 성실히 수행하는 '눈뜬장님'이 돼버린 것이다.

분명 테라는 압도적인 게임 물량을 구축했다. 거대한 게임 세계는 테라가 내세우는 또 하나의 강점이었다. 기존 MMORPG들보다 게임 속 영토 넓이는 2.5배였고 몬스터와 캐릭터 의상 수량은 곱절이었다. 제작 기간이 다른 경쟁 게임에 비해 30퍼센트 정도 더 소요되긴 했지만, 전체 물량은 2배를 자랑했다. 이 정도로 압도적인 생산력을 과시하는 게임 제작사는 블루홀이 유일했다.

김강석은 연휴가 끝나자마자 문제 수습에 팔을 걷어붙이고 나섰다. 출근하는 꼴로 퍼블리싱을 맡은 NHN에 연락해 속엣말을 꺼냈다. "최종 빌드 어떻게 보세요?" 말이 끝나기가 무섭

게 답이 들려왔다. "문제 많죠." 지금 품질로는 OBT가 어렵다
는 솔직한 의견이었다.

김강석이 박용현을 찾아 입씨름을 벌였다. 박용현은 OBT가
가능하다고 주장했다. 그는 이 정도 빌드라면 동시접속자 10만
명 이상도 가뿐할 것이라고 장담했다.

김강석이 맞섰다. 이 빌드를 한 달 안에 고쳐 세상에 내보낸
다 해도 동시접속자 10만 명 이상의 흥행작이 될 것이라는 생
각은 전혀 들지 않았다. 제작을 총괄한 박용현이 그렇게 믿고
있다면, 그는 게임을 모르는 제작자였다. 더 나아가서 박용현
이 이런 주장을 고집한다면 제작 책임자의 자질을 의심할 수
밖에 없다. 지금까지 한 번도 품지 않았던, 박용현을 향한 의
심이 싹텄다. 그에게 제작의 최종 책임자로서 충분한 자격이
있는지에 대한 근본적인 의문이 김강석의 마음에 기포처럼 피
어올랐다.

흔들리는 중심축

김강석은 '3년 300억 원'이란 약속을 능히 지킬 수 있다고 믿
었다. 단 한 번 의심 없이 수많은 투자자와 퍼블리셔, 언론, 직

원들 앞에서 이렇게 말해왔다. 정해진 시간과 비용으로 대규모 제작을 완수해낼 수 있다고. 블루홀은 '라지 스케일 프로덕션 온 타임 온 버짓Large Scale Production On Time On Budget'을 하는 제작사라고. 김강석은 이 문구를 블루홀 회사 소개서와 투자 유치 자료마다 박아놓고, 블루홀이 여느 게임업체와 차원이 다르다는 근거로 제시했다. 이 문구에 기대어 세계적으로 유례없는 훌륭한 제작 능력을 갖춘 회사라고 블루홀을 세일즈했다.

블루홀을 지탱하던 핵심 문구가 흐릿해지고, 공고하게 지켜왔던 믿음이 흔들렸다. 김강석이 목소리를 높였다. "블루홀에서 온 타임 온 버짓이 안 돼요? 그럼 블루홀이 이제껏 한 게 뭡니까!"

기획팀장 박현규가 보기에는 프로토타입이 너무 잘 나온 것이 오히려 독이 된 것 같았다. '이 정도 됐으니까 알아서 하겠지' 하며 다들 안심했다. 모든 개발 역량을 쏟아내 프로토타입 제작을 완수하며 첫 고비를 넘었건만, 게임 완성의 고지를 점령하기까지 기세를 잇지 못했다.

프로토타입은 그 이름대로 시제품일 뿐이었다. 목표한 게임의 재미를 최소한으로 확인할 수 있게 한 미완성 작품이었다. 겉으로 게임을 플레이해보면 멀쩡해 보였지만 막상 속을 들여다보면 누더기 상태였다. 프로그램 안정성과 구조, 게임 디자인 모두 빛 좋은 개살구였다. 블루홀 제작진은 프로토타입으로 달성한 수준을 게임 전체로 확장하는 데 실패했다.

프로그래밍팀장 김정한은 제작에 관해서 오만에 빠져 있었
다고 반성했다. 늘 그래왔듯 제시간에 제품을 완성할 수 있다
고 자부했다. 블루홀에서 그가 하루에 해야 할 일은 100개쯤
됐다. 출근하면 급한 것과 중요한 것, 그리고 미룰 수 있는 것
을 제 기준대로 나눴다. 예를 들면 '사냥터 A의 품질을 높이는
작업'을 할 것인지, 아니면 '새로운 사냥터 B의 얼개를 만들고
작업을 시작할 수 있도록 준비하는 일'을 먼저 할 것인지 매일
아침 판단했다.

일이 몰리다 보니 우선순위를 정하기가 어려워졌다. 일에 쫓
기다 집중력을 잃고 올바른 지시를 내리지 못한 것 같았다.

새로운 시작의 축복은 3년 전 아직 블루홀이란 이름조차 갖지 못한
상태에서 합류한 창업 멤버들만의 몫은 아니죠. 지금 블루홀에 함께
계신 분 모두에게 저마다 부푼 기대와 꿈을 가지고 블루홀에 입사한
첫 시작이 있었을 겁니다. 오늘은 우리 모두 잠깐씩이라도 각자 품고
있던 그 처음 시작을 되새기는 하루가 되었으면 좋겠습니다.

김강석은 블루홀 창사 3주년을 앞두고 애써 태연하게 축하
메일을 직원들에게 보냈다.

인간에게 생일은 존재의 시작을 의미하지요. 그런데 사실 본인의 의
지와는 무관했던 시작이지요. 하지만 기업에게 생일은 누군가 목표

와 의지를 가지고 의도적이고 의식적으로 새로운 시작을 했음을 의미합니다. 새로운 시작을 해볼 수 있다는 것은 축복이고 기쁜 일이라 생각합니다.

세월이 흐르고 일상이 반복되면서 흐려지고 마모되었을지도 모르겠지만, 다시 꺼내 보면 아직 우리에게 많은 일깨움을 줄지도 모릅니다. 특히나 요즘 힘들고 지쳐 보이는 분들이 우리 중에 보이는데, 도움이 되실 거라 생각합니다.

아직 우리가 만족할 지점에 도달하지는 못했지만, 지난 3년간 우리는 정말 많은 노력을 쏟았고 그 대가로 대견한 성과를 이뤄냈습니다. 전 세계의 수많은 게이머가 테라에 대한 새로운 소식이 나올 때마다 뜨거운 관심으로 호응해주고 있지요. 한국은 물론이고 북미와 일본에서도 서비스 준비가 진행되고 있고요. 무엇보다 220명을 훌쩍 넘긴 블루홀 멤버들이 다 같이 한마음으로 헌신적으로 일하고 있습니다.

오늘은 우리가 아직 갖지 못한 것보다는 우리가 함께 일궈낸 것들을 돌아보며 서로 격려하고 감사하는 마음으로 보냈으면 합니다.

휴무를 기대했던 직원들은 정상 근무를 했다. "올해 창립기념일은 마음을 다잡자는 취지에서 출근을 합니다"라는 공지가 붙었다. 피플팀은 그 대신 복주머니에 떡을 담아 직원들에게 전달하고 '블루홀 세 번째 생일'이라 새겨진 케이크를 휴게실에 비치했다. 한 직원이 게시판에 "내년 창립기념일에는 우리 모두 환하게 웃으면 좋겠다"는 바람을 적었다.

김강석은 이사회 멤버들에겐 반성문을 돌렸다.

블루홀 창업자들은 제작과 경영의 분리를 원칙으로 정했지만, 그것은 제작을 존중하자는 취지였습니다. 경영과 제작이 벽을 치고 남남으로 지내자는 것이 아니었습니다. 제가 대표로서 이 원칙을 이성이나 비판이 허용되지 않는 도그마로 해석해 너무 많은 것을 제작 파트에 맡겨놓았고, 더 적극적으로 문제를 제기하지 않았습니다.

블루홀이 게임업계에 제시하고자 했던, 올바르고 새로운 선언이 한낱 허울이었다는 자기반성이었다. 그의 눈에 제작과 경영의 분리 원칙은 제작의 독주와 경영의 견제 실패를 빚어냈다. 그 결과가 수준 미달의 게임 테라였다.

그간 블루홀에서 제작은 견제받지 않는 독립된 영역으로 취급됐다. 경영진 그 누구도 게임을 만드는 데 이래라저래라 함부로 의견을 내지 않았다. 김강석은 블루홀의 원칙을 정면으로 들이받으며, 다시 박용현을 찾아갔다.

박용현은 완고했다. 제작진은 잘해왔으며, 테라는 문제없는 게임이란 입장을 고수했다. 사소한 문제를 김강석이 침소봉대하고 있다고 주장했다. "세상 사람들이 테라를 훌륭하게 평가하질 않는데 그게 무슨 말이냐"며 김강석은 책상을 내리쳤다. 블루홀에서 절대적이었던 박용현의 리더십에 김강석이 생채기를 내고 있었다.

CEO와 개발 책임자 간 갈등의 골이 깊어지자 장병규가 소 방수로 중재에 나섰다. 회의실에서 장병규와 박용현, 김강석이 자리를 잡았다.

박용현의 입장은 완고했다. 지금까지 개발한 대로 테라를 출 시하면 성공할 것이란 의견을 되풀이했다. 김강석은 박용현이 게임 개발 전권을 갖기에 미숙하다고 주장했다. 그리고 즉각 테라 개발 수장을 교체하길 원했다. 그 근거로 테라 퍼블리싱 을 맡은 NHN과 박용현 사이에 있었던 소통 문제를 거론했다. NHN 측도 베타 테스트를 거치면서 박용현에게 테라 품질에 문제가 있다는 의견을 지속적으로 전했지만, 박용현이 이를 받 아들이지 않으면서 문제를 키우고 있다는 것이었다.

김강석은 박용현을 이해할 수 없었다. CEO로서 개발의 예 측 가능성을 가늠하는 일이 늘 곤혹스러웠다. 박용현으로부터 제작의 청사진을 공유받거나, 그와 함께 제작 진행을 협의하는 일에 어려움을 겪었다.

김강석이 돌이켜보건대 박용현은 개발을 꼼꼼히 챙기지 못 했고, 발생한 문제에 적절히 대응하는 데 서툴렀다. 혼자 해결 하는 게 힘들다면 함께 해결할 시스템이나 조직을 구성하든지, 경영진에게 도움을 요청해야 한다는 게 김강석의 상식이었다.

김강석은 박용현의 현실 인식이 너무 안일하다고 평가했다. 박용현의 권한을 낮춰야 테라가 살 수 있다는 의견을 냈지만,

박용현은 이를 받아들이지 않고 맞섰다. "맘대로 하세요. 맘대로 하면 되겠네." 김강석이 회의실 문을 쾅 처닫고 씩씩거리며 떠났다.

'김강석이 고성을 지르고 물건을 집어 던졌다'는 소문이 사내에 돌면서 직원들은 쑥덕거렸다.

경영진과의 충돌

김강석은 그의 직권으로 NHN과 협의해 테라의 OBT 일정을 늦추고, 회사 밖으로는 "연내에 OBT를 하겠다"고 공지했다. 박용현과는 가까스로 "10월까지 빌드를 수정하고 11월에 OBT를 한다"고 합의했다.

개발 인력 전원이 달려들어 밤낮을 가리지 않고 테라를 정비했다. 개발진은 베타 테스트에서 유저들이 제기한 지적을 십분 받아들였다. 시간이 촉박하니 새로운 것을 만들기보단 만들어진 콘텐츠를 갈고닦기로 했다.

개발뿐 아니라 경영 라인도 비상이었다. 경영진은 원래 5월 출시를 염두에 두고 경영 전략을 준비했다. 11월 OBT는 전혀 예측하지 못한 시나리오였다.

출시 일정이 밀리면서 장병규는 자금 조달에 문제로 허덕였다. 본격적인 수익을 얻을 수 있는 게임 출시 시기가 밀릴수록 제작비와 운영비가 추가로 들 수밖에 없었다. 장병규는 개인 자산을 담보로 대출을 받아 간신히 회사를 유지했다. 이런 위험을 감수하고서까지 창업을 약속하진 않았다. 어쩌다 이런 상황까지 왔는지, 장병규는 그 이유를 도무지 알 수 없었다.

김강석과 박용현 사이에 생긴 전선戰線은 장병규에게까지 확대됐다. 장병규와 박용현이 충돌했다. 장병규는 2007년 창업 시절로 되돌아가 블루홀의 현재와 미래, 창업자의 역할, 창업 원칙 등을 놓고 박용현과 이야기를 시작했다.

두 사람의 대화는 일반 대화가 아닌 핵심 창업자끼리의 대화였기에, 장병규는 박용현과 만날 때마다 직원 한 사람을 서기書記로 배석시켰다. 시작부터 끝까지 모든 대화를 기록하고 정리하게 했다. 그간 쌓아온 신뢰와 기대를 다시금 맞춰보자는 취지였지만, 대화를 거듭할수록 장병규는 박용현과 멀어지고 있다고 느꼈다.

박용현은 여전히 "지금이라도 테라를 출시하면 동시접속자 10만 명을 모으는 흥행 게임이 될 것"이라 주장했다. 장병규는 박용현을 어떻게 바라봐야 할지 혼란스러워졌다.

테라를 접한 사람들 대부분이 테라의 게임성에 좋은 점수를 주지 않고 있었다. 블루홀을 대표하는 창업자 두 사람의 갈등이 본격화되면서 회사 분위기는 더욱 뒤숭숭해졌다. 두 사람의 갈등은 단순히 테라라는 게임에 대한 평가로 대립하는 수준을 넘어섰다. 제작과 경영의 분리 원칙을 뿌리부터 흔들었다.

장병규는 창업 초기 서로 합의한 역할과 신뢰를 박용현이 지키고 있느냐고 따졌다. '나는 돈을 투자해 회사 지분을 가졌고, 당신은 재능을 투자해 지분을 얻었다. 그런데 당신의 재능은 온 타임 온 버짓 달성에 실패하고 있다. 정해진 시간과 자원을 써서 게임을 출시한다는 약속을 믿고 모든 것을 준비했다. 한국 서비스뿐 아니라 미국에서 직접 서비스를 하는 결정을 함께 내리고 현지 자회사까지 꾸렸는데, 공회전을 하고 있다.'

장병규는 약속한 의무를 해내지 못한 대가로 박용현이 역할과 책임을 조정해야 한다고 주장했다. 역할과 책임에 따라 권한과 보상이 결정되기에 약속을 지키지 못했다면 역할과 책임, 그에 따른 권한과 보상은 마땅히 축소되어야 했다. 장병규는 박용현에게 블루홀 지분 일부를 덜어내길 요청했다.

박용현에게 테라는 하자 없는 제품이었다. 박용현은 창업 정신을 위배하는 요구를 들어줄 수 없다며 각을 세웠다. 둘의 대화는 4개월간 평행선을 달렸다.

"블루홀의 지분입니까, S1 프로젝트의 제작 책임자입니까. 둘 중에 하나를 선택하셔야 한다면 무엇을 선택하시겠습니까?" 장병규의 물음에 박용현은 제작 책임자에서 내려올 순 있지만, 지분은 포기하지 않겠다고 했다. 이 질문과 답변을 끝으로 장병규는 박용현과의 대화를 중단했다. 그리고 공동 창업자 6인을 한자리에 모았다. 신뢰가 사라졌으니 공동 창업자들의 의견을 종합해 결정을 내리자는 것이었다.

　결국 박용현의 사임 문제가 논의 테이블에 올랐다. 창업자들끼리 거수를 해 박용현의 거취를 결정하기로 했다. 박용현이 테라의 개발 수장에서 내려와야 한다는 쪽에 장병규와 김강석이 진즉 손을 들었다.

　아트팀장 황철웅 판단으로도 제작력은 한계에 다다랐다. 그가 보기에, 박용현은 김강석이 제작 품질을 문제 삼기 전까지 제작에서 발생한 갖가지 어려움과 실패 징후를 있는 그대로 경영진에 공유하지 않고 덮어왔다.

　황철웅은 박용현의 입장에도 서봤다. 정해진 시간과 예산으로 게임을 제작하겠다는 약속을 하고서 창업했다. 차마 안 된다는 말을 입 밖으로 내지 못한 것일 수 있겠다 싶었다. 그것도 아니라면, 박용현은 어쩌면 종교를 대하듯 테라의 성공을 믿고 있는 것인지도 모르겠다. 하지만 합리성에서 믿음의 영역으로 발을 내딛는 순간, 제작은 현실과 동떨어진다. 황철웅이 손을 들었다.

　프로그래밍팀장 김정한은, 제작진이 경영진과 솔직하게 소통하지 못해 이 사달이 난 것 같았다. 예컨대 "목표한 물량의 80퍼센트를 만들었다"고 제작진이 말했다고 가정했을 때, 제대로 만든 80퍼센트인지 얼기설기 엮어 구색만 갖춰놓은 80퍼센트인지, 제작 이면에 있는 진실을 경영진이 확인할 도리가 없었다.

김정한은 회사의 생존에만 집중하기로 마음먹었다. 그의 전부이기도 한 블루홀이 풍전등화로 치닫고 있는데 잘잘못을 따질 계제가 아니었다. 문제를 질질 끌고 가면서 누가 잘못을 했는지 탓을 해봤자, 회사가 망하면 무슨 소용인가. 게다가 장병규는 개인 빚을 떠안으며 회사 자금을 수혈하고 있었다. 길거리에 나앉을 바에야 어떻게든 회사를 살려야 했다. 하늘이 두쪽 나도 퍼블리셔와 약속한 날짜에 테라를 출시해야 살아날 숨통이 트일 것 같았다. 박용현이 신뢰를 보여주지 못했으면 책임지고 물러나면 되고, 줄어든 지분만큼의 책임감을 가지고 또 다른 역할을 하면 된다고 판단했다. 김정한도 손을 들었다.

기획팀장 박현규는 장병규와 박용현 어느 한쪽 손을 들어주기 어려웠다. 그는 모든 문제가 꼭 박용현에서 비롯됐다고 생각하지 않았다.

박현규는 박용현을 이해할 수 있었다. 박용현이 선택한 제작 방법은 여러 부품을 수시로 맞춰보며 완성도를 높이는 대신, 게임의 물량을 우선 높이는 쪽이었다. 경쟁 회사들이 만든 MMORPG와 비교도 되지 않을 만큼 압도적인 물량, 그것이 테라의 재미를 보장하는 핵심 강점이었다.

블루홀에 몸담기 전까지는 게임을 개발할 때 개발 중간에 결과물을 자주 합쳤다. 경영진에 프레젠테이션을 하거나 게임쇼에 나가기 위한 가짜 빌드가 필요해서였다. 발표가 끝날 때마다 결과물을 버리면서 비효율적인 제작 관행을 되풀이했다. 어차피 쓰지 못할 빌드를 이렇게 공들여 만들어야 하나 싶은 순간이 여러 번이었다. 비용과 시간을 낭비하는 것만큼 제작자에게 고역스러운 일은 없었다.

　박현규도 박용현과 같이 가급적이면 충분한 물량을 확보하고서 마지막에 이를 합쳐 비용과 시간을 줄이자는 의견이었다. 빌드를 이어 붙이고 난 뒤에, 막판 스퍼트로 게임 퀄리티를 한꺼번에 쭉 끌어올리면 된다고 믿었다. 지금껏 잘해왔던 일이었기에 박용현의 판단이 맞을 수 있었다. 제작을 총괄하는 책임자의 감을 믿고서 이런저런 반대를 무릅쓰고 출시를 강행해 보란 듯이 성공을 거둘지도 몰랐다. 그러나 퀄리티가 얼마나 올라갈 수 있을지에 대한 믿음, 혹은 기대할 수 있는 결과를 두고 경영진과 박용현의 온도 차는 벌어질 대로 벌어진 것으로 보였다.

　결과적으로 신념과 믿음에 관한 문제였다. 박용현의 신념을 이제 경영진이 믿지 못하겠다 말하고 있지만, 박용현은 여전히 자기를 믿어달라고 말한다. 테라가 문제 있는 제품임을 인정하면서도 제시간에 빠르게 수정할 수 있다고 장담하고 있었다. 박현규는 판단을 내릴 수 없었다. 그는 기권했다.

　박용현을 제외한 공동 창업자 다섯 가운데 넷이 박용현의 사임에 찬성했다. 한 달 뒤인 2010년 10월, 박용현은 테라 개발실장에서 사임했다. 어떤 말도 남기지 않고 자리를 비웠다. 박용현은 칩거했고, 다른 창업자들도 그의 사임 이유를 직원들에게 따로 설명하지 않았다. 게임 출시 몇 달을 앞두고 제작 수장이 바뀌는 초유의 사태였다.

"경영진과 뭔가 맞지 않아 충돌이 있었다" "힘들었으니 잠깐 쉬다 올 것이다" "그래도 좀 더 해주시지" "차기작을 준비하고 계시다" "어떻게 그럴 수 있느냐. 서운하다." 개발팀을 이끌던 수장의 부재를 놓고 직원들이 수군거렸지만, 그것도 잠깐이었다. 게임 개발의 관성은 조직을 다시 빠르게 돌아가게 했다. 제작진은 코앞에 놓인 빌드 개발 임무를 매 순간 처리해야 했다. 직원들은 오후 10시까지 하는 근무를 더는 야근이라 부르지 않았다. 자정을 넘겨 컴퓨터와 씨름하는 일은 일상이 됐고, 밤을 새는 경우도 부지기수였다.

'3년 300억 원'에서 '4년 400억 원'으로

너덜너덜해진 리더십을 다시 깁고 꿰매야 했다. 박용현이 떠난 테라 개발실장 자리는 황철웅이 맡게 됐다. 다른 대안이 없었다.

황철웅은 아트 책임자로 줄곧 일해온 터라 퍼블리셔와 협력한 경험이 별로 없었다. 김강석이 그와 짐을 나눠 지기로 했다. 테라를 출시하고 초기 운영을 안정화하기까지 퍼블리셔인 NHN과 소통하는 일을 맡았다. 김강석은 제작 부서에 제작 전권을 맡겨선 일이 되지 않을 것만 같았다. 제작 부서가 NHN의 피드백에 대응해 게임을 제대로 수정하는지를 살피는 일도 그의 몫이 되었다.

김강석에겐 늦가을 찬 바람이 유독 혹독했다. 지난 3년간 게임 제작의 지휘봉을 잡았던 책임자가 블루홀을 떠났다. 왜, 무엇을 위해 창업을 한 것일까. 일어나야 할 일이 결국엔 일어난 것처럼 보였다.

창업을 바라보는 관점이 서로 달랐다는 것을 인정할 수밖에 없었다. 제작에 있어서만큼은 박용현이 엄연한 수장이었고 명실공히 블루홀의 원톱이었다. 그 아래 직능별 리더 역할을 팀장 셋이 명확히 맡았다. 게임 제작은 창업자 넷이 알아서 하기로 한 것이었다.

그러나 딱 거기까지였다. 창업자로서 회사의 운영이나 비전을 가지고 박용현팀이 특별한 철학이나 지론을 보여준 적은 없었다. 김강석은 제작을 존중한다는 원칙 아래 이런 아쉬움을 애써 눌러왔다.

회사를 세운다는 것. 그 의미를 서로 다르게 받아들인 채 지금까지 온 것 같았다. 김강석은 제작을 담당하는 창업자 4인을 생각했다. '아, 이 사람들은 게임 만드는 것만 생각하고 회사를

창업했구나.' 이 팀은 한 회사, 한 팀으로 살다 창업자로 변신했
다. 급격한 변화를 맞아 생각과 팀워크의 한계를 노정한 것은
아닐까.

그렇다면 박용현팀의 철학은 무엇이었을까. 어떤 회사를 만
들고 싶었을까. 질문이 꼬리를 물었다. 이들은 제작에만 관심
을 뒀기에, 제작에 대한 철학만 가진 것으로 보였다. 창업 동기
는 개발자로 살며 생겨난 불만으로부터 나왔다. 이렇게 게임
을 개발해선 안 된다, 하는 문제의식에서 블루홀이 출발했다.
그렇다고 그게 전부가 되어선 곤란했다. 기존 한국 게임업체의
개발 방식에 대한 안티테제로서만 블루홀이란 회사가 존재해
선 안 된다. 블루홀은 그것을 뛰어넘어야 했다.

블루홀의 꿈은 MMORPG의 명가였다. 창업자들끼리 인간
적으로 끈끈할 필요까진 없지만, 기업 철학과 비전은 공유하고
있어야 했다. 창업자이기 이전에 제작자였던 그들은 게임만 고
민하고 기업을 고민하는 데 소홀했던 것이었을까. 같은 비전과
철학을 가슴에 품고 있다 자부했지만, 실상은 그렇지 못했다.
프로라고 생각했던 공동 창업자들이 지금은 다르게 보였다. 왜
이토록 훌륭한 사람들이 삐그덕거렸을까.

그들 말대로 게임 만드는 회사에서 제작자를 최우선으로 존
중하고 대접하는 게 마땅했다. 그러나 어떠한 관여 없이 제작
을 제작자에게 맡긴 결과가 무참했다. 무엇보다 '경영과 제작
의 분리'란 원칙에 눌려 서로가 서로에게 장벽을 쳤다. 블루홀

이 비웃던 다른 게임 개발사의 사정이 그대로 벌어졌다. 인재의 능력을 최대한 끌어올려 훌륭한 제작을 해내는 일에 블루홀은 결과적으로 실패했다.

굳건하고 단단하게 보였던 블루홀의 창업 원칙이 무너지면서 흉한 잔해가 드러났다. 블루홀은 2010년 11월이 되어서도 OBT를 하지 못했다. 이어 테라 출시 시기를 2011년 1월로 또 연기했다. 출시 일정이 1년 미뤄지면서 '3년 300억 원'이던 계획이 '4년 400억 원'으로 변경됐다. 한 달에만 수십억 원이 추가로 들었다. 회사가 당장 멈춰도 이상하지 않을 지경이었다. 돈을 꾸러 이곳저곳 기웃거리는 일이 장병규와 김강석의 주요 일과가 됐다. 장병규는 개인 재산을 담보로 연대 보증 계약까지 해가며 꾸역꾸역 구멍 난 쌀독을 채웠다.

장병규와 김강석은 게임 제작을 경험하지 못한 햇병아리였음을 인정해야 했다. 블루홀에서 기한을 넘긴 제작은 곧 실패와 동의어였다. 자랑스럽게 내세우던 '온 타임 온 버짓'이란 구호는 쓰레기통에 처박힌 지 오래였다. 아무도 '경영과 제작의 분리' 원칙을 입에 담지 않았다.

장병규와 김강석은 블루홀의 정체성을 다시 고민하기 시작했지만 뚜렷한 답을 내진 못했다. 다만 'MMORPG의 명가'라는 비전은 남아 있었다. 적어도 비전을 달성하기 위해선 제작과 경영의 분리라는 대원칙의 수정이 불가피하다는 것을 알게 됐다.

우여곡절 끝에 테라는 2011년에 세상에 나올 것이다. 이를 계기로 창업과 제작의 의미를 다시 정의해나갈 수 있다는 기대는 있었다. 3년간 CEO를 맡으며 김강석도 제법 게임회사를 바라보는 안목이 생겼다. 어떤 제작사가 좋은 제작사인지 조금은 알 것도 같았다. 생각나는 대답 몇 개를 노트에 일단 끄적였다. '훌륭한 제작은 제작과 비非제작, 경영 사업 등 여러 가지 영역들이 훨씬 더 유기적이어야 한다' '문제가 발생하면 더욱 솔직하게 커뮤니케이션할 수 있어야 한다' '영역을 자꾸 나누고 있는 게 문제. 그러다 보니 진짜 문제가 터졌다'

김강석은 '컨트롤'이란 단어를 쓰고서는, 그 위로 엑스 표시를 했다. 경영이 제작을 조종할 필요도 없고, 조종해서도 안 된다. 제작을 억압하면 창의성은 말살된다.

그는 대신 '유기적 팀플레이'란 단어를 썼다. 제작은 더 이상 블루홀에서 신성불가침한 성소가 아니었다. 이제 경영진 그 누구도 "제작은 제작이 알아서 하니 믿겠다"고 말하지 않았다. 김강석은 "제작도 이제 논의의 대상이 되어야 한다"고 말했다.

그는 회사 이곳저곳을 기웃거리며 직원들과 스킨십을 늘려나갔다. 50명이던 직원이 200여 명으로 불었다. 직원들과 마주칠 기회를 일부러 만들어 목소리를 들었다. 이전엔 보이지 않던 블루홀 문화의 민낯이 눈에 들어왔다. 경영과 제작의 문화 차이가 블루홀 안에서 이질적으로 공존하고 있었다.

제작자들은 대화 욕구가 강하지 않았다. 경영 직원들이 수평적인 토론을 통해 의사결정을 하는 것에 비해, 제작 직원들은 팀장의 지시를 따라 움직이는 일이 많아 보였다. 이는 게임 제작 특성에 기인한 현상이기도 했다. MMORPG는 많은 인원을 투입해 만드는 거대하고 복잡한 제품이다. 빌드를 예정된 시간 안에 내놓아야 하는 게임 제작에선 효율을 이유로 톱다운 방식을 어느 정도 용인할 수밖에 없었다.

그럼에도 김강석은 적어도 톱다운 방식이 시종일관 제작에서 통용되어선 안 된다고 여겼다. 상급자가 어떤 의사결정을 내렸으면, 최소한 왜 이런 결정을 내렸는지 설명하고 공유하는 문화가 필요했다. "까라면 까"와 "따라주세요"는 엄연히 다르다. 팀원도 의사결정의 근거를 알 권리가 있다. 납득이 되어야 자발적으로 일한다. "블루홀이 더 수평적인 조직이 됐으면 좋겠습니다. 블루홀 초기에 만들어진 대화 문화가 직원들 일상에 스며들어 있다고 착각했던 게 부끄럽네요." 김강석은 자신의 착오를 뉘우쳤다.

장병규는 '견제'란 단어를 꺼내는 일이 부쩍 늘었다. "제작을 제대로 해내기 위해서 경영진이 제작진을 견제해야 한다"는 말을 자주 했다.

견제는 지시와 다르다. 그의 눈에 한국에서 성공한 제작사 대부분의 경영진이 일방적인 지시를 내린다. 그런 묵은 관행과 결별을 선언하며 블루홀을 만들었다. 그랬던 블루홀에서 제작과 경영의 분리 원칙은 사망 선고를 받았다. 이제 더 이상 그 누구도 '제작과 경영의 분리'란 말을 입에 올리지 않았다.

장병규는 경영의 기본 입장을 이렇게 수정했다. '제작진이 알아서 게임 개발을 한다. 그 대신 한정된 자원을 공유하기 때문에 경영진의 견제를 받는다.'

장병규는 이런 원칙을 갖춘 게임업체를 알고 있었다. 미국의 블리자드였다. 5개의 제작팀이 독자적으로 움직이면서도, 경영진은 각 팀의 리더들을 견제한다. 수시로 만나 조언하고, 생각을 나누며 토론한다. 이런 소통 문화의 토양 안에서 전에 없던 독특한 색깔을 내는 게임이 탄생했다.

장병규는 블루홀이 게임 제작에 삶을 바치는 사람들에게 다채로운 게임을 제작할 수 있는 터전으로 남기를 원했다. '개발자의 능동적인 리더십과 경영진의 이성적인 견제'가 블루홀의 새로운 키워드로 떠올랐다.

장병규는 개발자들에게 당부했다.

블루홀은 이런저런 게임을 다 만들어보는 포트폴리오 전략을 쓰지 않습니다. 이 점을 절대 잊으시면 안 됩니다. 시장에서 잘될 것 같은 유행 게임을 경영진이 만들자고 하면 절대 성공 못 합니다. 그건 경영진이 킥오프한 프로젝트이기 때문에 절대 잘될 리가 없습니다.

경영진은 게임 제작에 대해 잘 모른다고 생각하는 게 맞아요. 그 대신 견제하는 일을 이성적이고 합리적으로 굉장히 잘한다라고 생각해주셔야 합니다. 개발자가 원하는 게임 제작을 시도할 수 있는 환경을 만드는 일이 경영진에게 중요합니다. 제작자가 자신 있고 재밌게, 열정을 가지고 만든 게임이 어떻게든 시장에서 인정을 받으면 대박이 나는 겁니다. 회사 구조도 이에 맞춰 만들고 있습니다.

블루홀 게임 제작 공정은 24시간 풀가동을 유지했다. 직원들이 무시로 밤을 새며 일했다. 새벽까지 컴퓨터 앞에서 씨름하다 집으로 가 쓰러지는 일이 다반사였다. 여명에 눈을 비비고 다시 회사로 돌아와 어제와 똑같은 하루를 반복했다.

게임 출시에 대한 부담감과 철야 근무로 인한 피로를 호소하며 퇴직하는 직원도 여럿 나왔다. 프로그래밍팀을 이끄는 김정한의 체력도 바닥났다. "오늘은 저녁 8시까지 빌드 주시는 거죠?" 게임 품질 검토 팀원으로부터 받은 전화에 자정쯤 답을 했다. "미안한데 아직 빌드 준비가 안 됐어. 1시까지만 기다려줘." 1시에 작업물을 넘기고 "뒤를 부탁한다"며 귀가했다. 품질검토팀은 다음 날 아침까지 빌드를 테스트하며 프로그램 버그를 보고했다. 이후 김정한이 출근 책상에 앉자마자 버그를 수정하는 작업을 반복했다.

빌드마다 속출하는 예상하지 못한 버그들을 수정하느라 제작진은 진을 뺐다. 개발자들이 게임의 재미에 집중해야 할 시기에 버그 수정에 매달려 있었다. 영원히 산꼭대기로 바위를 옮기는 형벌을 받은 그리스 신화 속 시시포스처럼 똑같은 하루

를 반복했다. 살기 위해선 죽이 되든 밥이 되든 무조건 2011년
1월에는 게임을 출시해야 했다.

소통에 대하여

경영을 하는 것, 경영자로 살아가는 것은 여러모로 힘들다. 목표한 성과를 내야 하며, 사회규범을 철저히 지켜야 하며, 좋은 인재를 발굴하고 그들이 성장하는 과정을 인내해야 한다.

인간적으로 가장 힘든 것은, 이기적인 구성원들과의 끊임없는 대화다. 특히 이기심을 자기합리화한 구성원들과의 대화는 감정적으로도 지친다. 경영자도 인간이기에.

사람은 누구나 이기적이다. 이기적인 것 자체는 문제가 아니다. 진짜 문제는, 개개인의 이기심이 조직의 '공공의 선' 또는 '남의 이기심'까지 해치는 경우에 발생한다. 이기심의 폐해는 횡령과 같은 탈법보다 광범위하다. 조직의 전체 그림과 작동 원리에는 관심 없이, 본인의 일만 잘하면 된다고 생각하는 '의도치 않은 이기심'은 너무 자연스럽다.

사람은 합리적이기보다는 자기합리화 혹은 합리화하는 척에 능한 듯하다. 다수의 구성원뿐 아니라 경영자 또한 그렇다. 소소한 자기합리화는 어쩌면 힘든 일상을 견디게 만드는 좋은 자질일 수도 있다. 그렇기에 우리는 이기적이고, 심지어 게으르고, 스스로를 자기합리화한다는 점을 인정하고 경영을 해야 한다.

그렇다면 어떻게 해야 하나? 법이든 규정이든 절차든, 명료하게 만들 수 있다면 그렇게 만드는 것이 좋을 것이다. 이기적이든 자기합리화에 능하든, 누구나 자연스럽게 지킬 수 있는 절차와 시스템을 만들어가는 것이다. 일종의 법치주의 같은 것이다. 하지만 멋지고 유기적인 조직, 자율과 책임이 숨 쉬는 능동적인 조직을 만드는 것은 단순히 절차와 시스템을 정비하는 것만으로는 부족하다. 법은 만능열쇠가 아니다. 최후의 보루 정도랄까.

오랜 세월 경영을 해보니 결국 진정성 있는 '소통'이 가장 효과적인 수단이었던 것 같다.

조직의 '공공의 선'을 끊임없이 주창해야 하며, 한 번 이야기로 그칠 것이 아니라 다양한 변주로 반복해야 한다. 너무나 이기적인 소수의 구성원은 일단 들으려 하지 않을 것이기에, 들을 수밖에 없는 환경을 어떻게든 만들어야 한다. 그리고 구성원들이 스스로 '공공의 선'을 고민하고, 다른 구성원 혹은 경영자와 함께 팀으로 일하기 위해서 어디서 이기심을 발휘해야 하고, 어디서 이타심을 발휘해야 하는지를 스스로 생각하게 만들어야 한다.

경영자의 소통이란 결국 이기심과의 싸움이다. 이기심과의 끊임없는, 너무나도 지루한 싸움이다. 인간의 이기심은 절대 없어지지 않으며, 성장하는 회사일수록 심지어 잘나가는 것처럼 보이는 회사일수록 이기심이 가득할 것이다. 무언가 이룰 것이 있다고 생각하고 들어오는 새로운 구성원들의 증가가 빠를 것이기 때문이다. 물론 그런 이기심이 성장의 자양분이라는 점 또한 분명하다.

경영자가 소통에 실패하거나 게을러지면 너와 나를 가르는 행위가 조금씩 시작된다. 편을 가르는 사내 정치가 시작되며, 사일로 현상이 본격화된다. 권위주의가 아니라면 조직 경영이 힘들다는 인식이 싹트며, 역할과 책임보다 보상과 권한을 우선 생각하게 된다. 비흡연자가 담배 타임에 꼭 끼려고 노력하게 되는 것이다.

소통 과정에서 경영자는 인간적 상처도 많이 받을 것이다. 나의 이기심은 자연스럽지만 타인의 이기심이 나에게는 자연스럽지 않다. 어쩌면 인간에 대한 애정이 점점 식어가는 자신을 발견할 수도 있다.

하지만 절대로 사람에 대한 애정을 버려서는 안 된다. 경영은 본질적으로 사람에 대한 문제를 다루는 것이기에 사람에 대한 애정이 없다면 사실상 멋진 경영은 끝난 것이나 다름없다.

2011 ~
2012

더 테라 라이브:
첫 MMORPG 개시

처음 창업을 제안했던 핵심 창업자 박용현이 블루홀을 떠나고, 개발 총괄 자리는 황철웅에게 맡겨졌다. 우여곡절 끝에 시장에 데뷔한 게임 '테라'는 10만을 훌쩍 뛰어넘는 동시접속자 수를 기록하며 산뜻한 출발을 했다. 이어 한국을 넘어 일본, 북미, 유럽 등으로 영토를 넓힐 채비를 시작했다. 창업 당시의 목표이자 꿈이었던 글로벌 시장에서의 성공을 위해 미국 현지 자회사를 풀가동했다. 오랫동안 해외 무대를 꿈꿔온 장병규가 직접 총대를 메고 사업을 진두지휘했다. 한 달에 2주씩 한국과 미국을 오가는 강행군을 계속하며 시차에 적응할 겨를도 없이 주당 100시간 노동을 이어갔다. 장병규는 창업 후 첫 워크숍에서 "블루홀(심해의 움푹 팬 지형)이 미국의 대표 게임업체 블리자드(눈보라)를 품는 광경을 상상해보자"고 말하기도 했다.

테라 출시

2011년. 테라 정식 서비스를 눈앞에 뒀다.

황철웅은 갑작스레 총책임자 자리에 오른 뒤, 할 수 있는 걸 모두 했다. 200명이 넘는 사람들이 막바지 게임 수정 작업에 달려들어 용접하고 칠하고 광을 냈다. 출시가 초읽기에 들어간 두 달 동안 사무실을 집으로 삼고 일에 몰두했다.

황철웅은 테라의 물량만큼은 최고라고 자부했다. 단순하게 비교하자면, 경쟁 게임보다 시간 대비 2배 이상을 생산했다. 경이적인 스코어였다. 서울 면적의 3분의 2 규모로 설계한 게임 속 지도 위에 수백 종의 무기와 의상, 몬스터를 구비했다. 한국 게임 역사에서 이 정도 콘텐츠 물량을 이렇게 짧은 시간 안에 뽑아 게임을 출시한 사례는 그가 알기론 없었다.

테라는 그의 손을 떠날 것이었다. MMORPG는 카지노, 객실, 상점, 수영장 등 온갖 시설을 다 갖춘 거대 유람선 같은 것이어서, 한번 진수시키면 다시 육지로 불러오기가 여간해서는 불가능했다.

테라 출시 마지막 순간까지 게임 프로그램이 컴퓨터에서 원활히 실행될 수 있도록 기술력에 집중했다. 그래픽을 유려하게 매만졌고, 액션 연출뿐 아니라 스토리도 더욱 깊고 상세하게 세공했다. 게임이라는 가상 세계에 탑승한 고객만이 테라의 성공을 판가름할 것이었다.

테라 출시를 목전에 두고 블루홀 개발실 분위기는 한껏 고조됐다. 이 정도면 해볼 만하다는 기대감이 넘실댔다.

2011년 1월 11일. 김강석이 동트기 전부터 서둘러 집을 나섰다. 회사에 도착하니 뜬눈으로 밤새 자리를 지킨 몇몇 직원이 보였다. 테라 OBT를 시작하는 날이었다. 정식 서비스는 2주 뒤. 본 게임의 막이 오른 셈이었다. 블루홀은 사실상 이날을 정식 출시일로 간주했다.

제작비는 처음 계획한 300억 원에서 400억 원으로 뛰었다. 테라 광고에 '4년간 400억 원을 쏟아부은 대작 MMORPG'란 문구가 박혔다.

김강석은 자꾸 속이 쓰렸다. 일정이 더 밀리기 전에 일단 게임을 출시해야 했다. 게임 출시 이후 서비스를 운영하는 일을 '라이브Live'라 부른다. 버그 수정, 게이머 요구사항 처리, 차기 업데이트 콘텐츠 개발, 이벤트 계획 및 실행 등등. 게임을 수정하고 유지하는 라이브 비용이 필요했다. 블루홀은 테라밖에 없는 회사였다. 인건비를 포함한 각종 운영 비용을 모두 개발비로 고려하면 제작비는 400억 원을 훌쩍 뛰어넘었다. 테라가 한국 게임 역사를 새로 쓰는 게임이 되어주길 기도하는 수밖에 없었다. 김강석은 자리에 앉아 테라의 성공을 기도했다.

오전 6시, 서비스가 시작됐다. 시간에 맞춰 새벽 출근을 하는 직원들이 보였다. 피플팀은 미리 주문해둔 토스트를 건넸다. 직원들이 제자리에서, 혹은 휴게실에 모여서 테라의 시작을 숨죽여 지켜봤다.

테라는 오전부터 화제가 됐다. 포털 실시간 검색어에 '테라'라는 검색어가 내려갈 기미를 보이지 않았다. 게임을 비롯한 온라인 서비스의 흥행을 평가하는 기준은 이용자의 데이터 트래픽과 수익revenue이다. 접속자가 몰릴수록 트래픽이 늘어나고, 이는 곧 수익으로 연결된다.

테라는 유저들이 이용 요금을 매월 지불하는 월정액제를 채택했다. 고객이 결제한 요금이 곧 이익이 된다. OBT는 일단 이용자에게 과금을 하지 않는 한시적인 무료 서비스기에 트래픽이 정식 서비스 때에 비해 많이 몰린다.

트래픽을 가늠하는 지표에 동시접속자 항목이 있다. 실시간으로 게임에 접속해 있는 사람 수를 일컫는다. 일반적으로 동시접속자가 10만 명을 넘으면 대박을 터뜨렸다고 간주했다. 시시각각 늘어나는 테라 동시접속자 수를 보며 직원들이 환호성을 내질렀다. 이날 점심 테라 동시접속자 수는 26만 명을 기록했다.

오후에 피플팀은 직원들에게 각자의 영문 이름을 새긴 후드 재킷을 깜짝 선물로 전달했다. 목 부분에 블루홀 CI와 테라 출시일을 기념하는 '2011.1.11'이란 문구를 프린트했다.

테라 출시 직후 개발팀 사무실은 야전병원을 방불케 했다. 급작스럽게 꺼지는 서버(대형 컴퓨터)를 직원들이 촌각을 다투며 재가동했다. 서버가 먹통이 되면 순식간에 사용자가 급감하고 불만이 폭증했다. 새벽에도 몰리는 대규모 사용자를 보고 마냥 웃고 있을 수 없었다. 프로그래머들이 불침번을 서가면서 서버 문제에 대응했다. 몇 번의 서버 다운을 겪은 후에야 운영이 안정화됐다.

테라 상용화가 오늘로 일주일째 접어듭니다. OBT 후 3주가 지났는데, 그사이 대단히 많은 일들을 겪었지요. 그동안 참 많은 분이 제게 "큰일 났어요"라며 달려오셨던 것 같아요. 그러나 결과적으로 많은 분의 노력으로 하나씩 극복하며 여기까지 잘 왔습니다.

숨 가빴던 2011년 1월의 마지막 날, 김강석이 전 직원에 쾌거를 알리는 메일을 보냈다. 테라는 정식 출시 일주일도 지나지 않아 PC방 점유율 1위에 오르며 파죽지세의 인기를 내달렸다. 103주 동안 장기 집권하던 엔씨소프트의 MMORPG '아이온'의 권좌를 빼앗았다.

모두가 구체적인 수치를 실시간으로 접하지 못하기 때문에 궁금증이 크리라 봅니다. 상용화에 접어들면서 트래픽에 다소 변화가 있기는 했습니다만 큰 폭으로 하락하거나 사용자 이탈은 일어나지 않고 있습니다. 현재 주중에도 동시접속자 15만 명 이상을 안정적으로 기록하고 있고, 주말에는 16만 명 이상이더군요. 물론 수치는 대외비입니다.

유료 결제 현황도 꾸준합니다. 다만 PC방은 아직 무료 이벤트 기간이기 때문에 본격적으로 전체 매출을 예측하기는 이르다고 하겠네요. PC방의 각종 이용 데이터는 견고하게 유지되고 있습니다.

언론에서는 (엔씨소프트와) 양강 체제라는 표현을 쓰더군요. 확실한 1등이면 우리야 더 좋겠지만, 기자들에겐 이 구도가 참으로 흥미롭겠지요. 테라의 성공에 다양한 의미 부여를 하는 기사들을 참 많이도 만들어냈습니다. 물론 조금 더 추이를 지켜보면서 판단할 필요는 있을 겁니다.

그렇지만 현재까지 우리가 굉장히 잘해왔다는 점만은 분명합니다. 사실 동시접속자나 매출액 같은 수치는 사람을 들었다 놓았다 하는 마력을 가지고 있습니다. 이것만 하루 종일 보고 있을 수도 있다는 걸 진작 알았지만(5분마다 동시접속자 페이지 새로고침, 이거 중독성 있거든요), 이게 사람 표정을 수시로 바꾼다는 걸 새삼 다시 깨닫습니다.

MMORPG 개발사에 중요한 건, 일희일비하기보다는 긴 호흡과 안목으로 게임의 경쟁력을 꾸준히 업그레이드하는 뚝심과 의지가 아닐까 싶습니다. 블루홀의 발걸음은 분명 그리라라 믿고 또 다짐하면서 앞으로도 우리 모두 이 라이브를 잘 이끌어가고, 올해 내에 예정된 해외 출시까지 성공적으로 나아가기를 기대해봅니다.

내일모레면 설 연휴가 시작되는군요. 지난 몇 차례의 설과는 달리 이번에는 가슴에 자부심과 성취감을 가득 안고 가족을 만나러 가시기 바랍니다. 모두 풍성하고 행복한 설 명절 보내세요.

직원들에게 축하 메시지를 뿌리는 김강석의 속내는 그다지 달갑지 않았다. 테라가 재무적으로 크게 성공할 게임이 아니라고 직감했다. 그가 보기에 테라는 문제가 있는 게임이었다.

게임 흥행을 판단하는 지표로 '집객acquisition'과 '유지 retention'가 있다. 테라는 집객에는 성공했다. 출시 초반 유저 수만 명이 폭발적인 관심을 보이며 몰려들었다. 테라를 경험하게 하는 데 일단 성공한 것이다. 테라는 집객에 유리하도록 설계된 게임임에는 분명했다.

MMORPG는 하나의 공간 안에 수많은 사람이 동시에 접속해 즐긴다. 그만큼 고용량 데이터를 처리하는 문제로 이전 게임들은 실감 나는 전투 액션을 보여주지 못했다. 테라는 거대한 게임 세계에 수십만 명이 동시에 접속해도 현실감 있는 타격감과 액션을 선사했다. 화려한 그래픽과 방대한 물량, 사실적인 전투는 확실한 차별화 요소로서 눈길을 잡아끌었다. 테라 속 배경 그래픽을 보기 위해 유저들이 경쟁하듯 게임 장소 곳곳을 헤집고 돌아다니고 있었다. 일부 게이머는 남들보다 일찍 도착한 게임 장소를 사진으로 남겨 온라인 커뮤니티에 공개했다. 남보다 먼저 경험한 테라 그래픽과 배경을 다른 게이머들에게 자랑하는 팬덤 현상이 일어날 정도였다.

그러나 지구력이 걱정이었다. 베타 테스트를 통해 살펴본 결과 테라는 유지 부분에서 취약했다. 사내외 여러 전문가가 유저를 묶어두는 데 문제가 있을 수 있다는 의견을 냈다. 유저를 오래도록 게임에 붙들게 하는 매력이 부족한 것이다.

실감 나는 전투와 압도적인 물량이 게임의 전부가 아니었다. 캐릭터 성장 체감이나 스토리 몰입감과 같이 유저를 게임에 계속 머무르게 할 유인이 약해 보였다. 고무적인 초반 스코어가 한 달이 지나도 여전할지 미지수였다.

MMORPG 장르에서 '유지'의 제왕은 단연 엔씨소프트의 게임 리니지였다. 열 살도 넘은 게임을 여전히 수만 명이 찾는다. 리니지 세계 안에서 유저들은 다른 이를 만나 새로운 이야기를 스스로 만들어나간다. 유저끼리 대결을 벌이는 PVP Player vs. Player 방식을 채용했기에 게임 속 이야기가 자가발전을 했다.

테라는 리니지처럼 유저들이 이야기를 낳는 게임이 아니었다. PVE Player vs. Environment 방식으로 설계된 가상공간에서 게이머는 개발사가 제공하는 환경(몬스터)과 대적해야 했다. 제작사가 게이머들에게 콘텐츠를 끊임없이 만들어 제공해야 하는, 공급자 중심 게임이었다.

출시 직후 테라는 유저들의 기대를 너끈히 넘어섰다. 초기 실적이 이를 증명했고, 게임업계의 화제작으로서 스포트라이트를 받았다. 전투면 전투, 그래픽이면 그래픽, 캐릭터면 캐릭터. 게임의 모든 요소를 높은 수준으로 갖췄으니 그럴 자격이 있었다. 그런데 즐길 수 있는 콘텐츠가 바닥난다면? 유저는 미련 없이 떠날 것이다.

성적표

테라가 상용 서비스를 시작한 지 한 달째. 동시접속자 수 13만 명을 기록하며 순항하고 있었다. 황철웅은 200명이 넘는 개발 인력을 진두지휘하며 추가 콘텐츠를 만들어 투입하는 데 올인했다. 그도 테라의 지구력이 우려스러웠다. 게임 후반부가 역시 문제였다. 개발 막바지 구색 맞추기에 급급해 재미 요소를 꼼꼼하고 세밀하게 설계하지 못한 채 여러 퀘스트를 만들어 붙였다. 출시가 촉박해지면서 유저 커뮤니티와 같이 게이머들이 자발적으로 머물 수 있는 순환형 콘텐츠에 신경을 쓰지 못했다. 완벽한 게임이 어디 있겠는가, 하며 스스로를 달랬다. 처음부터 화려하고 액션감 넘치는 전투에 열광하는 고객을 겨냥해 몬스터 사냥 같은 소모성 콘텐츠 제작에 주력했다.

박현규는 테라의 초반 돌풍이 오히려 걱정이었다. 이러면 과

부하가 걸린다. 명민한 게임 기획자인 박현규는 테라 콘텐츠의 수명을 대략 짐작하고 있었다. 아무리 물량을 늘렸다고 해도 게이머에게 제공하는 콘텐츠 수에는 한계가 있는 법이었다. 10만 명이 넘는 인원이 하루가 멀다 하고 게임에 접속해 온종일 몬스터를 사냥하고 레벨을 높이며 게걸스럽게 블루홀이 차려놓은 콘텐츠를 먹어치우고 있었다.

이 정도로 사람이 몰릴 줄은 미처 예상하지 못했다. 콘텐츠를 비축해놓고 게이머들의 캐릭터가 성장하는 시기에 맞춰 적절히 배치해야 하는데, 그 타이밍이 빨라도 너무 빨랐다.

선행 콘텐츠 소모가 빠르면 뒷심이 달릴 수밖에 없다. 높은 레벨의 유저를 위해 장기적인 관점에서 준비했던 콘텐츠를 서둘러 끌어다 제공하는 일이 잦아지고 있었다. 콘텐츠 업데이트가 슬슬 부담이 됐다. 초장부터 대부분의 게임 콘텐츠를 경험한 극성 유저들은 "더 이상 할 게 없다"며 아우성을 쳤다.

적당히 고객이 들어야 재료가 동나기 전 다른 음식을 차릴 시간을 확보할 수 있다. 새 콘텐츠를 제작할 일정이 촉박해졌다. 라이브 대응도 비상이었다. 문을 열자마자 쏟아진 고객에 대응하느라 블루홀은 정신을 차릴 수 없었다. 서비스 초반인 만큼 게임상의 자잘한 끊김과 오류를 호소하는 유저도 넘쳤다.

박현규는 문제를 땜질하는 데 온종일 매달렸다. 오전에 출근하면 메일이 100통 넘게 와 있었다. 모두 하루 만에 처리해야 할 문제였다. 이메일에 답을 주고, 필요하면 업무자에게 뛰어

가 일을 맡겼다. 프로그램 오류를 인지하고 바로잡는 것도 그
의 주요 일과였다. 바삐 망치질을 하다 정신을 차려보면 자정
을 넘기기 일쑤였다. 고생은 고생대로 하고 욕은 욕대로 먹고
있었다. 업데이트를 준비할 여력이 충분하지 않았다.

블루홀 창립 4주년을 알리는 현수막이 서울 삼성동 코엑스 인
터컨티넨탈 호텔 연회장에 붙었다. 블루홀 CI가 프린트된 스티
커를 붙인 와인 병과 금일봉이 단상 위에 놓였다. 블루홀이 출
범한 2007년에 생산된 와인과 격려금 70만 원씩이 담긴 봉투
였다.

오랜 시간 테라 개발과 출시를 위해 최선을 다해주신 점에 진심으로
감사드립니다. 남다른 헌신과 노력의 땀을 흘리신 여러분께 제가 전
하고 싶은 고마움의 무게는 훨씬 무겁지만, 아직은 블루홀이 이뤄야
할 목표와 비전이 더 크기에 작은 정성만 담았습니다.

김강석은 블루홀이 첫 게임을 출시한 기념비적인 해이니만
큼 제대로 된 축하를 하고 싶었다. 직원들은 기대에 부풀었고,
회사도 지금까지 함께해온 구성원을 위한 행사를 만들었다.

주위의 기대를 받으며 산다는 건 쉽지 않은 일입니다. 회사의 창립부
터 그랬고, 투자 유치의 과정이나 지난한 게임 개발의 시간 속에서

블루홀은 늘 주변의 부담스러운 시선과 주목을 받아왔습니다. 다행히 그 기대에 부합하는 좋은 출발 정도는 한 것 같습니다. 하지만 말그대로 출발일 뿐이고, 지금 우리는 아직도 가야 할 길을 눈앞에 두고 있습니다. 다시 신발 끈을 단단히 고쳐 맵시다.

감히 말씀드리지만, 앞으로도 블루홀과 여러분은 주변의 기대로부터 자유롭지 못할 것입니다. 우리는 그럴 자격과 능력을 가졌기 때문입니다. 그러니 우리 모두 주변의 기대를 부담이 아니라 자부심으로 받아들이면 어떨까요. 그럴 수 있느냐 없느냐는 우리의 의지와 의욕에 달려 있겠지요.

진정한 교감이란 서로가 걸림 없이 묶이는 것이라고 합니다. 제가 교감하고 싶은 것은 바로 여러분과 블루홀의 미래를 함께 그리고 싶다는 점입니다. 이런 교감을 가지고 다시 한번 우리 앞에 펼쳐진 저 길을, 다 함께 열심히 달려가자는 의지를 다지고 싶습니다.

김강석이 직원 한 사람 한 사람을 무대로 불러내 악수한 뒤 와인과 금일봉을 건넸다. 시끌벅적한 사람들 속에서 김강석은 쉽사리 웃지 못했다. 보기 좋게 타오르던 테라의 기세가 급격히 꺾이고 있었다. 게임 출시 뚜껑이 열리면 성과는 숫자로 환산된다. 예측 불가능하던 게임의 재미가 매일 아침 점수로 나타나고 있었다.

김강석은 테라의 분명한 하락세를 느꼈다. 출시 효과로 반짝 몰렸던 유저들이 후반부에선 썰물처럼 빠져나가고 있었다. 우려가 현실이 됐다. 생각보다 일찍 트래픽이 줄어들기 시작했다. 접속자 수 그래프는 하강 곡선을 그리고 있었다. 죽을 둥 살 둥 출시 고비를 넘겼건만 다른 비탈이 눈앞에 펼쳐진 셈이었다.

출시하기만 하면 성공이 찾아올 줄 알았다. 달콤한 미래가 씁쓸한 현실로 변해버렸다. 이대로라면 블루홀은 계속 고난을 겪어야만 했다. 출시 효과에 기대어 매출은 제법 오르고 있지만, 당장 올해 예정된 미국과 일본 시장 출시 준비에 비상등이 켜졌다. 리텐션(유지)이 약하다고 증명된 게임이 해외에서 통할 수 있을까. 성공은 언감생심, 제작비용을 회수할 수 있을지부터 의문이었다. 테라는 기대보다 재미가 떨어지는 게임이었다.

2011년 5월 테라는 추락했다. PC방 게임 점유율이 절반으로 곤두박질치며 1위 자리를 아이온에 다시 내줬다. 트래픽이 떨어지며 게임 아이템 거래량도 반토막 났다. 느린 업데이트가 원인으로 지목됐다. 최고 레벨을 찍은 마니아 유저가 늘어나고 있었지만 콘텐츠 공급이 더뎠다. 박현규의 예상대로 새로운 즐길 거리를 제공하는 콘텐츠 업데이트 속도가 이용자의 소비 속도를 따라가지 못했다. 불만을 달래려 업데이트 계획을 미리 알렸지만, 개발이 밀리면서 일정을 연기하기도 했다. 출시 당시 집객을 위해 제공했던 3개월 무료 혜택이 끝난 뒤 유료 결제로 전환하는 이용자 비율은 기대보다 형편없었다.

그렇다고 포기하기엔 일렀다. 온라인 게임은 업데이트를 통해 반전의 계기를 만들어낼 수 있다. 콘텐츠 업데이트를 위해 회사의 역량을 집중해야 했다. 새로운 게임 콘텐츠를 계속해서 밀어 넣어 고객들을 붙잡아둬야 했다.

몇 번의 업데이트에도 테라는 기어오르다 굴러떨어지기를 반복했다. 황철웅은 커다란 빈 구멍을 발견했다. 턱없이 부족한 후반부 콘텐츠에 실망한 유저들이 줄줄이 이탈하고 있었다. 블루홀이 보유한 개발력을 총동원해 콘텐츠를 채우고 있지만 도무지 역부족이었다. 게임을 설계한 디자이너들이 이 문제를 출시 이전에 몰랐을 리가 없었다. 타이트한 개발 일정 때문이었을까. 출시를 하루라도 빨리 해야 한다는 분위기에 짓눌려 쉬쉬했던 걸까.

아트팀을 이끌다 예상에 없던 개발실장을 맡았다. 어찌 됐든 총책임자로서 이 사달이 날 것을 미리 예측하고 필요한 조치를 취해야 했겠지만 당시엔 안타깝게도 황철웅에게 그럴 능력이 없었다.

모든 개발진이 전력투구하고 있지만 콘텐츠로 메워야 하는 구멍의 깊이와 너비가 전체 개발력을 넘어선 듯했다. 리텐션이 떨어지는 걸 막을 수 없었다. 채워지지 않는 검은 구멍 앞에서 황철웅은 무력했다.

테라 리텐션 수치가 줄곧 내리막길을 타면서 개발진과 경영진 모두 속이 새카매졌다. "이게 말썽이다" "아니, 이걸 바꿔야 한다" 하며 서로 으르렁대는 일이 잦아졌다.

장병규가 보기엔 사람마다 문제 진단과 해법이 다른 게 문제
였다. "조직이 한 방향을 바라봐야 의도한 성과가 나오는데, 모
두 다른 방향을 바라보고 있다"며 극약 처방을 내렸다.

그간 테라를 이끌었던 황철웅, 박현규, 김정한 대신 중간 팀
장들을 모아 논의를 시작했다. 20여 명을 발표자로 세웠다. 직
원들 앞에서 잘한 점과 못한 점을 말하는 발표 행사를 상시적
으로 열었다.

포스트모르템post mortem. 라틴어로 '죽음 후'란 뜻이다. 시
체를 부검하듯 사고 이후 어떤 문제가 있었는지를 자세히 들여
다보고 분석하는 일을 말한다. 미국 실리콘밸리의 IT 기업들은
업무를 마무리할 때 포스트모르템을 통해 그간의 과정을 살핀
다. 다음 작업에서 장점을 더욱 살리고, 실수나 아쉬웠던 점을
반복하지 말자는 의도에서다. 잘못한 것은 무엇이고 어떤 부분
을 개선해야 하는지, 무엇이 문제이고 그 해결책은 언제야 하
는지 등을 살핀다.

테라를 정상 궤도로 올려놓기 위한 아이디어들이 쏟아져 나
왔다. 시급한 문제를 추리고 우선순위를 정했다. 가능성이 보
이는 해결책들도 정리했다.

장병규가 "지난 과거를 돌아보고 마음을 모아 같은 방향으로
달리자는 취지의 발표"라고 했지만, 일부 직원에겐 처방이 아
니라 사약 같았다. 자기반성이 아니라 자아비판의 형벌 아니냐
는 볼멘소리가 터져 나왔다. 개발 리더들이 발표에 투입돼 개

발 작업도 삐그덕거렸다. 장병규는 강경했다. 개발 역량을 훼손하더라도 전략을 제대로 정비하겠다는 것이었다. 비상 상황이었다.

2011년 7월, 황철웅이 테라 개발실장에서 물러났다. 도무지 오를 기미가 없는 테라 접속자 수가 문제였다. 기대에 한참 못 미치는 성적표에 직원들의 불만과 불안이 극에 달했다. 게임 출시 전 야근과 주말 특근을 묵묵히 감내한 이들이었다. 장밋빛 미래를 기대하며 군소리 없이 지시를 따랐지만, 그들이 마주하게 된 상황은 기대와 달랐다.

황철웅의 리더십을 따를 수 없다는 직원들의 목소리가 높아졌다. 박현규와 김정한을 향한 원색적인 비난도 쏟아져 나왔다. 곪아 터진 감정을 확인한 황철웅은 희생양이 된 것 같았다. 박용현이 사임하면서 테라의 수장이 됐다. 달갑지 않은 역할을 떠밀리듯 맡았다. 덜컥 직책을 맡은 지 1년도 되지 않은 시점. 역량이 있건 없건 간에 역량을 펼칠 기회조차 충분하지 않았다. 장병규와 김강석, 박용현으로 비롯된 오물을 자신이 뒤집어쓴 것만 같았다.

하고 싶은 말들이 목까지 차올랐지만, 입을 닫고 조용히 짐을 쌌다. 테라 실패의 책임을 누군가는 져야 했다. 회사 위기 상황에서 모든 책임을 떠안고 물러나기로 했다. 자신이 방패막이가 되어 비난의 화살이 경영진에게까지 향하지 않게끔 막고 싶었다. 황철웅은 테라 개발실장이기 이전에 블루홀의 공동 창

업자이자 주요 주주였다. 직원들이 경영진까지 신뢰하지 못한
다면 블루홀의 미래는 없다고 여겼다. 어려움에도 불구하고 경
영진이 상황을 해결하기 위해 적극적으로 조치했다는 인식을
직원들에게 심고 싶었다.

　게임업계에 몸담은 뒤로 10년 넘게 실패를 모르고 살았다.
블루홀에서 지난 4년을 경주마처럼 앞만 보고 내달렸다. 개발
실장에서 물러나니 할 역할이 없었다. 회사에 나오지 않기로
했다. 황철웅은 넘어진 데가 자꾸 쓰렸다. 휴식이 필요했다.

김강석은 황철웅을 대신해 테라 개발실장을 겸임했다. 테라를
살리기 위해 이번에는 그가 십자가를 짊어졌다. 망가져가는 게
임과 조직을 어떻게든 재건해야 했다.

　합리적인 의사결정이 그의 화두였다. 개발자 출신이 아니다
보니 제작을 속속들이 알기 어려웠다. "그래서 어떻게 하면 될
까요?" 의사결정에 앞서 묻는 일이 잦아졌다. 중간 관리자와 의
견을 나누며 개발 방향을 협의하고, 합리적으로 보이는 의견
을 또 다른 관리자에게 확인했다. 구체적인 게임 개발에 관여
할 능력은 그에게 없었다. 그저 개발 리더들과 의견을 조율하
고 실행 방안을 도출하는 것이 그로선 최선이었다. 살얼음판
을 걷는 심정으로 조직을 재정비했다. 테라 라이브는 진행 중
이었다.

　그 와중에 블루홀을 지탱하는 한 축이었던 박용현이 공식적

으로 퇴사했다. 2010년 테라 수장을 사임한 이후로 회사에서 그를 본 직원은 없었다. 업계에선 그의 사임 이유를 두고 이러 쿵저러쿵 추측이 무성했다. 블루홀은 박용현의 퇴사를 어떻게 외부에 알려야 할지 조심스러웠다.

블루홀이 바깥에 내놓은 보도자료는 이러했다.

테라의 안정적인 상용화와 해외 서비스 준비를 진행했던 박용현 실장이 블루홀 퇴사를 결정했다고 밝혀졌다. 엔씨소프트 출신인 박용현 실장은 테라의 테스트와 상용화를 성공적으로 이끌었다고 평가되고 있다.

박 실장의 퇴사 결정에는 변화의 초점을 맞춘 테라 조직 개편과 함께 테라의 성공 여부에 대한 부담감이 크게 작용한 것으로 보인다. 개인적으로는 많이 지친 상태라서 회사에 짐이 될 수도 있다는 압박감도 한몫한 것으로 알려졌다.

블루홀 스튜디오의 한 관계자는 "우선 본인이 많이 지쳐 있고, 테라가 좋은 성적을 기록했지만 기대에 만족할 만한 수준을 기록하지 못한 부분에 대한 부담이 박용현 실장을 힘들게 한 것으로 보인다. 그의 의견을 존중해 퇴사를 받아들이기로 했다"고 말했다.

블루홀 초기 박용현을 따라 이직해온 직원만 50여 명. 블루홀 사번 1호 강상욱도 그중 하나였다. 그가 보기에는 장병규와 박용현 모두 무지했다. 경영진은 "약속을 지키지 못한다"며 무능한 제작에 책임을 물으려 했다. 제작진은 "이 정도 개발을 하기에도 쉽지 않다"며 경영진의 비난을 과도하게 여겼다.

모두 열심히 달려왔지만 서로를 몰랐다. 경영은 제작을 몰랐고 제작은 경영을 몰랐다. 서로 처음이었다. 블루홀은 100점을 맞아야 한다는 절실함 위에 세워진 회사였다. 테라가 100퍼센트 성공했을 때의 모습만 머릿속에 새긴 채로 모든 사람이 온 힘을 짜내어 일했다. 잘해도 실패할 수 있는 게 게임판이었다. "과도한 기대치로 시작한 일에 대한 후과를 지금에서야 감당하고 있다"는 비판이 회사 안팎에서 제기되기 시작했다.

그럼에도 블루홀은 2011년 8월 테라를 일본 시장에 출시했다. 해외 시장 진출의 첫 신호탄이었다. 해외 시장 진출은 블루홀의 큰 사명이었다. 한 달 동안 서비스를 운영한 결과 하루 평균 동시접속자 수 3만 명을 기록했다. 출시 초반에 비해 1만 명가량 하락한 수준이었지만, '일본 온라인 게임 시장 규모를 감안하면 최고 수준'이라는 평가에 위안을 삼았다. 닌텐도와 플레이스테이션의 고향 일본에선 콘솔 게임이 온라인 PC 게임을 늘 압도해왔다.

일본에 이어 내년 북미와 유럽 시장 출시를 차근차근 진행했다. 김강석과 장병규는 포기하지 않았다. 테라를 새로운 시장에 출시해 성과를 낸다면 블루홀이 성장의 모멘텀을 얻을 수 있다고 생각했다. 잭팟이 터지기만 한다면 블루홀이 겪은 모든 고난은 훗날 술자리 안줏거리가 될 것이 분명했다.

대한민국 게임대상

테라는 2011년 연말 '대한민국 게임대상'을 수상했다. 대한민국 게임대상은 정부와 한국게임산업협회에서 매년 여는 국내 최대의 게임 시상식이다. 16회를 맞은 행사에서 테라는 대상뿐 아니라 게임 사운드, 그래픽, 캐릭터 등 3개 부문 기술·창작상도 함께 탔다. 수상 직후 김강석이 직원들에게 메일을 보냈다.

테라가 대한민국 게임대상을 수상했지요. 수상식 현장에서 많은 분들에게 축하 인사를 받으면서 이런 생각을 했습니다. 이 축하와 인사를 받아야 할 사람은 결코 제가 아니라 여러분 한 분 한 분이라는 생각 말이지요. 다시 한번 감사드리고 축하드립니다.

여러분도 주변의 지인, 가족들로부터 축하받으셨나요? 제 큰딸도 평소에는 아빠가 하는 일에 시큰둥한 편인데, 그래도 이번에는 기꺼이 축하해주더군요. 개발 과정에서 우리가 이 상을 꼭 받으면 좋겠다는 생각을 함께 나누던 기억이 납니다.

세상의 모든 일이 우리의 희망과 기대대로 되는 건 아니지만, 이렇게 맞아떨어지는 일도 있으니 또 다른 희망을 가져볼 만하다 생각합니다. 트로피를 받아 들어보니 생각했던 것보다 많이 묵직하더군요. 기쁨도 느끼면서 더 열심히 하자, 해외 시장에선 더 잘하자… 이런 책임감도 가지고 돌아왔습니다.

직원들 반응은 제각각이었다. "자랑스럽다" "노력을 인정받았다"부터 "경쟁작이 없어서 운이 좋았다" "4개 상 가운데 기획부문만 상이 없다. 테라는 기획 때문에 망했다"까지. 게임대상에도 개발실 분위기는 썩 달궈지지 않았다. 라이브 성과가 계속 떨어지고 있었다. "얼마나 노력해서 만든 게임인데 왜 이 정도밖에 안 됐느냐"는 원망과 아쉬움이 섞인 말이 흘러나왔다.

비상등이 켜졌다. 장병규는 김강석과 바통을 터치해 테라 본부장을 겸임했다. 사업 일선 자리를 자처했다.

그의 일과는 달라졌다. 오전 10시쯤 출력한 문서 뭉치를 들고 회사 건물 옆 카페로 갔다. 그전까지 보지 않던, A4 용지 20~30장이 되는 테라 관련 문서들을 들여다봐야 했다. 테라 업무를 총괄한 뒤로 컴퓨터 화면에 빼곡히 들어선 글자와 그림들을 차분히 들여다보지 못하게 됐다. 밤마다 다음 날 아침에 읽을 문서를 미리 프린트해놨다.

게임 운영 업무는 처음 경험하는 일이었다. 게임에서 몬스터들이 우글거리는 던전을 어떻게 만들 것인지, 캐릭터 레벨을 높이기 위한 콘텐츠를 어떻게 만들 것인지 따위의 생소한 기획서를 읽었다. 투자 계획이나 채용 검토 의견, 면접 결과 등 그때그때 처리해야 하는 경영 문서도 물론 있었다. 자리에 앉아 보통 30~40분, 길면 1시간 30분 동안 문서를 모두 읽었다. 이어 곧바로 사무실로 이동해 회의를 반복했다.

장병규는 분위기를 쇄신하기 위해 조직 개편을 단행하고 조

직 문화에 변화를 줬다. 김정한은 자진해 북미 출시를 준비하
는 팀에 합류했다. 회사를 살려야 하는 상황에서 자리 따위에
연연할 새는 없었다.

　장병규는 자율적으로 출근하던 직군별 팀장들을 오전 10시
까지 출근하게 했다. 그는 조직 생산성과 성과를 높이는 관점
에서 출근 시간을 바라봐야 한다고 여겼다. 이 제도를 개발실
전체에 적용하고 싶었다. 장병규는 '당부: 출근 시간 준수'란 제
목의 메일을 전체 직원에게 보냈다. 일부 직원에겐 당부가 아
닌 통보로 읽혔다. 장병규는 3가지 이유를 댔다.

중요성 1

함께 일하는 사람들끼리 짧은 대화가 중요하기 때문입니다. 얼굴 보
고 5~10분 대화하는 것은 미리 정한 50분의 회의와는 다른 효과가
있습니다. 새로운 조직 개편으로 이런 대화가 더욱 중요해졌지요. 효
과를 모두 설명하기는 힘들지만, 제 판단에 이런 방식으로 일을 잘하
시는 분들이 블루홀에는 이미 꽤 있습니다. 당연히 짧은 대화를 위한
공통 시간대가 중요합니다.

중요성 2

제 판단에는 저희가 하는 게임 제작과 서비스는 일정 수준 이상의 근
면성이 반드시 필요합니다. 하루 이틀이 아니라 장기간의 근면성을
요구하는 일입니다. 출근 시간을 습관처럼 지키는 것은 이런 점에서

매우 도움이 됩니다. 누구나 일정 수준 이상의 게으름은 가지고 있고, 이를 규율하는 방법 중의 하나로 출근 시간 엄수는 꽤 의미가 있습니다.

중요성 3

우리는 지식 근로자들입니다. 지식 근로에 있어서 몰입과 집중의 중요성은 제가 다시 강조할 필요 없겠지요. 동일한 시간을 일하더라도 사람마다 생산성의 차이가 상당합니다. 많은 사람들의 출근 시간이 사소하게 다르면, 그것으로 인한 어수선함이 상당히 커집니다. 그런 어수선함 또한 생산성에 크게 영향을 미칩니다.

장병규는 출근 직후 몇몇 직원이 휴게실에서 회사가 제공하는 간이 아침 식사를 하는 것에도 원칙을 세웠다. 업무 시간과 휴식 시간을 명확히 하고자 했다. 10시엔 자리에 앉아 업무를 시작했으면 했다. 오후 12시 30분부터 시작하는 점심 식사 시간도 마찬가지. 1시 30분에는 업무를 시작해야 한다. 단, 점심과 티타임은 편하게 업무 대화를 나눌 좋은 기회가 될 수 있으니, 2시 정도까지 커피를 마시면서 업무를 협의하는 건 괜찮다.

이렇게 하면 오전 10시부터 오후 12시 30분까지, 오후 2시부터 퇴근 시간인 6시 30분까지 총 7시간을 확보할 수 있다. 하루 8시간 근무하는 일반 회사에 비해 적지만, 일에 몰입만 한다면 훨씬 생산적일 수 있다는 게 장병규의 지론이었다. 지식 근로자는 업무 시간에 집중적으로 강도 높게 일하는 게 중요하다는 것이다.

이런 모든 행위는, 결국 우리의 게으름을 방지하면서 성과를 극대화하기 위함입니다. 출근 시간을 준수하는 것 자체가 목적이 되어선 안되지요. 아래와 같은 경우에는 예외 처리가 가능하니, 직군별 팀장을 통해 저에게 공유해주세요.

낮보다 밤에 일이 더 잘되는 경우, 짧은 대화 참여가 적은 경우, 가족 일로 업무 시간 조정이 필요한 경우, 오전에 업무 효율이 높아 오전 일찍 출근하고 일찍 퇴근하고 싶은 경우 등. 성과 극대화라는 관점에서 예외 승인 요청은 가급적 긍정적으로 검토하겠습니다.

개발실 구성원이 가이드라인에 따라서 (예외인 분들은 사전에 정한 예외 규칙대로) 규율을 스스로 지키는 자율적인 조직이 되기를 기대합니다. 그럼, 연말 잘 보내시고, 새해에 함께 건승해요.

미국 시장 도전

2012년 블루홀은 북미 게임 시장에 사활을 걸었다. 해외 진출은 블루홀의 오랜 꿈이었다. 전 세계 시장에 게임을 서비스하

는 미국의 블리자드 같은 회사가 한국에서도 하나쯤 나와야 한
다고 생각했고, 그 영예를 블루홀이 차지하길 간절히 소망했
다. 블루홀을 아시아 시장에 갇힌 게임회사로 두기 싫었다. 북
미 시장 출시는 블루홀이 도약할 수 있는 기회였다.

　한국과 달리 미국 시장에서는 직접 서비스를 준비했다. 경영
논리로는 말이 안 되는 결정이었다. 모르는 시장에선 퍼블리싱
파트너를 잡아야 하고, 아는 시장에선 직접 서비스를 해야 한
다는 원론과 정반대 전략을 밀고 나갔다. 퍼블리셔를 끼지 않
는 위험부담이 있지만, 성공한다면 과실은 온전히 블루홀 것이
었다.

　유럽 시장은 여력이 부족해 현지 업체에 퍼블리싱을 맡겼지
만 미국 시장만큼은 서비스를 위해 자회사 엔매스 엔터테인먼
트를 풀가동했다. 엔지니어 인력을 크게 늘려 관련된 직원만
100명이 넘었다. 엔매스는 자체 게임 서비스 플랫폼을 구축하
며 만반의 준비에 착수했다. 지난 2011년 테라를 한국 시장에
출시한 직후에도 김강석은 사업실 멤버와 제작 리더 그룹을 이
끌고 미국으로 날아갔다.

　"테라 국내 라이브 서비스가 완전히 정착되지 않은 중요한
시기에 미국 출장을 가느냐"는 여론에, 공항에서 급히 이런 메
일을 썼다.

　블루홀팀 여러분, 우리는 2008년부터 북미 사업을 위해 많은 노력

과 투자를 해왔습니다. 블루홀 설립과 테라 개발의 큰 비전과 꿈이 그 안에 담겨 있는 것이지요. 그 열매의 크기는 올해 남은 기간에 상당 부분 좌우될 것입니다. 테라의 성공적인 국내 출시가 한국의 게임 업계에 새로운 판도 변화를 가져왔다면, 북미에서의 테라 성공은 블루홀을 우리의 경쟁사와는 질적으로 다른 회사로 포지셔닝하게 될 겁니다.

이런 중요한 사업이기 때문에 이 혼잡하고 바쁜 시기에 미국에 건너가서 남은 일정 동안 최대한의 성과를 낼 수 있는 방법을 모색하고 분위기를 다잡아보려 합니다. 저나 여러분 모두 참 몸이 고달픈 상태지만, 많이들 응원해주세요.

장병규는 2012년 연초에 전 직원이 모인 자리에서 올해의 목표를 발표했다.

블루홀의 비전이 무엇입니까? 제작, 온라인 게임, 남들의 인정, 그리고 글로벌 정도가 있죠.

스스로의 비전과 블루홀의 비전에 적어도 교집합은 있어야 합니다. 블루홀 구성원의 삶은 비전을 향해가는 여정이어야 하고, 그런 여정 가운데 개인적인 경험과 성취를 해내야만 합니다. 여러분은 왜 블루홀에서 일하나요? 블루홀에서 정말 중요한 가치가 뭔가요?

10억 달러(약 1조 원) 이상의 매출을 올리는 대중적인 엔터테인먼트는 현실화되고 있습니다. 영화 〈아바타〉는 개봉 3주 만에 매출 10억 달러를 돌파했습니다. 콘솔 게임 '기타히어로3'는 2007년 10월 출시한 뒤 2년도 안 돼 10억 달러를, '콜오브듀티 모던워페어'는 2009년 11월 출시 후 2개월 만에 10억 달러를 벌었습니다.

온라인 게임은요? 블리자드의 '월드오브워크래프트'가 있습니다. 해마다 10억 달러를 버는 유일한 온라인 게임입니다.

블루홀의 비전은 담대합니다. 우리의 꿈 또한 가까운 미래에 10억 달러 클럽에 가입하는 것입니다.

한국에서 목표 달성엔 일단 실패했습니다. 그래서 조금 힘들긴 합니다. 대형 MMORPG를 다른 세계 시장에 출시하는 것도 매우 어려운 과제입니다. 하지만 블루홀의 비전과 믿음에 변화는 없습니다. 지금 갖고 있는 자원을 모두 쏟아부어 글로벌에서 최고 성과를 달성해내야 합니다.

그동안 제한된 자원을 가지고 정말 많은 일을 경험했습니다. 계획하고 실행하고 또 학습했습니다. 어려움 속에서도 블루홀의 가치는 조금씩 자라고 있습니다. 우리가 가진 것을 가지고 글로벌에서 최대 성과와 비전을 달성해야 합니다.

글로벌 서비스는 대단한 도전입니다. 우리는 엔터테인먼트 회사입니다. 각 나라에서 사소한 차이가 재미를 결정짓습니다. 시간과 언어, 사회와 문화의 차이를 극복하고 서비스를 해야 합니다.

블루홀 미국 법인인 엔매스는 블루홀에겐 기회입니다. 블루홀 초창기부터 투자를 거듭했고 앞으로도 투자를 할 겁니다. 수많은 실수를 했고, 지금도 힘든 협업을 하고 있습니다. 심지어 엔매스 CEO를 채용하는 데 실패하기도 했죠.

전 영어도 못합니다. 하지만 테라를 미국 시장에 서비스하기 위해 어떻게든 협력하겠다는 체력과 의지는 충분합니다. 우리가 제대로 할 수만 있다면 말이죠.

발표 막바지에 그는 "장병규란 인간의 삶을 생각해보라"고 주문했다. 테라 출시가 1년 늦어지면서 100억 원이 넘는 돈을 추가로 썼다. 개인 채무로 끌어 쓴 돈도 일부 있었다.

장병규란 사람은 왜 이러고 있을까. 투자한 돈이 얼마일까.

돈만이 중요하다면 다른 결정을 했을 수도 있습니다. 글로벌은 다른 한국 게임업체들이 가보지 못한 길입니다. 북미와 유럽 시장에 도전해 블루홀과 엔매스가 기반을 닦으면 앞으로 수많은 기회가 있을 수 있습니다.

물론 성질 급한 저는 가끔 너무 답답합니다. 게임을 좋아하는 인간이 아닌 저로서는 가끔 제가 뭘 하고 있는 건가 싶기도 합니다. 여러분의 삶은 어떻습니까? 여러분에게 블루홀이란 무엇입니까? 여러분은 무엇입니까?

장병규는 회사의 명운을 걸고 큰 도전을 시작하고 있었다. 미국 현지 엔매스 인력과 별개로 한국에서만 10여 명으로 구성된 전담 조직을 만들었다. 지원 인력까지 합치면 총 40여 명

이 북미 출시 준비에 투입됐다. 여기서 실패란 생각조차 할 수
없었다.

스스로 총대를 멨다. 영어에 서툰 장병규가 엔매스엔터테인
먼트 CEO를 겸직했다. 한 달을 반으로 나눠 2주씩 한국과 미
국을 오가는 강행군을 9개월간 계속했다. 한국에서 미국으로
떠날 때 업무 이메일 수십 통을 한국 팀원들에게 쏟아내고 공
항으로 떠났다.

직원들이 "이제 좀 숨통이 트이겠다"며 기뻐하는 것도 잠시,
한밤중에 장병규가 보낸 이메일들이 수신함에 속속 쌓였다. 장
병규를 실은 비행기가 미국 공항 활주로에 착륙한 시점이었다.

장병규는 무언가에 홀린 사람처럼 시차를 무시하고 주당
100시간 일했다. 시차로 인해 생체 시계가 고장 나 미국에선 하
루에 두 번씩 나눠 잤다. 오전 9시 30분에 일어나 일과를 시작
했다. 오후 내내 일하고 밤 11시에 잠자리에 들었다. 새벽 3시쯤
깨어나 일을 했고 6시에 다시 쪽잠을 청했다.

블루홀은 미국에서도 법정 소송에 휘말렸다. 엔씨소프트는
2012년 1월 블루홀과 엔매스를 상대로 미국 지방법원에 소송
을 걸었다. 장병규는 100만 달러를 현지 로펌에 쓰면서 이에
대응했다. 가뜩이나 사정이 어려운 회사에서 10억 원이 넘는
변호 비용은 부담이었지만 별 도리가 없었다.

"변호사 비용이 너무 아까워 괴롭다"는 장병규에게 미국 로

펌 관계자는 일요일 메이저리그 야구 경기 티켓을 내밀었다. 일본 야구 스타 스즈키 이치로가 뛰는 시애틀 매리너스 홈구장 포수석 바로 뒤에 있는 VIP 라운지에서 술과 음식을 무제한으로 즐기며 경기를 관람할 수 있는 최고가 티켓이었다.

장병규는 "로펌에서 비용을 깎아줄 리 없기에 이 값비싼 야구 티켓이라도 반드시 써야 한다"며 직원 1명을 데리고 경기장을 찾았다. 사교 모임으로 떠들썩하던 라운지에서 동양인은 장병규 일행뿐이었다.

테라는 시작부터 미국 시장을 염두에 뒀다. 게임의 특징과 콘텐츠를 처음부터 북미 게이머의 취향을 겨냥해 고안했다. 액션이 살아 있는 전투 신을 선호하는 서구 게이머들의 구미에 맞게 MMORPG 최초로 전투 시스템에 논타기팅 방식을 적용했다.

게임 캐릭터와 배경, 무기와 의상 콘텐츠도 마찬가지였다. 블루홀은 일본 출시 때와 다르게 북미 시장 현지화 작업에 투자를 아끼지 않았다.

서구 유저들은 다양한 공격 기술과 더불어 캐릭터를 압도하는 크기의 몬스터를 선호했기에 덩치가 코끼리만 한 몬스터를 여럿 만들었다. 스릴을 느낄 수 있도록 어두운 느낌의 게임 배경과 캐릭터 디자인을 채택했다. 북미에서 인기를 끈 액션 게임들의 배경과 캐릭터에 쓰인 색도 분석해 반영했다. 아시아 게이머들과 다르게 소녀 캐릭터나 가냘픈 남성 캐릭터에 부정

적인 인상을 갖는다는 점을 고려해 강건한 남성 체격으로 캐릭
터의 외형을 다듬었다.

북미 고객은 아티스트가 세밀하게 작업한 캐릭터와 몬스터,
배경의 아름다움을 중요하게 여겼다. 장병규는 유려하고 아름
다운 테라의 그래픽이 북미 게이머들의 관심을 끄는 데 큰 역
할을 해줄 것이라 기대했다.

무엇보다 북미 게이머는 스토리를 캐릭터보다 중요하게 여
겼다. 매력적인 세계관을 갖춘 스토리가 먼저고, 캐릭터와 배
경은 그다음이었다. 게임 그래픽이 아무리 화려한들 서사가 이
를 뒷받침하지 못하면 요란한 빈 수레 취급을 받았다. 블루홀
은 미국 현지 스토리 작가를 고용해 테라 속 이야기를 새로 썼
다. 새 스토리에 맞춰 퀘스트도 다시 정비했다. 게임을 처음 접
하는 고객을 위해 튜토리얼(게임 안내 콘텐츠)도 따로 제작할 정
도로 정성을 기울였다.

2012년 5월, 테라가 북미와 유럽에서 서비스를 개시했다. 블
루홀은 영어, 프랑스어, 독일어 3가지 버전으로 온라인과 오프
라인 매장 패키지를 만들어 판매했다.

서비스 개시 보름 뒤, 미국 업체 블리자드가 액션 RPG 신작
'디아블로3'를 세상에 내놓았다. 스페인어로 '악마'란 뜻인 디
아블로 시리즈는 1996년 첫 발매부터 게임 흥행의 역사를 새
로 썼던 블리자드의 대표 게임이었다.

마케팅과 프로모션 계획을 이미 확정한 블루홀은 테라 출시

를 미룰 수 없었다. 가슴 졸이며 상황을 지켜볼 뿐이었다. 디아블로3의 전 세계 판매량은 출시 첫 주 만에 630만 장을 기록했고 2012년 8월엔 3천만 장을 기록했다. 미국뿐 아니라 전 세계 게이머가 악마의 재림에 열광했다. 북미의 유명 게임 잡지와 언론, 온라인 게임 커뮤니티 사이트 모두가 디아블로3 이야기로 도배됐다.

블루홀은 힘 한번 써보지 못했고, 테라의 판매량은 곤두박질 쳤다. 장병규는 지난 2007년 블루홀 첫 워크숍에서 직원들에게 "블리자드(눈보라)가 블루홀이라는 심해의 구멍에 삼켜져서 조용해진 세상, 블루홀이 블리자드를 품는 광경을 상상해보자"고 말했다. 그랬던 그가 이번엔 고개를 떨굴 수밖에 없었다. 눈보라는 전과 같이 세상을 휩쓸었고, 심해 구멍 속 바닷물까지 남김없이 얼려버릴 기세였다.

게임 매장에 유통된 패키지의 재고는 거의 그대로였다. 미국 매장은 그나마 재고 관리가 가능했지만 유럽 27개국에 뿌린 물건이 문제가 됐다. 일일이 추적하기 쉽지 않은 데다 찾았다 해도 수거 비용이 어마어마했다. 차라리 재고를 불태우는 방안까지 논의했다. 북미 진출의 꿈은 비참한 백일몽이었고, 냉혹한 현실에서 맛보는 실패의 쓴맛은 진하기만 했다.

2012년 8월, 엔씨소프트는 블루홀과 합의해 미국 법원에 냈던 저작권 소송을 취하했다.

김정한은 일주일에 5일은 폭음을 일삼았다. 북미 서비스팀에 있으면서 술 습관이 고약해졌다. 미국 시장에서의 성공은 그에게도 간절했다. 북미 시장에 맞는 빌드를 만들면서 현지 자회사 엔매스와 유럽 퍼블리셔 사이의 의견 조율을 담당했다.

한국에서 이른 아침에는 미국 회사와, 늦은 저녁에는 유럽 회사와 일했다. 게임 개발자로만 살아온 그에게 외부 업체들과, 그것도 미국과 유럽의 회사와 협력하는 일은 쉽지 않았다. 난생처음 마주하는 계약서들과 영어 서류 뭉치들이 늘 책상 위에 너저분하게 널려 있었다.

일상이 된 야근. 저녁 식사 반주로 술을 꼭 시켰다. 밥이 나오기도 전에 소주 한 병을 위장에 털어 넣었다. 자정을 넘겨 일하고 퇴근할 때도 술집에 들렀다. 하루에 보통 소주 두 병을 마셨다.

테라의 북미 시장 실패 이후로도 버릇은 여전했다. 핑계 대기 좋고, 취하면 다 잊을 수 있어 술을 찾았다. 문득 거울에 비친 자신이 낯설었다. 블루홀을 창업할 때만 해도 몸무게 70kg였던 30대 초반 청년은 5년이 지나 90kg 거구의 환자가 되어 있었다. 불어난 체중으로 족저근막염이 생겼다. 걸을 때 가끔 다리를 절거나, 앉아 쉴 자리를 두리번거렸다. 간과 위도 이상 신호를 보냈다.

김정한은 한 달 휴가를 냈다. 가족에게 양해를 구하고 고향 근처 경남 거창의 한 절간에 홀로 들어갔다. TV와 컴퓨터가 없는 3평 크기의 독방에 세를 내고, 책 10여 권을 싸들고 기거했다. 나물 위주 식단으로 밥을 먹고 책을 읽고 산책을 했다.

휴가 동안 도스토옙스키의 소설《카라마조프가의 형제들》만 거푸 세 번 읽었다. 고등학교 시절 가장 감명을 받았던 소설이었다. 나이 마흔이 다 되어 읽으니 새롭게 읽혔다. 세 형제 가운데 장남 드미트리에게 마음이 갔다. 드미트리는 본디 자유와 이성을 사랑하는 밝음의 인간이었으나 아버지에 대한 증오심에 눈이 멀어 스스로를 망치고 어둠으로 침잠했다. 하지만 종국에 그는 구원을 간구하며 기꺼이 고난을 껴안는다.

김정한은 블루홀을 창업할 때 마음속에 울리던 선원의 노래가 더는 들리지 않았다. 찾겠다던 보물은 어디 있는지 모르겠고, 추운 날은 여전했다.

지난해 7월 개발 일선에서 물러났던 황철웅은 2012년 여름 블루홀 사무실에 복귀했다. 일본과 미국 서비스를 준비하기 위한 굵직굵직한 출장에 함께했다. 끝나기 전까지 끝난 게 아니었다. 풍전등화 앞에서는 실망할 시간도 사치로 여겨졌다.

황철웅은 게임을 만들고 싶어 하는 사람들을 규합해 새 제작팀을 만들고자 했다. 좋은 게임 개발 환경을 만들어주는 산파가 그가 새로 맡은 역할이었다. 일선에 서기보다 후방에서 도움을 주는 쪽으로 블루홀에서의 연착륙을 계획했다. 기지개를 켜보려는 황철웅에게 장병규는 "그러지 말고 게임을 직접 만들어야 하지 않겠느냐"고 설득했다. 테라가 수명을 다하고 있었다. 미래를 위한 신규 제작에 시동을 걸어야 할 때였다.

실패를 거듭하면서도 테라는 블루홀에 자산을 남기고 있었다. 제작과 라이브를 두루 경험한 인재들, 각종 그래픽 자료와 프로그래밍 코드가 쌓였다. 제작과 경영 노하우도 축적됐다. 무엇보다 블루홀은 글로벌 서비스를 해본 개발사가 됐다. 미국 시장에서 게임을 직접 서비스했고, 일본과 유럽, 대만, 러시아, 중국에서 현지 퍼블리셔와 협력해 게임을 냈거나 낼 예정이었다. 인재를 재배치하고 새로운 게임을 준비하는 적임자로 황철웅이 호출됐다.

황철웅은 곧 PD가 돼 신규 스튜디오 EXA 제작팀을 꾸렸다. 블루홀은 이를 통해 테라를 잇는 대규모 PC MMORPG 제작에 한 번 더 도전하기로 했다. 황철웅은 외부 인재를 영입해 20명 규모의 초창기 팀을 만들었다. 이 가운데 디렉터 이상균이 있었다.

이상균은 2005년부터 게임업계에서 경력을 쌓기 시작해 게임회사 넥슨에서 '마비노기' 영웅전 기획 총괄을 담당하며 게임 디렉터로 커리어를 이어왔는데, 제작자치곤 다소 특이한 이력을 갖고 있었다. 그는 대학생 때 30만 부가 팔린 판타지 소설 《하얀 로나프강》을 쓴 유명 작가였다. 이후 삼성전자에서 소프트웨어 연구원으로 일하다가 게임 제작자로 변신했다.

대학원 2년, 선임연구원 3년의 연구 경력을 내던지고 연봉이 절반으로 줄어드는 손해를 감수하며 게임판에 들어왔다. "왜 게임 제작자가 되었느냐"는 질문에 이상균은 "일요일 밤 침대에 누우면 월요일 출근이 기대될 정도로 신나고 즐거운 게 게임 제작"이라고 답했다. 그는 대학 때 게임 제작자를 꿈꿨지만 낮은 연봉에 용기를 내지 못했다고 했다. 그러다 원치 않는 직장에서 일하는 괴로움을 절감하고 진로를 틀었다. 이상균은 게임업에 몸담은 지 3년 만에 크리에이티브 디렉터, 5년 만에 디렉터로 초고속 승진을 거듭했다.

스튜디오 EXA는 2016년 신작 출시를 목표로 삼고, 최대 개발 인력 80명, 제작비 250억 원을 투입할 계획을 세웠다.

포스트잇 260장

"이대로는 못 버팁니다."

하반기 재무팀이 장병규와 김강석에게 회사의 위기 상황을 알렸다. 미국과 유럽에서 테라를 출시하면서 현금 보유량이 일시적으로 늘어났지만, 전체 직원 260명의 인건비를 더는 감당할 수 없었다. 이 상태가 이어진다면 2013년엔 결국 자금이 바닥나 회사가 망할 게 뻔했다.

테라에 투자한 비용도 3년 300억 원에서 5년 600억 원으로 늘어나 있었다. 테라는 시장의 선택을 받지 못했다. 미국 서비스를 시작하면서 조금씩 수익을 내고, 일본 시장에서도 작지만 꾸준히 매출을 올리고 있었지만 역부족이었다. 테라로는 버틸 재간이 없었다. 전 직원 260명의 20퍼센트 정도에 해당하는 50명 내지 60명을 내보내야 블루홀이 살 수 있었다. 이사회는 감원을 결정했다.

장병규 마음에 납덩이가 가라앉았다. "희망퇴직 제도를 준비해주세요." 피플팀장 임재연에게 말했다. 회사를 나가는 직원이 서운해하지 않고 최대한 혜택을 볼 수 있게끔 제도를 만들어달라는 당부도 덧붙였다. 임재연은 퇴근 이후 자택에서 인력 감축 계획을 짰다. 떠나는 직원이 입을 상처를 최소한으로 만드는 게 그의 목표였다. 창업자들을 포함한 직군별 리더들에게 "남길 직원 이름을 우선순위를 정해 제출해달라"고 부탁했다.

김정한도 잔류 대상자 목록을 작성해야 했다. 엔씨소프트에서부터 10년이 넘는 시간 동안 함께 일했던 직원 이름을 제일 아래에 적었다. 충성심이 높고 유능한 경력자였지만 연봉이 높았다. 참혹한 손으로 구겨진 얼굴을 덮기도 잠시, 남은 칸에 이름들을 채웠다.

장병규는 황철웅, 김정한, 박현규를 포함한 직군별 리더들을 회의실에 불러 모았다. 문을 걸어 잠갔다. 임재연이 노란색 포스트잇 종이 하나에 직원 이름을 하나씩 적었다. 포스트잇 260장을 직군별로 분류해 한쪽 벽에 모두 붙였다. 꼭 있어야 할 사람, 그다음에 있어야 할 사람 등 남아야 할 순서를 정해달라고 했다. 신규 제작 라인을 포함한 회사의 미래, 테라 운영 등이 기준이었다.

직군별 리더들이 이름 하나를 부르면 포스트잇 한 장이 떼어졌다 다른 자리에 붙었다. 회의가 끝나자 블루홀 직원의 이름 260개가 한 줄로 세워졌다. 그 이름들 앞에 임재연이 서 있었다. 그는 포스트잇 종이들을 차마 버리지 못하고 집으로 가져갔다.

이후 장병규는 전사 발표회를 열어 감원 계획을 밝혔다. '블루홀의 현황과 미래'를 주제로 회사의 사업과 재무 상황, 예상되는 재원 부족을 있는 그대로 공개했다. 감원은 빠르게 끝나야 고통이 덜하다. 한 달 내 구조조정을 마무리할 계획이었다. 장병규 손엔 남기고 싶은 사람과 보내고 싶은 사람의 명단이 들려 있었다. 잔류 명단에 오른 사람들을 회의실로 불렀다. 100명 정도였다.

장병규는 "발표했다시피 희망퇴직 신청을 받을 것이지만, 여러분만은 꼭 남아주셨으면 한다"고 말했다. 경영진을 포함한 직군별 리더들은 이 행사를 되도록 내부에 드러내지 않으려 쉬쉬했지만, 회사에 이미 소문이 돌았다.

팀장들은 방출 명단에 오른 대상자들과 일대일로 면담하며 퇴직을 진행했다. 남았으면 하는 직원 중에서 그만두겠다는 의사를 밝히는 사람도 제법 되었다. 블루홀 사정이 급속히 나빠지면서 새로운 기회를 잡으려는 사람들이었다. 누가 떠나고 누가 남게 될지, 직원들의 운명은 시시때때로 뒤바뀌었다. 남을 직원 명단에 결원이 생기면, 나갈 직원 명단에 있는 이름을 가져와 채웠다.

마지막 퇴직 면담은 임재연이 했다. 블루홀에 입사해 2주간 출근하다 허리 통증으로 병가를 내고 자릴 비웠던 직원은, 복귀했더니 감원 대상자가 되어 있었다. "저는 보여드린 것도 없는데 그냥 이렇게 끝나는 건가요." "어쩔 수가 없네요. 참 죄송하게 됐습니다." 그런데 남기로 했던 다른 팀원이 퇴직을 신청했다. 팀장은 병가에서 복귀하자마자 떠나야 했던 직원을 다시 잡았다.

"잘못은 경영과 제작 책임자들이 해놓고 왜 내가 나가야 하느냐"는 항의도 제법 들렸다. 그럼에도 소송 한 건 없이 희망퇴직이 마무리됐다. 회사 상황을 먼저 이해해주는 구성원도 꽤 많았다. 임재연이 보기에 퇴사와 입사가 잦은 게임업계에서 회사를 불신하는 직원이 많은 게 일반적이었지만, 블루홀은 예외였다.

개발과 경영의 사이가 가까운 만큼 신뢰가 깊었다. '경영진이 감원을 저렇게까지 이야기할 정도면 회사가 진짜 위기를 맞았구나'란 공감을 직원들이 해준 것 같았다. 그가 경험한 이전 직장에선 감원을 할 때 일부 퇴사자들이 그간 작업한 결과물을 삭제하고 떠나곤 했다. 회사에 앙심을 품고 벌이는 그러한 복수를 블루홀에서 한 사람은 없었다.

한 달 새 많은 이가 떠났다. 감원 작업이 정리될 무렵 사내 인사 공지 게시판에 이런 인사가 올라왔다.

블루홀에서 처음으로 희망퇴직이 있었습니다. 블루홀의 재건과 미래를 위해 어쩔 수 없는 과정이었지만 많은 분과 작별하게 되어 안타까운 마음이 가득합니다. 그동안 블루홀과 테라를 위해 많은 수고를 해주신 분들께 진심으로 감사의 말씀을 전해드립니다. 퇴직하신 분들 몫까지 힘내서 더 좋은 블루홀과 테라를 만들도록 하겠습니다. 다시 좋은 인연으로 만나 뵙길 바라며, 모두 건승하시길 바랍니다.

블루홀 희망퇴직자는 56명이었다. 김강석은 2012년 겨울이 유난히 추웠다. 블루홀은 한 팀이길 추구하는 회사였다. 사업부서 내에 있던 한 팀을 통째로 없애겠다는 통보도 직접 해야 했다. 익숙했던 얼굴들이 더는 보이지 않았다. 회사를 욕하거나, 처지를 견디지 못해 눈물을 흘리며 나가는 직원을 보는 건 괴로웠다. 그는 '언제까지 경영자의 삶을 살게 될지 모르겠지만, 구조조정의 상처를 죽을 때까지 잊지 못하리라는 것만은 알겠다'고 생각했다.

구조조정과 무관하게 테라는 라이브 중이었다. 블루홀은 테라를 대만 시장에 출시했지만 대만의 게임 시장 규모가 크지 않아 큰 기대를 하지 않았다. 매출을 올릴 기회를 계속 마련해야 했다.

장병규의 자리는 개발실 중간에 있었다. 그의 일과는 오전 9시 50분쯤 자리에서 일어나 개발실을 한 바퀴 도는 것으로 시작됐다. 감원 이후 분위기가 뒤숭숭했다. 특히 근태 관리가 엉망이었다. 오전 10시를 넘겨서도 빈자리가 드문드문 눈에 띄었다.

장병규는 10시쯤 팀장들에게 메일을 보냈다. "아직 오지 않은 직원들 명단을 제출하라"는 내용이었다. 이후 이름이 적힌 사람들을 회의실로 불러 모아 불같이 역정을 냈다. 직원들이 고개를 숙이고 꾸벅거렸다. "장병규가 다 큰 어른들을 아이 혼내듯 다뤘다"는 말이 퍼졌고, 장병규에게 '레이더'란 별명이 붙었다.

장병규는 일상 업무를 볼 때에도 직원들이 어이없어할 정도로 채찍질을 하고는 했다. "구조조정으로 직원들 사기가 바닥인데 어떻게 저럴 수 있느냐" "분위기 쇄신을 위해 일부러 기강을 잡겠다는 시늉 아니냐"라며 직원들은 수군거렸다.

시장에 대하여

시장은 고객을 두고 회사들이 경쟁하는 곳이다. 경쟁 전략으로 시장에서 승리할 수도 있다. 독점이 대표적인 예다. 예나 지금이나 독점을 칭송하는 투자자가 끊이지 않는다. 하지만 회사는 경쟁보다 고객에 집중해야 한다. 그것이 전체 사회에도 이롭다. 경쟁자를 눌러 독점하게 된 것과, 고객에 집중한 결과로 독점하게 된 것은 분명히 다르다.

사업에서 반드시 빠지지 않는 핵심 요소는 딱 하나, 고객이다. 사업마다 특징이 다르고 사업 모델이 바뀔 수도 있지만 모든 사업의 단 하나의 공통점은 고객이다. 고객이 있어야 사업은 존재할수 있다. 집착에 가깝도록 고객에 집중해야 한다.

게임을 만들어본 경험이 없던 내가 테라를 맡은 후 가장 놀랐던점은, 테라를 만드는 사람들의 생각이 각기 다르다는 점이었다. 심지어 이 사람들이 3년 이상 함께 같은 게임을 만들어온 것이 맞나 싶을 정도였다.

빠르게 학습하기 위해 많은 이야기를 경청했다. 관련 문서들을 읽고 질문을 하고 업무 중이건 술자리 중이건 경청하면서 스스로

복기하는 것이 일상이었다. 각자의 목소리가 너무나 파편적이었고, 기대 이하의 성과에 대한 비판도 각양각색이었다.

더욱 생소했던 점은 고객 이야기보다 본인 취향 이야기가 더 많다는 점이었다. 고객에 대한 이해와 해석도 제각각이었다. 고객이 존재해야 회사가 존재한다는 원론에는 다들 쉽게 공감했지만, 고객에 대한 생각이 없거나 다르니 항상 다투는 것이었다.

사업은, 시장은 원론적으로 고객 한 사람에서 출발한다. 대중의 만족을 광범위하게 얻은 거대한 회사도 결국 소수의 고객에서부터 시작된 것이다.

대부분의 자영업은 단골을 쌓아간다. 대부분의 상거래는 가성비를 중요하게 여기는 고객으로부터 시작된다. 회사를 상대하는 회사인 B2B 회사는, 회사 한 곳과의 거래로부터 시작된다. 스타트업 대다수가 자사 서비스에 만족한 고객 한 사람으로부터 시작된다.

게임은, 대중 엔터테인먼트는 다소 미묘하다. 고객은 이성적·합리적일 때도 많지만, 감성적·본능적일 때가 더 많다. 고객의 취향을 설명하기 힘든 경우도 많고, 고객이 회사의 예측과 다르게 가성비를 따지지 않고 매우 큰돈을 치를 때도 있다.

대중 엔터테인먼트에서는 대세감도 필요하다. 남들이 재미있다고 좋아하면 따라서 즐기는 사람도 많다. 즉, 고객 한 사람으로부터 시작한다는 원론을 실행하기 힘든 경우도 많다. 어떤 고객은 늘 하던 게임만 계속하고, 또 다른 고객은 새로운 게임에만 호감을 보이며 발매일이 꽤 지난 게임을 시작하기 꺼릴 수도 있다.

나라별로도 다르다. 문화의 차이가 있고, 재미와 새로움을 느끼는 바가 다를 수 있다. 한국 차, 미국 차, 독일 차, 일본 차 등 자동차 간의 차이보다 한국 게임, 미국 게임, 독일 게임, 일본 게임 등 온라인 게임 사이의 차이가 더욱 크다.

그럼에도 고객 한 사람에서 시작해야 한다는 점을 잊지 말아야 한다. 경쟁 전략의 중심에도 고객이 있다는 점을, 고객의 요구가 파편적일수록 더욱 고객에 집중해야 한다는 점을 잊지 말아야 한다. 다른 나라에 진출한다는 것은 해당 나라의 고객을 이해하겠다는 강인한 의지를 요구한다.

한편, 어떤 회사를 꾸리던 간에 회사의 내부 구성원 또한 고객이라는 점을 잊지 말아야 한다.

2013 ~
2014

투지의 전장:
블루홀 2.0

KRAFTON

전체 직원의 20퍼센트를 내보내는 대규모 구조
조정을 거친 블루홀의 분위기는 스산했다. 인원
감축에도 재정 상태는 여전히 빨간불이었다. 블
루홀은 고육지책으로 '테라'의 요금제를 월정액
제에서 부분 유료제로 전환하고, 분위기 전환을
위해 강남에서 판교로 사옥을 이전했다.

국내외 시장에서 연거푸 고배를 마신 '테라'
는 마지막 남은 시장인 중국에 올인하기로 결
정했다. 어느새 게임 시장의 룰이 변해 모바
일 게임 전성시대가 도래했지만, 블루홀은
'MMORPG의 명가'라는 비전을 고수하며 세
번째 MMORPG 게임 제작에 착수했다. 엔씨소
프트와의 법적 분쟁이 일단락되고 간만에 투자
유치에 성공하면서 숨통이 트인 것도 잠시, 고
질적인 재정난과 구성원들의 번아웃이 블루홀
의 목을 졸랐다. 이대로 포기할 것인가, 새로운
활로를 개척할 것인가? 경영진은 고뇌에 빠져
들었다.

부분 유료화 카드

2013년을 맞아 장병규가 경영진에게 메일을 보냈다.

북미와 유럽 시장에 테라를 정식 출시한 지 벌써 6개월이 지났습니다. 최근 현황에 대해서 간략히 공유드립니다. 즐겁고 좋은 이야기를 많이 드려야 하는데 상황이 그렇게 녹록지 않습니다.

1퍼센트. 테라의 PC방 게임 점유율이었다. 출시 초기 14퍼센트로 1위를 달렸던 게임이 20위권 밖으로 밀려났다. 경영진은 위기를 타개하고자 구조조정에 이은 또 다른 극약 처방을 논의했다. 김강석은 부분 유료화 카드를 제안했다. 테라의 리텐션 수치가 계속 바닥이었다. 매달 1개월 치 요금을 받는 월 정액제 모델로는 더 이상 견디기 어려운 지경에 이르렀다. 개발사 입장에서 정액제는 매달 계좌에 정기적으로 꽂히는 월급과 같이 안정적인 수익을 기대할 수 있지만 월급이 쪼그라들면 의미가 없어졌다.

부분 유료제는 누구나 무료로 게임을 즐길 수 있게 이용료

부담을 없애는 대신 게임 안에서 그때그때 소액으로 결제할 수 있는 유료 아이템을 제공한다. 사실상 공짜로 게임을 즐길 수 있도록 진입 장벽을 낮춰 더 많은 유저가 게임에 접속하게끔 만든다. 신규 이용자를 대폭 끌어들여 재도약의 발판을 마련하겠다는 계산이었다. 이에 더해 캐릭터 능력을 손쉽게 높일 수 있는 아이템을 신규 고객이 구매할 수 있어 곧바로 매출이 늘어나는 효과를 기대할 수 있었다. 서비스 과금 모델을 바꿔 심폐소생을 해야 한다는 게 김강석의 의견이었다.

대작 MMORPG는 기본적으로 정액제를 적용한다. 부분 유료제는 일반적으로 게임의 인기가 떨어지면서 개발비를 유지하기 위한 차선책으로 도입한다. 이 때문에 블루홀에선 울며 겨자 먹기 식의 부분 유료제 도입을 두고 찬반 토론이 치열하게 벌어졌다. "부분 유료화 전환은 일종의 백기 투항이다" "더 빨리 게임이 망할 것이다" "시장에 좋지 않은 신호만 주게 될 것이다." 반대쪽에서 김강석의 제안에 날을 세웠다. 테라는 부분 유료제 도입을 고려하지 않고 개발한 게임이다 보니 딱히 팔 만한 아이템 콘텐츠가 없기에 기대만큼 매출을 올릴 수 없을 것이란 의견이었다.

미우나 고우나 테라는 블루홀에 하나밖에 없는 캐시카우였다. 섣불리 송아지 배를 갈라 죽이는 것 아니냐는 우려가 많았다. "돈을 낼 고객이 없는데 정액제를 고집하는 게 무슨 의미가 있습니까. 정액제를 포기하더라도 손님이 2배로 들면 무조건

이익이기에 해볼 만한 모험입니다." 김강석은 "이 정도 리스크를 감당하지 않으면 블루홀의 미래가 없다"며 구성원들을 설득했다. 장병규는 김강석의 의견을 받아들여 이사회에서 부분 유료화 전환을 결정했다.

부분 유료화 전환을 해야겠습니다. 기존 시장에서 테라 트래픽이 많이 줄었기 때문입니다. 한국을 시작으로 모든 시장에서 부분 유료화 전환을 진행하겠습니다.

월정액제와 부분 유료제는 돈을 버는 방법이 매우 다릅니다. 콘텐츠 업데이트 전략도, 게임 운영 방식도 달라져야 합니다. 누군가 부분 유료화 모델은 (매일 방심하지 않고 신경을 써야 한다는 의미에서) 매우 "짜치는" 비즈니스라고 했습니다. 그 말의 맞고 틀림을 떠나, 월정액 모델과 매우 다르다는 것을 다시금 상기했습니다. 조직과 구성원들 마음가짐도 환골탈태해야 하는 중요한 시기입니다.

한국과 일본, 북미와 유럽 가운데 특히 북미와 유럽 상황이 특히나 좋지 않았다. 장병규는 위기감을 가지고 예년보다 이른 2012년 말부터 2013년 경영 계획을 수립하고 있었다. 블루홀이 어떤 우선순위로 제한된 자원을 집중할지 살피고, 예상 매출과 지역별 출시 일정까지 모두 검토했다.

설립한 지 5년 반이 넘어가는 블루홀은 그동안 많은 시행착오를 거쳤습니다. 올해는 블루홀의 전환점이며, 테라의 턴어라운드와 신규 시장 진출, 그리고 신규 게임 라인들에 대한 투자로 미래를 준비해야 하는 시기이기도 합니다.

즉 지금까지 해온 방식대로만 한다면, 우리의 노력이 결실을 맺지 못하는 상황이 계속될 수도 있습니다. 우리에겐 변화가 필요합니다.

2013년 경영 계획은 단순히 2013년에 머무르는 것이 아니라, 지난 블루홀을 돌아보고, 블루홀의 미래를 내다보는 관점에서 수립 중입니다. 조만간 공유하고 시행할 것 같습니다. 감사합니다.

블루홀은 곧장 변화에 속도를 냈다. 2013년 1월부터 테라에 부분 유료제를 도입했다. 테라는 오랜만에 포털 실시간 검색어 1위에 이름을 올리며 게이머들의 관심을 모았다. 동시접속자 수와 하루 이용자 수가 3배가량 급증했다. 오래간만에 새로 맞은 고객들의 만족도를 높여야 했다. 블루홀 제작진은 다시 한 번 힘을 내 콘텐츠 업데이트에 박차를 가했다.

판교 사옥 시대

블루홀은 사옥 이전도 신속히 추진했다. 2013년 2월 서울 강남구 뱅뱅사거리를 떠나 경기도 성남시 판교로 사무실을 옮겼다. 장병규는 그가 언급한 '블루홀의 미래라는 관점'에서 판교에 터를 잡는 편이 낫다고 판단했다.

분위기를 쇄신하고 경비를 절감하기 위해 이전을 서둘렀다. 희망퇴직으로 강남 사무실 여기저기에서 빈자리가 보이는 어수선한 상황이었다. 판교에 사무실을 꾸리면 처진 사내 분위기를 돋울 수 있는 데다 매월 7천만 원 정도 임대료를 아낄 수 있었다. 강남 사무실보다 100평 이상 넓은 853평 공간을 확보해 모든 구성원이 같은 층에서 일할 수 있게 된 것도 장점이었다.

블루홀뿐 아니라 여타 IT, 게임업체들도 속속 판교로 모여들고 있었다. 게임업체 '웹젠'과 '스마일게이트'는 2013년, 넥슨과 엔씨소프트, NHN, 네오위즈는 2014년에 판교 시대를 열 채비를 했다.

새로운 출발이란 의미를 강조하면서 직원들의 사기를 높여야 했다. 피플팀은 직원들의 의견을 최대한 반영해 사무실 이전 작업을 했다. 블루홀 각 부서에서 지원자 10여 명이 모여 '판교아이디어위원회', 일명 '파나위' 조직을 꾸렸다. 록밴드 시나위에서 이름을 따왔다. "강남 사무실에 비해 출퇴근 교통이 불편하다"는 파나위 의견을 반영해 통근 버스를 운영했다. 또 파나위 건의대로 화장실을 추가로 설치하고, 바리스타가 상주하는 직원 전용 카페를 만들었다.

모처럼 블루홀에 신선한 바람이 불었다. 테라의 부분 유료화 작업이 성과를 냈다. 동시접속자가 5배, 신규 유저는 10배가량 늘어났다. 한국을 비롯해 해외 지역 매출도 3배 넘게 올랐다.

부분 유료화 전환을 계기로 실시한 대대적인 콘텐츠 업데이트에 고객 평가도 좋았다. 고객층이 넓어지면서 다양한 요구가 쏟아져 나왔다. 정액제 당시엔 액션을 좋아하는 하드코어 골수 팬이 많았다. 이들 요구에 맞춰 전투 콘텐츠 제공에 개발을 집중했지만, 부분 유료제를 도입한 뒤로 상황이 달라졌다. 취향이 제각각인 고객들이 좋아할 만한 다양한 콘텐츠를 개발해야 했다. 이런 변화에 발맞춰 여름을 맞아 테라에 등장하는 해변가에 미니 게임장을 만들었다. 모래사장에 놓인 수박을 무기로 깨거나 물 대포를 쏴서 맞추는 아기자기한 미니 게임을 집어넣고 여름에 걸맞은 의상들도 준비했다.

일본 시장에서 테라 속 캐릭터 '엘린'은 효자 노릇을 톡톡히 했다. 현지 라이브팀 의견을 반영해 엘린 수영복 의상 아이템을 만들어 게임상에서 판매했더니 그간 한국에서 팔았던 모든 의상 아이템 매출을 뛰어넘는 성과를 냈다. 이어 선보인 교복 의상 판매는 퍼블리셔 NHN 재팬의 매출 기록을 새로 썼다.

엘린은 테라 유저들의 사랑을 독차지하는 마스코트였다. 푸른빛의 긴 머리칼 위로 커다란 토끼 귀가 있고, 엉덩이엔 여우 꼬리가 달렸다. 이 미소녀 캐릭터를 두고 게이머들은 "테라를 먹여 살리는 캐릭터"라며 애정을 아끼지 않았다. 특히 일본 게이머들은 엘린을 너무 사랑한 나머지 테라를 '유녀幼女(어린 여자) 온라인'이라 칭했다.

반면 미국 엔매스에서 활약했던 현지 베테랑 게임 스토리 작가는 "어린 소녀 캐릭터인 엘린에게 선정적인 의상을 입히는 걸 용납할 수 없다"며 사표를 던졌다. 그는 "아무리 부분 유료제를 적용한다 해도 어린 소녀에게 그딴 옷을 입히다니, 블루홀의 철학을 이해할 수 없다"고 반발했다. 테라에 각별한 애정을 쏟으며 북미 현지화 작업에서 퀘스트와 스토리 창작을 도맡던 핵심 인재였다.

장병규는 "블루홀은 엘린 의상을 팔 수밖에 없다. 뭐라도 팔지 않으면 회사가 없어진다"며 그를 달랬지만, 작가의 마음을 돌리기엔 역부족이었다. 장병규는 "블루홀이 돈을 못 버니 저렇게 훌륭한 인재가 떠난다"며 안타까워했다.

엘린은 테라의 아트팀장이던 황철웅에게 애정을 받지 못한 캐릭터였다. 팀원 모두의 지지를 받으면서 축복 속에 탄생한 캐릭터가 아니었다. 테라가 겨냥했던 주요 시장은 북미와 일본이었다. 두 시장은 캐릭터 전략 관점에서 대척점에 놓여 있었다. 북미에서는 정통 판타지 소설에 나올 법한 늘씬한 미녀나

우락부락한 근육질 남성 캐릭터에 호감을 느꼈다. 반면 일본에서는 아기자기하고 귀여운 미소녀와 동물 캐릭터가 주류였다.

아트팀은 일본 시장 진출을 앞두고 벌인 조사에서 3D로 사실감 있게 표현된 미소녀 캐릭터가 없다는 점을 발견했다. 관심을 끌 만한 미소녀 캐릭터 제작에 돌입했지만 전례가 없던 캐릭터이다 보니 많은 디자이너의 반대에 부딪혔다. 테라 게임 분위기에 어울리지 않는다는 게 주된 이유였다. 그도 그럴 것이 테라는 초창기에 8등신의 여성 캐릭터를 전면에 내세웠다.

황철웅은 제작을 강행했고, 결국 엘린은 여성 캐릭터 중 가장 늦게 만들어졌다. 만들고 고치는 과정을 수십 번 반복해 엘린을 내놓자 반응은 가히 폭발적이었다. 테라에 등장하는 15개 종족 가운데 엘린 종족을 선택하는 유저가 압도적으로 많았다. 국내에선 초창기 30퍼센트를 기록했던 수치가 70퍼센트까지 올랐다. 일본은 전체 게이머의 80~90퍼센트, 북미에서도 의외로 40퍼센트 이상이 엘린을 선택했다.

황철웅은 북미에서 엘린의 인기를 문화와 취향의 다양성으로 해석했다. 미국에 마블의 캡틴 아메리카나 아이언맨과 같은 선 굵은 캐릭터만 있지 않았다. 미국은 미키마우스와 도널드 덕, 베티를 낳은 나라이기도 했다. 일본 애니메이션에 열광하는 마니아층도 두터웠다. 다양한 문화적 토양에서 자신만의 취향에 몰입하는 사람이 많았다. 엘린을 선택하는 유저들도 그런 사람들이었다.

황철웅은 테라 캐릭터 중 '바라카'에 가장 큰 애정을 쏟았다. 몸이 돌덩이로 이뤄진 몬스터 '돌골렘'을 모티프 삼아 한국 MMORPG에서 볼 수 없던 캐릭터를 창조했다.

기존 게임들은 '스테레오 타입'으로서의 캐릭터 구성을 되풀이했다. 여성 캐릭터는 잡지 모델같이 예뻤고 남성 캐릭터는 프로 레슬러를 방불케 하는 근육질이었다. 게임마다 치장을 달리해도 캐릭터 디자인 원형은 크게 바뀌지 않았다.

다른 개발업체도 만들 수 있는 뻔한 캐릭터를 내놓는 건 황철웅의 자존심이 용납하지 않았다. 새로운 시도로 창조한 캐릭터 바라카를 그는 자식처럼 아꼈다.

돌덩이처럼 투박하고 묵직한 바라카를 고객들이 선뜻 받아들이지 못할 것쯤은 알고 있었다. 몇몇 테라 유저는 "캐릭터가 아니라 몬스터인 줄 알았다"며 바라카 유저를 놀려댔지만, 황철웅은 개의치 않았다. 바라카로 인해 테라에서 다른 캐릭터들이 각광을 받고, 고객들이 풍성한 캐릭터 라인업을 즐길 수 있게끔 하는 게 그의 의도였다.

중국향向 모바일 게임

블루홀은 북미와 유럽, 일본 등에서 실패를 거듭했다. 남은 나라는 단 하나, 중국이었다. 마지막 성공의 불씨를 그곳에서 지펴야 했다. 전 세계에서 가장 큰 중국의 온라인 게임 시장 규모는 5조 2천억 원으로 미국의 2배, 한국의 3배였다.

장병규는 "확신을 위해서 학습의 과정이 필요하다"고 강조했다. 여러 해외 서비스에서 축적한 노하우를 최대한 끌어모아 마지막 승부수를 띄우고 싶었다. 중국 현지 퍼블리셔도 물색했다. 떠오르는 신생 업체 '쿤룬'과 1등 업체 '텐센트'가 적극적으로 러브콜을 보냈지만, 텐센트와의 계약은 성사 직전에 결렬됐다.

블루홀은 2013년 7월 베이징에서 퍼블리셔 쿤룬과 계약 발표회를 열었다. 발표 현장에 400여 명이 넘는 현지 언론과 게이머들이 참석했다. 장병규는 테라를 이끄는 수장으로, 팔을 걷어붙이고 중국 시장 개척을 이끌었다. 미국 시장에서의 참패를 되풀이할 순 없었다. 미국 출시를 이끌며 게임 서비스의 A부터 Z까지 경험했다는 자신감이 있었다. 블루홀이란 게임업체에 몸담은 지도 6년이 지났다. 그사이 게임업에서 잔뼈가 굵어 웬만한 게임 전문가 뺨 칠 정도가 됐다. 2012년부터 박현규를 포함해 20여 명의 중국 전담팀을 구성했다.

장병규는 MMORPG의 특성을 "단일 구조monolithic 복잡계

complex system"라고 정의했다. 게임의 특정 부분을 바꾸면 바꾼 부분이 게임 전체에 영향을 미치는 까다롭고 정교한 물건이라는 것이었다.

예컨대 전투를 바꾸면 전투를 수행했을 때 얻는 보상 체계 전부를 다 손봐야 했다. 캐릭터 간 능력의 밸런스 하나를 손대면 레벨 디자인 전체가 흔들렸다.

이러한 특성의 대척점에는 포털 사이트가 있었다. 포털 웹페이지에서 뉴스 섹션을 바꾼다고 해도 그 옆에 있는 쇼핑 섹션은 영향을 받지 않았다. 매트릭스처럼 복잡하고 거대한 가상의 게임 세계를 서비스하는 일은 그렇기에 섬세하고 철두철미한 노력을 요했다.

블루홀은 중국 현지화를 위해 게임 전반을 수정하기로 결정했다. 쿤룬과 현지 게이머들의 요구를 녹여 게임을 정비하는 작업을 전담팀이 맡았다. 중국 게이머들이 좋아할 만한 빌드도 새로 만들어야 했다. 각종 게임 요소를 세밀하게 조율하며 전투와 성장 시스템을 뜯어고쳤다. '미국에서 한 차례 서비스해봤으니 잘할 수 있다'는 결기를 불태우며 다시 한번 올인했다.

연일 강행군인 와중에 짬을 내 회식을 했다. 회사 앞 양대창 전문점으로 장병규가 중국팀을 이끌었다. "지금까지 제일 많이 나온 테이블 매출이 얼마냐"는 질문에 "400만 원"이란 답이 돌아왔다. "제가 냅니다! 우리가 이거 깨봅시다!" 장병규의 외침에 직원들이 박수 치며 불판에 달려들었다. 코가 삐뚤어질 때까지 마시고서 집으로 돌아간 직원들은 다음 날에도 어김없이 아침 출근 도장을 찍었다.

블루홀은 중국 시장용 모바일 게임 제작에도 착수했다. 테라 콘셉트를 계승한 '엘린원정대'라는 게임이었다. 블루홀 사번 1호 강상욱을 주축으로 10여 명의 소규모 개발팀이 통째로 중국에 날아가는 모험을 감행했다. "중국향 모바일 게임을 만들어보자"는 아이디어를 장병규가 직접 냈다. PC용 마우스를 버리고 스마트폰을 잡는 사람이 폭발적으로 늘어나고 있었다. 태동하는 중국 게임업체에 비해 한국 게임업체가 모바일 게임을 빠르게 만들어 출시할 능력이 뛰어나 보였다.

장병규는 "중국 시장에 맞는 모바일 RPG를 지금 타이밍에 적절하게 만들 수 있다면 한국에서보다 훨씬 성공할 수 있는 것 아니냐"고 했다. 그는 강상욱팀에게 "그러려면 직접 가서 제작하는 게 맞다"며 현지 개발을 권유했고, "중국 스타일 게임을 제대로 알기 위해선 중국 사람이 필요하다"며 한국어가 가능한 현지 전문가 두어 명을 연결했다. 개발팀은 도시와 농촌 풍경이 반씩 섞인 베이징 변두리 지역의 허름한 아파트를 임대해 하숙을 했다. 근처의 12평 남짓한 오피스텔로 출근해 옹기종기 모여 앉아 게임을 개발했다.

멋진 10년은 어디에?

블루홀을 시작할 때만 해도 장병규는 PC용 MMORPG를 10년 이상 서비스할 수 있는 제품으로 믿었다. 그는 수많은 투자자 앞에서 "10년 동안 황금알을 낳는 거위에 투자하라"고 피력했다. 블루홀이 MMORPG를 제대로 만들어낸다면 10년은 거뜬히 수익을 낼 줄 알았다. 테라를 서비스한 지 3년 만에 장병규는 그 믿음을 수정해야 했다. 멋진 10년은 영원히 오지 않을 것 같았다.

게임 제작업은 본질적으로 흥행 비즈니스였다. 히트작을 내야 생존할 수 있었다. 제작 중인 게임이 홈런일지 파울일지 미리 알기란 불가능에 가깝기에, 최소한 타석에 여러 번 서는 것이 중요해졌다.

장병규의 업무가 중국에 쏠리면서 한국 시장에서의 테라 라이브 운영은 김정한이 챙겼다. 누군가는 블루홀에서 유일하게 영업이익을 내는 국내 서비스 운영을 맡아야 했다. 테라 본부장이 된 김정한의 중점 사항은 인건비를 줄이면서 이익의 폭을 올리는 것. 최소한의 인원으로 운영하면서 가능한 한 장애를 일으키지 않고 안정적으로 게임을 서비스하는 게 주요 임무였다. 마른 수건을 쥐어 짜내듯 콘텐츠 업데이트도 해야 했다.

절간에 한 달 살다 복귀한 뒤로 김정한은 매일 출근 전과 퇴

근 후에 운동을 했다. 아침엔 헬스클럽에서 뛰고, 저녁엔 체육
관에서 레슬링을 배웠다. 근육이 늘면서 몸은 다시 예전의 탄
탄한 형태를 찾아갔다. 몸과 마음을 새로 무장한 김정한은 신
입 직원 교육에 특히 공을 들였다.

블루홀은 2013년에 창사 이래 처음으로 신입사원 공개 채용
을 실시했다. 프로그램, 게임 기획, 아트, 사업 기획 등 주요 분
야에서 새 직원을 뽑았다. 이들을 테라 본부에서 게임 라이브
운영과 콘텐츠 개발을 두루 경험한 어엿한 1인분 개발자로 키
워내는 훈련소장 역할을 김정한이 했다. 그는 신입 개발자들의
패기와 열정이 좋았다. 잘만 안내를 해주면 빠르게 일을 배웠
다. 신입 직원들은 테라 본부에서 역량을 쌓은 뒤 다른 프로젝
트팀으로 배출됐다.

테라의 부분 유료화로 2013년에 블루홀은 반짝 힘을 냈다. 창
사 이래 최대 매출(499억 원)과 첫 세 자릿수 영업이익(131억 원)
을 기록하며 적자에서 흑자로 돌아섰다. 한국 게임회사 영업이
익 상위 10위 목록에 블루홀이 올랐다. 2012년 매출 406억 원,
영업 적자 21억 원을 감안하면 괄목할 만한 수치였다.

그러나 김강석의 미간은 펴지지 않았다. 매출의 상승 곡선은
지속되지 못했다. 구멍 난 튜브에서 바람이 새 나가듯 테라 트
래픽이 줄줄이 빠졌다. 부분 유료화의 효과는 한밤의 불꽃놀이
로 그쳤고, 반짝 흥행을 큰바람으로 만들지 못했다. 블루홀이

테라로 MMORPG의 명가가 되기는 힘들어 보였다.

희망퇴직과 흔들리는 수익으로 경영진의 감정은 날카로워졌다. 장병규는 경영진 회의에서 볼펜을 내던지고 욕설을 뱉기도 했다. 이어 자신의 행동을 사과하는 메일을 보냈다.

우선 공식적인 회의에서 욕을 해서 죄송해요. 감정이 많이 상했을 것이 분명한데, 참아주셔서 감사합니다. 보통 미안하다고 사과를 하면, 다시 그러지 않겠다는 말을 합니다. 하지만 저는 분명히 죄송한 일이나, 앞으로도 필요하면 욕을 할 것이라고 말할 수밖에 없겠습니다.

이유는 2가지 정도입니다. 하나는, 개인적으로 일모도원日暮途遠(날은 저물고 갈 길은 멀다는 뜻으로, 할 일은 많지만 시간이 없음을 비유하는 말) 하다고 늘 생각하기 때문입니다. 다른 하나는, 성과를 내지 못하는 조직은 죽은 사람과 같다고 생각하기 때문입니다. 죽은 사람에게 인격이 있나요. 일단 살아야 인격이 있다고 생각합니다.

장병규에게 품격이란 일단 생존한 다음에 논할 수 있는 것이다. 어떻게 해서든 헐떡이는 숨을 멈추고 싶지 않았다. 우선 살아야 했다.

외부 인재와 내부 인재

2014년 스마트폰 게임 매출 1천억 원 시대가 열렸다. 고개를 숙이고 스마트폰을 만지작거리며 게임하는 사람들의 모습이 지하철 안 흔한 풍경이 됐다.

게임회사 넷마블과 위메이드, NHN은 2013년 수십 종의 모바일 게임을 출시하거나 유통하면서 1천억 원대 매출을 기록했다. PC 게임에 비해 제작이 간단한 게임 특성에 힘입어 중소 게임 개발사의 약진도 두드러졌다. '트리노드'가 만든 '포코팡'과 '씨드나인게임즈'가 제작한 '몬스터 길들이기'는 매출 1천억 원 고지를 눈앞에 두는 기염을 토하고 있었다. 포코팡은 출시 1년 만에, 몬스터 길들이기는 8개월 만에 거둔 성과였다. 10명 안팎의 개발 인력으로 만든 스마트폰 게임 하나가 수백 명이 달라붙어 제작하는 대작 PC 온라인 게임 못지않은 결과를 낸 것이다. 해외 시장에선 '앵그리버드'와 '캔디크러시사가'가 모바일 게임 전성시대를 이끌고 있었다.

PC 온라인 게임은 청소년과 젊은 남성의 전유물이었지만 스마트폰 게임은 남녀노소 모두 부담 없이 즐겼다. 사용자 저변이 넓어진 만큼 매출도 높았다. 게임의 룰이 달라지고 있었다. 모바일 메신저 '카카오톡'은 모바일 게임의 유통 플랫폼으로 변모했다. 메신저 친구끼리 서로 돕거나 경쟁하는 장치가 더해

지면서 모바일 게임 인기는 연일 수직 상승했다.

과거 피처폰 시절 모바일 게임 시장의 양대 산맥이었던 '게임빌'과 '컴투스'도 한 해 수십 종의 스마트폰 게임을 쏟아냈다. 이들 모바일 전문 게임업체들도 지난 15년 동안 이루지 못한 매출 1천억 원 왕관을 모바일 게임 하나를 흥행시킨 중소 게임 개발사들이 단박에 차지할 형국이 됐다.

블루홀은 PC 게임으로 또 한 번 모험을 감행했다. 비전은 아직 달성되지 않았다. "블루홀 스튜디오만의 노하우와 경쟁력이 집약된 MMORPG 장르에 집중하여 세계적으로 인정받는 완성도 높은 게임을 개발하는 MMORPG의 명가로 자리매김하겠습니다"란 회사 소개 문구는 여전히 유효했다.

블루홀은 새로운 제작 PD로 김형준을 영입하며 테라의 뒤를 이을 또 다른 대형 MMORPG 'W(현재 엘리온)' 제작에 착수했다. 김형준은 엔씨소프트에서 2008년에 출시한 MMORPG '아이온'의 아트디렉터로 시작해 개발실장까지 역임하며 게임을 성공으로 이끈 인물이었다. 황철웅 PD와 이상균 디렉터가 뭉친 스튜디오 EXA와 더불어 대형 MMORPG 제작 프로젝트 2개를 동시 가동하는 통 큰 투자 결정이 내려졌다.

W의 출시 목표는 2017년 11월. 2014년 말까지 제작 인력 30여 명을 투입하고, 향후 최대 100명까지 제작력을 늘릴 계획을 잡았다. 전체 제작비로 350억 원을 쓰는 거대 프로젝트의 돛

을 펼쳤다. 김강석은 프로젝트 W를 블루홀의 미래라 여겼다.

"내부 승진이 아닌 외부 인사 영입은 내부 인원 사기에 좋지 않은 영향을 끼칩니다." 팀장급 직원이 김형준 PD 영입을 두고 불만과 우려를 제기했다. "내부 인원 가운데 적임자가 없을 수 있지만, 특히 평가로 인해 회사 분위기가 좋지 않습니다. 외부 사람이 PD라는 제작 최고 레벨에 임명되는 상황은 조직 인사와 회사에 대한 불신을 키울 수 있어 우려됩니다."

김강석이 이에 답했다.

같은 현상을 어떻게 보느냐에 따라 전혀 다른 이해가 가능합니다. 참고로 회사의 적지 않은 구성원은 외부 영입을 적극적으로 원했고 환영하고 있습니다. 블루홀이 자체 성장의 한계를 노출한 지 오래라는 게 제 진단입니다. 개발사의 경쟁력은 인재 풀에서 나옵니다. 내부 인재로는 성장 한계점을 돌파할 수 없다는 것이 분명합니다.

저는 오히려 외부의 좋은 인재들이 블루홀을 선택했다는 점에서 내부 구성원이 긍정적인 자극과 희망을 느끼는 게 건강한 태도라고 생각합니다.

"야근 현황 조사 자료를 유용하게 이용했었는데, 지금도 현황 파악을 하고 있는지요?" 장병규가 피플팀으로부터 2013년도 전체 직원 휴가 사용 현황을 받아든 참에 물었다. "야근 현황 조사는 지난해까지 진행했고 올해부터 중단했습니다."

"개인적으로 테라 본부의 텐션 관리를 할 때 매우 유용하게 이용하던 지표였습니다. 지표 추출에 일이 많아서 중단한 것 같기도 한데 묘안이 있을지요?"

피플팀에서 답이 왔다. "지표 추출을 하는 데 일이 많아서가 아니라 일을 오랫동안 많이 한다고 해서 좋은 결과가 뒤따르는 것은 아니라는 생각에서 중단했습니다. 또 창의성을 요하는 업무를 하는 지식 근로자는 일하는 시간보다는 일한 결과의 질을 기준으로 평가하는 것이 바람직하다는 생각에서 그랬습니다."

장병규가 답했다.

저는 완전히 다른 생각인데요. 동일한 역량과 태도를 가진 사람들 사이에서는 많이 일한 사람이 당연히 많은 성과를 얻습니다. 저희는 항상 이상과 현실 사이에서 타협하며 살고 있습니다. 피플팀의 세계관(?)은 매우 나이브한 이상론처럼 들리네요.

장병규는 메일을 보낸 뒤로도 성에 차지 않아 또다시 메일을 썼다.

다소 강한 어조로 메일을 드렸으나 의미를 이해해주실 것이라 기대합니다. 일한 성과로 판단하는 것은 당연하지만, 그것이 시간과 노력을 간과하는 자기합리화로 왜곡되지 않기를 기대합니다. 저는 구조조정을 했던 경영진 중 한 사람입니다.

"블루홀은 공장도, 고등학교도 아닙니다." 일부 직원은 "장병
규 의장의 최근 발언 곳곳에서 야근을 많이 하라는 느낌을 받
게 돼 사기가 떨어진다"며 불평했다. "열심히 일하는 것이 효율
을 대변하지 않는다"고 말하면서, "야근이라도 많이 하고 열심
히 한다 이야기하라"고 다그치는 경영자의 모습을 장병규가 보
이고 있다는 불만을 표출했다.

직원들의 항의 메일을 수신한 김강석이 답장을 썼다.

장병규 본부장이 마이크로한 것까지 챙기는 리더 스타일이라 어떤
점에선 부작용이 있을 수 있다고 생각합니다. 다만 그 의도를 이렇게
생각해봅시다. 멀쩡한 동료 수십 명을 하루아침에 정리한 것이 불과
1년 3개월 전입니다. 언제든지 그런 일이 또 발생할 수 있습니다. 어
쩌면 올 하반기에 다시요.

우리 직원 중에는 평범한 사람이 많습니다. 평범한 사람은 남보다
더 노력해야 남보다 더 성과를 낼 수 있습니다. 우리는 남보다 더 성
과를 내지 않으면 또다시 위기에 빠질 수 있습니다. 그런데 많은 직
원이 자신을 대단한 지식 근로자인 것으로 착각합니다. 놔두면 알아
서 일하고, 알아서 근태 관리하고, 그러면 성과도 나오는 줄 아는 것
같습니다.

경영진이 이런 것까지 지적할 때는 지적하는 경영진이 제일 괴롭

습니다. 다만 전달하는 방식이 거칠다거나 메일을 읽으면 사기가 떨어진다는 의견을 다른 곳에서도 듣고 있습니다. 그런 점은 객관적으로 저도 아쉽게 생각한다는 점도 밝혀둡니다. 그런데 그분은 그걸 고치지는 못할 겁니다. 제가 13년째 보았거든요.

대규모 구조조정이 장병규에 남긴 상흔은 해를 거듭해도 여전한 듯 보였다.

법적 분쟁의 끝

법원의 최종 판결로 엔씨소프트와 블루홀의 지난했던 법적 분쟁이 6년 만에 마무리됐다. 형사와 민사 소송 모두 3심 대법원까지 갔다.

2008년부터 진행된 형사 재판에서 2010년 법원은 개발진의 영업 비밀 유출 혐의를 인정했다. 법원은 리니지3의 게임 기획 문서를 유출한 혐의로 기소된 엔씨소프트 출신 개발자 6인에 대해 징역과 벌금을 선고했다. 징역형을 받은 직원 4인이 집행유예를 받아 구속을 면하면서 블루홀의 테라 개발은 예정대로 진행됐다. 공동 창업자 6인 가운데 제작 부문 2인이 포함됐다.

엔씨소프트는 "IT업계에서 기술 유출은 기업의 생사가 걸린 중요한 일"이라며 "영업 비밀 유출에 대한 대법원의 유죄 판결은 프로젝트 성공 여부에 따라 퇴사 및 이직이 빈번한 게임업계의 특성상 정보 유출로 인한 피해를 막는 확실한 선례가 되길 바란다"고 입장을 밝혔다.

반면 블루홀은 엔씨소프트와 전현직 직원 개인 간의 문제로 재판이 발생한 것이기에 회사 차원의 대응을 삼갔다. 법인 블루홀은 형사 소송 당사자가 아니었으며, 개별 직원들이 블루홀의 정책과 무관하게 저지른 영업 비밀 유출이었다. 특히 재판 과정에서 리니지3 관련 자료가 테라에 사용됐다는 혐의를 벗게 됐다. 2008년부터 열린 민사 재판도 2014년에 결론이 났다. 민사 재판에선 영업 비밀 유출뿐 아니라 손해배상 책임이 다뤄졌다. 직원들의 집단 퇴사와 이직으로 프로젝트가 취소되면서 엔씨소프트가 입은 피해를 블루홀이 배상해야 하는가 하는 문제가 주요 쟁점이 됐다.

법원은 엔씨소프트에서 블루홀로 전직한 직원들에 대해 손해배상 책임을 물을 수 없다고 결론 내렸다. 이에 따라 블루홀은 손해배상 책임을 지지 않게 됐다.

민사 소송에선 장병규도 피고로 이름을 올렸다. 그는 투자자로 투자한 것에 불과했다는 판결을 받아 모든 혐의를 벗었다. 법원은 그러면서도 형사 판결과 마찬가지로 일부 직원의 영업 비밀 유출이 있었다는 점은 인정했다.

블루홀 관계자는 언론을 통해 "관련 자료는 2007년 경찰 수사 과정에서 이미 모두 압수되어 폐기됐다"며 "이번 사례는 큰 기업이 이직하려는 개발자들의 발목을 잡을 뻔한 사례였다고 생각한다"고 피력했다. 엔씨소프트 측은 "기업의 영업 비밀을 유출하거나 무단으로 이용하는 것은 게임 산업 전반에 손실을 주는 행위이므로 판결을 계기로 이런 불법 행위들이 근절되기를 희망한다"고 밝혔다.

역량보다 태도

상반기를 마무리하며 블루홀에 '치맥(치킨과 맥주) 데이'가 열렸다. 피플팀에서 "사기를 높이고 화합하는 장을 마련하겠다"며 맥주에 곁들일 피자 50판과 치킨 80마리를 준비했다.

장병규는 행사를 반대하진 않았지만 건배 제의 요청을 뿌리쳤다. 그는 직원들의 태도를 못마땅해했다.

최근 테라 본부 테스트 기간인데 다른 게임을 하고 있거나, 본부 차원에서 정말 중요한 시즌인데 일을 못 하겠다고 평소처럼 이야기하는, 정말 기본이 덜된 구성원들을 대할 때에는 매우 힘이 빠집니다.

작년에는 너무 위기 상황이라 제가 욕을 하기도 했는데 계속 그런 조직이어서는 곤란하지 않을까 싶습니다. 추가로, 개인적으로 너무 바쁘기 때문에 치맥 데이에 참여할 의욕도 적네요.

그의 이메일 끝에 붙은 서명 문구는 이러했다. "-chitos(BG) 현실을 받아들이지 않는 사람은 발전할 수가 없어. from《이니셜D》18권."

하반기에 들어서면서 판교 마을버스 정류장과 지하철 입구에는 한국 최대 게임업체 넥슨의 경력자 공개 채용 홍보물이 잔뜩 붙기 시작했다. 판교역으로 출퇴근을 하는 사람이면 한 번쯤 눈길이 갈 수밖에 없는 대규모 물량 공세였다. 이직을 위해 채용 사이트를 찾는 사람들만을 대상으로 하지 않고 이직에 관심 없던 다른 게임업체 직원까지 겨냥한 것이었다.

넥슨은 하반기부터 모바일 게임 올인을 선언하고 경력직 채용에 박차를 가했다. 모바일 게임을 새로운 성장 동력으로 삼아 PC 게임 시장 침체로 인한 부정적인 실적 전망을 타개해나가겠다는 의지를 불태웠다. 이어 게임 소개 행사를 열어 출시 예정인 모바일 게임 13종을 대거 공개했다.

넷마블과 위메이드에 이어, 자금력과 개발력, 마케팅 능력까지 월등한 게임업계의 맏형 넥슨이 모바일 게임에 집중했다. 엔씨소프트도 모바일 신작 게임 출시를 예고했다. 국내 게임 산업에 모바일발發 지각 변동이 일면서 산업의 무게 추는 온라인 PC 게임에서 스마트폰 게임으로 빠르게 옮겨가고 있었다. 중소 업체가 주도해온 모바일 게임 시장도 대형 업체의 싸움터로 재편되고 있었다.

블루홀의 인재들도 게임업계에 부는 개발자 채용 바람에 들썩였다. 한 달간 퇴사 예정자만 6명이 나왔다. 관리자급 IT 인프라 팀장도 다른 게임업체로 이직할 뜻을 전했다. "잔류를 설득하기 어려울 것 같다"는 메일에 장병규는 "특별한 의견이 없다"고 답했다. "회사가 성장하지 못하면 결국 사람은 떠나게 된다는 것을 다시 확인하네요."

같은 시기, 묘하게도 떠나는 사람 수만큼 새 사람이 들어왔다. 2013년에 처음 실시했던 신입 공채 사원 6명이 반년의 수습 기간을 통과해 정직원이 됐다. "신입임을 고려하면 역량과 인성, 태도에 문제가 없다"는 게 피플팀의 의견이었다. "회사를 오가며 회의 석상에서 마주치는 신입사원들은 그저 회사를 즐기는 듯한, 마치 입사 6년 차는 되어 보였습니다."

첫 공채 사원을 바라보는 CEO 김강석의 마음은 편치 않았다. 개인별 업무 역량이나 태도는 알 수 없지만 공채 입사자 전체에 대한 인상이 썩 좋지 못했다. 한창 근무해야 할 시간에 몰려다니며 수다를 떠는 모습이 눈에 띄었다. 회사에 놀러온 친구의 저녁 값을 내주기 위해 단체 카톡방에서 신입 동기들끼리 야근자 이름을 빌려달라 요청했다는 뒷말도 들려왔다.

그저 신입사원의 단면만 보고 일반화하는 것인지, 혹은 오래전 자신이나 또래 세대의 모습과 달라 느끼는 주관적 감상인지도 모르겠습니다. 어쩌면 블루홀이 아직 공채를 받아서 그들을 돌보고 육성할 준비가 안 된 것인지도 모르겠습니다. 다시 공채를 해야 할까, 해도 될까도 잘 모르겠다는 생각이 듭니다. 공채에 대한 관찰을 계속하실 터이니 간혹 공유해주시기 바랍니다.

김강석은 곧이어 신입 공채 직원들과 간담회를 열었다. '함께 항해를 시작하며'란 제목으로 준비한 오리엔테이션이었다. 김강석은 "인재로 살아가기 위해선 지식 근로자의 기본에 충실할 수밖에 없다"고 강조했다.

부속품이 아닌 대체 불가능한 인재가 되기 위해서는 자발적인 성장이 필수다. 그러려면 시간 관리를 하며 지속적으로 학습해야 한다. 인재는 현장에서 전문적인 지식을 습득해 효율적으로 일한다. 다른 구성원과 대화와 협업을 통해 의사결정을 내리고, 결과적으로 조직의 성과와 목표에 공헌한다.

김강석은 "무엇보다 회사가 동아리여선 곤란하다"고 당부했다. 팀을 이뤄 협업하고 목표에 도전하고 성과를 내기 위해선 역량보다 태도가 오히려 중요할 수 있다는 것이었다.

결국 출발도 완성도 자기 자신에게 달렸다. 'No Silver Bullet (왕도는 없다).' 무릇 인재라면 스스로 고민하며 책을 읽고, 옆 동료와 대화하면서 자신을 제련해야 한다.

특히 게임을 개발하는 지식 근로자는 실무 지식 이외에도 알아야 할 것이 많다. 심리학과 경제학, 경영학, 사회학, 통계학과 수학은 물론이고 최신 기술과 트렌드에도 민감해야 한다. 자신의 좁은 전문성에서 벗어나려는 부단한 노력을 기울여야 발전할 수 있다.

인간은 아는 만큼 보는 존재다. 경험한 만큼만 안다는 사실을 받아들이고 기술과 예술, 인문학을 아우르는 융합적인 사고를 해야 한다. 그러기에 더욱더 팀플레이와 커뮤니케이션 능력이 중요해진다.

여러분은 화성에서 온 프로그래머와 금성에서 온 기획자, 지구에서 온 경영진과 소통해야 합니다. 더군다나 게임의 재미는 측정하기도 관리하기도 예측하기도 어려운 영역입니다. 대화와 공감이 중요하겠죠. 집에 틀어박혀 취미에 빠진 오타쿠가 게임 만들던 시대는 지났습니다. 게임 말고 사람도 세상도 봅시다.

블루홀에 처음으로 성희롱 사건이 터졌다. 가해자인 사원 3인에 대한 인사위원회를 열어 직위 해제와 이동 발령, 정직과 감봉 처벌을 내렸다.

김강석이 처음 블루홀에서 발생한 성희롱 사건의 처리를 사내에 알리는 메일을 작성했다. 그의 초고를 두고 경영진 안에서 의견이 갈렸다.

한쪽에선 "재발 방지에 대한 회사 리더의 약속, 다짐과 같은 내용을 더 보완해야 한다"고 했다. 회사 대표가 직원들에게 당부하는 내용이 대부분이고 정작 약속하는 내용이 빈약하다는 지적이었다. 다른 쪽에선 "건강한 조직과 사내 문화에 대한 포괄적 메시지를 보내야 한다"며 "성희롱에 국한한 메시지를 넣는 것은 오히려 한정적"이라고 했다. 꼭 성희롱이 아니더라도 비슷한 수준으로 엄격해야 하는 것들이 많은데 굳이 성희롱 이야기만 강조할 필요가 있느냐는 의견이었다.

장병규의 의견은 전자였다.

다수 구성원들은 애매모호한 메일에서 교훈을 얻지 않습니다. 일반론적이고 포괄적으로 메일 내용이 느껴진다면, 본인 마음대로 해석하고 행동하는 사람들이 분명히 발생할 것 같습니다. 첫 사례이므로 더 엄격하고 구체적으로 느껴지게 하는 편이 좋을 것 같습니다.

김강석이 보낸 최종 메일은 이러했다.

가장 먼저, 이 일로 인해 상심이 컸을 우리 동료에게 진심으로 위로의 말씀을 드리고 싶습니다. 저는 이런 사건이 우리 회사에서 발생했다는 점에 대해 매우 유감스럽게 생각합니다. 우리 회사에서 다시는 이런 일이 없기를 바랍니다.

우리가 건강한 공동체를 유지하기 위해서는 최소한의 상식과 예의를 지켜야만 합니다. 그리고 이를 위해 의식적으로 함께 노력할 필요가 있습니다. 이 점을 우리 모두 상기했으면 합니다.

이번 건에 대해 회사는 필요한 절차에 따라 정식으로 조치를 마쳤습니다. 회사에 법률적·도덕적 심판의 권한은 없습니다. 그러나 우리가 함께 지켜야 할 약속과 규칙이 분명히 있고, 이에 반하는 일은 판단하고 징계함이 마땅하며 그 일을 실천했습니다.

모쪼록 추가적으로 사내에서 불필요하게 설왕설래하지 마시고, 특히 이 일로 힘들어하는 동료가 있다는 점을 고려해서 차분하고 분별 있는 행동을 부탁합니다.

한 가지 더, 이 기회로 각자가 자신을 돌아보기를 촉구합니다. 우리는 불미스러운 일 앞에서 타인에게만 비난의 화살을 쏘는 것으로 끝나는데, 저는 이럴 때일수록 스스로를 돌아보는 모습이 성숙한 자세라고 믿습니다. 건강한 조직과 문화를 위해, 함께 일하는 동료와의 인격적 관계를 위해 우리가 얼마나 노력하고 있는지, 또 지킬 것들을 잘 지키고 있는지 돌아봅시다.

인사위원회에 설 일까지는 아니더라도, 작은 것이라도 안이하게 생각해서 규칙을 오용하거나 동료와의 관계에서 선을 넘는 일이 우리 안에 종종 있지는 않은지요. 이 기회에 자신을 점검합시다.

마지막으로, 누구나 실수할 수 있고 또 잘못할 수 있음을 인정합시다. 물론 잘못한 행위에 책임을 지는 자세와 잘못에 상응하는 조치는 필수적입니다. 동시에 잘못한 것을 반성하고 고쳐나가기 위해 노력하는 모습도 가치가 있습니다. 당장은 아픔이 있지만 그런 건설적 과정을 통해 내일은 오늘보다 더 건강한 회사를 만들 수 있습니다. 블루홀은 서로를 존중하고 상식을 준수하는 건강한 조직을 지향합니다. 이번 일을 함께 노력하는 계기로 삼는 지혜로운 모습을 기대합니다.

증명하는 자리, 중국

"블루홀팀 여러분, 우리 회사가 최근 135억 원 규모의 투자유치에 성공했습니다." 김강석이 투자 유치 소식을 전하며 간만에 활기찬 월요일 아침을 열었다. 블루홀은 'IMM인베스트먼트'와 '프리미어파트너스' 2개 투자사로부터 135억 원 상당의 투자를 유치했다. 2008년 미국계 벤처캐피털 알토스벤처스로부터 85억 원, 2009년 '케이넷인베스트먼트'와 '스톤브릿지캐피털' 등 6개 투자사로 구성된 컨소시엄으로부터 180억 원의 투자를 유치한 것에 이은 낭보였다.

블루홀은 이번 투자로 차기작 개발비의 일부를 조달하기로 했다. 경영진은 주기적으로 회사 상황을 직원들과 공유했다. 김강석은 "앞으로 지속적으로 신작을 진행하고 모바일 게임 개발 등 새로운 시도를 하기 위해서 자금을 확보해두는 것이 필요하다는 판단이 있었다"며 "외부에서 테라 라이브를 통해 축적한 경험, 그리고 중국 진출과 신작 개발에서 거둘 성과 등을 고려해 블루홀이 투자 가치가 있다고 보았다"고 설명했다.

이 기회를 빌려 올여름 우리가 얼마나 다양하고 중요한 도전을 하는지 함께 기억했으면 합니다. 먼저, 중국에서 우리는 큰 승부를 치르게 되지요. 테라의 중국 서비스가 코앞으로 다가왔습니다. 게다가 엘린원정대 개발팀은 현재 베이징에 짐을 풀고 역시 출시를 준비하고 있습니다.

국내에서는 테라가 대형 업데이트를 준비하고 있으며, 시애틀의 엔매스는 'ZMR'이라는 새로운 게임으로 곧 본격 퍼블리싱의 시대를 엽니다.

우리만큼이나 투자자들도 우리의 이런 도전을 기대하여 응원을 보내고 있을 겁니다. 다 함께 힘을 내서 풍성한 열매를 거두는 올가을을 미리 기대해봅니다.

메일을 접한 장병규가 말을 더했다. "이제 전환사채CB가 주식으로 전환될 수 있도록 사업만 잘하면 되겠네요." 장병규의 이메일 서명 문구는 바뀌어 있었다. "-chitos(BG) 월드컵은 경험하는 자리가 아니다. 월드컵은 증명하는 자리다. By 이영표."

장병규는 블루홀과 자신을 증명할 마지막 자리가 중국이라 여겼다. 일본, 북미, 유럽, 대만에서 테라를 서비스하며 축적한 역량을 중국에 집중해야 했다. 미국 출시 때와 마찬가지로 직접 20여 명의 중국 전담팀을 진두지휘했다.

상반기 두 차례에 걸쳐 CBT를 진행했을 때 현지 게이머들이 몰려 게임 서버 접속에 장애가 생길 정도로 반응이 좋았다. 블루홀 직원들은 중국 측 퍼블리셔 쿤룬과 호흡을 맞추며 막바지 담금질을 했다. 쿤룬의 의견과 CBT로 확보한 중국 게이머 피드백을 십분 반영해 게임을 수정했다. 중국 이용자의 특성을 고려해 시스템을 대폭 개선했고 디테일한 부분까지 콘텐츠를 모조리 갈아치웠다.

쿤룬은 성공을 자신했다. 5억 명이 넘는 중국 내 게이머가 테라의 잠재 고객이었다. 쿤룬은 "출시 한 달 이내에 400만 명을 고객으로 유치하고, 10년간 서비스하는 장수 게임으로 테라를 만들겠다"고 공언했다.

정식 서비스를 한 달 앞둔 시점에 쿤룬은 테라를 간판으로 내걸고 중국 상하이에서 열린 아시아 최대의 게임 축제 '차이나조이 2014'에 참가했다. 쿤룬이 마련한 행사장 가운데엔 10미터 높이의 거대한 테라 몬스터 '쿠마스' 모형이 놓였고, 무용수는 테라 마스코트 엘린으로 분해 현란한 춤으로 관객의 눈길을 사로잡았다. 중국 게이머 수백 명이 부스에서 테라를 플레이했다. 테라의 중국 소셜미디어 '웨이보' 계정 팔로워는 100만 명을 넘었다.

행사장을 찾은 김강석은 언론 인터뷰에서 이렇게 말했다.

블루홀은 동서양에서 성공하는 MMORPG 게임을 만들자는 목표를 가지고 있습니다. 그리고 2014년 블루홀의 모든 것은 테라 중국입니다. 여전히 중국 시장은 우리에게 정복되지 않았습니다. 테라는 중국 정복을 시도하고 있습니다. 테라 개발팀은 모두 중국 올인 모드입니다.

사실상 게임 출시를 의미하는 중국 시장 OBT 개시일. 김강석이 전체 직원에게 디데이를 알렸다.

오늘 테라가 대륙의 OBT를 시작합니다!(한국시간 오후 1시, 두둥!) 거대하지만 가혹한 전쟁터에 뛰어듭니다. 중국은 아무리 가지고 싶어도 좀처럼 손에 잡히지 않는 슈퍼 레어 아이템입니다. 지금과 업계 사정이 많이 달랐던 과거, 혹은 선택된 극소수 게임업체만이 재미를 봤던 곳이지요. 특히나 최근 수년간 국산 MMORPG에는 적당한 성공조차도 허락하지 않았고, 국내에서 잘나간다는 모바일 게임은 지금 연전연패하고 있습니다. 그 덕분에 중국 게임업체들의 우리를 향한 자신감, 더 나아가서 무례함은 하늘을 찌릅니다.

　이런 시장에 테라가 참전합니다. 우리에겐 여섯 번째 라이브요, 북미 이후 가장 강력히 열망하는 해외 시장이요, 동서양 모두에서 흥행하자는 창업의 꿈이요, 블루홀뿐 아니라 한국 MMORPG의 자존심을 건 돌격입니다. 이를 위해 우리가 2년 전 빌드와 전담팀을 셋업했습니다. 2년 동안 우여곡절이 참 많았는데요. 힘든 과정을 견디고 집중한 중국 개발팀, 녹록지 않은 현지 협업을 챙겨온 중국실, 함께 협업하는 많은 구성원에게 격려와 응원의 박수를 보냅니다.

두 차례의 사전 테스트, 그리고 CBT를 통해 우리는 기대해도 좋을 만한 지표를 확인했습니다. 또 하나의 관건인 현지 마케팅은 대륙의 다른 업체에 비해 준수한 편이라는 것을 확인하고 있습니다. 그저 스케일만 큰 마케팅이 아니라 현지 게임과는 클래스가 확실히 다른 프리미엄급 게임임을 부각시키는 마케팅이 한창입니다.

물론 성과는 앞으로 확인이 필요합니다. 오늘 이후에도 우리 일희일비하지 않고, 최선을 다해 멋진 라이브를 대륙의 게이머들에게 선사합시다. 그러면 우리에게 또 새로운 역사의 한 페이지가 열릴 것이라 기대해봅니다. 블루홀은 올여름 대륙을 달립니다. 운동화 끈들 다시 조여 매어주세요. 전쟁터가 크고 거칠다니까요. 그리고 덥고 습한 날씨에 모두 건강 잘 지킵시다. 빅토리아가 파이팅해주잖아요.

메일에 첨부한 사진에서 여자 아이돌 그룹 에프엑스Fx의 멤버 빅토리아가 뽀빠이 포즈를 취하고 있었다. 중국 출신의 빅토리아를 테라의 중국 시장 광고 모델로 기용했다. 이날 직원들은 피플팀으로부터 중국 출시를 기념하는 티셔츠를 받았다.

결과는? 테라는 중국에서 맥없이 고꾸라졌다. MMORPG가 복잡계에 속하는 물건이라는 것을 알면서도 또다시 넘어졌다.

복잡한 물건을 너무 뜯어고친 게 화근이었다. 막상 게임을

출시하니 생각한 대로 서비스가 돌아가지 않았다. 캐릭터 능력
이나 아이템 사이의 밸런스가 붕괴됐고, 완성도에 실망을 느낀
유저들이 급속도록 빠져나갔다. 바뀐 부분을 다시금 땜질하려
니 하루 24시간도 모자랐다. 복잡한 변화에 대응할 수 있도록
애초에 전담 인력을 늘렸어야 했는데, 20명의 전담팀으로 이를
해낼 수 있다고 본 게 패착이었다.

테라 본부에서 중국팀에 대한 성과 평가는 최하위였다. 평가
내용을 알리는 메일에 장병규는 '중국, 아직은 먼 당신'이란 제
목을 붙였다.

모두 아시듯이 올해 가장 중요한 키워드는 중국이었습니다. 어느 때
보다 열심히, 잘 준비했다고 생각하지만 퍼블리셔의 의지와 협업 문
제, 모바일의 초강세, 라이브 지표 개선 실패 등으로 인해 결국 성과
는 예상에 훨씬 못 미쳤습니다.

저희는 '본부의 성과는 본부 구성원 모두의 책임이다'라는 평가 원
칙을 가지고 있습니다. 모든 구성원의 평가 등급을 가중 평균하면,
본부 평가 등급과 동일합니다. 개개인 입장에서는 '나는 분명히 잘했
는데'라는 생각이 들 수 있고, 지금처럼 전체 성과가 낮을 경우에는
평가 등급이 더욱 야속할 수 있다는 의미입니다.

중국팀 평가는 가장 낮습니다. 중국팀을 맡은 제가 그분들이 얼마
나 열심히 했는지 뻔히 아는데, 심적으로 많이 힘들죠.

하지만 이유야 어떻든 성과는 모두의 책임이라는 기본 원칙을 변

경할 수는 없습니다. 저희는 모두 함께 본부의 방향과 성과를 위해서
일해야 하기 때문입니다.

장병규는 중국 서비스를 준비하며 커피를 달고 살았다. 중국
은 될 것이라고, 돼야만 한다고 자기 최면을 걸며 모든 걸 쏟았
다. 한국 출시 때는 게임 서비스 경험이 적었고, 미국 출시 때
는 첫 해외 도전인 만큼 힘들 것이라 각오했다.

중국 시장은 아니었다. 한국 게임업체가 실제로 성공한 사례
가 있는 시장이었다. 한국과 북미 서비스에서 얻은 경험을 살
리면 능히 성공할 거라고 자부했다. 장병규 스스로도 블루홀과
테라 본부에 몸담으며 MMORPG 서비스 노하우를 탐욕스레
흡수했다. 시장 분석과 라이브 대응 준비도 철저하게 했다.

그러나 중국은 손에 잡힐 듯 잡히지 않았다. 만반의 준비를
했다고 생각했지만, 결과는 패배였다. 한국과 미국, 중국에서
벌인 삼세판에서 연전연패의 멍에를 쓴 장병규는 그즈음 지독
한 불면에 시달렸다.

막다른 골목

매미 울음으로 시끄러운 늦은 여름, 장병규가 김강석을 회사 밖으로 불러냈다. 편의점에서 맥주 캔을 하나씩 사 들고선 공터 벤치에 나란히 앉았다. 맥주 한 모금 들이켜고 장병규가 입을 열었다. "지쳤어요. 번아웃됐습니다."

김강석은 웃었다. "농담하지 마세요. 의장님은 절대 번아웃이 없는 사람입니다." "농담 아니에요. 진짜 번아웃 됐어요." "알겠어요. 진지하게 받아들이겠습니다."

장병규가 말을 이었다. "대표님은 어떠세요?" "저는 괴로운데 살 만합니다. 어떡합니까, 가야지." 장병규는 잠시 침묵한 뒤 속엣말을 꺼냈다. "블루홀을 매각하는 방법도 있습니다. 세상 사람들에게 성공했다고 말은 못 하겠지만, 재무적으로 투자자들에게 나쁘진 않은 옵션이에요. 대표님이 힘들다고 하면 매각하는 것도 방법입니다. 이제 블루홀이 쓸 카드가 더는 없습니다."

장병규는 스스로를 하얗게 타버린 재로 여겼다. 무슨 짓을 해봐도 소용없다는 상실감과 허탈함에, 휴식을 모르던 사람이 하루에 몇 번씩 업무를 놓았다. 컴퓨터 화면도, 휴대전화도, 문서도, 아무것도 들여다보기 싫었다. 그의 손안에는 더 이상 쓸 카드가 남아 있지 않았다. 300억 원 상당의 개인 은행 예금을 담보로 잡히면서까지 돈을 쏟아부었는데, 회삿돈이 바싹 말랐다. 테이블을 정리하고 불을 끄고 과거로 돌아가고 싶었다.

김강석이 카드 하나를 떠올렸다. 테라에 이어 새로 준비하는 MMORPG 프로젝트 W이었다. "MMORPG를 만드는 게 블루홀의 업입니다. W는 만들어볼 가치가 있는 게임이에요. 오래 걸리긴 하겠지만요." W의 예상 출시 시점은 2017년이었고, 그때까지 블루홀이 쓸 패는 없어 보였다.

장병규가 다시 한번 말했다. "팔까요?" 김강석이 말했다. "생각을 해볼게요. 파는 건 좀 아닌 거 같아요. 회사를 팔면 창업자나 초기 멤버 몇 명만 이득을 보는 거잖아요. 저희 구성원 모두가 아니라요." "무슨 생각이 있는데요?" "생각을 정리하고, 다시 말씀드릴게요."

김강석은 장병규의 고백을 믿지 않았다. 한 달 뒤 장병규는 또다시 김강석에게 했던 말을 반복했다. 번아웃됐다고. 더는 버티지 못하겠다고. 테라의 미국과 중국 진출을 이끌었던 장병규는 더 이상 앞장서서 일할 수 없다고 말했다. 회사의 중요한 성과를 내는 플레이어로서 역할을 내려놓겠다고 했다. 그러면서도 김강석이 마음을 먹으면 돕겠다고는 했다. 대표이사 마음이 내키지 않으면 손해를 보더라도 회사를 팔자고 했다.

김강석에겐 시간이 필요했다. 장병규를 보내고 나서 블루홀의 미래를 고심했다. W를 출시하기 전까지 모바일 게임을 개발하고 출시하면서 회사의 수명을 늘리는 것, 그 방법 말곤 떠오르지 않았다. 그러기엔 치명적인 문제가 있었다. 대작 PC 게임을 만드는 블루홀 개발진의 DNA는 작고 빠른 개발을 요하는 모바일 게임과 맞지 않았다.

이번엔 김강석이 장병규를 찾았다. "연합군을 쓰는 방법이 있습니다." 김강석이 말하는 연합 전략은 회사 외부의 개발팀을 블루홀로 흡수합병하는 것이었다.

> 훌륭한 제작팀도 블루홀의 장점이지만, 제작을 이해하고 대화하려 노력한다는 것도 큰 장점입니다. 대화가 가능한 경영진이 존재하는 회사가 블루홀이에요. 회사의 유니크함도 거기에 있다고 봐요. 이런 개발 문화를 지향하는 회사는 제가 알기론 한국엔 없어요. 경영진이 시키는 대로만 게임을 만드는 업체들과 우리는 다릅니다. 우리가 돈은 없어도 그런 회사 만들고 싶어 했잖아요. 우리는 적어도 게임업계 종사자들로부터 존경을 받고 있습니다. 개발진과 인재를 우대하는 문화가 있어서요. 장병규라는 경영자의 탁월함도 있습니다.

다른 게임업체를 인수할 돈이 당장 부족했다. 블루홀이 보유한 주식을 인수 회사 주식과 교환하는 방식을 써서라도, 다른 게임업체를 합병하자는 방안을 냈다. 죽더라도 마지막 베팅은 해보고 죽고 싶었다.

며칠 후 장병규가 김강석을 찾아갔다. 그사이 한강 공원에 다녀온 것은 물론이었다. 둘은 이른 저녁에 만나 늦은 밤까지 통음했다. "대표님이 더 해볼 수 있다면 전폭적으로 지원하겠습니다. 그런데 다른 회사를 블루홀에 인수하는 일은 새롭고 완전한 변화입니다. 인수 전략을 쓰려면 적어도 앞으로 3년은 일하셔야 합니다. 3년 동안 지치지 않고 할 수 있으시겠어요? 못 하시겠으면 지금 팔아요." 며칠 후 김강석이 답을 보냈다. "3년은 더 하겠습니다. 그리고 그다음은 정말 모르겠습니다."

이사회에서는 모바일 게임 출시를 위한 인수합병 전략을 두고 회의적인 질문이 이어졌다. 지분 교환을 통한 인수 전략은 집문서를 가지고 벌이는 도박이었다. "김강석 대표는 너무 신사적이라 인수합병에 어울리지 않는다"는 비판도 나왔다. 김강석은 "블루홀은 내부에 훌륭한 제작 DNA를 갖췄으니, 외부의 훌륭한 팀을 데려다 다시 한번 모바일 게임 시대에 적응하는 건 의미가 있다"며 자신이 이를 해낼 수 있다고 설득했다. 장병규는 김강석에게 힘을 보탰고, 이사회는 모바일 게임에서 다시 힘을 내보기로 결정했다.

블루홀은 곧장 조직을 개편했다. 중국 사업의 실패로 테라 본부의 인력을 감축하는 동시에 신규 게임 제작 프로젝트를 위한 조직을 만들어 인원을 배정했다.

테라 본부에서는 불만이 터져 나왔다. 고생은 테라를 만드는 이들이 다 하고 자원은 신규 프로젝트로 밀어준다는 것이었다. 인력 감축에도 반발했다. 중국에서 안되면 회사가 어려워질 것이란 신호만 미리 줬어도, 이렇게 갑작스럽다는 느낌이 없었을 거라는 얘기였다. "중국에서 열심히 하고 있으니 잘될 것"이란 메시지만 보내던 회사가 "기대만큼 되질 않아 체질 개선을 하겠다"고 나섰다. 경영진이 자신들을 속였다고 여겼다.

경영진 일부에서도 조직 개편안에 이견을 냈다. 한 경영진은 "질투와 시기의 시선이 생기기 쉬울 것 같다"며 "회사의 미래를 위해서는 신규 프로젝트 쪽에 더 투자를 해야 한다는 것을 이해하지만, 과연 하루하루 자기 일만 바라보고 사는 테라의 일반 직원에게 얼마나 와닿을지는 모르겠다"는 우려의 목소리를 전했다.

지금부터 미래를 준비하지 않으면 내년에 위기가 올 수 있다는 생각은 저도 절절히 공감합니다. 그리고 이번 조직 개편이 그 미래를 준비하기 위한 출발점인 것도 이해합니다. 다만 너무 희망적인 이야기만 하다가 갑자기 인력 감축이 실행되는 상황은 좀 피했으면 하는 바람입니다.

사정이 어려운 중소 모바일 게임 개발사들을 만나는 일이 김강석의 주요 일과가 됐다. 잘나가는 개발사가 선뜻 인수합병에 응할 리는 없었다.

장병규는 '막다른 골목에 몰렸을 때 진짜 승부가 시작된다. 후지필름 대역전 이끈 고모리 회장'이라는 제목의 신문 기사를 김강석에게 전달했다. 디지털카메라가 대중화되면서 망할 뻔한 필름 회사 '후지필름'을 다시 일으켜 세운 고모리 시게타카 회장 겸 CEO의 인터뷰였다.

고모리 회장은 "인생에 산뜻한 승리란 없었다. 최후까지 진흙탕에서 굴러가며 발버둥치면서 전력을 다한 뒤에야 겨우 성취한 것이 대부분이었다"고 말했다. 그가 사장에 취임했던 2000년에 후지필름은 역대 최대 매출을 기록하고 경쟁사 '코닥'을 이겼다. 기쁨도 잠시, 사람들이 더 이상 필름 카메라를 잡지 않았다. 경쟁사 코닥은 도산했다. 후지필름은 필름 제조 기술을 화장품과 의약품 같은 다른 사업에 응용해 신규 시장을 개척했다. 위기를 기회로 바꿔 2013년 매출을 2000년에 비해 70퍼센트 더 늘렸다.

진짜 승부는 막다른 골목에 몰린 상태에서 시작됩니다. '이건 풀릴 것 같지 않다' '이건 가능할 것 같지 않다' 그렇게 생각한 때에 역으로 무엇인가 극복해내려고 생각하는 것, 저는 그것이 인생에 있어서 노력의 진짜 의미라고 생각합니다. 그냥 열심히 최선을 다했다고 하는 것으로는 노력했다고 할 수 없습니다.

고모리 회장은 기업이 위기에 몰렸을 때 경영자가 반드시 해야 할 일을 4가지 꼽았다.

첫째, 읽어야 합니다. 리더는 한정된 시간과 정보만으로 기업이 처한 상황을 파악해내야 합니다. 앞으로 어떻게 될지도 읽어야 합니다.

둘째, 구상構想해야 합니다. 읽었으면 어디로 갈 것인지, 무엇을 할 것인지 작전을 짜야 합니다.

셋째, 전해야 합니다. 위기를 헤쳐나가는 기점은 경영자의 강한 의지지만, 혼자서는 안 됩니다. 의지를 조직 구석구석에 전파시켜 위기감을 공유하고, 사원 각자가 자각하도록 해야 합니다.

넷째는 실행하는 것이지요. 경영자는 평론가나 학자가 아닙니다. '현상이 이렇다. 장래는 이렇게 된다. 그러니까 이렇게 하자'를 입으로만 떠들면 안 됩니다. 결단했어도 실행하지 않으면 의미가 없습니다.

고모리 회장은 경영을 전투에 비유하면서 레이먼드 챈들러의 소설에 등장하는 사립 탐정 필립 말로의 대사를 인용했다. "강인하지 않으면 살아남지 못한다. 그러나 상냥하지 않으면 살아갈 자격이 없다."

지노게임즈와 함께

테라는 끊임없이 해외 시장의 문을 두드리며 활로를 모색했다. 블루홀은 하반기 러시아 업체 '데스티니디벨롭먼트'와 테라 퍼블리싱 계약을 체결했다. 러시아는 글로벌 게임업계에서 떠오르는 신흥 시장이었다. 인구가 많고 PC 인프라 수준이 높은 러시아의 겨울은 길었다. 따뜻한 실내에 머무는 시간에 게임을 즐기는 인구가 매년 증가했다.

출장을 앞두고 일정을 보고하는 문서가 장병규에게 올라왔다. "화요일 오후엔 약간은 캐주얼하게 그쪽 이야기를 듣겠습니다. 이후 어떤 식으로 이야기를 진행했으면 좋을지를 들어보면서, 주로 가지고 있는 비즈니스, 퍼블리싱의 철학이나 라이브 운영, 개발사와의 협업 방식과 현재 상황, 프로덕트 포커스 등을 중점으로 확인하고, 수요일에 좀 더 본격적인 대화를 진행할 예정입니다." 이에 장병규가 몇 가지 당부의 말을 전했다.

남는 것은 회의록과 기억이니 회의록에 가급적 많은 내용을 담아주시기를 부탁드립니다. 결국 중요한 것은 사람인데 해당 경영진(혹은 공동 창업자, 핵심 인재) 특성을 잘 파악하려는 노력도 부탁드립니다. 답변하실 때에는 반 템포 정도 늦게 차근차근. 가급적 잘 경청해주시기를 부탁드립니다.

마지막으로 특정한 시나리오를 가정하고 대화하지 마시고, 모든 가능성을 열어두고 대화하시기를 부탁드립니다. 그럼, 잘 다녀오시고, 회의록 보고 또 피드백을 드리겠습니다.

-chitos(BG) 방향이 없는 실행은 무의미하며, 실행이 없는 방향은 공허하다. By 장병규.

그의 메일 서명 문구가 바뀌어 있었다.

2014년 11월, 블루홀은 게임업체 '지노게임즈'와 인수합병에 합의했다. 모바일 성장을 위해 인수합병 및 투자를 적극적으로 시도하겠다는 계획의 첫 결과물이었다. 지노게임즈는 60명 규모의 게임 개발사로, 지난 5년간 개발한 MMORPG '데빌리언'을 2014년 퍼블리셔 NHN을 통해 한국 시장에 서비스했지만 흥행에 실패했다. 그럼에도 태국과 중국 퍼블리셔와 계약했고, 북미와 유럽 시장 출시도 타진하고 있었다.

김강석은 보수적으로 미래를 내다봤을 때 데빌리언이 해외 서비스를 통해 연간 손익분기점을 간신히 맞출 것이라 예상했다. 그러면서도 데빌리언 서비스에 블루홀의 노하우를 접목해 향후 라이브 운영에서 부가 수익 창출을 기대할 만하다는 판단을 내렸다.

김강석은 사람을 믿었다. 공동 창업자인 박원희와 김창한 모두 제작을 지휘할 수 있는 역량과 경험을 갖췄다고 평가했다. 지노게임즈는 탄탄한 개발 역량과 지식재산권IP 자산을 갖췄고, 게임빌이나 넷마블, 네시삼십삼분(4:33) 같은 메이저 퍼블리셔들에도 많은 구애를 받았다. 이 정도 훈련된 팀과 IP를 일군 PD급 인재들이라면 모바일 시장에서도 충분히 경쟁력이 있을 것이라 믿었다. 특히 오래도록 다져온 팀워크를 활용해 모바일 RPG 개발에 매진할 수 있다고 내다봤다.

　　대표 박원희는 연말부터 새로운 팀을 구성해 2015년 말 출시를 목표로 데빌리언 IP를 활용한 모바일 게임을 개발하기로 했다. 김창한은 데빌리언 PD로 당분간 라이브 지휘봉을 잡았다.

　　"외부 인원 주도로 개발이 계속된다면 블루홀 문화는 희석되리라 생각합니다. 그리고 저는 그 시점이 되면 더 이상 블루홀의 일원인 것이 자랑스럽지 않을 것 같습니다." 한 아트 직군 팀장이 김강석에게 메일을 썼다.

　　김강석은 지속적으로 모바일 전환에 드라이브를 걸고 있었다. 지노게임즈 이외에 또 다른 인수합병을 기대하며 모바일 게임 스타트업이나 괜찮은 게임 타이틀을 출시한 개발사 여럿을 활발하게 만났다. 블루홀 직원들은 내부 성장을 지원하지 않는 경영진을 야속해했다. 블루홀의 신규 MMO 프로젝트와 모바일 프로젝트 모두를 외부에서 온 PD가 맡았다. "모바일"을 외치는 경영진은 바깥으로 눈을 돌려 인재를 찾았다.

　　블루홀에도 게임 개발에 대한 의지를 가진 직원들이 제법 많았다. 번번이 외부 사람이 기회를 얻는 상황이 팀장은 달갑지 않았다.

　　내부 인원의 기획이 부족하고 프로젝트를 이끌어갈 자격도 부족했기에 선뜻 경영진에서 킥오프 사인이 나지 않은 것을 잘 알고 있습니다. 하지만 성장을 위해선 도전과 실패를 할 수 있는 시간도 필요한 법입니다. 김형준을 비롯한 외부 수혈 인재들은 이전 회사에서 그 실패와 시간을 가졌습니다.

반면 테라를 만들고 고치느라 바빴던 블루홀 직원들은 그러질 못했습니다. 이들이 지금이라도 도전하고 실패할 수 있게 해주시길 바랍니다. 경영진에게 신뢰를 얻은 사람만이라도, 3억 원짜리 소규모 프로젝트를 세 번쯤은 실패할 수 있게 기회와 시간을 줬으면 합니다.

이런 방식이 낭비와 사치로 보일 수도 있겠으나, 이런 의도적인 낭비가 없다면 블루홀 인재들은 영영 새로운 프로젝트를 시작하지 못할 것입니다. 블루홀은 타사 출신 개발자들의 앞마당이 될 것입니다. 블루홀의 문화가 블루홀의 유일한 가치입니다. 블루홀의 문화를 품은 동료들 가운데 차기작 PD가 나오고 그중에 성공한 프로젝트가 있었으면 좋겠습니다.

김강석의 생각은 이와 달랐다.

블루홀이란 누구인가? 이에 대해 우리는 더 활짝 열려야 할 것 같습니다. 판교 사무실에 앉아 있는 사람들만으론, 블루홀은 또다시 생존의 위협을 겪게 될 것입니다. 저나 장병규 의장은 생존을 넘어, 우리 둘이 가진 권리의 상당 부분을 포기해서라도 이 회사를 글로벌 제작사로 만들고 싶습니다. 의지가 그렇다는 말씀입니다.

블루홀에 개별적으로 훌륭한 개발자가 많은 것은 사실이지만, 팀을 이루고 목표를 가지고 제작을 하게 리드할 수 있는 레벨의 개발자는 여전히 부족합니다. 그렇다면 블루홀이 제작해낼 수 있는 작품의 수는 뻔합니다. 이게 바로 '풍요 속의 빈곤'이라는 블루홀의 딜레마입니다. 물론 블루홀만 그런 것은 아니긴 합니다.

블루홀에서 제작 기회를 얻지 못한 한 팀장은 휴직계를 제출했다. 그는 지난 한 달간 스스로를 시험했다. 그의 목적은 빠른 시간 내 게임을 출시해 과금을 포함한 모바일 게임 제작의 모든 과정을 경험해보는 것이었다. 팀장은 자신만의 프로젝트를 성공시키고서 다른 모바일 게임 제작을 맡는 꿈을 꾸고 있었다. 블루홀의 한 경영진은 이 팀장의 상황을 경영진에 알리며 "하루 18시간 정도 일하고 있다는데, 살은 빠졌지만 눈은 살아있어 보인다"고 전했다. 장병규는 그를 말릴 수 없어 휴직을 승인하는 메일을 경영진에게 전했다.

좋습니다. 최근 '큰 강이 흐르려면 흙탕물도 들어온다, 맑은 샘물만 모아서 언제 강을 만드느냐'는 문구를 읽은 적이 있습니다. 블루홀이 정말 큰 회사가 되기 위해서는 '게임 제작을 평생 업으로 생각하는 인재들'이 모두 함께할 수 있으면 좋겠습니다.

달라진 게임의 규칙

장병규는 황철웅과 부쩍 자주 만났다. 장병규는 "모바일 게임 시장이 폭발적으로 성장하는 상황에서 PC용 신작은 사업적으로 유의미한 성과를 거두기 힘들다"며 황철웅팀이 모바일 게임으로 개발 방향을 전환하길 바랐다.

황철웅은 장병규의 제안이 내키지 않았다. PC용 MMORPG를 제작하던 황철웅의 스튜디오 EXA엔 개발 포기 조치와 다름없었다. PC 게임 키즈인 그는 모바일 게임을 개발하기 싫었다. 스마트폰 게임은 잘 알지도 못했고, 할 줄도 몰랐다. 더구나 개발해본 적도 없었다. 황철웅은 "아무리 생각해도 못 하겠다"고 말했다. 이어 "모바일 게임 개발을 시킬 것이면 차라리 회사를 나가겠다"고 전했다. 장병규는 이를 말렸다. 한국 최고 수준의 개발자인 황철웅을 우선 잡아놓고 싶었다.

진통이 이어진 끝에 블루홀은 스튜디오 EXA의 PC용 MMORPG 출시를 없던 것으로 돌렸다. 지난 2012년 10월 개발을 시작한 후로 2년 3개월이 지난 시점에 개발을 접은 것이다. 이 기간 블루홀이 EXA에 투입한 비용은 35억 8천만 원. 블루홀 2014년 예산의 18.5퍼센트로, 전체 직원의 3~4개월 인건비에 상당했다.

황철웅은 고심 끝에 장병규의 제안을 받아들였다. 우선 모바일 게임 제작을 배우기 위해 몇몇 작은 모바일 게임을 만들어 출시하기로 합의했다. 이런 과정에서 가능성이 보이면, 남들이 흉내 내기 어려운 수준의 게임 제작에 도전할 계획을 세우기로 했다. 스마트폰 시대를 맞이해 블루홀도 대세를 따라 사업 방향의 물줄기를 틀고 있었다.

그러나 황철웅은 EXA 팀원들에게 하루아침에 제작이 엎어진 날벼락을 설명하기 당혹스러웠다. 모바일 게임 제작에 다시금 몰두해야 하는 상황에 대해서도 이해를 구하기 난감했다.

김강석은 퇴사를 운운하며 자꾸 엇나가는 황철웅에 신경이 쓰였다. 팀의 초기화와 팀원 재구성, 그리고 모바일 프로젝트 방향성 검토와 같은 일련의 과정을 황철웅에게 홀로 맡기지 않고 함께 처리하겠다고 나섰다. 김강석은 이런 자신의 결정을 알리는 메일을 경영진에 보내며, 말미에 이렇게 덧붙였다. "황철웅의 생각을 읽다 보면 엉뚱한 판단을 할 수도 있겠다 싶어, 좀 강경하게 할 생각입니다. 그리고 그 과정에서 블루홀이 팀원을 좀 잃을 수도 있다고 생각합니다."

블루홀은 PC에서 모바일로 옮겨가는 게임 시장의 대세를 받아들였고 창업 초기부터 지켜오던 비전을 수정하는 작업에 착수했다. 김강석이 비전 변경의 필요성을 경영진에 알렸다.

블루홀팀 여러분, 우리는 창업 후 8년 동안 'MMORPG의 명가'라는 명확한 비전을 향해 고집스럽게 달려왔습니다. 정체성과 지향점이 확고한 덕분에 어려운 고비도 극복할 수 있었다고 생각합니다.

그런데 선택과 집중이라는 원칙을 지키며 한 우물을 파는 것만큼이나 시장의 변화를 읽고 또 다른 성장의 기회를 잡는 것 또한 기업 경영에서 대단히 중요합니다. 사실은 블루홀도 모바일 사업을 적극적으로 추진하여 변화된 미래상을 마련해야 한다는 이야기를 하고 싶은 겁니다. 그동안 모바일 게임에 대한 의지는 몇 차례 피력했지만, 여러분은 실감이 나지 않을 수 있습니다. 엘린원정대조차도 피부로 느끼기에는 아직 부족한 상태이니까요. 하지만 분명히 블루홀은 모바일 게임을 향한 발걸음을 재촉하고 있습니다. 저는 MMORPG만큼이나 모바일 게임도 세계적 명가를 지향하는 블루홀이 되어야 하고 또 될 수 있다고 분명히 믿습니다. 그리고 이 발걸음을 통해 우리가 적지 않은 변화를 맞이하게 될 것 또한 분명합니다.

오늘 제가 메일을 드린 것은, 첫째, 모바일 게임 개발을 향한 블루홀의 변화 의지와 노력에 대해 다시 한번 여러분과 공감하길 원하며, 둘째, 변화된 미래를 고려할 때 'MMORPG의 명가'라는 명확한 비전이 우리의 미래를 충실하게 담기에 여전히 적합한지에 대해 고민하고 논의할 필요가 있기 때문입니다.

새해가 시작되기 전에 의견을 교환하고 방향을 맞추어갈 필요가 있다고 느낍니다. 모든 사람이 갑자기 한자리에 모이면 효율이 떨어지니, 우선 그동안 분기 경영 노트를 공유해드리던 분들 중심으로 모이는 것으로 시작하겠습니다. 곧 별도 모임 요청을 드리겠습니다.

2014년도 얼마 남지 않았다는 생각에, 벌써 저는 한 해를 돌아보는 시간이 많아지고 있습니다. 올해도 많은 일들을 분주하게 했는데, 시장은 그것보다 더 빠르게 더 많이 변해간다는 생각과 함께, 그 변화가 블루홀에 가져올 미래에 대한 기대도 차오릅니다.

김강석은 경영진과 회의를 끝낸 후 곧바로 전체 직원에게 비전 수정 계획을 알렸다.

여러분, 저는 'MMORPG의 명가'라는 선명한 비전을 가진 블루홀이 자랑스럽습니다. 기업의 비전은 경영진의 일방적 선언이 아니라 구성원이 함께 공감하여 성장의 동력이 되는 가치여야 한다는 것이 제 믿음인데요. 이런 관점에서 보면 블루홀의 지난 8년은 공동의 비전을 향한 훌륭한 여정이었다고 생각합니다.

MMORPG는 블루홀의 시작이요 끝이라고, 우리의 전부라고 이야기해도 과언이 아닐 듯한데요. 그러나 앞으로의 블루홀은 달라져야 할 것 같습니다. 요즘 경영진은 '시장을 이기는 기업은 없다' '기업은 계속 성장해야만 생존할 수 있다'는 명제를 되새기고 있습니다. 그리고 블루홀의 성장, 진정한 명가로의 도약을 위해서 새로운 미래를 설계할 필요성을 절감하게 되었습니다.

변화될 미래를 그리려다 보니, 자연스럽게 우리의 새로운 미래를 담아낼 수 있도록 지금의 비전을 재검토했으면 좋겠다는 생각을 하게 되었습니다. 매우 조심스러운 생각이라서, 회사의 일부 구성원과 먼저 간담회를 가졌습니다. 첨부한 메일은 그 간담회를 제안했던 메일이니 한번 읽어보시기 바랍니다.

블루홀의 변화된 미래란, 간단히 말해서 MMORPG만 잘하는 제작사가 아니라, MMORPG와 모바일 게임을 모두 잘하는 제작사로의 변신을 의미합니다. 이를 위해 내년부터 모바일 시장을 향한 투자와 액션을 대폭 늘리려 합니다. 이 일은 제가 직접 책임지고 챙깁니다.

오해가 없길 바라는 마음으로 강조하는데, 저는 우리가 MMORPG를 계속 열심히 하여 글로벌 MMORPG 시장의 끝판왕이 되자는 꿈을 가지고 있습니다.

간담회를 해보니, 여러분의 의견을 잘 수렴해가면서 비전을 재검토하고 수정하는 일이 추진해볼 만하겠다는 판단이 섰습니다. 하여 다음 주부터 경영기획실에서 새로운 비전의 필요성과 그 내용에 대한 의견 수렴을 다각도로 진행할 것입니다. 여러분의 생각과 의견을 많이 피력해주시기를 부탁합니다. 그리고 모바일 게임을 향한 계획과 진행 상황에 대해서는 별도로 공유하는 자리를 마련하겠습니다.

블루홀은 모든 구성원이 비전을 공유해야 한다는 믿음으로, 곧장 내부 커뮤니티 게시물에 비전에 관한 댓글을 달 수 있게 했다. 이메일로 의견을 받기도 했다. 직원들의 의견은 유사했다. 구성원 모두가 모바일 게임 제작의 필요성에는 공감하고 있었다. 'MMORPG'와 같이 게임 장르를 한정하진 않았으면 좋겠다는 의견이 많았고, '명작' '명가'에 대한 열망은 여전했다.

단, MMORPG 장르를 고집할 필요는 없지만 블루홀만의 색깔은 잃어버려선 안 된다는 의견이 많았다. 블루홀이 게임 제작사 이미지를 유지하길 바랐다. 직원들은 직접 비전 문구를 제시하기도 했다. '게임 제작의 명가' '게임의 명가' 'Beyond Bluehole(블루홀을 넘어)' 'Masterpieces on My Fingers(내 손가락 위의 걸작)' '재미있는 게임, 선구적 개발' '즐거움을 향한 열정' '감동과 문화를 선도하는 열정 있는 명가' '감동 제작소' '게임 플랫폼의 명가' '최고의 RPG 경험을 선사하기 위해 태어난 회사' '재미를 향한 멈추지 않는 도전, 열정' '숨이 멎는 경험을 위해 가장 진보된 기술을 개발하며, 재미를 찾기 위해 고객에게 한 걸음 다가선다.'

블루홀 경영진은 직원 의견을 종합해 비전 문구를 확정하기로 했다. 블루홀이 새롭게 거듭나야 하는 이유는 명확했다. 경영진 그 누구도 다시는 희망퇴직 결정을 하고 싶지 않았다.

테라의 2014년 매출은 356억 원으로 전년에 비해 20.7퍼센트 감소했다. 특히 132억 원에 달했던 영업이익이 30억 원으로 주저앉았다. 순이익은 흑자에서 적자로 돌아섰다. 매출은 뒷걸음질 치는 데다 빚까지 많아져 이자 비용이 적잖이 나갔다. 블루홀의 총 차입금은 401억 원으로 이자로만 22억 원가량을 물었다. 창립 이후 2011년과 2013년을 빼고 매년 많게는 160억 원, 적게는 16억 원의 적자를 냈다.

연말 김강석이 '모바일 중심의 변화와 비전의 재검토'를 주제로 전사 발표를 했다.

테라는 수익성의 한계를 맞았습니다. 의미 있는 수익 창출은커녕 현상 유지도 어려운 상황입니다. 테라 차기작인 W 프로젝트는 2017년 말 상용화될 예정입니다. 블루홀은 그때까지 긴 겨울을 견뎌야 합니다. 새로운 성장 동력은 결국 모바일입니다. 모바일 시장의 변화에 대응하고 그 이상의 기회를 만들어내야 합니다. 모바일 게임 제작 라인을 확대하기 위해선 제작의 연합군이 필요합니다.

블루홀 외부로 눈을 돌려 외부 제작사와의 적극적인 연합을 시도하겠다는 뜻이었다. 김강석이 덧붙였다.

우리는 '제작의 연합군'을 추구합니다. 게임 제작사라는 우리의 사명과 정체성은 변함없이 지키되, 변화하는 시장에 효과적으로 대응할 수 있는 최선의 방법이라 믿고 있습니다.

블루홀이 생각한 연합군은 훌륭한 팀과 IP를 핵심 가치로 삼았다. 콘텐츠는 언제나 유통을 넘어선다. 그렇기에 콘텐츠는 언제나 세계 시장을 겨냥하는 게임이어야 했다. RPG가 중심이지만 장르에 제약을 두진 않았다. 내부 팀 셋업은 물론이고 인수합병과 지분 투자, 공동 개발, IP 라이선싱 등 다양한 시도를 벌이기로 했다.

인재와 자금을 끌어들여 체력을 늘리는 일도 급선무였다. 타석에 가능한 한 많이 서서, 출루율을 높인다는 전략을 다시금 확인했다. 늘어나는 제작 라인의 자율성은 보장하지만, 경영의 견제와 개발 결과물 공유 정도를 더욱 높였다. 블루홀은 이렇게 해야 새로운 시대에 성공할 수 있을 거라 믿었다.

그렇다고 잘하던 걸 포기한 건 아니었다. 비용 대비 수익은 낮고 이러니저러니 말도 많았지만, 테라는 '대한민국 게임대상'을 수상할 정도로 완성도 높은 게임으로 인정받았다. 블루홀은 테라 같은 대규모 MMORPG 제작의 끝판왕으로 남길 원했다. 블루홀은 이러한 명성을 지키되 PC와 모바일 게임 모두를 만드는, 균형을 갖춘 제작사로 성장하는 밑그림을 그렸다.

두 번째, 세 번째 시도가 진행 중입니다. 그리고 더 많은 시도를 계속할 것입니다. 게임 제작에 대한 남다른 의지를 가진, 게임 제작의 가치를 믿는 훌륭한 제작인, 제작팀들과 많이 연합하여 진정한 명가를 이루고 싶습니다.

김강석은 제작 연합군으로의 전환에 '블루홀 2.0'이라는 이름을 붙였다. 블루홀 2.0의 키워드는 '연합' 그리고 '생존'이었다.

도전에 대하여

도전은 비전을 가진 리더 한 사람으로부터 시작된다. 그들이 도전을 하는 이유는 제각각일 수 있다. 돈과 명예 때문일 수도, 두근대는 심장 때문일 수도, 존재 가치의 증명 때문일 수도 있다. 어쩌면 어쩔 수 없이 도전에 내몰릴 수도 있다. 도전은 보통 한 사람으로부터 시작되지만, 도전의 이유와 진정성에 따라 보다 많은 사람이 함께한다.

도전에는 절대적 시간과 에너지가 필요하다. 강인한 의지는 당연하다. 누구나 순간적으로 무언가에 도전하고 싶다는 마음을 먹을 수도, 심지어 시작할 수도 있다. 작심삼일, 작심삼개월 정도야 누구나 가능하다. 하지만 작심삼년은 누구에게도 쉽지 않다.

블루홀에서 어쩔 수 없이 시작했던 여러 도전, 그리고 연이은 실패, 그에 따른 번아웃. 그전까지는 실패도 별로 없었고 일도 사랑했었기 때문에, 블루홀 시절 내가 겪었던 번아웃과 무력감은 지금도 내 안에 또렷이 새겨져 있다. 공동 창업한 김강석의 출사표가 없었다면, 손실을 보더라도 블루홀을 정리했을 것이다.

솔직히 처음에는 김강석의 출사표도 쉽게 믿기 힘들었다. 함께

한 기간이 길었기에, 그도 지쳐 있었을 것이 분명하고 예상되는 도전 과제 또한 만만하진 않았다.

고민 끝에 딱 하나만 약속받았다. 3년, 멈출 수 없는 3년. 방향은 명료하나 높은 실행 난도가 뻔히 느껴지는 도전, 전체 구성원에게는 낙관적인 미래를 설파하면서도 곤궁한 현실을 직시해야 하는 과정. 김강석도 3년 약속을 후회한 적이 많았을 듯하다.

도전을 끝까지 하려면, 끝까지 해서 성공하려면, '끝까지 하기 위한 지혜로운 실행'을 해야 한다. 기존 서비스를 새로운 사업 모델로 변경할 수도 있고, 인수합병을 통한 새로운 시도를 할 수도 있고, 새로운 플랫폼에 발을 들일 수도 있고, 새로운 리더에게 일을 맡길 수도 있다.

실행 방법은 다양하지만, 원론적으로 조직에서의 도전은 2가지 질문에 대한 답에서 시작한다. 하나는 도전에 필요한 자금을 어떻게 마련할 것이냐이고, 다른 하나는 해당 자금을 누구의 책임하에 어느 시점에 집행할 것이냐. 자원은 늘 제한적이고 사람에 대한 판단은 단순하지 않기에 경영진의 깊은 고민과 결단이 요청된다.

수많은 도전은 대부분 실패한다. 성공하면 좋겠지만 어떻게 실패하느냐도 중요하다. 사업적 성공에 실패하더라도 구성원의 성장은 이뤄야 한다. 사업은 실패해도 조직이 혹은 개인이 실패하게 두어선 안 된다. 조직은 경험을 통해 지속적으로 학습하며 앞으로 나아가야 한다.

누군가와 함께 실패를 해보면, 그 사람을 명료하게 느끼게 된다. 도전의 결과가 나올 즈음 도전의 책임자에 관해 깊이 이해하게 된다. 그리고 다시 또 실패를 함께할 수 있을지 알게 된다. 실패를 어떻게 하는지에 따라 재도전 여부가 갈린다.

도전을 시작한 누구라도, 여전히 가치 있는 도전인지, 실패해도 후회하지 않을지 등을 주기적으로 돌아봐야 한다. 대부분의 경우 무언가를 이루기 위해 도전하지만 실은 실패가 더 많다는 점을 인식해야 한다. 성취보다 그 과정이 훨씬 중요하다는 점도 인식해야 한다. 우리 삶은 성취의 결과물보다 도전의 과정으로 정의된다.

2015

길드 결성 :
모바일 게임을 위한 연합군

KRAFTON

모바일 게임 시대, 블루홀은 오랜 비전을 수정하고 사업의 물줄기를 틀었다. 모바일 게임본부를 신설하고 소규모 모바일 게임 제작사들을 '연합군'으로 인수합병했다. 블루홀 연합군은 여러 게임을 출시하며 각개전투를 펼쳐나갔다. 이와 동시에 PC 게임 사업에서 블루홀의 정체성을 대표하는 '테라'는 여전히 라이브 중이었고, 2017년 출시 예정인 프로젝트 'W' 제작도 계속 밀고 나갔다.

적자는 계속됐다. 높은 업무 강도와 임금 동결, 조직 개편과 퇴직이 반복되면서 사내 원성이 높아졌다. 연합군으로 새롭게 블루홀 구성원이 된 제작자들에게 기회가 집중되자 기존 직원들의 불만도 커졌다. 이런 가운데 블루홀이 인수한 지노게임즈 출신 '연합군' 김창한이 PC 게임 제안서 하나를 내밀었다. 최후의 1인이 살아남는 순간까지 전투를 하는 총싸움 서바이벌 게임이었다.

모바일 게임본부

"2015년 한 해는 블루홀의 모바일 이니셔티브에 저희 미래가 모두 걸려 있다고 해도 과언이 아닙니다." 새해 첫 이사회를 앞두고 장병규가 경영진에게 숙제를 쏟아냈다.

제작군 연합이 이제는 단순한 문구가 아니라 명확한 청사진으로 진화했는지, 지노게임즈는 어떻게 블루홀과 한 그림이 되는지 문득 궁금합니다. 의사결정 과정과 조직 구조는 어떻게 되는지, 손익 관리는 누가 하는지, 개별 라인에 대한 투자는 어떻게 되며, 그에 따른 기대는 무엇인지 궁금합니다. 개별 사안들이 이사회에서 논의될 것인지도 궁금합니다. 만약 개별 사안이 이사회에서 논의되지 않는다면, 어떤 사안이 어떤 형태로 이사회에서 논의되어야 할까요? 이사회 마일스톤은 어떻게 될까요?

2015년은 현금 흐름이 지속적으로 마이너스입니다. 그럼에도 뭔가 투자를 지속하는 것인데, 언제까지 투자를 지속할 것인지, 무엇을 보고 새로운 방향에 대한 판단을 할 것인지, 어떤 패까지 꼭 까볼 것인지 등도 궁금합니다.

별개로, (글로벌까지 가지도 않고) 한국에서 모바일 게임 산업이라는 판을 본다면, 우리는 어느 정도 위치일까요? 다른 유사·경쟁 플레이어는 누구일까요? 최근 'CJ게임즈'가 자회사들을 상장시킨다는데 이건 무슨 의미일까요? 우리의 가치가 반드시 만들어질 수 있을까요? 그것은 얼마나 유의미하고, 얼마나 클까요?

모바일 이니셔티브를 김강석 대표님 주도로 진행하는 것은 속도 때문입니다. 하지만 머릿속에 있는 그림을 적절한 문서로, 적절한 대화 등으로 만들어주시지 않으면 시간이 흐를수록 주변에서 보조를 맞추기가 점점 힘들어지고, 그럴수록 의견 마찰로 인한 속도 저하가 일어날 것입니다. 기회가 있을 때, 잘 정리하고 공유하는 것이 좋을 것 같습니다.

김강석은 지노게임즈 인수 소식을 대내외에 공식화하며 연합군의 출발을 알렸다. 블루홀은 주식 교환을 통한 지분 스와프(교환) 방식으로 지노게임즈 인수합병을 단행하고 자회사로 편입했다.

지노와 블루홀은 여러 면에서 서로 닮아 있습니다. PC MMORPG를 열심히 해왔고, 훌륭한 인재의 가치를 높이 사며, IP와 좋은 팀을 기반으로 모바일 게임 개발을 도모한다는 점 등이 그렇습니다. 두 기업이 걸어온 길도, 앞으로 가고자 하는 방향도 얼라인(일치)이 잘된다는 측면에서 좋은 파트너가 될 수 있다고 믿습니다.

그렇지만 서로 다른 두 기업이 한 울타리에서 함께 걸어간다는 일이 쉽지만은 않습니다. 우리 스스로 특별히 노력해야 할 것 같은데요. 저는 슬기롭게 잘해나갈 수 있으리라 기대합니다.

이번 사례는 시작에 불과하고 모바일 게임 제작으로 성과를 내고 있는 여러 제작사가 우리와 함께할 수 있도록 노력할 것입니다. 그 과정을 통해 블루홀이 더 훌륭한 제작사로, 여러분에게 더 다양한 기회를 제공하고 함께 성과를 내는 기업으로 성장하기를 바랍니다.

그는 이어 블루홀 식구가 된 지노게임즈 직원들에게 인사말을 보냈다.

지노게임즈팀 여러분, 안녕하세요! 블루홀의 공동 창업자이며 CEO를 맡고 있는 김강석입니다.

저와 블루홀은 8년 동안 MMORPG 제작의 명가를 꿈꾸며 초심을 잊지 않고 달려왔습니다. 테라의 제작과 라이브를 통해 부족함도 뼈저리게 느꼈지만, 동시에 포기하지 않는 근성과 고집도 배웠습니다.

블루홀의 지난 시간이 어떠했는지에 대해 창업 후 5년 이상을 MMORPG와 함께 해오신 여러분께는 구구절절 설명하지 않더라도 충분히 이해하시지 않을까 싶습니다. 바로 이 지점이 블루홀과 지노의 공통점이고 교감할 수 있는 부분이라고 생각합니다.

저와 여러분 모두 스마트폰과 모바일 빅뱅이 가져온 변화를 바라보며 게임인으로서 벤처인으로서, 어떤 대처를 해야 하는지 고민하며 새로운 길을 모색하고 있습니다.

작년부터 블루홀은 '모바일 제작의 연합군'이라는 방향성을 수립하고 이를 향해 또 다른 달음질을 하고 있습니다. 변화의 파도 앞에서 나름대로 '제작'에 가치의 뿌리를 두고, 또 그 정체성을 잃지 않고 대처해나가고자 함입니다.

여러 고민을 하면서, 온라인 PC 게임의 제작과 라이브에 바탕을 둔 좋은 팀워크의 제작팀이 가진 자산이 모바일 필드에서도 매우 귀중하다는 점을 인식하게 되었고, 이런 자산을 갖춤과 동시에 저희와 생각이 일치하는 제작사들을 찾기 시작했으며, 그 과정에서 지노게임즈와 하나가 되어 같은 길을 가기로 결의하게 되었습니다.

여러분, 게임 제작이란 그 본질이 구성원의 태도, 역량, 그리고 열정에 기반하는 소위 지식 산업이며, 자본이나 유통 등에 의해 좌우되지 않는 고도의 창의적 산업입니다. 동시에 제작을 이해하고 같은 비전을 바라보는 팀과 조직을 필요로 하는 팀플레이이며, 훌륭한 조직 문화 위에서만 경쟁력을 가질 수 있는 업입니다. 이런 점은 다른 산업에 비해 서로 다른 회사가 하나가 되어 시너지 효과를 내기 쉽지 않다는 것을 의미하기도 합니다.

그럼에도 저는 블루홀과 지노의 하나 됨에 대한 기대가 큽니다. 두 회사는 걸어온 역사와 눈앞에 닥친 변화에 대한 전략적 인식이 서로 닮아 있고, 더 근본적으로 제작을 중심으로 기업을 성장시키겠다는 의지부터 그리고 글로벌 시장을 향한 비전까지 넓은 공감대를 공유하고 있기 때문입니다.

앞으로 블루홀과 지노는 더 큰 '제작의 연합군'을 이뤄나갈 것이며, 이를 통해 MMORPG는 물론이고 모바일 게임 제작의 글로벌 명가가 되기 위해 뛸 것입니다. 모쪼록 기대와 희망을 가지고 두 회사의 하나 됨을 바라보셨으면 좋겠습니다.

그리고 서로를 존중하고 신뢰하며, 더 큰 성취를 위해 같이 달려가길 소망합니다. 처음 인사를 메일로 드리게 된 점, 양해 바랍니다. 내일 뵙게 될 예정인데, 이렇게 미리 메일이라도 드리는 것이 좋다고 생각했습니다. 감사합니다.

장병규는 그사이 테라 본부 직원들에게 지노게임즈 합병을 어떻게 생각하는지 물었다. 그 의견을 정리해 "그냥 일반 임직원의 생각을 읽어보시라"며 김강석에게 공유했다.

"테라로 번 돈으로 회사를 매수한 것인가?" "PC 게임을 개발한 회사가 모바일 게임을 하는 것이 괜찮은 방향인지 의문이다" "외부 개발력을 인정받은 회사와 합병을 시도한 것이 좋다고 생각한다" "데빌리언 IP로 모바일에서 성공할 수 있을지 의문이 든다" "아무 생각이 안 든다" "나랑은 상관없구나" "근무 환경이 어떻게 변할 것인지 궁금하다" "문화가 다른 회사와 합병으로 인해 발생하는 시너지 효과가 긍정적일지 부정적일지 궁금하다" 다양한 목소리가 섞여 있었다.

블루홀은 '모바일 게임본부'를 신설해 모바일 게임 개발에 본격적인 시동을 걸었다. 블루홀은 조직 개편을 바탕으로 연내 테라 IP를 활용한 신규 모바일 RPG를 비롯해 10개 프로젝트를 가동한다는 계획을 세웠다. 모바일 게임 개발 인력을 100여 명 규모로 확충하고 외부 업체와도 다양한 제휴를 맺어 10개 타이틀 개발을 목표로 삼은 것이다.

CEO 김강석이 본부장을 겸임했고 황철웅과 이상균, 김형준이 PD가 되어 저마다 제작팀을 맡았다. 이들 팀의 제작 업무를 돕기 위해 모바일전략팀과 모바일개발팀, 모바일콘텐츠팀(그래픽), 모바일QA팀도 꾸렸다. 모바일 게임 사업 규모를 크게 확장하는 방향으로 가닥을 잡으면서 모바일 게임 조직 규모도 PC 게임 부문 이상으로 키우기로 결정했다.

진통을 거듭하던 황철웅의 스튜디오 EXA는 끝내 둘로 쪼개졌다. 황철웅이 이끄는 T2팀엔 박현규가 또 다른 주축으로 합류했다. 30명으로 이뤄진 T2팀은 2016년 일사분기까지 모바일 게임을 내는 것을 목표로 삼았다.

EXA 소속이던 이상균은 헌팅존팀의 수장이 됐다. 헌팅존팀은 EXA에서 개발했던 자원을 최대한 활용해 2016년 새 모바일 게임을 출시하기로 했다. EXA 팀원 가운데 모바일 프로젝트에 합류하지 못한 이들은 퇴사하거나 다른 부서로 배치됐다.

김형준은 PC용 MMORPG W프로젝트에 이어 V팀을 추가로 담당하며 모바일 게임 제작에도 발을 들였다. 프로젝트를 둘씩이나 떠안은 김형준 PD에 대한 사내의 관심이 높아졌다. 김강석은 그를 가리켜 "고민을 거듭해 경쟁력 있는 개발 전략을 만들어낸다"고 평했다.

　이 말을 들은 블루홀 내 다른 팀장이 "모바일 개발에도 김형준 PD 방식을 학습하고 적용할 부분이 있는지 확인해보고 싶다"며 "그의 개발 전략을 담은 PT(프레젠테이션) 파일 같은 자료가 있다면 보내달라"고 요청했다. 김강석은 "CEO는 제작자가 아니기에 그런 자료를 정리하거나 보관하고 있지 않다"고 답했다.

　김형준 님은 제작 방식과 프로세스에 대해 고정된 생각을 가지고 있지 않고 끊임없이 팀의 인재 수준이나 여건 내에서 새로운 시도를 찾습니다. 그 과정에서 당연히 팀원의 반발을 사지요. 뛰쳐나가기도 하고요. 아무튼 해법을 계속 탐색하고 결국 찾아낸다는 것이 장점입니다. 저는 그런 고민을 저렇게 지속적으로 하는 PD를 보지 못했습니다. 이걸 PT로 학습하시려 하면 어렵지 않을까 싶네요.

유연근무제 운영 논의

김형준은 스스로 "특이한 생각을 많이 하는 편"이라 말하곤 했다. 그 많은 생각 중 하나로, 근무 시간 조정을 장병규에게 건의하기도 했다. "작은 회사는 결속이 강합니다. 상사의 눈을 벗어나는 여유를 갖춘 사람은 존재하기 힘들어 보입니다. 그런 측면을 잘 활용한다면 무엇인가 멋진 회사를 만들 수 있을 것 같습니다."

김형준이 낸 첫째 안은 금요일에 3시 퇴근하기.

저는 팀원 한 분 한 분의 모든 업무를 대부분 파악하고 있습니다. 그래서 업무 시간이 3~4시간 줄어든다고 손해는 아니라는 생각이 듭니다. 아이디어가 부족해서 시간을 오래 쓰면서도 결과는 좋지 않은 경우가 더 많습니다. 충전이 된다면 더 좋은 결과를 만들 수 있다고 생각합니다. 또 잘 노는 사람이 일도 잘한다고 생각하고요.

둘째 안은 주중 하루는 토요일이나 일요일에 전환 근무가 가능하도록 하기.

가족과 평일에 나들이를 가면 편리합니다. 대신 주말에 나와서 정상 근무를 하는 겁니다. 평일에 해야만 하는 집안일을 할 수 있어서 근무에 집중할 수 있습니다. 또, 주말의 조용한 회사에서 일하는 것은 참 즐거운 일입니다. 저희 업무는 노동 시간에 비례하는 결과가 나오지 않습니다.

장병규는 김형준의 제안에 "상당히 중요한 고민"이라면서도 "개인별로 상황이 다른 게 문제"라고 답했다. 장병규는 출퇴근 시간 변경으로 생산성을 향상할 수 있다고 믿는 편이었다. 러시아워에 길바닥에 버리는 시간을 줄이면 비효율을 제거할 수 있었다. 게임 제작업은 다른 회사들과 협업할 일이 적은 편이어서 한층 더 유연한 근무제의 도입을 고려할 수도 있다. 다만 맞벌이 여부나 자녀 나이, 부모 동거 여부와 같이 직원들이 처한 상황이 각자 다르다는 게 문제였다.

직원들이 김형준 님의 제안을 환영할 수도, 받아들이기 힘들 수도 있을 것 같습니다. 본질적으로 자율출근제가 답인데, 이는 개개인의 자율 의지가 상당히 요구됩니다. 글쎄요, 아직 제가 시도해본 적이 없어서 성공 여부를 점치기 힘드네요. 일을 하면 할수록, 인간은 대부분 게으르다는 쪽으로 제 생각이 경도되고 있어서요.

블루홀은 제작팀별로 자율성을 인정하고 있었다. 장병규는 "전체 제도를 변경하지 않고 W팀만 변경해보는 시도를 하는 게 좋겠다"는 의견을 전했다.

한번 시도해보고 아니다 싶으면 또 변경하면 되니까요. 김형준 님이 말씀하시듯 개인별 업무를 대부분 파악하고 있다면, 더더욱 시도 가능할 만할지도요. 다만 이 시스템이 지속 가능한지는 다소 의문입니다. 2~3년 이후에 조직이 커지고 라이브 서비스를 가동하게 되어도 김형준 님이 팀원 전체의 업무를 파악할 수 있을까. 혹은 그러는 것이 맞을까. 뭐 이런 질문이죠. 그러면 출퇴근 제도가 변경되어야 할 수도 있지만 내일 고민은 내일 하는 것도 방법이니, 필요하면 또 이야기를 추가로 나누시죠.

새로운 사명

새로운 사명社名이 정해졌다. 블루홀 스튜디오가 블루홀이 됐다. 연합군의 정체성을 담기 위해 회사 이름에서 '스튜디오'란 단어를 뺐다. 스튜디오란 말은 MMORPG 단일 장르에 집중하는 독립 제작사라는 이미지를 잘 대변했지만, 연합을 이루는 포용적인 이미지를 나타내기엔 부족해 보였다. 지노게임즈 역시 블루홀지노로 이름을 바꿨다. 블루홀과 통일된 회사 이름을 갖는 게 인재 확보와 경영 등 여러 면에서 유리했다.

블루홀은 테라 일색이던 기존 홈페이지 화면도 새로 단장했다. 고객이 긍정적인 첫인상을 받을 수 있게끔 블루홀이 시도하는 다양한 게임을 소개했다. 게임 명가의 이미지를 유지하되, RPG 장르만으로 사업 영역을 제한하고 싶지 않았다. 제작사의 한계를 벗어나 모바일 게임을 포함해 온라인 게임 전반을 아우르는 회사 이미지를 어필하는 데 중점을 뒀다.

　　장병규는 "지금까지 채용을 주목적으로 홈페이지를 운영해왔다면, 앞으로는 게임업계 내의 포지셔닝을 고려하면 좋겠다"는 의견을 냈다. 경쟁사에 없는 블루홀만의 색을 드러내고 싶었다.

　　연합군을 소개하는 페이지에서 '자회사'란 단어는 뺐다. 블루홀이 그리는 제작 연합군에선 독자적인 제작 라인들이 함께 하나를 이뤄야 했다. "블루홀이 추구하는 연합군을 대중 눈높이에서 직관적으로 설명할 방법을 반드시 찾아야 합니다. 그래야 블루홀의 색깔이 완성될 것 같거든요."

　　'MMORPG의 명가'란 비전을 수정하는 작업도 계속됐다. 실무팀이 새로운 블루홀의 비전 문구를 묻는 설문 조사를 사내 전체에 돌렸는데, 장병규가 '지나가다 한마디'를 했다. "가슴에 손을 얹고 스스로 생각하시기에, 설문이 성과를 내는 데 도움이 될 만한 업무라고 판단하시는지 문득 궁금하긴 하네요. 열심히 일하는 것과 성과를 내는 것은 다른데, 설문 조사가 흔히 열심히 일하는 도구로 활용되는 경우가 많아서요."

　　실무팀의 답이 돌아왔다.

비전이 의미 있으려면 모든 구성원은 아니겠지만 가급적 많은 구성원이 그 비전이 표현하는 회사의 미래상에 공감해야 한다고 생각합니다. 많은 개인 의견을 들었지만 전체 관점에서 어떤 표현에 얼마나 많은 구성원이 공감하는지는 파악하기 어렵고, 또 같은 표현에 대해 생각이 너무도 다른 것을 알았습니다. 예를 들어 비전으로서 '걸작'이

라는 표현에 공감하는 사람이 훨씬 많은지, 또는 반대의 경우가 많은
지를 조사하는 것은 전체의 의견을 가늠하는 데 도움이 되므로 중요
하다고 생각합니다.

테라의 작은 성공과 큰 실패

블루홀의 유일한 캐시카우 테라는 여전히 라이브 중이었다. 장
병규는 테라의 2015년 목표를 장기 목표와 단기 목표로 나누
어 설정했다.

　장기 목표는 테라 본부가 존재하는 한 계속해서 추구해야 할
목표다. 첫째는 트래픽과 매출이었다. 테라를 서비스하는 테라
본부의 각종 활동은 결과적으로 트래픽과 매출이라는 숫자로
나타난다. 다만 단기적인 트래픽과 매출 신장을 위해서 미래의
트래픽과 매출을 희생하는 우를 범해선 곤란했다. 지속적인 트
래픽과 매출을 위해선 반드시 지속적인 콘텐츠 업데이트와 라
이브 서비스가 필요했다. 테라 본부는 이런 업무를 진행하며
내부 인재의 성장도 추구해야 했다. 해외 서비스를 준비하고
서비스하는 과정에서도 인재 성장을 잊어선 안 되었다.

　단기 목표는 그해에 중요하게 추구해야 하는 목표다. 다음

해엔 얼마든지 그 내용이 바뀔 수 있다. 장병규는 단기 목표를 블루홀의 목표나 테라 본부의 역량, 현재 상태 등을 고려해 결정했다. 그가 세운 2015년 단기 목표에는 '실패로 끝난 중국 빌드를 기존 빌드와 통합해 서비스 비용 낮추기' 'PC방 인기 게임 순위 20위 이내에 재진입하기' 같은 것들이 포함됐다.

2014년 차트 20위던 순위가 2015년엔 23위로 떨어졌다. 다른 게임업체 3~4곳이 신규 MMORPG를 출시한 데다 방학 시즌에 강한 게임에 밀려 테라는 고전을 면치 못했다.

장병규는 추가로 '동남아와 중남미 가운데 2개국 이상에 진출하기'도 목표로 잡았다. 작은 해외 시장에 최소 비용으로 테라를 출시해 당장의 먹거리를 마련하는 노력이 필요했다.

150여 명이 근무하는 테라 본부는 누가 뭐래도 블루홀의 맏형 조직이었다. 블루홀이 발전하기 위해선 파트장과 팀장, 실장, 직군장, 직군 리드 등 여러 부분의 리더십을 고루 성장시켜야 했다. 이 역할을 할 수 있는 조직은 테라 본부뿐이었다.

테라 본부와 같은 큰 조직에서는 개개인의 성과가 묻히거나 희석될 수 있습니다. 모쪼록 구성원 개개인이 조직의 지향점과 목표를 명확히 이해하고, 스스로 조직의 목표에 공헌함으로써, 충실하고 유의미한 하루하루를 보내실 수 있기를 기대합니다. 파이팅하시고요!

테라는 8개월간의 준비 끝에 러시아에서 서비스를 개시했다. 테라 본부는 끊임없이 새로운 지역에서 새로운 고객을 발굴했다. 장병규가 신규 서비스 소식에 답했다.

많은 분들이 고생하셨습니다. 저희에게 소중한 경험이 쌓일 수 있는 중요한 이정표인데, 축하하고 수고하셨다는 말씀을 드리지 못해서 이렇게 간단하게 메일을 한 통 씁니다! 다들 정말 수고하셨습니다!

테라 본부가 다시 한번 힘을 짜낸 뒤 북미 시장에서 반가운 기별이 들려왔다. PC 게임을 온라인으로 내려받을 수 있는 글로벌 장터 서비스 '스팀'이 성장한 덕분이었다. 스팀은 PC 게임 온라인 스토어로, 게임을 구입하고 관리할 수 있으며 채팅, 방송 및 다양한 커뮤니티 기능을 통해 다른 유저들과 소통할 수 있는 게임 소프트웨어 유통 시스템이다.

스팀에 입점한 테라는 다운로드 인기 순위 차트 10~13위 사이를 오르락내리락했다. 한국산 게임으로는 유일하게 '도타2' 'GTA5' '문명5' 같은 굵직한 대작 게임들과 어깨를 나란히 했다. 스팀에 테라를 유통한 뒤로 1일 동시접속자 수는 3배 이상, 신규 가입자 수는 10배 이상 증가했다. 테라는 스팀을 통해 1만 8천 명의 유저를 추가로 확보했다.

미국 시장에 출시한 지 3년이 넘었지만 추가 콘텐츠 업데이트나 별도 이벤트 없이 유통 플랫폼 전환만으로 이뤄낸 쾌거였다. 글로벌 인터넷 인프라가 발달하면서 게임을 유저에게 전달

하는 방식도 달라지고 있었다. 2015년 전 세계 스팀 이용자 수
는 매달 신기록을 갈아치우며 1억 2500만 명을 돌파했다.

블루홀 연합군 안에서 테라 IP를 활용한 프로젝트는 늘어나
고 있었다. 흥행 실패에도 불구하고 테라는 블루홀에 많은 유
산을 남겼다. 블루홀은 테라를 가지고 한국을 넘어 세계 시장
에서 학습을 거듭했다. 테라는 블루홀 연합에서 여전히 중요한
자산이었다.

피플팀은 '근무 기본기 다지기' 캠페인을 준비했다. PC와 모바
일, 2가지 체제에 맞는 조직을 운영하기에 앞서 구성원들이 기
본을 지키길 바랐다. 출근 시간 준수하기, 저녁 식사는 야근할
때만 청구하기, 점심시간 지키기, 회사 물건은 집에 가져가지
않기, 동료와 인사하기 등 사소한 직업의식을 강화하자는 캠페
인을 매주 시리즈 형태로 진행할 계획을 세웠다.

장병규는 "너무나 좋은 아이디어"라며 이를 반겼다. "개인적
으로는 사소한 직업의식을 매우 중요하다고 생각합니다. 밥값
청구의 나쁜 예도 있습니다. 3명이 가서 4명이 먹은 것으로 신
청하는 경우를 제가 직접 목격한 적도 있지요."

채용 진행도 피플팀의 업무였다. 테라 영상팀에서 단기 계약
직으로 6개월 근무한 한 애니메이터가 정규직으로 전환됐다.
이 직원은 프로모션 영상을 제작할 때 애니메이팅과 컷 연출력
이 뛰어나다는 호평을 얻었다. 활기차지도 사교적이지도 않은

반면 끈기 있고 우직하다는 평가를 받기도 했다. 생각이나 감정의 변화를 표현하는 성격이 아니라 홀로 끌어안고 판단하는 스타일이라 가끔 면담할 때 순진한 생각을 오래 하고 있던 경우가 발견되기도 했다.

아직은 많은 경험과 배움이 필요하지만 일정 수준의 애니메이션 스킬과 학습 능력이 있고 업무에 대한 책임감이 강해 시네마틱 애니메이터로서 본연의 업무는 잘 해내리라 기대하고 있습니다.
　크리에이티브한 일을 하는 사람들은 자신의 제작물에 대한 타인의 크리틱(비판)에 예민합니다. 그렇지만 그것을 극복하고 제때 공유하며 비평을 수용해야지만 개인과 팀의 결과물에 발전이 있습니다. 이 부분에 대한 이해를 거부하면 관리 비용이 상당히 많이 발생하는데, 크리틱을 양분 삼아서 창조적인 노력을 하지 않는 사람은 자칫 크리틱에 대한 반감으로 시키는 업무만 수동적으로 하기 때문입니다. 아직 이 부분에 적응이 잘되어 있지 않은 듯합니다.

"블루홀은 좋은 사람을 힘들게 뽑고, 인재 리텐션(유지)에는 약한 것 같습니다." 기본급 협상에 임하는 테라 본부 팀장급 인력들의 불만이 높아졌다. 테라의 낮은 성과를 이유로 몇 년째 기본급이 눌려 있던 터라, 그들의 인내력이 임계점에 도달하고 있었다. 블루홀 팀장급 인력에게 다른 업체로 이직을 권하는 헤드헌터의 접근도 많아졌다. 제시하는 연봉 수준이 블루홀에서 받는 것보다 높았다.

일부 팀장은 "테라 본부에서 지속적으로 비용 절감을 해 이익을 내지만, 회사는 그 이익을 신작과 모바일 게임 투자에 집중하고 있다"며 회사의 전략을 못마땅해했다. 아무리 노력해서 테라 서비스를 목표 이상으로 해내어도 경제적인 보상을 기대하기 어렵다고 여겼다. 고통을 분담하며 테라에 매달려봤자 결국 개인 손해 아니냐는 것이었다.

향후 신작과 모바일 게임에서 성과가 나와도 테라 본부에 돌아갈 보상은 적어질 참이었다. 이들은 신작 프로젝트에서 역할을 하지 않기에 상대적으로 적은 보상을 받게 될 것이라 푸념했다. 피플팀은 "경제적인 불이익을 우려하는 팀장급에 대한 고려가 필요해 보인다"는 의견을 경영진에 전했다. 사기가 떨어진 그들이 공격적으로 일하기보다 목표를 낮추고 업무를 소홀히 할 가능성도 있기 때문이었다.

장병규는 "신경 써서 다시 한번 기본급 문제를 들여다보겠다"고 하면서도, 기본급에 대한 변하지 않는 원칙을 밝혔다. "기본급 때문에 사람이 나가서는 곤란합니다. 하지만 기본급 조정에 회사가 원칙 없이 끌려가서도 곤란합니다."

김강석을 포함한 창업자들도 마찬가지로 해마다 기본급 협상을 했다. 장병규만 협상에서 제외됐다. 장병규는 블루홀 시작부터 매년 스스로에게 한결같은 연봉 산정 원칙을 적용했다. 그의 연봉은 블루홀 전체 직원 기본급의 평균이었다.

테라 라이브 서비스에 4년을 몸담던 직원도 기본급을 협상
하다 블루홀을 떠났다. 그는 2014년을 가장 열심히 일했던 시
기로 여겼지만, 정작 2015년 기본급 상승 폭은 모든 해를 통틀
어 가장 적었다. "여유 없이 너무 힘들게 오래 달려온 탓에 많
이 지쳤다"는 것 또한 퇴사 이유였다. 업무 강도의 문제였다.
야근과 휴일 출근이 일상이어서 가정을 제대로 챙기기 어렵다
고 했다.

무엇보다도 테라 본부에 주니어 기획자밖에 남지 않은 상황
이 퇴사를 결심한 결정적 이유였다. 그는 "경험 많은 분들이 없
어 뭔가 배우며 자극받을 기회가 없다"고 토로했다. 선배들이
없으니 기회가 주어졌다고 생각할 수도 있었지만, 결과를 구현
하기까지 제대로 일을 하고 있는지 알 도리가 없었다. 제대로
된 피드백을 줄 선배가 없어 속앓이를 했다. 그는 엔씨소프트
로 이직했다.

게임의 성공을 예측할 수 있을까

김강석은 지노게임즈에 이어 모바일 게임업체 '피닉스게임즈'
인수를 저울질했다. 피닉스게임즈는 스마트폰으로 즐길 수 있

는 게임을 제작하는 회사로, 게임 제작과 해외 출시 일정이 지연되면서 김정훈 공동 대표는 현금 압박에 시달리고 있었다.

김강석은 장병규에게 의견을 물었고, 장병규는 제작 연합군 합류 여부를 판별하기 위한 기준을 세웠다. 첫째, 리더의 삶이 제작 일과 얼마나 일치해 있는가. 좌고우면하거나 지치지 않고 게임을 만드는 삶에 자신을 헌신할 수 있느냐가 가장 중요했다. 둘째, 합병 이후 끝까지 함께하기에 적절한 지분율인가. 밸류에이션(기업 가치)은 블루홀에 적절한 범위여야 했다.

장병규는 2가지 기준 외에 여타 전술적 문제는 별개로 논의하는 것이 좋다고 생각했다. 적절한 인수 타이밍이나 홍보, 마케팅, 타이틀 출시 일정 등은 후순위로 미루자는 뜻이었다.

피닉스게임즈는 리더의 삶이 제작 업무에 얼라인align(정렬)되어 있다고 알고 있기에, 딜이 되느냐의 여부와는 무관하게 블루홀 입장에서는 무조건 검토해야 하는 회사라고 생각합니다.

일주일이 채 지나지 않아 피닉스게임즈의 두 공동 대표가 김강석에 연합군 합류 의사를 밝혔다. 김강석은 다른 게임업체 '스콜'과도 합병을 논의하고 있었다. 두 회사 외에 다른 두 회사도 합류 의사를 비쳤다. 김강석은 인수합병 논의 현황을 경영진에 메일로 공유하고 우묵해진 눈을 비볐다. 하루에만 게임사 4곳을 돌았다.

김강석은 모바일 게임을 제작하겠다는 블루홀 내부 직원들과 도 수십 차례 미팅을 진행했지만 논의는 난항을 거듭했다. 한 번은 PD가 되어 모바일 게임을 제작하겠다는 팀장에게 이렇게 말했다. "제가 지난해 최소 40건 이상의 모바일 게임 프로젝트 제안을 검토했습니다. 이 중 제작 승인을 낸 것은 딱 3건입니다."

김강석은 그 팀장이 제출한 프로젝트 기획서를 반려했다. 김강석이 보기에 내용이 너무 거칠어서 프로젝트와 팀에 대해 파악하기 힘들었다. 액션을 어떻게 잘 만들겠다는 건지, 팀이 어떤 게임을 만들어왔는지에 대한 설명이 없었다. 제작 일정을 어떻게 지킬 수 있는지에 대한 신뢰할 만한 정보도, PD 경험이 없는 그가 어떻게 PD가 되기 위해 준비했는지에 관한 이야기도 없었다. "보강할 점이 너무 많아 보입니다. 이 상태로 경영진의 승인을 어떻게 받아낼 건데요?"

팀장은 대답했다.

저와 제 구성원들이 어느 팀보다도 힘을 낼 수 있다고 생각하지만, 개발력을 말로 증명하기가 어렵기에 최대한 소모적이지 않은 다른 방법을 찾아보겠습니다. 자리만 마련되면 검증 포인트를 설정하고 이른 시일 내에 개발에 착수해서 3개월 후 프로토타입(시제품)을 통해 실력을 검증해 보이고 싶습니다. 투자에 대한 우려는 당연한 거고, 앞으로의 진행 과정에서 많이 준비해 가능성을 보여드려야 한다는 것도 알고 있습니다. 이번에 블루홀 경영진의 허들이 높다는 것을 실감했고 이러한 진행 과정 또한 의미가 있는 경험입니다. 난관이 예상되지만 한번 도전해보겠습니다.

김강석은 단호했다.

정말 많은 팀과 PD가 같은 이야기를 해요. 그게 우리 업계의 비극입니다. 솔직히 저는 어떤 게임을 만드느냐에 관심이 없어요. 상상한 것으로 의사결정을 하는 경영진은 무책임하다고 생각합니다. 중요한 건 게임을 만드는 개발 방법론과 개발 과정에서의 검증 방법론입니다. 여기에는 팀의 역량을 스스로 체크하는 방법과 게임의 제품성을 검증하는 방법 모두가 포함돼야 해요. 이걸 준비하지 않는 한, 저를 넘어갈 수 없을 겁니다. 저를 넘는다 한들 어차피 다른 경영진에게 걸릴 것이 확실하니까요. 열심이나 신뢰는 기본이지 장점이 아닙니다.

경영진은 테라에 이은 대규모 MMORPG 프로젝트 W의 제작 검증 방법을 고민했다. 곧이어 'W 매스 프로덕션 준비 검증 TF(태스크포스)'를 발족했다. 제작 경험이 풍부한 직원들로 꾸려진 이 팀의 임무는 경영진이 더 나은 의사결정을 내릴 수 있도록 게임 개발 단계별로 상황을 확인할 방안을 마련하는 것이었다. 블루홀 경영진은 만들어지는 게임의 양(게임의 생산력)과 질(게임 빌드의 재미) 2가지를 검증할 잣대가 필요했다. 꼭 W에서

뿐 아니라, 여러 제작 프로젝트를 승인할 때 참고할 만한 기준이 절실했다. TF는 게임 빌드의 재미 요소를 계량화하는 작업을 추진했다. 장병규는 TF 구성 소식을 반겼다.

한국 게임업계를 모두 알지는 못하나, 이런저런 풍문을 들어보면 대규모 투자 이전에 뭔가 확신을 얻기 위한 여러 장치를 시도했으나 긍정적 효과보다 부정적 효과가 컸습니다. 그래서 현재는 라스트맨 1인에 의존하는 승인 형태만 자리 잡은 것 같습니다. 모쪼록 이번 시도가 잘 진행되어 게임업계의 발전에 일조하면 좋겠습니다.

게임 제작업은 장병규에게 여전히 알쏭달쏭했다. 장병규는 때때로 블루홀 사옥을 벗어나 다른 게임업체의 이름난 제작 장인을 만나 궁금증을 해소했다. 장병규는 10년 넘게 한국 게임판에 몸담으며 굵직굵직한 성공을 이룬 대가에게 질문했다.

게임 성공을 언제 얼마나 예측할 수 있을까요? 정식 출시 전에 CBT를 운영한 지표를 보고 예측 가능하나요? '정식 출시 때까지는 절대 알 수 없다' '제작 규모에 따라서 다소 다르다' '대박은 잘 모르지만 중박 정도는 예측할 수 있다' '제작 책임자는 알 수 있지만 외부 사람들이 알기는 힘들다' 여러 의견이 게임업계에 있는 것 같은데 어떻게 생각하세요?

베테랑이 답했다.

생각대로 잘 만들 수 있을지는 거의 초반부터 예측이 가능해요. 즉, 게임의 품질 자체는 예측이 가능하고 컨트롤이 됩니다. 품질이 높으면 성공할 가능성이 높아지는데 이건 시대에 따라 높고 낮음이 있다고 봐요. 새로운 플랫폼이 열리면 품질보다는 선점이 중요하고, 플랫폼이 안정화되고 포화되면 품질의 가치가 더 높아집니다.

선점을 위해 달릴 것인지 포화 시장에서 경쟁 우위를 노릴 것인지는 경영적인 판단이기 때문에, 성공 예측은 경영적 판단에 종속되는 문제로 볼 수 있습니다. 빨리 내놓아야 한다고 생각하면 정말로 운에 맡기는 수밖에 없다고 봐요.

장병규의 질문과 전문가의 답변이 계속 이어졌다.

게임 성공에 단계적으로 접근 가능할까요? 예를 들어 '얼마의 자금으로 어느 정도까지 만든 이후에 결과물을 보고 한번 판단할 수 있고, 그런 이후에 추가 자금으로 어느 정도까지 만들면 일정 수준의 성공은 만들 수 있다' 혹은 'IP를 일단 확보하면 이만큼은 성공할 수 있다' 같은 단계적 예측이 가능한가요?

성공한다는 판단보다 다음 단계로 보내도 된다는 판단 정도는 확실히 가능합니다.

1단계 프로토타입에선, '디렉터와 팀이 게임에 얼마나 확신하는가?'가 관건입니다. 솔직히 자신 없다면 접어야 마땅합니다.

2단계는 목표 일정의 50퍼센트가 지난 시점이에요. 게임이 돌아가고 있는지, 실제 게임을 할 수 있는지 여부가 중요하죠. 여기까지 팀이 게임을 만들지 못하고 있으면 일정이 한참 지연될 겁니다.

3단계는 외부 공개 직전이에요. 사업부나 외부 퍼블리셔들이 매력을 느끼는 프로젝트인지가 중요합니다. 돈맛을 아는 사람들이 관심이 없다면 큰일입니다.

이 모든 단계를 통과했다면 회사가 이 게임은 성공할 거라고 생각하고 내보냈다고 봐야 합니다. 이제 남은 것은 기도밖에 없을 겁니다.

장병규의 또 다른 질문과 돌아온 답변.

게임 제작을 하면 할수록 성공 확률이 높아지는 느낌인지, 아니면 성공 확률은 늘 리셋되는 느낌인지 궁금합니다. 분명 하루하루 배우는 것이 있고, 체력은 낮아지더라도 역량과 경험은 전진할 텐데, 그러면 당연하게 성공 확률이 높아질 것 같긴 한데요. 실제 느낌이 어떤지 궁금합니다.

게임을 더 잘 만들 수 있게 되는 건 분명합니다. 하지만 잘 만든 게임이 다 성공하는 것은 아니고 잘 만들었지만 실패할 수도 있습니다.

그렇지만 최근에는 게임을 여러 시장에 다양한 플랫폼으로 내놓을 수 있기 때문에 잘 만든 게임이면 잘 안 되더라도 제작비를 어느 정도는 회수할 수 있다고 생각합니다. 완전히 망할 것 같은 불안은 시간이 갈수록 줄어듭니다. 성공할지 말지는 늘 잘 모르겠지만, 평균적인 성공 가능성은 점점 커진다고 스스로는 믿고 있습니다.

장병규는 역량과 경험이 풍부한 인재에게 필연적으로 따라붙는 한계점이 무엇인지도 궁금했다.

단점이 없는 사람은 없지만, 역량과 경험이 뛰어나기 때문에 생기는 단점은 별로 없다고 생각합니다. 젊은 나이라면 자만심이나 무례함이 있을 수 있겠으나 정말 뛰어난 사람은 그런 것도 잘 고치더군요.

게임의 성공을 과연 예측할 수 있을까. 장병규는 이 질문에 대한 답을 내리기 어려웠다. 스타 제작자를 만날 때마다 그는 같은 질문을 하고 답을 구했다.

게임 제작자들은 제작 초기부터 게임 성공의 예측 가능성을 본인이 알 수 있다고 말하는 편인데, 솔직히 게임 제작자들과 함께 일하는 사람들은 그것을 이해하기 힘들다고 생각해요. 그러니까 게임 제작자들과 그들을 돕는 경영진이 뭔가 다투게 되는 것 같기도 하고요. 이런 부분이 정말 풀기 쉽지 않은 이슈인 것 같기도 합니다.

디렉터로서는 좀 만지다 보면 '이건 될 것 같다'는 촉이 오는데요. 디렉터가 그런 느낌이 없고 팀을 설득할 수가 없으면 시작 자체가 잘 안된다고 봅니다. 근데 그 '될 것 같다'는 느낌이, '잘 모르겠다'라든가 '안되겠다'로 바뀔 때도 있는데 이때 솔직해져야 피해를 줄일 수 있다고 생각합니다. 경영진이나 프로듀서가 계속 그걸 물어보고 잡아주는 역할을 해주는 게 결과적으로는 옳았던 사례가 많았습니다.

블루홀피닉스와 블루홀스콜

블루홀은 피닉스게임즈와 스콜을 인수했다. 피닉스게임즈는 신봉건, 김정훈이 2012년에 설립한 게임 개발사였다. '명랑스포츠' '무한상사' '볼링킹' '건좀비'와 같이 스마트폰에서 간단한 조작으로 즐길 수 있는 캐주얼 게임을 만들어왔다. IP 9개를 만들고 한국과 해외에 게임 14종을 출시했다. 대부분 게임을 스스로 서비스해 글로벌 누적 2400만 다운로드를 기록했다는 점에서, 피닉스게임즈는 국내 모바일 제작사로선 보기 드문 경쟁력과 노하우를 갖춘 팀으로 보였다. 특히 'EZ2DJ' 'DJMAX' '탭소닉' 등으로 이어지는 리듬 액션(음악이 나오면 박자를 맞추는 게임 형식) 분야에서 독보적인 경력을 가진 인재가 모여 있었다.

이들은 2015년 여름, 새 리듬 액션 게임 출시를 준비하고 있었다. 김강석은 피닉스 인수를 통해 RPG 장르를 넘어 다양한 장르로 블루홀의 포트폴리오를 넓히고 싶었다. 모바일 게임 제작과 서비스를 학습해 블루홀의 모바일 경험 확장을 꾀하려 했다.

스콜은 네오위즈 창업 멤버인 박진석이 2013년에 설립한 회사로, 창업 후 불과 8개월 만인 2014년 '전설의 돌격대'라는 모바일 RPG를 출시했다. 전설의 돌격대는 누적 110만 다운로드를 기록했고, 구글의 스마트폰 앱 장터 '구글플레이'에서 다운로드 3위를 차지하는 성과를 거뒀다. 스콜은 전설의 돌격대의 중국과 일본 시장 출시를 확정하고 차기작 액션 RPG '다크 스콜(가제)'도 개발하고 있었다.

김강석은 스콜과의 인수 협상에서 RPG 제작이란 공통점에 집중했다. 스콜은 블루홀과 달리, 소수 정예의 빠르고 유연한 제작 DNA를 가지고 있었다. 다크 스콜 개발에 테라의 그래픽 자원을 활용하면 효율성이 극대화할 수 있을 것이라 판단했다. 스콜과 함께라면 블루홀의 모바일 RPG 라인업은 더욱 풍성해질 듯했다.

김강석이 전 직원에게 이메일을 보내 두 회사의 연합군 합류 소식을 알렸다.

우리는 제작의 연합군을 지향합니다. 'MMORPG의 명가'라는 지금까지의 비전을 넘어서, 다양한 장르를 통해 전 세계의 게이머들에게 흥분된 경험을 제공하는 멋진 게임 제작사가 되고 싶습니다.

이런 목표를 이루기 위해 오늘 아침 스콜과 피닉스게임즈라는 걸출한 모바일 제작사가 블루홀 연합군에 합류하게 되었다는 사실을 알려드립니다. 여러분이 이 메일을 다 읽으실 즈음에는 언론이 이 사실을 세상에 전하기 시작할 겁니다.

이제까지의 블루홀과는 문화와 DNA가 다른 제작사들이 한 몸이 되기 시작합니다. 이런 과정이 결코 쉽지만은 않겠지만, 우리를 더 견고하고 가치 있는 제작사로 만드는 과정이라고 믿습니다.

블루홀 연합군은 제작의 가치를 굳게 믿는 팀과 회사들의 동맹이며, 글로벌 시장에서 경쟁할 수 있는 체력과 브랜드를 갖추기 위한 전략입니다. 단순히 빠른 시간 안에 타이틀을 사고 매출을 올리기 위한 몸집 불리기가 아닙니다. 게임 제작업은 흥행과 성공을 누구도 점칠 수 없습니다. 진정한 경쟁력은 오직 훌륭한 팀과 인재라는 블루홀의 오랜 믿음이 있기에 이런 일들이 가능한 것입니다.

앞으로도 이런 시도가 계속될 것임을 여러분께 다시 한번 말씀드립니다. 우리와 함께하게 된 제작사에 많은 성원과 기대를 보내주시기 바랍니다.

장병규가 김강석에게 답장을 보냈다. "와! 이런 글을 읽게 되는 것은 또 다른 감회가 있네요. 이제 시작이지만, 정말 고생 많으신 듯합니다."

연합군 합류 후 피닉스게임즈는 '블루홀피닉스', 스콜은 '블루홀스콜'이란 새 이름을 얻었다. 장병규는 홀로 블루홀의 IR용 자료를 들고서 블루홀피닉스 사무실 문을 두드렸다.

IR 자료는 기본적으로 사업 계획서입니다. 따라서 저희 사업 계획이 말이 되는지를 보는 것이 중요합니다. 특히 제작 연합이라는 콘셉트가 실제로 의미가 있는지, 말이 되는지 알아야 합니다. 제 머릿속에도 나름대로 뭔가 있긴 하지만, 실제로 제작 연합에 참여하는 결정을 한 여러분의 이야기를 듣고 싶습니다.

주식 교환을 통한 인수합병을 했기 때문에 블루홀피닉스 대표들도 블루홀의 주요 주주가 됐다. 이참에 장병규는 새로운 주주들에게 블루홀이란 회사를 다시금 설명하고 싶었다. 블루홀이 그리는 큰 그림을 함께 생각하며 일했으면 하는 마음에서.

중국 원정대의 참패

동맹을 맺고 연합군을 구성해 모바일 게임 시대에 성공하겠다고 말했지만, 블루홀의 첫 모바일 게임 엘린원정대는 중국 시장에서 참패했다. 20개월간 제작팀을 꾸려왔지만 집객과 유지 모두 고전을 면치 못하며 마이너스 수익을 냈다. 타 지역 퍼블리셔들로부터 좋은 평가를 받지 못해 다른 시장으로의 진출 가능성도 제로였다. 블루홀은 단계적으로 라이브 운영과 자원 투입을 중단하기로 결정했다.

경영진의 주도로 개발한 게임은 성공하기 어렵다는 교훈을, 장병규는 또 한 번 뼈저리게 깨달았다. "중국에서 통할 모바일 게임을 빠르게 만들자"는 그의 제안으로 엘린원정대 개발을 시작했다. 베이징에서 먹고 자며 게임을 개발했던 직원들의 삶은 그야말로 바닥이었다. 굳은 마음 없이는 견디기 힘든 환경 속에서, 윗사람의 지시로 만든 제품이 좋을 리 없었다. 게임 완성의 결정적 동인은 개발자의 자발적인 동기와 의지여야 했다.

우리는 결과를 정직하게 받아들여야 합니다. 게임 제작사로서 프로젝트 실패나 중단을 경험하는 것은 피할 수 없는 일이라 생각합니다. 그동안 학습한 것을 잘 정리해 다음 도전을 위한 자산으로 활용하겠습니다. 실패도 성공도 모두 훌륭한 제작사로 전진하는 자양분으로 삼고 묵묵히 우리 갈 길을 가도록 합시다.

김강석은 등락과 부침이 심한 게임업계에서 일희일비하는 것만큼 어리석은 태도는 없다고 생각했다. 엘린원정대팀은 포기하지 않고 전진했다. 성적이 노력을 따라오지 못해 아쉬울 뿐이었다. 첫 모험은 막을 내리지만 블루홀과 연합군 제작사에서 여러 모바일 프로젝트가 또 다른 여정을 준비하고 있었다.

김강석은 더 나은 과정과 결과를 기대하며 엘린원정대 개발팀을 해체했다. 서비스 마무리를 위한 소수 인력만 남았다. 개발팀 20명 중 8명이 블루홀을 떠나기로 했다.

팀이 해체된 자리에 시커멓고 쓰린 감정이 남았다. 개발 실무자들은 "희망 고문 하지 말고 팀을 해체하는 시점을 단칼에 결정해 알려주길 바란다"며 반발했다. 사후 처리가 길어질수록 앙금이 쌓였다. 좋은 인재들마저 회사를 떠날 준비를 했고, 회사에 애정이 있는 직원들까지 수군거렸다.

다른 부서로 이동하는 한 개발 직원이 김강석에게 설명을 요구하는 메일을 보냈다.

팀 해체가 사전 예고도 없이 이뤄졌고, 이동을 결정하는 데 주어진 기간이 너무 짧았으며, 기간이 지나면 사실상 즉각 권고 사직으로 이어졌습니다. 팀이 해체된 이후 팀원의 이동에 대해 모든 경영진, 팀 리더급들이 왜 이런 상황이 일어났는지, 어떻게 진행되고 있는지조차 공유하지 않았습니다. 프로젝트 실적이 좋지 않은 책임을 오롯이 개발팀이 졌다는 것, 특히 말단의 개발 인원이 피해자였다는 점도 이해할 수 없습니다. 게임이 부진한 데는 당연히 개발팀 문제가 있겠지만 사업팀의 판단 실수도 분명히 있습니다.

김강석은 해체 과정이 매끄럽지 않았고 개선할 점이 많다는 점을 인정하면서도, 몇 가지 판단은 오해라고 답했다. 프로젝트 해체는 사전 예고 없이 이뤄진 게 아니었다. 김강석과 개발팀 선임들 사이에선 '언제까지 어떤 업데이트를 해 특정 결과가 나오지 않으면, 프로젝트에 대해 극단적인 결정을 할 수밖에 없다'는 커뮤니케이션이 반복적으로 이뤄졌다고 밝혔다. 또한 흥행 실패를 개발팀에만 전가하지는 않았다고 말했다.

이 지점에서 꼭 아셨으면 하는 점은, 제작의 실패와 흥행의 실패는 별개라는 것입니다. 물론 제가 엘린원정대 개발팀을 질책했습니다. 질책의 대상은 제작 과정상의 문제점이지 시장에서 흥행을 못 한 점이 아니었습니다. 제작팀의 책임 범위는 계획된 일정과 투자 안에서 어떤 제품을 완성도 있게 제작해내고 출시했는가, 또 라이브 준비를 탄탄히 했는가입니다.

흥행과 사업의 성패는 이런 제작 이외에 여러 변수가 있기 때문에 그것을 제작이 다 짊어질 수는 없죠. 실제로 엘린원정대가 시장에서 흥행을 못 한 건 현지 퍼블리셔의 무능, 그런 퍼블리셔를 선택한 경영진의 오판 등 여러 이유가 있습니다.

제작 현장에 있었던 분들은 더 진한 아쉬움과 아픔을 가졌으리라 생각합니다. 그래서 감정적으로 불만을 가질 수는 있지만, 그것이 잘못된 오해에서 기인하는 것은 곤란합니다. 그런 오해는 더 빨리 서로 확인했으면 좋았겠다는 생각이 듭니다.

　　마지막으로 이 기회를 빌려, 팀의 노력이 블루홀이라는 배가 더 나은 제작사로 가는 길에 밑거름이 되고 있다는 점을 말씀 드리고 싶습니다.

　　실패는 쓰렸다. 엘린원정대 개발 비용 20억 원이 허공으로 날아갔다. 개발팀을 이끌던 강상욱이 장병규에게 이메일을 썼다. "믿고 주신 기회였는데 이런 못난 꼴 보여드려 죄송한 마음뿐입니다. 올바르게 책임지는 모습이 어떤 건지 아직 잘 모르겠습니다. 하지만 마무리는 끝까지 책임감 있게 잘하겠습니다. 저는 이 업을 성공할 때까지, 끝까지 할 겁니다."

　　이에 장병규가 답했다. "게임 제작은 '끝까지 하면, 결국 성공하는 것' 같아요. 여하튼 힘내세요."

　　며칠 후 강상욱은 장병규에게 다시 이메일을 보냈다. 그는 실패 이후 추상적인 목표 3가지를 세웠다고 말했다.

　　첫째, 실패한 팀을 중심으로 시작한다. 둘째, 성공의 크기와는 상관없이 반드시 성공하는 사이클을 둔다. 셋째, 게임은 반드시 내가 재미있다고 느끼는 게임을, 나와 같은 유저를 대상으로 만든다.

　　현실엔 수많은 고민거리와 난제가 쌓여 있고, 한 걸음 성큼 더 나아가기가 잘되지 않습니다. 저와 팀이 블루홀에서 필요한 사람인지 의문이고, 이직이나 창업을 해야 하는 것은 아닌지도 고민입니다. 어찌 됐든 팀을 재구성해야 합니다. 잡고 싶어도 잡을 수 없는 사람이 있고, 계속 데리고 가야 하는지 아닌지 고민이 되는 사람도 있습니다.

장병규는 강상욱에게 "현재의 팀 구성으로는 중소 규모의 게임 개발은 불가하다"고 조언했다. 게임의 핵심은 결국 재미인데, 그걸 책임질 사람이 없다는 것이다. 팀원에 대한 책임감을 갖는 것은 좋지만, 그게 심하면 팀원의 자립과 독립을 막게 된다고 장병규는 생각했다. 무언가 얻으려면, 먼저 가진 것을 내려놔야 할 때도 있는 법이었다.

저 같으면 일단 팀을 해체하고 쉬겠습니다. 스스로 하기 힘들면 저나 경영진이 그 결정을 실행하겠으니 말씀해주세요. 이직과 창업은 본인의 선택이겠지만, 선배로 조언하면 창업은 절대 하지 말기를 추천하고, 이직은 그럴 수 있다고 생각합니다. '끝까지 해서 결국 성공'하려면, '끝까지 하기 위한 지혜로운 실행'들을 해야 하는 것 같습니다.

창업 때부터 블루홀에 몸담으며 고락을 함께했던 한 PD는 퇴직 인사를 남기고 떠났다. 15년 개발 경력의 절반을 테라에 쏟으며 라이브 팀장을 맡기도 한 직원이었다. 퇴사 직전의 그는 소속된 팀 없이, 합류할 팀을 찾아야 하는 임시 조직에 속한 신세였다.

10년 전 첫 PD를 했던 프로젝트가 망하고 떠났던 홍콩 여행. 구시가지의 허름한 PC방에서 리니지2의 포스터를 발견하고 한국 게임의 인기에 뿌듯함과 부러움을 동시에 느꼈던 적이 있습니다. 그 후 제 목표는 아시아를 넘어 전 세계에서 인정받는 게임을 만드는 것이 되었고, 블루홀도 그런 비전을 공유할 수 있었기 때문에 합류했습니다.

솔직히 테라가 상업적으로 크게 성공하지 못해 아쉬운 마음은 있습니다. 블루홀에서 일하는 동안 저는 제가 목표했던 일을 할 수 있었고 전 세계 테라 팬들의 관심과 사랑을 느낄 수 있었기에, 힘은 들었지만 후회 없이 행복하게 일했던 것 같습니다.

몇 달 전만 해도 블루홀을 떠나게 되리란 생각은 못 했었는데 임시조직에 있는 동안 소규모로 정말 실험적인 제품을 만들고 그걸 발전시켜나가는 일을 해보고 싶어졌습니다. 처음엔 회사 안에서 해볼 생각이었지만, 스스로 더 절박해지지 않으면 아무것도 이루지 못할 것 같다는 생각이 들어 퇴사를 결심하게 되었습니다.

결심이 무뎌지기 전에 주변에 바로 이야기하고 재택근무로 전환해 창업 준비를 시작했습니다. 그런데 막상 회사를 떠나보니 숨만 쉬는 데도 돈이 들어가는 느낌이라, 일주일 만에 회사 밥과 커피가 그리워지더군요. 잘 안될 거라 생각했던 일들이 예상보다 더 안되고 있는 우울한 상황의 연속, 게다가 몸은 아프기까지.

그래도 블루홀 초창기 때처럼 가슴이 두근두근 뛰고, 무슨 일이 벌어지든 그게 목표한 일로 이어지는 과정이라는 생각이 들어서 즐겁습니다. 아마 돈 떨어질 때까지는 이 짓을 하고 있을 것 같네요(빚은 5천만 원까지만 지려고요).

내년이면 저도 마흔. 저의 30대는 블루홀이었습니다. 좀 오글거리지만 '새로운 10년의 비전'을 찾아 정들었던 블루홀을 떠납니다. 이 길에서는 또 다른 형태로 여러분과 계속해서 인연을 맺어갈 것 같아요. 그동안 감사했고, 앞으로도 잘 부탁드리겠습니다.

인사 주고받기 캠페인

하반기 블루홀지노의 데빌리언 라이브 구성원이 블루홀 판교 사무실에 합류했다. 피플팀의 캠페인 '기본기를 다집시다! — 사소한 직업의식의 강화' 시리즈는 세 번째를 맞았다. 이번 주제는 '인사를 주고받는 문화.'

경영진은 "블루홀의 인사 문화는 정말 훌륭한 문화라고 생각한다"며 반겼다. 안 그래도 부쩍 인사를 받지 않는 직원들이 늘었다. 인사를 하지 않는 문화에는 전염성이 있었다. 한 팀에서 인사를 하지 않는 사람의 비율이 일정 수준 이상이 되면, 인사성이 밝던 사람도 덩달아 인사에 인색해졌다. 한 팀 대부분이 인사를 하지 않게 되면 그 팀에 인사를 건네던 다른 팀도 인사를 하지 않는 부정적인 연쇄 효과가 생겼다.

피플팀장 임재연이 메일을 썼다.

서로 인사를 주고받는 것은 상대방을 존중하는 마음의 표현입니다. 첫 직장 생활에서 좋지 못한 습관이 몸에 밴다면 그건 회사의 책임도 분명 크다고 봅니다. 신입일 때부터 이를 무시하거나 회피한다면 선배, 리더가 되었을 때는 믿고 따르는 팀원들을 어떠한 자세로 대하고 바라볼지 훤히 보입니다. 모든 직원은 향후 블루홀을 이끌어갈, 더 나아가서 게임업계를 리드할 PD이자, AD이자, CTO라고 생각합니다.

최근 몇몇 신입 직원분이 저에게 싫은 소리를 좀 들으셨습니다. 눈이 마주칠까 시선을 떨구거나, 심지어 누군가 인사를 했는데 그냥 못 들은 척(못 들었을 수도 있겠죠) 쓱 피해 가는 분들. 다행히 제 잔소리에 이후에 좋은 모습을 보이시는 분들이 대부분이었기에 감사하고 다행이라 생각하는데, 아직도 몇몇 분께서 그런 모습을 보이십니다. 오늘 오전에도 몇 명과 얘기를 나눠야 할 듯한데요. 여러분 팀 누군가를 제가 호출한다면 '사람을 포기하지 않기 위한 몸부림이구나' 하고 생각해주시면 감사하겠습니다.

장병규가 의견을 냈다.

그냥 긁적여보면, 인사하기를 동인하는 중요한 핵심 중 하나는 '서로 얼굴은 알겠다'인 것 같습니다. 그래서 '서로 얼굴은 알겠다' 정도를 강화하는 방안도 병행적으로 고민해보면 어떨까 싶습니다.

예를 들어 내부망 인물정보 데이터베이스DB 사진을 좀 더 현실적으로 잘 찍어 업데이트한다든지, 사진 보고 이름을 맞춰야 내부 정보망이 로그인이 된다든지, 혹은 복도 모니터에(혹은 블루홀 전용 화면 보호기 화면에) 블루홀 구성원들이 찍힌 자연스러운 사진들이 나온다든지 하는 방안이 문득 생각나네요. 물론 직군 교류와 같은 라인별 소통 방안도 좋을 것 같고요. 여하튼 참고하시고요~!

연합군의 각개전투

연합군은 각개전투를 시작했다. 부대마다 희비와 명암이 갈렸다. 블루홀지노게임즈의 MMORPG 데빌리언은 태국에 이어 북미 유럽 시장에 진출했다. 태국 시장에서 신통치 않은 성적을 거둔 김창한 PD는 당황한 기색이 역력했다. 장병규는 "여러 면에서 솔직히 불안하다. 그냥 김창한이 알아서 안고 죽는 모양새인데"라며 걱정했다. 데빌리언은 조만간 중국 시장 진출을 앞두고 있었지만, 전망은 잔뜩 흐리기만 했다.

이어 데빌리언의 한국 서비스를 맡은 NHN이 서비스 종료 계획을 통보했다. 적자가 계속돼 국내 서비스를 유지할 수 없다는 이유였다. 김창한은 자식과 다름없는 게임의 사망 선고를 받아들일 수밖에 없었다. 서비스를 이전할 업체를 물색해봤지만 적자를 보는 게임의 파트너를 여간해선 찾기 어려웠다.

블루홀피닉스는 모바일 리듬 액션 게임 '하이파이브 포 카카오'를 출시해 출시 일주일 만에 50만 다운로드를 돌파하고 구글플레이 전체 인기 게임 1위에 올랐다. 간단한 손가락 조작으로 음악을 연주하는 재미를 주는 게임이었다.

신봉건 대표는 RPG 게임이 주류인 한국 게임 시장에서 음악 게임 제작에만 20여 년째 매달릴 정도로, 이 장르에 승부를 걸었다. 6개월에서 1년이란 짧은 기간에 게임을 만들 수 있는 재빠른 개발력이 강점이었다. 그가 내놓는 게임은 늘 경쾌하면서 독창적이란 평가를 들었다.

신봉건은 언론 인터뷰에서 "게임 스타일이 독특하지 않으면 재미가 없다"며 "빠른 제작의 밑바탕엔 게임에 대한 열정이 있다"고 밝혔다.

통상 게임 개발을 하면 리뷰하고 제작하고 리뷰하고 다시 기획해서 뜯어고치는 과정의 반복인데, 우리는 금요일에 빌드가 나오면 토요일, 일요일에 리뷰를 하고 새로운 투 두 리스트를 작성합니다. 처음에 적응하지 못하는 사람들도 간혹 있는데 적응하고 나면 재밌어합니다. 기본적으로 게임을 좋아하는 사람들이니까요.
음악 게임이 굉장히 마니악한 장르라는 이미지가 강한데 이런 이미지를 깨고 싶어요. 많은 사람이 하이파이브를 즐겨줬으면 너무 좋을 것 같아요. 요즘 1990년대 후반, 2000년대 초반을 떠올릴 때가 있습니다. 제가 겪어왔던 음악 게임의 전성기를 다시 만들고 싶다는 바람입니다. 음악 게임 개발자로서 다시 한번 그 전성기를 경험하고 싶어요. 아마 올 때까지 계속 만들 것 같습니다.

김강석은 회사 안팎에 블루홀피닉스가 거둔 승전보를 알렸지만 웃을 수만은 없었다. 양호한 트래픽에 비해 매출이 기대 수익의 70퍼센트 수준이었다. 리듬 액션 장르로는 효율적인 매출을 내기 어렵다는 현실을 깨달았다. 퍼블리셔 지원이 약한 데다 블루홀 자체 마케팅 능력도 떨어져 신규 가입자 집객이 문제였다. 김강석의 고민을 접한 장병규는 이렇게 조언했다.

블루홀보다 마케팅을 잘하는 다른 파트너를 빨리 찾아보시기를 추천합니다. 구글플레이 스토어 피처링(추천 게임 선정·노출)을 담당하는 곳도 직접 알아보는 적극적인 노력이 단기간에 꼭 필요합니다.

블루홀스콜은 테라 IP를 활용한 모바일 게임 '테라: 다크 스콜(가제)' 제작 계획을 발표했다. 테라의 세계관과 아트 자원을 적극적으로 활용하는 모바일 액션 RPG 게임이었다. 블루홀스콜은 합병을 타진할 때부터 테라 세계관과 각종 문서를 검토했고, 테라 IP를 활용한다면 글로벌 시장에서 성과를 낼 수 있다고 판단했다.

이상균 PD가 이끄는 헌팅존팀은 2016년 출시를 목표로 가위바위보 게임처럼 상성이 서로 다른 기술을 조합해 승부를 겨루는 모바일 게임 '엑스에이전시X-Agency' 개발에 돌입했다.

개발 중간 결과를 검증하다 김강석이 의견을 전했다.

저를 포함한 경영진이 다른 팀에 비해 상대적으로 헌팅존팀에 대해 간섭이나 참견을 많이 하지 않는 편입니다. 어떤 팀은 여전히 매주 제게 대면 보고를 하고 있고 경영진 리뷰도 자주 하는 경우가 있거든요. 그런 PD와 팀은 도움도 받으시겠지만 스트레스는 더 받으시겠지요. 헌팅존팀의 규모나 게임의 특성 등 여러모로 팀이 자율적으로 움직이도록 하는 게 좋겠다고 판단했기 때문입니다.

블루홀은 마일스톤 검증 방식으로 특정한 한 가지만을 고집하지 않았다. 김강석은 팀과 프로젝트별로 무엇이 좋은 방식인지 고민하고 적용했다. 그럼에도 프로젝트를 어떻게 관리하고 경영진과 PD가 얼마나 자주 만나는지와 상관없이, 회사와 경영진이 바라는 것은 늘 한결같았다.

약속한 일정과 예산으로 제품을 완성해 출시하는 것. 불행하게도 그것이 힘들거나 예측이 어렵다면 개발팀은 진솔하게 경영진과 머리를 맞대고 차선을 고민해야 했다.

저는 흥행을 책임지라 말하지 않고, 완성품을 내달라고 말합니다. 돈 벌지 말자는 말은 아니고, 또 출시만 하면 된다는 뜻도 아닙니다. 아무튼 저는 헌팅존팀이 완성품을 내기를 기대하고, 그 완성품이란 게임의 진입부터 재미를 느끼는 전 과정에 적용되는 것이라 생각합니다. 세상의 모두에게 재미를 느끼게 할 게임은 아니겠지만, 그 수가 많든 적든 이 게임에 합이 맞는 고객에겐 완성도가 높은 게임이라는 평가는 받길 원합니다. 헌팅존팀은 앞으로 완성도라는 키워드와 많이 씨름하게 될 것 같은데, 모두 건투를 빕니다.

이상균이 답했다.

말씀하신 대로 남은 기간엔 완성도와 볼륨, 양쪽을 다 잡아야 합니다. 걱정도 많이 되지만 한편으로는 기대도 좀 됩니다. 게임 만드는 건 후반으로 갈수록 더 재밌으니까요.

엘린원정대 서비스 중지라는 돌부리에 걸려 넘어졌던 강상욱 PD는 새로운 아이디어 제안서를 김강석에게 들고 왔다. 온라인에서 실시간 스트리밍되는 대전對戰 게임 중심의 플랫폼을 만들어보겠다는 계획이었다. 김강석은 "게임의 수익보다 유저에 집중하겠다"는 강상욱의 포부를 긍정적으로 바라봤다. 하지만 본질적인 아이디어에 의문을 표했다.

첫째, 게임 산업은 본질적으로 제품 중심이기 때문에 결국 게임의 재미에 모든 게 달려 있습니다. 따라서 PD는 어떻게 제품을 더 잘 만들 수 있을지 수준 높은 고민을 하고 설득력 있는 솔루션을 제시해야 합니다.

둘째, 게임의 흥행은 예측이 불가능합니다. 따라서 대전과 같이 특정 장르로만 플랫폼을 채우려는 계획을 세우기는 어렵습니다.

셋째, 온라인 게이머들은 생각보다 어떤 합리적인 전략에 의해 '몰이'가 되지 않습니다. 온라인에서 게임을 갈아타는 비용이 거의 제로에 가깝기 때문입니다. 유저들은 사실 합리적이지 않습니다. 따라서 특정 게임 요소에 당연히 예상했던 반응을 하지 않는 경우가 비일비재합니다.

마지막으로 가장 강조하고 싶은 건데요. 어떤 서비스 아이디어든지 유저가 겪는 구체적인 문제를 어떻게 해결해줄 것인지 명확하게 제시해야만 경영진이나 유저를 설득할 수 있었습니다.

황철웅이 개발을 맡은 모바일 게임 T2는 넥슨과 퍼블리싱 계약을 체결했다. 황철웅은 과연 황철웅이었다. 게임업계에서 그의 평판은 여전했다. 그가 테라 IP를 활용해 T2를 개발하고 있다는 소식만으로 게이머들은 들썩였다. 사람들은 테라에서 황철웅이 선보였던 화려한 그래픽 효과를 스마트폰 게임 T2에서 만나길 기대했다. T2는 2016년 하반기에 게이머들을 만날 계획을 세웠다.

블루홀 라이브 토크

"연합군의 틀로 여러 배경을 지닌 사람들이 모인 만큼 경영진과 직원들이 한자리에 모여 블루홀의 크고 작은 일을 자유롭게 묻고 답하는 자리를 마련하고자 합니다." 피플팀이 '소통의 장' 행사를 기획했다.

진행 과정을 요약하자면 6주마다 1회 개최합니다. 프로젝트별 리더급을 스페셜 게스트로 선정하고 CEO와 CSO 등 최고경영진의 의견을 참고해 Q&A 방식으로 진행합니다. 미처 참석하지 못한 구성원을 위해 행사 내용을 피플팀에서 취합해 내부망에 공유할 예정입니다. 기획안에 대한 검토와 피드백을 부탁드립니다.

'최고 경영진'이란 단어가 장병규의 신경을 건드렸다.

최고 경영진이라는 용어를 저희가 썼던가요? 경영진(CEO, 이사회 의장 등)이라고 쓰기에도 뭐하고. 그냥 CEO같이 개별적으로 쓰는 것이 좋을 것 같기도 하고. 여하튼 고민 부탁드립니다. 용어의 중요성을 제가 이 메일에서 강조할 필요까지 없겠습니다만.

장병규가 답장을 이어나갔다.

첫 회에 대한 고민이 좀 더 필요합니다. 선정된 리더급이 경영진으로부터 푸시를 받는 모습은 어떤 형태로든 좋지 않을 것 같습니다. 수평적 대화가 되어야 할 텐데, 첫 회부터 그것을 기대하는 것이 쉽지 않을 것 같기도 합니다. 첫 회에 선정된 리더급이 누구냐에 따라서 그것이 가능할 수도 있고 아닐 수도 있는데, 좀 더 고민 부탁드립니다.

행사 진행은 어느 정도 시간이 적합할까요? 초안에 따르면 선정된 리더급 혹은 최고 경영진의 발표는 거의 없이 Q&A로만 진행하는데, 한국식 교육을 받은 다수를 대상으로 과연 존재 이유가 명확한 행사로 지속 가능할까요? 혹은 발표 없이 Q&A로만 진행하기 위한 장치들이 충분할까요?

기대 효과를 기술할 때에는 바라는 바가 명확하게 그리고 구체적으로 기술되면 좋겠고, 가급적 실제 효과를 측정할 수 있는 방안을 고민해보시면 좋겠습니다. 그리고 그에 따라서 행사의 발전과 지속 여부를 결정하고, 피드백을 받을 수 있도록 설계되기를 바랍니다. 그 이외에 부수적으로 이룰 수 있는 효과도 기술하되, 그것이 부수적이라는 점도 명확히 했으면 좋겠습니다.

전반적으로 피플팀에서 만드는 문서들이 직원들을 배려하는 차원에서인지 직설적이지 않고 두루뭉실한 표현으로 쓰여 있는데, 개인적으로 전혀 공감되지 않습니다. 좀 더 드라이하게 구성원들과 조직에 대한 이해를 바탕으로 한 문서를 작성해주시길 바랍니다.

그의 메일은 쉽사리 끝날 기색을 보이지 않았다.

PS: 문서를 공유할 때에는, 해당 문서의 상태가 어떤지도 함께 공유하고 피드백을 요청하는 것이 기본입니다. 극초안이니 어떤 피드백도 좋다, 혹은 피플팀 내부적으로는 컨센서스가 있으니 그 나름대로 준비된 상태다, 업무가 급하니 빠르게 피드백을 요청한다, 등등.

두 달이 지나 '소통의 장'은 'BLT Bluehole Live Talk'란 이름으로 정례 행사가 됐다. 매월 세 번째 목요일마다 경영진과 구성원이 한자리에 모이기로 한 것이다.

블루홀은 창업 당시 구성원들에게 투명한 정보 공유를 약속했지만 전체 직원이 300명을 넘기면서 전사 발표가 어려워졌다. 장병규가 "참석을 희망하는 구성원들이 한 달에 한 번 정도 모여 회사 사정을 물어보거나 토론할 수 있는 자리, 아울러 여러 제작 라인이 지금 어떤 게임을 어떻게 만들고 있는지 알 수 있는 자리를 만들어보자"는 제안을 하면서 BLT가 조성됐다. 있는 그대로 사실과 현실을 공유하고 자유롭게 의견을 주고받는 행사를 정기적으로 만들어보자는 취지였다.

김강석은 "경영진과 구성원이 같은 정보를 갖고, 같은 눈높이에서 고민할 때 블루홀이 더 좋은 회사가 될 것이란 기대와 믿음이 있다"며 행사를 승인했다. 그는 "블루홀이 추구하는 가치와 방향성에 대해 모든 구성원이 끈기 있게 대화하고, 이해와 공감을 쌓아갈 때 비전을 함께 이룰 수 있다"고 주장했다.

첫 주제는 '2015년 블루홀의 가장 큰 변화, 모바일 제작 연합군의 출격!' 장병규와 김강석이 첫 발표를 맡았다.

연합군을 향한 눈초리

TV에서 배우 이병헌, 정우성, 차승원, 하정우가 스마트폰을 들고 게임을 했다. 모바일 게임 신작 출시를 알리는 광고였다.

신작 모바일 게임 출시를 앞두고 게이머를 모으는 업체들 간 경쟁은 갈수록 거대하고 격렬해지고 있었다. 2012년만 해도 4억 원이던 모바일 게임의 TV 광고 집행 금액은 2015년 2천억 원으로 훌쩍 뛰었다. 게임업체인 '웹젠'은 장동건, '쿤룬코리아'는 정우성, '로켓모바일'은 이정재를 신작 게임 광고 모델로 선정했다. 영화 〈반지의 제왕〉에서 엘프 전사 레골라스 역할을 맡았던 할리우드 스타 올랜도 블룸은 중세 갑옷을 입고서 몬스터들을 무찌르며 국내 게임업체 네시삼십삼분(4:33)의 새 모바일 게임을 선전했다. 미국 블리자드는 카드 게임 '하스스톤 Hearthstone'을 공개하며 한국 모바일 게임 시장에 도전장을 냈다. PC 게임회사로 입지를 다져온 블리자드의 첫 모바일 게임이었다.

블루홀은 누적 적자 폭이 커지면서 자산보다 부채가 많은 자본 잠식 회사가 됐다. 장병규와 김강석은 블루홀에 닥친 재무 위기에 골머리를 앓았다. 고비를 넘기 위해선 200억 원이 넘는 돈이 필요했다. 미국 자회사 엔매스의 매각을 검토했다. 장병규는 자본 잠식 상태가 투자자에게 부정적인 영향을 주는 상황을 우려했다.

"자본 잠식을 벗어나려 한다는 이런저런 이야기를 이사회에 한번 발표하는 것이 좋을 것 같습니다. 이사회에 사전에 알려둬야 나중에 일하기도 편할 것 같습니다." 김강석은 이사회에서 엔매스 매각 전략을 포함한 현금 조달 아이디어를 발표했다.

적자에 허덕이면서도 블루홀은 지노게임즈와 피닉스게임즈, 스콜에 이어 '마우이게임즈'를 네 번째 연합군으로 끌어들였다. 마우이게임즈는 2D 그래픽 RPG 게임 제작에 특화한 업체였다. 직원 10여 명이 오랫동안 손발을 맞춰 팀워크가 두터웠다. 개발뿐 아니라 소싱, 사업, 운영 등 각종 분야를 두루 겪은 팀이었다. 대표 조웅희는 장병규, 김강석과 함께 일해본 경험이 있어 편하게 생각을 공유할 수 있었다.

김강석의 합병 목적은 크게 2가지였다. 하나는 소규모 2D 그래픽 RPG 제작팀을 확보하는 것이었고, 다른 하나는 모바일 게임 신사업을 담당할 책임자를 영입하고 싶었다. 김강석은 "꼼꼼한 일 처리와 넓은 인간적 신망 등 긍정적인 자질이 많은 인재"라며 "작은 규모일지라도 제작사를 차려 경험의 폭을 넓혔기 때문에 모바일 사업에 적합하다"고 이사회를 설득했다.

　김강석은 블루홀과 지노 이외에 피닉스와 스콜에게도 마우이게임즈의 합류 소식을 전했다. 연합군 전체에 이메일을 보내는 건 김강석도 처음이었다. 이메일 수신자 중엔 김강석의 얼굴을 모르는 사람도, 연합군이라는 표현이 낯선 사람도 있을 게 분명했다. 김강석은 회사 결정을 솔직하게 공유하는 것이 이득이 된다고 판단했다.

　오늘 소식은 새로운 제작사의 합류입니다. 마우이게임즈라는 개성 있는 모바일 제작사가 우리 연합군에 합류하게 되었습니다. 마우이는 '포켓프린세스' '포켓원정대'로 이어지는 출시작을 통해 감성적인 2D 도트 그래픽 기반의 육성 RPG 게임에 역량을 쌓아왔습니다. 2013년 창업 이전부터 오랫동안 함께 다져온 팀워크가 장점이며, 최근에는 포켓원정대의 해외 출시를 준비하고 있습니다. 추후에도 자신들의 색깔을 게임에 지속적으로 입혀나갈 것으로 기대합니다.

　블루홀의 경영진은 훌륭한 제작 리더십과 팀을 찾아, 그분들이 제작에만 집중할 수 있는 환경을 만드는 것이 최선의 성공 전략이라 믿습니다. 이런 믿음을 기반으로 다양한 배경과 DNA를 가진 여러 제작팀이 한 몸이 되어, 세계 시장에 도전하는 일을 계속할 수 있도록 제작 연합군의 행보를 이어나가겠습니다.

블루홀 경영진은 게임 제작을 총괄하는 사람, 혹은 팀을 가리켜 '제작 리더십'이란 용어를 새롭게 사용했다. 모바일 게임 제작과 제작 연합군으로의 전환을 나타내는 '블루홀 2.0'을 선언한 뒤로, 종종 이 단어를 썼다.

이때까지도 장병규는 제작 리더십을 명쾌하게 정의 내리지 못했다. 하지만 적어도 제작 리더십은 '제작의 A부터 Z까지 시작과 끝을 모두 챙길 수 있는 인재'라는 생각을 품었다. PD 혼자 이런 역할을 맡을 수도, PD를 비롯한 기획, 아트, 프로그래밍 팀장이 함께 역할을 해낼 수도 있겠다 싶었다. 제작과 경영의 분리 원칙은 테라 수장이던 박용현이 회사를 떠나면서 폐기된 지 오래였지만, '제작진이 게임 개발을 하되, 경영은 마일스톤으로 견제한다'는 원칙만은 그대로였다.

블루홀 내부에선 뒷얘기가 계속 흘러나왔다. 테라 외엔 뚜렷한 현금 창출원이 없는 상황에서 중소 제작사와 연합하는 게 맞느냐는 것이었다. 덩치는 갈수록 커지는데 이렇다 할 대표 모바일 게임이 하나도 없었다. 회사 자금력과 실적을 걱정하는 여론도 많았다.

김강석은 직원들에게 블루홀의 행보가 빠른 시간 내 몸집 불리기나, '모 아니면 도' 식의 묻지마 경영이 결코 아님을 강조하고 싶었다. 태생적으로 흥행 산업인 게임 제작업은 투자와 도전, 그리고 실패를 양분으로 삼아 의미 있는 성공을 만들어내고, 이를 통해 좋은 제작팀을 빚어가는 것이라고 그는 믿었다. 김강석이 또다시 전체에게 이메일을 썼다.

저는 우리가 게임 제작업의 본질에 충실한 시도를 하고 있다고 확신하며, 이런 시도가 지속될 수 있도록 재무적, 사업적 리스크는 철저히 분석하고 관리하고 있습니다. 최근 연합군 내에서 좋은 성과가 나오기 시작하고, 제작 중인 타이틀이 긍정적인 전망을 주기도 하는데요. 이런 소식은 또 기회가 되면 공유드리겠습니다. 앞으로도 계속될 우리의 행보를 지켜봐주시기 바라며 우리와 함께하게 된 제작사에 많은 격려와 응원을 부탁드립니다.

지난 1년간 김강석은 대한민국의 게임 개발사를 거의 다 만나봤다. 인수하겠다고 손을 내밀어도 대부분 상대편에서 고개를 저었다. 잘나가는 회사는 아쉬울 게 없었다. 블루홀에 합류를 결정한 회사들일수록 사정이 어려웠다. 이사회를 설득하는 것도 큰 난제였다. "블루홀에 맞는 회사가 진짜 여기냐" "다 망해가는 회사를 인수해서 어쩌자는 것이냐." 내부자들의 질문에 답변해야만 했다. "어려운 애들끼리 손잡아서 더 빨리 망하겠네." 게임업계의 비아냥을 김강석은 머릿속에서 쉬이 지우기 힘들었다.

블루홀피닉스가 틔운 숨구멍

상쾌한 소식은 바다 건너에서 들려왔다. 블루홀피닉스가 출시한 모바일 볼링 게임 '볼링킹'이 미국 안드로이드 앱스토어에서 무료앱 순위 28위를 기록했다. 일요일 하루에만 115만 명이 볼링킹을 즐겼다. 볼링킹보다 높은 순위의 앱 가운데 게임 앱은 8종에 불과했다. 나머지는 누구든 알 만한 구글, 페이스북 앱이었다.

오랜만에 흥이 난 장병규가 제작진 두 사람과 저녁 술자리를 했다. 볼링킹 성공에 대한 해석을 안줏거리로 삼았다. 성공의 핵심을 두고 제작진은 "볼링킹에 이미 게임의 재미가 담보돼 있었다"는 주장을 폈다. 블루홀피닉스가 이전에 볼링킹과 비슷한 서비스를 했을 때도 하루 4~5만 명 이용자 수를 꾸준히 달성했다. 성과가 나오는 게임은 본질적으로 '핵심 재미'가 있다고 생각해야 한다는 의견이었다.

게임의 핵심 재미를 만드는 일은 게임 제작 과정에서 가장 어렵게 느껴진다. 이성과 감성, 본능과 무의식의 총체인 '핵심 재미'를 창조해내기란 쉽지 않다. 그토록 자랑스럽게 여기던 테라의 전투도 3차 CBT까지 재미없다는 평가를 받은 사실을 장병규는 기억했다. 선풍적인 인기를 구가하는 모바일 퍼즐 게임 '프렌즈팝' 업데이트가 느린 이유를 두고 "한 판의 밸런스를 재미있게 맞추는 사람이 한 사람뿐이기 때문"이란 소문이 게임 업계에 파다했다.

　장병규는 "게임의 성공은 출시 때까지 모른다" "게임의 핵심 재미를 만드는 것은 정말 어렵고 예측 불가능하다"는 오랜 진리 명제를 반복해 말하면서 술잔을 비웠다. "미국 시장 성공은 현지 퍼블리셔인 '미니클립'으로부터 전폭적인 지원을 받았기 때문"이란 의견도 나왔다. 미니클립은 퍼블리싱을 결정할 때 '빠르고 가벼운' 게임인지를 중요하게 여겼다. 이 때문에 볼링 킹 출시 전 "앱을 켠 뒤 10초 이내에 게임을 할 수 있게 설계해 달라"는 구체적인 주문을 하기도 했다. 또 이들은 사용자 이탈을 막기 위해 게임을 할 때 멈추지 않고 계속할 수 있게 작동 방식을 다듬길 요구했다.

　하지만 장병규는 퍼블리셔가 성공 요소라는 의견에는 동의하지 않았다.

　미니클립은 흙을 파서 진주가 보이게 만들었습니다. 퍼블리셔의 요구는 이미 게임에 존재하는 핵심 재미를 가리거나 해치던 여러 문제점을 제거하는 데 도움이 된 것이죠. 절대 잊지 말아야 할 것은, 진주가 없다면 흙을 아무리 열심히 파도 무용지물이라는 것입니다.

　미니클립이 마케팅을 통해 성공의 크기를 엄청나게 키웠지 않느냐, 하는 반론이 제기됐다. 장병규는 마케팅을 이렇게 정의했다. "마케팅은 제품에 곱하기를 해주는 것입니다. 말하자면 제품이 음수라면(안 좋다면) 더 빨리 망하게 만들고, 제품이 양수라면(좋다면) 더 빠른 성공을 부릅니다." 이런 단순한 마케팅 정의에 전적으로 의존할 수는 없겠지만, 어찌되었든 제품이 좋지 않다면 마케팅은 무용하다는 게 그의 생각이었다.

미니클립의 기존 고객이 상당히 많았고 볼링킹을 좋아할 확률이 높아서 프로모션이 잘 작동했다는 점, 미니클립이 쌓아온 브랜드 파워가 있었기 때문에 구글과 애플이 안심하고 강하게 게임을 밀어줄 수 있었다는 점, 여러 홍보도 많이 했다는 점, 모든 마케팅 행위를 게임 출시에 맞춰 일점사했다는 점 등은 마케팅의 정석을 아주 잘 실행한 겁니다. 양수에 곱하기를 아주 멋지게 한 것이죠.

블루홀은 발병과 치료를 반복하며 연명하고 있었다. 블루홀 피닉스가 블루홀의 숨구멍을 틔워주는 효자 노릇을 했다. 김강석이 불러들인 연합군 가운데 기념할 만한 성과를 낸 회사는 피닉스를 제외하곤 없었다.

2015년 마지막 BLT를 준비하던 김강석이 문득 상념에 잠겨 장병규와 다른 경영팀원에게 이메일을 보냈다. "두 분은 테라와 W의 2015년 성과를 한 줄로 요약하면 뭐라고 생각하시나요? 한 해를 돌아보며 BLT 생각을 하다 궁금해집니다." 팀원에게서 답이 왔다.

W: 땅에 뿌리 내린 해. 일정과 목표가 구름 위에서 내려온 듯해서
요. 모바일: 첫 천만 다운로드를 경험한 해.

장병규도 답신을 보냈다.

테라: 구성원들의 시행착오 속에서 기대에 미치진 못했지만, 디펜스
를 열심히 한 해. W: 돌아가는 것(프로토타입)을 처음 본 것. 그리고
매스(대규모 개발)에 대한 생각을 맞춘 것. 모바일은, 음… 이제 막 시
작한 것. 그리고 볼링킹의 성공을 통해서 뭔가 좀 더 배운 한 해?

조직 개편과 마일스톤 중간 평가

김강석은 연말 '블루홀 2.0 조직'이란 이름으로 대규모의 조직
개편을 단행했다. 제작 라인을 중심으로 하되, 블루홀 내부뿐
아니라 여러 자회사에 있던 다양한 지원 조직을 한데 모으는
것이 핵심이었다. 공통 조직이 여러 제작 라인과 협력해 좀 더
빠르고 원활한 개발을 도모했다.
　새로운 성장 기반을 마련하기 위해 프로젝트 또한 다양하게
가동했다. 테라를 콘솔로 즐길 수 있게 만드는 '테라 콘솔 프로

젝트'를 시작했고, VR 게임 시대를 대비해 'VR 리서치팀'을 신설했다. 글로벌 모바일 시장에 통통 튀는 소규모 게임을 내놓는 '캐쥬얼 TFT'도 만들었다.

제작을 중심으로 연합군을 구성한다는 비전은 매우 유니크하고 또 대단히 어렵습니다. 게다가 아직 이 비전과 실행 방법론은 완성형이 아닌 진행형이며, 경영진 사이에도 여전히 많은 고민과 논의가 진행 중입니다. 경영진도 사람이니 이 과정에서 때때로 오판을 하고 실수도 많습니다.

그럼에도 분명한 것은 이런 과정을 통해 조금씩 빚어지고 다듬어져 간다는 것입니다. 1년 전 깃발을 올릴 때에는 저조차 여기까지도 올 줄 몰랐습니다. 살아남기 위해 시작했다는 것이 솔직한 고백이고요. 그러나 이 길을 가면서 점점 확신이 더해가는 것을 느낍니다. 이번 조직 개편도 이런 변화 과정의 하나며, 중요한 한 걸음입니다.

여러분께 당부드리고 싶은 것은 조직 변화로 인한 불편함보다 블루홀과 연합군이 만들어나갈 더 큰 세상을 바라봤으면 하는 것입니다. 조만간 BLT에서 여러분과 얼굴 마주하고 자세한 이야기를 더 나누도록 하겠습니다. 날씨가 춥습니다. 건강 주의하세요.

황철웅에게 겨울바람이 유독 쌀쌀했다. 그가 이끄는 '프로젝트 T2'는 마일스톤 중간 평가에서 혹독한 평가를 받았다.

압도적인 그래픽 비주얼과 전투 플레이를 통해 성장과 게임의 재미가 느껴지는지 확인하고, 아닌 경우 프로젝트를 중지한다고 지난 8월 결정한 바가 있습니다. 평가 자료를 이제야 읽었는데 그래픽과 전투 플레이 모두 목표치 미달인데 왜 프로젝트를 중지하지 않고 계속해야 하는지에 대한 이유가 없네요. 저는 합당한 이유가 없으면 예정대로 중지할 것을 요청드릴 예정이니, 이를 참고하셔서 모임에 와주시면 좋을 것 같습니다.

장병규가 쓴소리를 내질렀다. 그가 보기에 황철웅과 박현규의 리더십은 주어진 시간 1년 동안에 약속했던 마일스톤 달성에 실패했다. 그래서 믿을 수 없었다. "T2팀에는 제작 라인의 독립성과 마일스톤을 통한 견제라는 장치를 사용할 수 없습니다. 그렇다면 근면 성실함과 경영의 최종 의사결정을 통한 비상 체제가 되어야 합니다."

장병규가 선언한 비상 체제의 규칙은 다음과 같았다. 2~3주 단위로 빌드를 만들고, 김강석이 결과를 바탕으로 언제라도 프로젝트를 취소할 권한을 가진다. 팀원 모두 10시 출근을 지키고, 이를 세 번 어긴 구성원은 바로 퇴직한다. 황철웅은 구성원들에게 이를 공유하고, 따르기 힘든 사람은 곧장 다른 제작팀에서 일하도록 권유한다.

이어서 김강석이 황철웅과 대화를 시작했다. 본래 T2 게임성의 핵심은 압도적인 그래픽과 촘촘한 성장의 재미를 주는 전투였다. 황철웅은 이를 구현하는 데 다시 한번 전념하기로 약속하고, 경영진의 일방적인 프로젝트 파기 권한과 근면 성실 원칙에 동의했다.

하지만 10시 출근 삼진 아웃제만큼은 "내가 정한 원칙이라고 팀원에게 전달하겠다"고 했다. 야근과 초과 근무를 팀원들에게 요구해야 하는 상황에서 사기에 악영향을 끼치는 일까지 하고 싶지 않았다. 황철웅 스스로 착실한 근태를 약속하고, 팀에게 삼진 아웃제를 따르라는 요구를 하는 그림이 차라리 나아 보였다. 황철웅은 PD로서 책임감과 자존심을 지키고 싶었다. 왜 이런 치욕을 감수해야 하는가, 라는 의문에 빠져 그는 허우적거리기 시작했다.

김창한의 제안서

제가 최근에 미쳐 있는 프로젝트가 있습니다. 이제 제안서의 형태가 되었으니 프로젝트 승인을 얻기 위한 활동을 하고 싶습니다. 절차도 모르겠고, 일단 대표님께 브리핑을 하고 뭐가 됐든 향후를 의논하고 싶습니다.

2015년 11월, 김강석은 블루홀지노의 김창한 PD에게서 "이번 주에 한 시간 정도 시간을 내주면 프로젝트 제안과 관련된 브리핑을 하러 가겠다"는 이메일을 받았다.

며칠 후 김창한이 제안서 하나를 들고 왔다. "제 얘기 좀 들어봐 주시겠어요?" 문서를 내밀며 김창한이 말했다. 'TSLTeam Survivor League 프로젝트'라 이름 붙인 파워포인트 48장짜리 파일이었다. 김창한의 머릿속엔 운영을 맡은 게임 데빌리언 대신 다른 프로젝트가 있었다. 그는 새로운 장르의 게임을 만들고 싶어 했다.

총싸움 서바이벌 게임이었다. 외딴섬에 플레이어가 여럿 투입되고, 총칼을 비롯한 다양한 무기와 탈것을 활용해 최후의 1인이 살아남는 순간까지 전투를 하는 MMO 슈팅 게임 장르였다. 그간의 총싸움 게임이 서로 팀을 이뤄 싸웠던 것과 달리, 만인에 대한 만인의 투쟁이 이 게임의 특징이었다. 그러니까 일대다 一對多 투쟁에서 최후의 1인이 되어야 하는 게임이었다.

이런 설정과 스토리를 담은 일본 영화 〈배틀로얄〉이 서구권에서 큰 인기를 얻기도 했다. 'H1Z1' 'ARMA3'와 같은 PC 게임이 배틀로열 장르를 내세우며 초기 시장을 만들어가고 있었다.

김창한은 세계 최대 규모의 PC 게임 온라인 스토어 스팀에서 그가 개발한 배틀로열 게임을 전 세계 시장에 판매하고 싶었다. 진출하려는 해외 시장마다 현지 배급사와 계약해 게임을 판매하는 방식이 아니라, 구글플레이나 앱스토어에서 게임을 내려받는 식으로 게임을 유통해 전 세계, 특히 북미 게이머들과 곧바로 만나길 원했다.

김창한은 한국에 불어닥친 모바일 게임 열풍을 안타까워했다. 한국 게임업체들은 모바일 게임 개발에만 혈안이 되어 있었다. 제대로 된 PC 게임 한 방으로 국내 게임 산업의 흐름을 바꾸고 싶었다. 좁은 한국 시장에서 벗어나, 해외 시장에 곧바로 배급할 수 있는 파괴력 있는 PC 게임을 만들고자 했다. 김강석은 김창한의 제안에 대해 "배틀로열, 스팀 유통 같은 아이디어가 얼마나 유효한지 모르겠지만, 제안서의 흐름이나 논리는 굉장히 훌륭하다"고 평가했다.

김창한은 부산에서 열린 한국 최대 게임 박람회 지스타 현장에 있는 장병규를 찾아가 이 게임에 대해 설명했다. 한 시간 동안 침이 마를 새 없이 이야기했다.

김창한은 배틀로열 게임의 요점을 4가지로 정리해 전달했다.

첫째, 배틀로열이란 장르가 게임 시장에 생겨나고 있고 또 유망하다. 둘째, 게임 그래픽 제작에 쓰이는 해외 기술인 '언리얼 엔진4' 사용이 무료화된 기회를 살려 적은 비용으로 게임 캐릭터 의상이나 근육의 움직임을 사실적으로 구현할 수 있다. 셋째, 전 세계에서 가장 큰 온라인 게임 유통 채널인 스팀을 통해 게임을 서비스하면 여타 퍼블리셔와 별도로 계약을 할 필요가 없으니, 블루홀이 독자적으로 전 세계에 게임을 배급할 수 있다. 넷째, 클라우드(가상 저장 공간) 서비스를 이용해 서버를 손쉽게 구축하면 외국을 겨냥한 게임 서비스가 용이해질 수 있다.

이런 장점을 십분 활용하면 개발을 포함한 모든 작업에 속도를 낼 수 있었다. 그는 1년 또는 1년 반 안에 게임을 출시하겠다는 목표를 제시했다.

장병규는 김창한을 '대단한 선동가'라고 생각했다. 김창한이 강하게 주장을 펴기 시작하면, 말이 안 되는 것이 말이 되는 것으로 느껴졌기 때문이다. 장병규는 배틀로열 장르나 게임에 대해 전혀 몰랐지만, 홀린 듯이 김창한의 설명을 들었다.

장병규는 김창한에게 이런 내색을 하지 않았다. 일부러 아무 반응을 하지 않고서 한 시간짜리 열변에 집중했다. 역설적이게도, 김창한의 계획이 너무나 '말이 된다'는 생각이 장병규를 멈칫하게 했다. 테라를 북미에서 서비스해봤고 스팀에도 유통해봤다. 이런 경험에 기대어 김창한의 구상을 직관적으로 이해할 수 있었다. 하지만 그의 직관은 이렇게 속삭였다. '경험 있는 투자자나 사업가는 너무 말이 되는 딜에 대부분 응하지 않아.'

장병규가 세운 스타트업 투자 업체 본엔젤스벤처파트너스도 마찬가지의 투자 원칙을 가지고 있었다. 투자를 결정할 때, '너무 말이 되는 업체'인 것 같다 싶으면 오히려 거부감이 들어 일부러 투자 계획 문서를 더 열심히 들여다보곤 했다. 이 의심 많은 남자는 세상일에 조금씩 문제가 있는 건 당연하고, 그게 차라리 건강하다고 여겼다. 외려 어떤 문제를 풀면 사업이 되겠다는 판단이 섰을 때 투자를 결정했다.

　김창한이 제시한 청사진이 너무 말이 되는 것을 불안하게 여긴 장병규는 "경영진과 게임 개발에 대한 논의를 앞으로 계속해보자"며 면담을 끝냈다.

　장병규는 김창한과 먼저 이야기를 나눴던 김강석에게 전화를 했다. 김강석이 말했다. "말이 되던데요?" 장병규가 답했다. "네. 발상이 좋더군요. 말이 진짜 되더라고요." 장병규가 덧붙였다. "근데, 김창한 PD가 만들고 싶다는 게임을 만들게 하더라도, 초반에 압박을 많이 해서 제안한 게임의 완성도를 높입시다. 딴지를 많이 걸자고요."

　전 세계 유저가 열광한 게임, 배틀그라운드 제작의 서막이었다.

인재에 대하여

지식 산업의 인재는, 제조 산업의 3요소인 토지·노동·자본에서의 노동과는 근본적으로 다르다. 지식 산업의 인재는 공장 컨베이어 벨트 앞에서 일하지 않는다. 인재는 전통적 노동자와 다르게 스스로 생산 수단을 갖는다. 아트 디자이너의 역량이 태블릿에, 프로그래머의 역량이 컴퓨터에 있지 않다. 인재는 쉽게 대체할 수 없는 역량과 경험을 자기 안에 지닌다. 노동 시간이 아닌 성과로 평가받는다.

인재의 업무는 시행착오와 도전의 연속이다. 인재를 둘러싼 환경도, 인재가 사용하는 기술도 시간에 따라 빠르게 변한다. 꾸준한 성과를 위해서는 끊임없이 학습해야 한다. 큰 성과는 대부분 협업의 결과물이기에, 인재는 협업에 강한 사람이어야 한다. 경험한 만큼 안다는 사실을 인정하고, 배우고 소통하려는 자세가 인재의 덕목이다.

지식 산업에서의 인재는 공동체 의식을 가지고 조직 전체를 고려해야 한다. 권한·절차와 매뉴얼보다는 역할·책임과 자율이 그 근간이다.

블루홀 초창기에 나를 포함한 3명이 저녁 식사를 하는데, 정해진 식비 이상을 시킨 적이 있다. 내가 사비를 좀 더 내야 하는지 고민하는 찰나, 주문자는 거리낌 없이 "4명이 먹었다고 기록하면 된다"고 했다. 나를 수평적으로 생각해주는 것은 좋은데, 본인의 잘못을 전혀 의식하지 못하는 점은 아쉬웠다. 누군가 지켜보지 않아도 스스로 규율이 있는 것. 그렇다. 자율은 지식 근로자의 일상이 되어야 한다. 공동체 의식은 기본이다.

지식 산업의 인재에게 자발적 동기와 의지는 특히나 중요하다. 어려운 도전일수록, 애매한 업무일수록 그렇다. 성공을 추구하되 실패 가능성을 염두에 두어야 하며, 실패를 두려워하지 않고 실패로부터 기꺼이 배울 각오를 갖춰야 한다.

블루홀은 한국 최초로 PC용 게임을 콘솔에 포팅하는 데 성공했다. 콘솔 포팅 프로젝트 초기, 경영진이 만난 업계 관계자들은 하나같이 이 프로젝트가 무산되리라 예상했다. 그간 도전 사례는 많았지만 모두 실패했다고 말했다.

콘솔 포팅 프로젝트는 예상보다 시간과 노력이 훨씬 많이 소요됐다. 하지만 자발적으로 도전을 시작한 블루홀의 인재들은 끝까지 포기하지 않았다. 그 결과, 이제 블루홀뿐 아니라 게임업계 전체가 콘솔 포팅이 가능하다고 믿는다. 이런 일이 지식 산업에서는 너무나 흔하다.

실패가 뻔해 보이는 무모한 도전을 경영진이 일부러 선택하고 지시할 리 있었을까? 회사가 시켜서 억지로 하는 일이었다면, 블루홀의 인재들이 지난한 개발 과정을 견딜 수 있었을까? 콘솔 포팅 프로젝트에서 엿볼 수 있다시피, 인재들의 자발적 동기와 의지는 지식 산업의 근간이다.

 지식 산업에서 실패는 흔하다. 시행착오는 더욱 빈번하다. 시행착오와 실패는 쉽게 관리되는 영역이 아니다. 제조업의 상징으로 표현되는 6시그마는 지식 산업의 핵심이 아니다. 지식 산업은 인재의 책임, 자율성, 의지 등이 중요한 산업이다. 첨단 제조업도 제조업이라는 점을, 제조업과 지식 산업은 근본이 다르다는 점을 인식해야 한다.

2016

생존 게임 :
자금 압박과 영토 확장

KRAFTON

'게임 제작의 명가'를 새로운 비전으로 삼은 블루홀의 현실은 참혹했다. 과거는 실패로 점철되고 미래는 잘 그려지지 않았다. 게임 개발 프로젝트가 잇따라 엎어지자 퇴사자가 줄을 이었다. 인수합병을 통한 제작의 연합군 전략을 쓰고 있었지만, 블루홀 안팎에서 회사가 점점 더 이상해진다는 비판이 들끓었다. 장병규는 내부 공개 행사에서 마이크를 잡고 블루홀의 비전과 철학을 말하며 직원들을 설득했다.

블루홀은 제작 프로젝트 'W'를 내걸고 카카오게임즈의 투자를 받아 가까스로 연명했다. 경영진은 김창한의 배틀로열 게임 개발 프로젝트 'BRO'에 선뜻 힘을 실어주지 않았다. 장병규는 김창한에게 게임 제작을 승인받기 위해선 배틀로열 게임의 창시자인 아일랜드 출신 브랜든 그린을 개발팀에 영입하라는 조건을 내걸었다.

새 프로젝트 TSL

블루홀지노가 만든 MMORPG 데빌리언의 북미 유럽 서비스에서 장애가 발생했다. "사소한 문제로 확인돼 금세 복구를 마쳤습니다." 보고서를 읽던 장병규에게 한 대목이 걸렸다. "게임상에서 캐릭터가 죽을 때마다 해당 서버에 있는 유저들이 재접속해야 하는 문제만 발생했고 전체 서비스에는 영향이 없습니다"란 내용이었다.

　제 생각에는 '기술적으로는' 맞는 표현일 수 있으나, '고객 입장에서는' 틀린 표현인 것 같아요. 고객 입장에서는 게임이 뭐라도 안되거나 잘못되면 모두 장애입니다.

　데빌리언의 이용자 수와 매출은 바닥을 기면서 오를 기미를 보이지 않았다. 구조조정 안을 논의하기에 이르렀다. "구조조정의 속도와 폭이 문제이지 안 할 수는 없다고 생각합니다. 저는 할 거면 한 번에 확실하게 최소 운영 모드로 가자는 입장인데, 담당 PD인 김창한 님이 고민 중입니다."

김강석의 의견에 장병규가 답했다. "구조조정의 원론은 '한 번만 한다'이고, 그러기 위해서는 '한 번에 최소로'가 맞습니다." 데빌리언 라이브 본부를 맡고 있는 김창한이 구조조정을 단행했다. 팀원 39명 가운데 6명만 남아 게임 운영을 맡고, 11명은 다른 부서로 이동했다. 7명은 권고사직을 당했고, 2명은 스스로 블루홀을 나가겠다는 뜻을 밝혔다. 나머지 13명의 개발자는? '슈팅 서바이벌 게임 TSL팀에서 함께 일할 것.'

'뭐가 별문제 없다는 거야.'

김창한과 경영진이 참석한 TSL 신규 제작 프로젝트 승인 회의에서 장병규는 탐탁스럽지 않은 표정을 지었다. 회의는 차라리 입씨름에 가까웠다. 장병규는 김창한에게 번번이 어깃장을 놓았다. 김창한이 만들겠다는 게임의 규모나 제작비는 크지 않았다. 블루홀의 제작 능력이라면 가능하다는 생각도 들었다.

전반적으로 이견은 없었지만, 작은 가시 하나가 마음에 걸렸다. 게임이 구체적으로 어떻게 설계되고 이뤄지는지, 즉 게임 디자인 측면이었다. 100명이 동시에 접속해 최후의 1인이 살아남을 때까지 싸우는 1:99의 총싸움, 배틀로열 장르의 액션 게임을 만들겠다는 것이 김창한의 구상이었다.

장병규는 100명이 한꺼번에 플레이한다는 것 자체가 난도가 높은 문제로 느껴졌다. 김창한은 줄곧 MMORPG 장르 게임을 만들어온 제작자다. "배틀로열 장르와는 전혀 다른 커리어를

쌓아왔지 않느냐"는 질문에 김창한은 "성공한 사람들 대부분은
한 번도 해보지 않은 새로운 것을 해서 성공한다"고 답했다.

"아무도 하지 않은 것을 하는 게 중요합니다. RPG 장르는 엔
씨소프트가 19년째 해왔기 때문에 다른 업체가 경쟁하기 어렵
습니다. 모바일 게임이 처음 나왔을 때는 아무도 해보지 않은
것이니 모두에게 경쟁력이 있었습니다. 배틀로열 장르도 마찬
가지입니다. 아무도 안 해본 것이기 때문에 오히려 괜찮은 겁
니다."

장병규는 기술, 아트, 서비스 영역은 걱정하지 않았지만, 게
임 디자인에선 김창한만으로 가능할지 의심을 떨치기 어려웠
다. 장병규가 김창한에게 물었다. "게임 디자이너 없어도 되나
요?" 김창한은 1초도 머뭇거리지 않고 대답했다. "이 게임은 뛰
고, 총 쏘고, 죽는 게임이라 게임 디자이너 없어도 됩니다."

장병규는 그게 못마땅해서 계속 딴지를 걸었다. "게임 디자
인이 별것 없다는 건 상당히 나이브한 주장이네요." 확신에 차
서 답변하는 김창한과 대화를 나누다 결국 짜증이 치밀었다.
장병규는 김창한이 차라리 "게임 디자인 문제는 시행착오를 겪
으며 학습하겠다"고 말했다면 승인할 마음이었다. 별문제가 없
다고만 하니, 오히려 의심이 들고 걱정이 가슴에 콱 박혔다. 장
병규가 한마디 던졌다. "이 장르 게임에 원작자가 있다면서요.
원작자 데리고 오면 게임 개발 승인하겠습니다."

원작자 영입 작전

이날 김창한과 장병규의 협의 사항은 다음과 같았다.

첫째, TSL의 승인 논의 기간을 앞으로 2개월 연장한다. 이 기간 동안 배틀로열 게임의 원저작자를 TSL의 크리에이티브 디렉터Creative Director로 영입하기 위해 노력한다. 둘째, 그를 영입하면 공식적으로 TSL을 승인한다. 단, 이 결과로 프로젝트 계획이 수정될 수 있으며, 그 내용은 다시 검토하기로 한다. 셋째, 구인에 실패하면 TSL 계획을 다시 논의하기로 한다.

내게 배틀로열 게임 아이디어가 있습니다. 이 게임을 너무나 만들고 싶습니다. 당신이 제작한 배틀로열 게임을 봤어요. 제 마음에 쏙 드는 것이었습니다. 혹시 한국으로 와서, 당신이 품은 배틀로열 게임의 비전을 실현하기 위해 함께 일하지 않으시겠습니까?

김창한은 브랜든 그린Brendan Greene에게 초청 메일을 썼다. 프로젝트 이름도 'BRO'로 변경했다. 'PLAYERUNKNOWN's Battle Royal The Original(플레이어언노운스 배틀로열 오리지널)'의 약자였다. '플레이어언노운'은 브랜든 그린의 게임 닉네임이었다. 아일랜드 출신의 게임 제작자 브랜든 그린은 배틀로열 게임의 창시자다.

김창한은 장병규와 TSL 프로젝트 승인을 협의하기 전부터 이미 그와 연락을 취하고 있었다. 장병규의 호기로운 영입 제안 이전부터 협업을 염두에 두고 있었던 것이다. 다수의 게이머가 한 전장에서 최후의 1인으로 살아남기 위해 전투를 벌이는 배틀로열 게임의 개념과 게임 규칙 등은 모두 브랜든 그린의 머리에서 나왔다.

그의 첫 작품은 2013년에 출시된 'DayZ: Battle Royale'이다. 출시 당시 큰 인기를 얻진 못했지만, 새로운 게임 장르로서 배틀로열 게임의 탄생을 세상에 알렸다. 2014년 그는 자기 닉네임을 붙여 같은 형식의 게임을 내놓았다. 이 차기작은 배틀로열 게임 장르의 기반을 정립했다는 명성을 얻었고, 브랜든 그린을 배틀로열 장르의 선구자로 만들었다.

눈 밝은 김창한은 어떻게든 브랜든을 영입해 그의 아이디어를 제대로 구현한 신작을 만들고 싶었다. 브랜든은 아일랜드에서 3년째 홀로 지내며 배틀로열 게임 개발에 매진하고 있었다.

김창한은 브랜든에게 그의 닉네임 플레이언노운을 제목에 단 신작 게임을 함께 개발하자고 제안했다. 세계 시장에서 브랜든이 고안한 장르의 적통을 잇는 제대로 된 배틀로열 게임을 한번 구현해보자고, 당신의 기획과 블루홀의 제작 기술을 접목하면 최고의 배틀로열 게임을 세상에 낼 수 있다고 설득했다. 6주는 한국에서, 2~3주 정도는 아일랜드에서 일하는 과정을 6~8개월 반복하면 게임을 완성할 수 있다는 말도 덧붙였다.

"다음 주에 브랜든 그린이 한국에 옵니다." 장병규와 회의한 지 사흘 만에 김창한은 그의 방한 일정을 알렸다. "필요하시면 공식 면접 절차를 잡을 수도 있고, 영입 인사에 가까우니 각자 편하신 방법으로 만나실 수 있도록 약속을 잡는 것도 가능합니다. 인터뷰하실 분들은 제가 사전에 맥락을 설명하는 자리를 따로 잡겠습니다. 연봉이나 게임 라이선스 로열티 등 중요한 계약에 대해서는 제가 안을 잡아 경영진과 협의하겠습니다."

프로젝트 승인에 대한 기대감으로 김창한은 잔뜩 달아올랐다. 장병규는 브랜든 그린을 인터뷰하지 않겠다고 말했다. "그가 훌륭한 크리에이티브 디렉터 혹은 리드 게임 디자이너인지를 알아볼 수 있는 사람이 인터뷰를 해야 할 것 같은데, 일단 저는 아닙니다."

브랜든 그린과 일정을 협의하면서 김창한의 얼굴은 자주 붉으락푸르락했다. 경영진과의 논의가 매끄럽지 못했다. 김창한은 "경영진의 요구가 과도하고 지시 방향도 왔다 갔다 한다"며 불만을 터뜨렸다. 경영진으로부터 그가 받은 미션은 브랜든 그린을 크리에이티브 디렉터로 영입하라는 것 말곤 없다고 생각했다. 그런데 이제 와서 경영진은 여러 인터뷰를 잡으면서 "브랜든의 능력을 검증해야 한다"고 말했다.

지시만 하시니 미팅을 요청드립니다. 저로서는 시간이 부족하기 때문에 경영진으로부터 명확한 목적과 절차를 지시받아 일을 하는 것이 매우 절실합니다.

이 사람을 불러다가 무엇을 하는 것이 제 미션입니까? 지난번 미팅에서 제가 받은 미션은 비용을 더 써서라도 이 사람을 이 프로젝트의 크리에이티브 디렉터로 영입하라는 것이 핵심 아니었습니까?

이제 새로운 크리에이티브 디렉터로서의 역량을 검증하는 임무가 추가된 것이라면, 이 검증은 누가 어떤 식으로 어떻게 검증해드리면 되겠는지요? 인터뷰에서 채용 면접으로 중심을 이동하는 것이 경영진의 요구사항입니까?

한 경영진이 이에 답했다.

'브랜든 그린을 영입하면 TSL 프로젝트를 승인하겠다'는 코멘트를 장병규 의장이 했다고 해서, 이 프로젝트가 브랜든을 꼭 뽑아서 배틀로열 게임을 출시하라는 지시를 이행하는 수준이 되는 건 아닙니다. 경영진이 프로젝트의 특별한 장점이 무엇인지, 해당 장르에서 개발팀의 게임 디자인 능력은 어떤지를 검토하는 건 당연합니다. 그 과정에서 저런 코멘트가 나올 수도 있는 것이죠.

게임 이름에 플레이언노운이 붙건 말건 블루홀이 이 게임을 출시한다면 그건 김창한 PD나 김창한 PD를 포함한 제작 리더십이 팀을 이끌고 만들어낸 결과물이어야지 경영진 가운데 누가 내린 지시로 누구를 뽑아서 한 숙제는 아니어야 된다고 봅니다.

배틀로열을 가져온 것도, 브랜든을 접촉한 것도 김창한 PD 주도로 시작했습니다. 브랜든의 방문도 경영진의 푸시가 있기는 했지만, 김창한 PD 또한 합리적인 푸시라 판단했기에 추진하는 일이라고 생각합니다. 브랜든이 오면, 그 사람과 함께 일할 김창한 PD가 여러모로 그를 평가하겠죠. 영입이든 단기 컨설팅 계약이든 어떤 경우에도 김창한 PD가 아니다 판단하면, 그를 뽑지 않을 겁니다. 여느 채용과 마찬가지로, 경영진의 동의도 필요하고요. 그래서 필요한 정보를 챙겨주셔야 합니다.

김창한 PD가 그를 뽑고 싶어 하면 경영진은 그 경우에 맞게 그가 기획한 게임의 특별한 장점이 무엇인지 디자인 능력은 어떤지, 게임 개발에 쓰는 시간과 비용은 적당한지 검토해야 합니다. 이런저런 정보가 있으면 좋겠다고 하는 것은 그의 능력과 보상 수준을 가늠하기 위한 것입니다. 직원 보상의 적정성을 따지는 것도 경영진 일에 포함되는 것이니까요.

장병규도 "동일한 생각"이라며 그의 말을 지지했다. 경영진은 김창한에게 서로의 역할과 책임을 강조했다. 경영진은 프로젝트와 팀, 주요 개발자를 평가하고 보상 수준을 결정한다. 프로젝트의 책임자인 PD는 거기에 필요한 사항을 챙기고 경영진을 설득한다.

브랜든이 참여할 일정도 그 과정의 일부일 뿐이고, 전체를 주관하고 조율하는 사람은 결국 PD입니다. 지금까지 브랜든의 방한을 앞두고 인터뷰나 미팅 진행, 이력서나 자기소개서 요청 등 경영진이 준 여러 코멘트의 대부분은 꼭 따르라는 지시가 아닌 조언이며, 결정은 PD 몫입니다. 앞으로도 필요하면 경영진의 지시인지 조언인지 확인하시기 바랍니다.

김창한은 "그렇다면 경영진이 판단할 수 있도록 준비하는 일을 내 판단에 기초해 진행하겠다"며 논의를 정리했다.

저는 이 프로젝트 제안을 시작한 이후, 한순간도 숙제를 하는 마음으로 하지 않았습니다. 결정 권한을 가진 경영진을 설득하고 조율하는 과정으로 알면서 일하고 있습니다. 이 과정에서 제 생각이 발전하기도 하고 경영진의 생각이 발전하기도 했습니다. 그리고 그 역할은 당연히 추진자인 PD의 몫임은 잘 알고 있습니다.

다만 설득과 조율을 제대로 수행하려면 상대의 생각을 잘 알아야 합니다. 또 절차가 분명해야 하는데 현재는 그렇지 못하거나, 제 머리로는 알 수 없는 영역이 너무 많습니다. 절차를 분명하게 만들기 위해 노력하는 것이 경영진의 숙제를 하는 것으로 보였을 수 있습니다.

블루홀이 지속적으로 제작을 하는 회사로 성장하는 과정에서, TSL 프로젝트 논의로 장병규 의장님이 말씀하신 '경영-제작 사이의 의사결정 프로세스 혹은 책임'이 좀 더 상세하게 정리된다면 앞으로 많은 PD에게 도움이 될 겁니다.

지노게임즈가 블루홀에 합병된 지 1년이 흘렀지만, 김창한은 여전히 블루홀에 적응하기 어려워했다. 그는 경영진이 추천한 블루홀 개발 리더 4명과 브랜든을 인터뷰하는 데 합의했다. "다양한 경험을 가진 사람들이 다각적인 측면에서 의견을 줄 수 있을 것"이라는 게 장병규 의견이었다.

김창한은 브랜든 그린을 맞이하고 5일간의 여정에 동참했다. 브랜든이 보고 싶어 한 경복궁을 안내했고, 친구처럼 밥을 먹고 술을 마셨다. 김창한은 그가 본 브랜든 그린을 경영진에게 소개하는 이메일을 작성했다. 다시 한번 프로젝트 개발 승인을 요구하는 내용 또한 덧붙였다.

김창한의 눈에 브랜든은 게이머이기 이전에 디자이너이자 사진가, 미식가, DJ, 미니멀리즘을 추구하는 아티스트이자 자유인이었다. 그는 첫 직업으로 카메라를 잡았고, 그래픽 디자인도 종종 했다. 대학에서 순수예술을 전공했고, 각종 음악 행사나 결혼식에서 사진을 찍으며 생계를 이었다.

브랜든 그린은 여러 게임을 탐닉하며 게임 자체를 즐기기보다, 소수의 좋아하는 게임만 열정적으로 하는 마니아였다. 손에 꼽을 정도로 적은 종류의 게임 타이틀을 밤새도록 플레이하는 게 그의 버릇이었다.

이랬던 게이머 브랜든은 2013년 '데이즈DayZ'라는 게임을 시작하면서 배틀로열 장르에 흠뻑 빠져들었다. 이전에 했던 게임과는 다른 충격을 받았다. 별다른 스토리도 없고 캐릭터가 성장하는 재미도 없지만, 자신의 분신인 게임 캐릭터가 한 장소에서 치열한 전투를 벌이며 오랫동안 살아남는 데서 순수한 희열을 느꼈다. 순간 '최후의 1인이 살아남는 슈팅 액션 게임'을 떠올렸고, 본격적으로 배틀로열 장르 게임 제작에 매달렸다. 그는 DayZ 게임 시스템을 활용한 'DayZ: Battle Royale'을 만들며 배틀로열 게임 장르의 기틀을 확립했다.

브랜든은 집에만 콕 박혀 있는 은둔자나 게임만 아는 괴짜가 아니었다. 그는 어떤 개발자보다 쾌활하고 위트 있었다. 무엇보다 합리적으로 대화할 줄 아는 사교적인 사람이었다. 음악, 미술, 영화, 요리, 게임 등 다방면에서 취향이 분명했고, 자기가 꽂힌 분야를 집요하게 파고드는 성격이었다. 단, 퀄리티에 대한 아티스트 특유의 고집은 강할 것으로 보였다.

김창한은 김강석이 자신에게 했던 말을 기억했다. "한 가지 아쉬운 건 팀에 '똘끼'가 없다는 거예요." 김창한은 김강석에게 "브랜든이 우리 팀의 똘끼를 담당할 수 있는 사람"이라고 말했다.

브랜든에게서 약점도 보였다. 블루홀과 같은 전문 게임 제작사에서 일한 경험이 없고, 제작에 대해 잘 몰랐다. 김창한이 이런 우려를 말하면, 브랜든은 너무 쉽게 그 점을 인정했다. 자유인 성향이 강한 브랜든에게 회사에 대한 로열티가 얼마나 생길지는 모를 일이었지만, 적어도 이 제작 프로젝트에는 강한 열의를 보일 거라고 김창한은 확신했다.

브랜든도 블루홀의 영입 제안이 자신에게 기회라는 걸 인식하고 있었다. 그는 아일랜드 사회보장기금을 받으며 게임 제작 작업을 붙들고 있었다. 무엇보다 김창한의 게임 프로젝트 자체에 마음을 뺏겼다. 스스로 발굴한 서바이벌 게임 장르의 유산을 직접 남기고 싶었다.

김창한은 브랜든이 '노력만으론 절대 얻을 수 없는 핵심적인 2가지'를 갖추고 있다고 믿었다. 첫째는 배틀로열 게임의 핵심인 게임 디자인과 노하우를 제공할 수 있다는 점이었다. 브랜든은 개발자이기 이전에 광적인 게이머로서 배틀로열 게이머들과 커뮤니티에서 활발히 소통해온 사람이었다. 만들고자 하는 게임에 대한 비전이 명확하고, 확신에 차 있었다.

김창한은 브랜든과 이야기를 주고받으며, 자신이 머리로만 분석한 배틀로열 게임이 브랜든이 구상하는 게임과 디테일 측면에서 큰 차이가 있다는 걸 깨달았다. 브랜든의 구상이 더 탁월하고 정교했다.

김창한은 기존 게임과의 차별화를 위해 구상해둔 팀플레이 방식과 장비, 게임 배경 설정 등을 모두 주변적인 것으로 여기게 됐다. 이를 모두 폐기하고, 배틀로열 형식을 제대로 갖춘 게임을 만드는 것에 집중하기로 했다. 배틀로열 형식을 갖춘 게임이 속속 시장에 등장하는 시기에 배틀로열 게임을 기존 것들보다 잘 만드는 것만으로도 결정적인 차별화를 이룰 수 있다는 확신이 생겼다.

김창한이 정리한 핵심적인 게임성은 총기 이용이나 플레이의 '사실성', 그리고 사용자 100명이 섬에 떨어져 한 사람만이 살아남는 게임을 계속해도 지루함을 느끼지 않게 '예측 불가능하고 무작위적인 환경'이었다.

둘째는 브랜든이 북미와 유럽 게이머들에게 게임을 전달할 힘을 갖춘 인물이라는 점이었다. 전 세계 시장을 상대로 직접 서비스를 할 때 예상되는 큰 문제점은 마케팅, 그리고 현지 게이머들과의 소통이었다. 국내에서 게임을 마케팅하고 운영을 할 때와 비교하면 한계가 분명했다. 브랜든은 배틀로열 게이머들과의 소통과 마케팅에도 의욕을 보였다.

게임을 출시하면 브랜든이 가진 인적 네트워크를 활용해 해외 게임 커뮤니티 담당자를 구하는 것도 고려할 수 있었다. 김창한은 배틀로열 게임을 커뮤니티 유저들에게 발 빠르게 알리고, 이들과 교류하며 입소문을 타게 만들고 싶었다. 적은 비용으로도 신작 게임 출시의 파급 효과를 눈덩이처럼 불어나도록 만드는 스노우볼snowball 마케팅 전략을 활용하고 싶었다.

브랜든을 블루홀 사무실에 초대해 인터뷰를 하면서 프로젝트 비전을 나누고 계약 조건 협의를 진행했습니다. 경영진 분들께서 동의해주신다면 브랜든을 프로젝트의 크리에이티브 디렉터로 영입해 프로젝트를 개시하겠습니다.

김창한은 브랜든의 연봉, 라이선스 로열티, 한국–아일랜드 간 정기 왕복 항공권, 원룸 오피스텔 임대, 통번역 서비스 등 여러 조건을 통째로 메일에 포함해 경영진에게 전달했다. 짐짓 점잖은 형식을 취했으나 사실상 통보였다. 어서 브랜든을 영입하고 바로 게임 개발을 시작할 수 있도록 최종 승인을 내려달라는, 묵중하면서 단호한 시위였다.

결과적으로 여러 우려사항에 대한 책임은 PD인 저에게 있습니다. 브랜든이 체화하고 있는 배틀로열 게임의 핵심과 창의력을 끌어내 팀과 게임에 녹여내는 일, 제작 및 마케팅과 의견을 조율하는 일, 예산과 시간 내 제품을 만드는 일, 이 모든 역할은 PD에게 달려 있습니다.

문화와 언어 등 환경적인 차이를 떠나 외부에서 크리에이티브 디렉터를 영입하여 프로젝트를 하는 것 자체에 어려움이 있는 것이 사실입니다. 이 부분에 대해서 '잘할 수 있다, 없다'를 근거를 가지고 말씀드리기는 어렵습니다. 경영진이 저를 믿어주느냐, 또는 우려에도 불구하고 도전할 만한 프로젝트라고 생각하느냐의 문제라고 생각합니다.

브랜든을 마케팅 중심으로 생각했던 저 자신을 매우 반성했습니다. 머리로 판단하는 것에 비해 오랜 기간 직접 체험한 것은 비교할 수 없는 가치와 힘을 가지고 있음을 느꼈습니다.

또한 많은 개발사가 브랜든을 마케팅적으로만 이용하려고 접근한 것에 비해 우리가 전격적으로 크리에이티브 디렉터로 제안한 것이 그의 마음을 움직이고 심장을 뛰게 만든 것 같습니다. 이 사람이 자유인이라 쉽게 한국에 날아오려고 하는 것은 덤이고요.

브랜든과 블루홀은 서로의 약점을 잘 알고 있었다. 브랜든은 배틀로열 게임을 직접 만들고 싶었지만 제작 경험이 부족했다. 그에게 크리에이티브 디렉터라는 주요 직책을 덜컥 안겨줄 북미나 유럽의 게임회사는 없었을 터였다. 블루홀은 번듯한 개발사지만, 북미와 유럽 시장을 겨냥한 게임을 제대로 제작하고 서비스하는 역량과 경험은 부족했다. 브랜든이 이를 보완해줄 인재로 보였다.

브랜든의 채용, 계약 조건 등도 함께 승인합니다. 담당 경영진과 제작 관리 본부의 역할이 앞으로 명확해지도록 노력하겠습니다. 조직 구조는 블루홀지노에 BRO팀이 신설되는 것으로 하시죠. 마케팅·사업 담당자 문제는 사업본부와 논의하고 결정하겠습니다.

그다음 날 경영진이 프로젝트 BRO 개발을 승인했다. 김창한은 열흘 동안 경영진과 논의를 벌이며 게임 개발의 주요 마일스톤을 협의했다. 배틀로열 장르의 태동기에 개발 시간을 지체하지 않고 재빨리 출시하는 게 무엇보다 중요했다. 프로젝트 승인 후 스팀 출시까지 기간을 최대 8개월로 잡는 일정을 그대로 밀고 나가기로 했다. 작고 완결성 있게 게임을 일단 출시하고, 지속적으로 콘텐츠와 기능을 추가해나가는 방향으로 개발 계획을 수립했다.

2016년 3월 14일부터 개발 시작. 중간 평가는 7월. 이때까지 간단하게라도 게임을 할 수 있게끔 빌드를 만들기로 약속했다. 이 평가엔 블루홀 직원뿐 아니라 외부인도 불러들여 게임성과 아트 품질을 확인할 수 있도록 했다. 10월에 열리는 3차 평가에선 출시해도 좋을 만한 완성된 게임을 선보여야 했다. 2017년 일사분기 출시가 목표였다.

속도가 완벽함을 이긴다

출발 총성이 울렸다. 김창한은 20명 개발팀의 단기 목표를 6주 단위로 설정했다. 이른바 스프린트sprint로 불리는 개발 방법론으로, 김창한은 하나의 목표 달성을 위해 6주 동안 달리는 사이클을 뒀다. 스프린트를 하는 개발자의 하루 일과는 '텐투텐(10 to 10)'이 기본이었다. 오전 10시에 일을 시작해 오후 10시에 마무리했다. 6주를 전력 질주한 뒤로는 2주간 심호흡과 준비 운동을 했다. 2주 동안 개발 결과를 테스트하고 서로 의견을 나누면서 다음 질주를 준비했다.

BRO팀의 첫 스프린트 목표는 '플레이가 가능한 빌드를 만드는 것.' 그런데 처음부터 목표 달성에 실패했다. 약속한 개발 기간의 20퍼센트에 해당하는 8주간의 첫 번째 사이클을 끝내고 며칠 징검다리 연휴가 생겼다. 김창한은 일본 도쿄로 휴가를 떠났지만 사흘간 카페에서 예민한 상태로 노트북 화면만 하염없이 쳐다봤다.

4개월간 경영진과 힘겨운 논의 끝에 빠른 개발을 내세우며 프로젝트 승인을 받아냈지만 개발 초장부터 계획이 어긋나버렸다. BRO팀은 프로젝트 시작 직전까지 데빌리온 실패의 사후 처리를 하면서 구조조정으로 동료를 떠나보냈다. 시작부터 팀원들은 지쳐 있었다. 김창한은 휴가가 끝나자마자 팀원 전체를 회의실에 불러들였다.

그가 띄운 PT 첫 화면에는 지난 2016년 1월 개인 페이스북 계정에 올린 사진과 글이 있었다. 사진 속 배경은 동남아시아의 한 해변이었다. 데빌리언팀 구조조정을 앞두고 김창한이 가족과 떠난 휴가지였다.

'나 하나 일주일쯤 자리를 비워도 세상은 아무 이상이 없다'고 호기롭게 외치기는 했으나, 성정상 한국에 두고 온 일들에 신경이 쓰이는 것을 막지는 못하겠더라.

28세에 아무것도 모르고 무식해서 용감하게 게임 개발에 뛰어들어 벌써 17년째가 됐다. 그동안 (겨우) 온라인 게임 3종을 만들었고 모두 ROI(투자 대비 수익)를 달성하지 못했다. 이쯤 되면 많이들 합리화를 할 것이리라. '배운 게 있었다'든지 '산업에 기여했다'든지. 나도 인간인지라 뭘 늘상 배우고는 있는데, 빠르게 변하는 세상에서 뭘 배워서 적용하면 이미 늦었더라. '지금 17년간 배웠을지 모를 무언가에 베팅하느니 무식해서 용감했던 28세로 돌아가 도전하는 편이 더 가능성이 높지 않을까?'라는 게 요즘 생각.

김창한은 게임을 개발해온 지난 17년의 소회를 밝혔다. 세 번 창업하며 만들어낸 게임 3종이 하나같이 실패했다. 모두 개발도 오래 걸렸다. 열심히 안 한 것은 아니고 실패에서 배운 것도 있지만, 성공하지 못해 그 빛이 바랬다.

첫 번째 게임은 만들고 싶던 게임이었다. 두 번째, 세 번째 게임은 유행을 따랐다. 이때의 화두는 인내와 노력이었다. 결과적으로 첫 번째 게임이 가장 잘됐다. 그래서 시장을 분석하고 유행에 맞춘 게임보다는, 실패하더라도 하고 싶은 장르에 도전하기로 마음먹었다.

성공은 결과이지 목표가 될 수 없습니다. 과거 제 프로젝트에서 결여된 것이 무엇이었나 생각해봤어요. 개발자는 먼저 로망을 가지고, 그다음 도전과 혁신을 해야 합니다. 마지막으로 효율적이고 효과적인 도전과 실패를 반복해야 한다는 게 제 결론입니다.

그는 BRO팀 앞에 "거대한 3가지 기회가 있다"고 했다. 첫째는 해마다 기하급수적으로 늘고 있는 PC 게임 온라인 스토어 스팀의 이용자들이었다. 2010년 2500만 명에 머물던 스팀 사용자는 2015년 1억 2500만 명을 넘어섰다.

둘째는 새 장르로서 배틀로열 게임의 가능성이었다. H1Z1 등 배틀로열 장르를 내세운 3종의 초기 게임을 이미 2만 명이 즐기고 있었다. 제대로 게임을 만들어 초기 시장을 선점해 장르를 대표하는 게임이 된다면, BRO팀은 다른 기회를 노릴 수 있게 된다.

마지막은 바로 e스포츠였다. 배틀로열 게임은 리그오브레전드LoL나 '카운터스트라이크: 글로벌 오펜시브CS:GO'와 같이 차세대 e스포츠가 될 가능성을 갖고 있다는 것이다.

김창한에게 BRO 프로젝트는 속도전이었다. "속도가 완벽함을 이긴다." 인텔 CEO 브라이언 크르자니크Brian Matthew Krzanich가 한 이 말을 김창한은 팀의 행동 강령으로 못 박았다.

완벽하게 만들기보다 빠르게 출시하는 게 목표가 되어야 합니다. 기술만 빠르게 변하는 게 아니라 유행도 빠르게 변합니다. 사용자도 게임을 즐기면서 빠르게 변합니다. 속도를 맞추는 전략이 필요합니다. 대형 MMORPG는 100여 명이 넘는 인력이 달라붙어야 할 때가 많지만, 프로젝트 BRO는 30명 남짓의 소규모 인력으로도 개발할 수 있습니다.

개발에 시간이 걸리는 가장 큰 이유는 개발한 것을 엎는 일이 많기 때문입니다. 처음부터 설계를 자세하게 하고, 대신 작은 규모로 빌드를 만들어 계속 테스트해나갑시다. 1년 안에 개발을 끝내고 빠르게 시장에 진입합시다. 금방 변하는 사용자들의 취향과 호흡을 따라갈 정도의 속도가 우리에겐 필요합니다.

이어 김창한은 "4가지 문구를 가슴에 담고 일하자"고 주문했다. 김창한이 하나하나씩 문구를 읽어나갔다.

하나, 혁신은 제약에서 나온다. 둘, 세상을 뻔하게 보는 사람은 뻔한 일밖에는 못하고 뻔한 결과만 낼 것이다. 셋, 비평가는 좋은 작품을 만들 수 없고, 도전의 결과는 알 수 없다. 넷, 도전에 있어서 실패는 양분이 되지만 최선을 다하지 못한 것은 후회가 된다.

"왜 블루홀에는 다른 게임회사들과 달리 병역 특례(병특) 대학생 직원이 없을까요?" 장병규는 문득 의아해져 경영팀장에게 문의했다. 병역 특례는 산업 경쟁력을 높이기 위해 카이스트 같은 이공대생에게 군대 복무 대신 연구 기관이나 기술 회사에서 대체 복무할 기회를 제공하는 제도다.

저희가 자회사가 많은데 그중 하나에 학사 병특을 신청할 수 없을까요? 좋은 프로그래머들이 학사 병특을 찾는 경우가 꽤 있는데, 저희도 그런 요구에 대응하면 좋을 것 같아서요. 대표적인 게임사로 데브시스터즈가 있습니다. 뭔가 경영실에서 신경을 써서 제대로 챙기셔야 할 것 같기도 한데, 한번 검토해서 알려주세요.

상반기에 업체 신청을 하고, 선정되면 2017년부터 병특 학생을 채용할 수 있다는 답이 돌아왔다. "학사 병특 신청을 잘 챙기고 다른 업체 벤치마킹도 하겠다"는데, 장병규가 잔뜩 골을 냈다.

답답해서 한마디합니다. 창업 초창기부터 병특이 좋은 프로그래머 확보에 얼마나 중요한지 몇 번이나 강조했는지 모르겠습니다.

현업은 현실적으로 힘들다고 항상 말하는데, 왜 저들 회사는 되고 우리는 안 됩니까. 현상 유지를 해봤자 고만고만한 회사 됩니다. 그럴 거면 회사 왜 합니까. 어려운 문제를 제대로 풀어야, 남들이 못 하는 것을 해야 정말 멋진 회사가 되는 것 아닐까 싶습니다.

데브시스터즈의 모바일 게임 쿠키런의 성공은 부럽지 않습니다. 데브시스터즈의 돈도, 데브시스터즈가 벤처캐피털을 설립한 것도 안 부럽습니다. 그런데 데브시스터즈에 카이스트 전산학과 학생들이 줄줄이 들어가는 것이 너무 부럽습니다.

테라의 5년

테라 중국 서비스는 파국을 맞았다. 퍼블리셔 쿤룬이 "합의하에 계약과 서비스를 종료하자"는 뜻을 전했다. 쿤룬은 "블루홀이 중국 빌드 요구를 일방적으로 무시하고 있다"고 주장했지만, 김강석이 보기에 표면적인 핑계였다. 쿤룬은 블루홀과 약속했던 최소한의 수익 보장 금액을 지급하기 싫어 서둘러 관계를 정리하려 했다. 테라가 세상에 나온 지 꼭 5년이 됐다.

테라 본부장이기도 한 장병규가 본부 직원들에게 소회를 적어 보냈다.

지난 5년을 돌아보면, 하루하루 참 쉽지 않았습니다. 1년 이상 출시 연기로 회사가 망할 뻔했고, 화려한 시작이었으나 지속적인 하락으로 테라 리더들이 계속 변경되었습니다. 북미 출시, 구조조정, 판교로 사무실 이전, 부분 유료화로 전환, 중국 시장 실패, 최근에는 북미 스팀 출시 등 수많은 일이 있었습니다.

이런 일을 겪는 동안 수많은 사람이 테라를 떠났지만, 아직까지 묵묵하게 테라를 지키고 계시는 분도 있습니다. 무엇보다 공채가 3년간 들어왔고 그들이 학습하고 성장하는 데 테라가 도움이 되고 있다는 사실에, 여전히 테라가 건재한 현실에 감사합니다.

액션 전투의 MMO, 고품질 그래픽이라는 관점에서 테라는 그 나름의 독특한 색깔을 가진 온라인 게임입니다. 이런 독특함을 잠식하는 새로운 IP가 나온다면(제가 아는 한, 제작되는 것들 중에서 그런 IP는 없습니다), 저희가 포기하지 않고 제대로 한다면, 앞으로도 꾸준히 서비스할 수 있을 것이라 믿습니다.

테라는 고객이 좋아해주는 온라인 게임일 뿐 아니라, 구성원에게 소중한 일터이며, 구성원이 하루하루 경험치를 쌓고 성장하는 학습의 장입니다. 성장한 구성원은 테라를 발판으로 또 다른 게임 제작에 도전할 수 있을 겁니다. 오늘 하루 지난 세월을 감사하며 돌아보고, 앞으로의 미래도 희망차게 맞이할 수 있기를 기원합니다.

테라는 다시 분발해, 퍼블리셔 NHN 품을 떠나 넥슨에서 서비스를 재개했다. 테라 서비스에 더 많은 애정을 가지고 지원해줄 퍼블리셔가 필요했다.

테라 유저들이 서비스를 이관하는 데에 따른 불편을 느끼지 않게 과금 방식에 전혀 변화를 주지 않았다. 또 넥슨이 만든 홈페이지에서 사용자 정보를 입력하면, 기존 퍼블리셔인 NHN에서 게이머들이 애지중지 키운 소중한 캐릭터를 그대로 이어받을 수 있도록 했다. PC방 이용자에겐 기존보다 2배 이상의 혜택을 제공해 흥행을 위한 숨을 다시 불어넣었다.

넥슨에서 서비스를 시작한 지 하루 만에 테라는 주요 포털 실시간 검색 순위 1위에 이름을 올렸다. 새 출발에 신규 유저들이 대거 유입하면서 게임 사용량은 기존보다 2배, 하루 이용자는 4배로 치솟았다. 줄곧 20등 밖이었던 PC방 게임 인기 순위도 15위로 뛰어올랐다.

꽉 막힌 현금 흐름

블루홀 아홉 번째 생일을 앞두고 김강석은 블루홀이 지나온 시간을 돌아봤다. 10년을 채우는 2017년엔 모두가 한자리에 모여 함께 웃으며 지난 이야기를 나눌 수 있길 바랄 뿐이었다. 그 자리에서는 연합군으로 함께하는 여러 회사와 팀의 이야기도 들을 수 있길 소망했다. 도전이나 실패담이 아닌 성공담을 이야기할 수 있길 기원하며, 전체 직원에 블루홀 9주년을 알렸다.

9년이라는 결코 가볍지 않은 세월을 지내온 블루홀의 스토리를 간단히 메일로 전달하려니 쉽지 않은데요. 2007년 시작한 블루홀의 첫 4년은 'MMORPG의 역사를 새롭게 쓰자'는 당찬 목표를 향해 모든 구성원이 어금니를 깨물고 달렸던 도전의 시기였습니다. 그다음 4년은 힘들게 제작한 테라를 전 세계 시장에 뿌리내리기 위한 고난의 행군이었지요.

험산준령을 넘는 역경 속에서도, 우리는 테라를 당당히 스테디셀러 반열에 올려놓았다고 자부합니다. 서구 시장에서는 지금도 테라가 시도한 혁신의 가치를 인정해주고 있고, 최근 새로운 파트너와 출발한 한국의 테라 역시 PC 게임 시장에 활력을 불어넣는 역할을 하고 있습니다. 이 정도면 테라가 명실상부한 프리미엄 IP로 자리매김하고 있다 생각합니다. 우리의 도전이 헛되지 않은 것입니다.

블루홀의 최근 1년은 조금 다른 도전으로 채워졌습니다. 모바일 시대, 더 나아가서 다양한 플랫폼의 세상의 도래에 우리 나름대로 대응 방식을 찾아가기 시작했습니다. 물론 그 과정에서 실패와 실수도 있었고, 여전히 시행착오를 거치고 있지만, 제작의 연합군이라는 모델은 우리의 미래를 위한 가치 있는 도전이라고 믿습니다.

2007년 장병규 님께서 '새로운 10년을 시작하며'란 제목의 발표를 했던 기억이 생생한데, 그 10년이 거짓말처럼 우리 눈앞에 다가오고 있습니다. 그동안 우리는 많은 것을 쌓아왔으며, 특히 도전과 역경을 통해서 우리 안에 체화된 기질과 문화가 있다고 생각합니다.

가령 끈기persistence, 위험을 이겨내는 회복탄력성resilience 같은 것들이 우리의 소중한 문화적 자산이라 믿습니다. 이런 문화가 제작을 소중하게 생각하는 인재들과 화학 작용을 일으켜 우리를 훌륭한 제작사로 성장시킬 것이라 기대합니다. 그래서 저는 현실의 여러 어려움 속에서도, 밝은 미래를 바라봅니다.

블루홀 앞에는 여전히 냉혹한 현실이 이빨을 드러내고 있었다. 이사회에서 김강석은 2016년 현금 흐름 전망을 발표했다.

블루홀은 간신히 숨만 할딱거리는 물 밖의 물고기 신세였다.

모바일 게임 제작은 변동성이 크기 때문에 정교한 예측이 어렵지만, 보수적인 관점으로 가정해봐도 연말에 현금 62억 원이 부족해질 전망이었다. 만약 2016년 계획한 사업 목표를 모두 달성한다면 200억 원대 여유가 생기지만, 반대로 모든 게임이 실패하는 최악의 가정을 해보면 200억 원이 부족해졌다.

비상 체제 이후

"이 회사 오려는 사람은 잘 봐둬." 직장인 익명 커뮤니티에 이런 제목의 글이 올라왔다. 게임업계 사람이라면 누구나 볼 수 있는 공개 게시판에 블루홀 모바일 전략을 성토하는 글이 게시된 것이다. T2 팀에 내려진 비상 체제 조치를 두고 내부 반발이 거셌다.

이제 곧 블루홀에서 개발자들을 모집할 거야. 여러 부문에 걸쳐서 말이야. 근데 당장 먹고살 돈이 없는 게 아니라면 다시 생각해봤으면해. 일단 개발자를 모집하는 이유는 그 팀이 망해가고 있기 때문이야. 다들 이 정도는 알 거야. 그리고 여긴 한 달 단위로 프로젝트 드롭을 결정해. 팀 밖에서 직접 개발에 관여하지. 들어와서 뭔가를 하고 싶어도 여긴 모든 게 불에 타들어가는 중이고, 정신 차려보면 접혀 있을 가능성이 높아. 그리고 여긴 다른 팀으로 옮길 여지가 거의 없어. 그냥 나가야 해. 위로금 같은 걸 챙겨주지도 않을 거고 근태는 강력하게 통제될 거야. 그러니깐 잘 생각해봤으면 해. 마지막으로 유명한 문구를 패러디해볼게. "기회는 한 달뿐이고, 평가는 모호할 것이며 뒤처리는 가혹할 것입니다."

그 밑으로 게임업계 종사자들의 댓글 50여 개가 달렸다.

경영기획실의 보고를 받은 장병규는 식식거리며 T2 비상 체제를 설명하는 메일을 작성했다. 그는 "무대응이 상책이라 생각했지만, 어쩌면 블루홀이 걸어갈 세상을 전체 구성원에게 투명하게 설명할 기회"라고 했다.

장병규는 먼저 제작 관리 프로세스와 비상 체제를 설명했다.

블루홀은 모든 제작 라인에 동일한 제작 관리 프로세스를 적용하려고 노력 중입니다. 대부분의 라인이 생긴 지 오래되지 않았기에 제작 관리 프로세스가 정립되지 않았고, 그렇기에 제작 리더십과 경영진이 상호 대화하면서 보강 및 발전시키고 있습니다.

현재 프로세스는 대략 다음과 같습니다. 저희는 마일스톤 기반으로 제작 라인을 관리합니다. 마일스톤의 핵심은 일정과 자금이 아니라 해당 제작 라인이 해당 마일스톤에 이루겠다고 약속한 바입니다.

특히 '하드hard 마일스톤'의 경우 약속한 바를 좀 더 철저하게 따지고, 제작 라인의 드롭 여부를 결정합니다.

참고로 하드 마일스톤 이외에는 가급적 제작 리더십의 의견을 존중하는 편입니다. 비상 체제는 T2를 선례로 하여 이번에 새롭게 생긴 절차입니다. 하드 마일스톤 논의 결과, 약속한 바에 따르면 드롭을 해야 하나 가능성이 여전히 있다고 믿고 제작 라인에 기회를 좀 더 주는 것이 맞다고 판단하면 비상 체제를 시작합니다.

마일스톤과 다른 점은, 최종 의사결정을 제작 리더십과 경영진이 협의하는 것이 아니라 경영진 단독으로 하며, 더 짧은 주기로 빌드를 점검한다는 점입니다. 이는 제작 라인이 마일스톤을 그동안 지키지 못했으므로 앞으로도 지키기 힘드리라고 판단했기 때문입니다.

다른 게임사도 제작 관리에 상당히 문제가 많았다고 들었기에, 제작 관리 프로세스를 블루홀에 맞게 제대로 하기 위해 참여자들이 항상 고민하고 있습니다. 저희가 정답이 아닐 수 있으나, 최선을 다해 고민하고 있다는 점은 당당하게 말할 수 있습니다.

다음으로 T2 현황을 공유했다.

지난해 말 T2 하드 마일스톤에는 '압도적 그래픽'과 '전투를 통한 성장과 재미'라는 2가지 약속이 있었는데, 퍼블리셔인 넥슨 관계자뿐 아니라 의견을 개진한 모든 사람이 목표 달성에 실패했다고 판단했습니다. 게임 개발을 취소하는 논의가 시작됐고 저 같은 강경파는 취소를 하자고 했습니다.

　그럼에도 제작 리더십의 의견을 청취하고 경영진이 깊이 숙고하고 논의해 결론을 냈습니다. 제작 방향이 좀 더 명료화되고, 모든 구성원이 가열차게 도전하면, 서비스가 가능할 수도 있다는 판단하에 비상 체제로 전환했습니다. 구성원들이 더 열심히 제작에 임해주셔야 하고, 전투를 통한 성장과 재미의 방향을 빠르게 확인하도록 빠르게 빌드를 만들어야 합니다.

익명 커뮤니티에 글을 쓴 직원에게도 당부와 경고를 남겼다.

개인의 의사 표현은 존중합니다. 개인마다 삶이 다르고, 개인마다 경험과 사고가 다릅니다. 저의 개인적인 감정을 떠나서 의사 표현은 존중합니다. 글을 쓰신 분만 아니라 다른 구성원의 의사 표현도 존중할 것이며 블루홀의 BLT도 개인의 의사 표현을 기본으로 합니다.

　그럼에도 부적절한 표현과 편집은 부당합니다. 부적절한 표현, 특히 (분명히 악의는 없으셨을 것이라 믿지만) 악의적인 편집은 매우 아쉽습니다. 글의 문장 하나하나 틀렸다고 따질 수도 있으나 참겠습니다.

　블루홀이 삶의 터전인 여러 사람은 피해를 봤습니다. 글을 쓰신 분도, 본인의 사정과 감정을 배제한다면 해당 글로 인해 다수가 블루홀에 대해 잘못된 편견을 가질 가능성이 높다는 점은 인정하실 것이라 믿습니다. 글을 쓰신 분의 감정은 풀렸을지 모르겠습니다. 하지만 블루홀이 삶의 터전인 여러 사람을 생각해보신 적이 있으신지요.

장병규는 마지막으로 블루홀 구성원에게 책임 의식을 주문
했다.

제작 무산은 (정도는 다르겠으나) 모두의 책임입니다. 제작 라인 드롭
에는 제작 리더십이 가장 크게 책임집니다. 마일스톤에 참여한 경영
진도 책임이 있죠.

　그런데 해당 제작 라인의 구성원 모두에게도 책임이 있습니다. 구
성원 중에 '나는 시킨 일을 잘했다. 그러니 내게 책임이 없다'고 생각
하시는 분이 혹시라도 있다면, 틀렸습니다. 제작 라인은 하나의 게
임을 만드는 것이므로 절대적으로 운명 공동체가 되어야 합니다. 그
래도 성공이 쉽지 않은데, 하나가 되지 못한다면, 대부분 실패한다고
생각하셔야 합니다.

　경영진은 앞으로도 투명성을 위해 노력하겠습니다. 블루홀 경영
진은 BLT에서도 보셨겠지만 가급적 많은 내용을 투명하게 공유하려
고 노력합니다. 잡음이 들리더라도 절대 포기하지 않고, 투명성을 유
지하기 위해서 노력할 것입니다.

　그런 투명성이 힘을 발휘하기 위해서는 구성원들이 경영진의 말
과 발표를 곡해해서는 안 되고 블루홀 전체적인 관점을 이해하려고
스스로 고민하고 노력해주셔야 합니다. 같은 눈높이에서 같은 깊이
의 고민을 해야, 최대한 서로 비슷해져야 투명하게 공개되는 정보가
유의미하니까요.

이 메일을 장병규는 끝내 직원들에게 보내지 않았다. 블루홀 창립 이래 전체 직원에게 보낸 메일 가운데 가장 긴 내용이 될 뻔한 편지였다. 다음 날 그는 경영진에 편지를 썼다.

원래 게시글이 지워졌다는 경영기획실 메일을 받고서 메일을 보내 겠다는 의지가 줄어드는 것을 보면, 분명 저에게 전의가 있었던 것 같습니다. 전사 메일에서 그런 전의가 느껴졌다면 부정적인 효과가 더 컸을 것 같습니다. 여러 고민 끝에, 전사 메일 형태보다는 제가 BLT에서 일부만 직접 설명하는 편이 더 효과적이라 판단했습니다.

김강석은 T2 프로젝트 수장 황철웅에게 "차석과 공동 PD를 하는 것이 어떻겠느냐"고 제안했다. 리더십 변화로 뒤뚱거리는 T2의 위기를 바로잡겠다는, 장병규의 아이디어였다. 경영진이 내미는 처방전이 황철웅에겐 사약으로 여겨졌다. 황철웅은 이 를 거절하고, "사실상 PD 교체와 다름없는 조치니 차라리 팀에 서 빠지겠다"고 했다.

김강석은 황철웅에게 "책임감이 없는 사람"이라며 맞섰다. 두 사람은 차분히 이야기를 진행하기가 어려워졌다. 김강석은 경영진 내 다른 구성원에게 황철웅과 대화할 것을 요청했다.

황철웅과 면담을 끝낸 경영팀원은 "황 PD가 기대치를 관리 하지 않는 사람이고, 다른 것에만 몰두한다고 본다"며 "블루홀 경영진 입장에선 PD가 기대치 관리를 안 하면 프로젝트를 계속하기 어렵다"고 말했다. 차석도 PD 경험이 없으니 실수를 하겠지만, 프로그램팀장 업무를 경험했기에 황철웅보다는 기대치를 잘 관리할 것이란 의견도 덧붙였다. 그는 "공동 PD 제안을 받아들이고 기대치 관리 부분을 차석에게 맡기는 게 좋아 보인다"며 황철웅을 설득했고, 황철웅은 "PD의 역할을 어떻게 나눌 수 있는지 고민해보겠다"고 했다.

다음 날 김강석과 황철웅은 다시 만났다. 둘은 웃기도, 찌푸리기도 하며 간신히 대화를 이어나갔다. 논의는 계속 평행선을 그렸다. 황철웅은 "조직에 머리가 둘이면 제작이 잘 안된다"며 "차석이 잘할 수 있는 게 있지만 내가 꼭 헤드를 해야 할 이유가 있다"고 했다. "앞으로 기회를 준다면 그간 안되던 일들을 다시 잘 해낼 수 있다"고 말했다. 김강석은 "황 PD의 주장을 믿지 못하겠다"며 "그 말이 실현될 것이란 기대가 들지 않는다"고 맞붙었다.

이야기를 끌어봤자 동어반복이 될 뿐이었다. 김강석이 대화를 멈췄다. "황철웅 PD가 장병규 의장과 이야기를 해라. 둘 사이 합의한 사안을 나는 그대로 따르겠다"며 자리를 떴다. 이윽고 장병규가 황철웅을 만나 자정 넘어서까지 대화를 나눴다. 장병규 입장에선 황철웅 혼자 T2를 이끄는 건 '언제 어떻게 게임이 나올지 모르고 방치하는 것'과 같았다. 황철웅은 그 입장을 이해하며 "경영진의 제안을 고민해보겠다"고 했다.

장병규의 눈에 황철웅은 지쳐 보였다. 그동안 너무 스스로를 소진한 나머지, 어떤 형태로든 변화를 거부하고 있는 것으로 보였다. 장병규는 황철웅에게 "T2 게임 개발이 끝난 이후 출시와 운영은 차석이 맡았으면 한다"는 뜻을 전했다. 이어 "한동안 쉬면서 심신을 추스르면 좋겠다"며 "오랫동안 게임 제작을 해야 하지 않겠느냐"고 말했다.

황철웅이 다음 날 곧장 김강석을 찾았다. 경영진이 제안한 공동 PD 방식을 받아들이되, T2가 출시되면 휴직이나 퇴사를 하겠다고 전했다. 김강석이 "기껏 한다는 소리가 퇴사냐"며 목소리를 높였다.

황철웅은 누구나 인정하는 대한민국 최고의 아트 제작자였다. 황철웅이 가장 잘하는 아트 제작 업무를 계속하는 것이 그에게, 또 블루홀에 이롭다고 김강석은 생각했다. 블루홀의 제작 프로젝트가 많아지고 있었고, 어떤 팀은 수준 있는 아트 디렉터를 구하지 못해 형편없는 비주얼을 내고 있었다. 황철웅이 스스로를 어둡게 하는 PD를 고집할 바에야, 제일 빛날 수 있는 아트 디렉터로 남아주길 바랐다.

장병규는 일단 T2 제작을 잘 끝내고 나서 황철웅을 잡을 생각이었다. 그는 "지금은 황철웅이 너무 힘들어 합리적인 생각을 하지 않는 것 같다"고 했다.

비상 체제에서 T2팀은 부서질 듯 위태로웠다. 이번엔 리더급 팀원 박현규가 휴직을 요청했다. 다른 팀원 6명이 퇴사를 확정했고, 다른 2명은 이직을 알아보고 있었다. 직장인 익명 커뮤니티에선 황철웅을 사칭하며 "난 하루 종일 놀아도 월급을 받는 다"는 악의적인 글이 올라왔다.

황철웅은 해머로 뒤통수를 얻어맞은 기분이었다. 더 이상 치욕을 감내하지 못할 것 같았다. 사의 의사를 담은 메일을 김강석에게 보냈다.

심정적으로 더 이상은 견디기 힘드네요. 이쯤에서 T2팀에서 빠졌으면 좋겠습니다. 지난 수년 동안 고생하며 키워온 팀이 무너져가는 모습을 지켜보는 것도, 의기투합하면서 비전을 공유했던 팀원들이 저를 조롱하고 비난하는 것도 저에게는 매우 힘든 일입니다. 조용히 물러날 테니 빠른 검토 부탁드립니다.

T2는 막다른 골목에 와 있었다. 장병규도 상황이 괴롭긴 매한가지였다.

T2 프로젝트와 관련해 저를 포함한 경영진도 잘못한 것이 많다고 생각합니다. 많은 분이 T2 걱정을 해주시는 것을 보면 언제 한번 T2와 관련된 일련의 사태를 반성해볼 필요가 있지 않을까, 하는 생각이 드네요. 저는 제작 연합으로 나아가기 위한, 다양한 제작 라인을 만들기 위한 시행착오를 심하게 하고 있다는 생각이 듭니다.

장병규와 김강석은 블루홀의 중요한 모바일 게임 프로젝트인

T2를 어떻게 해서든 끌고 나가고 싶었다. T2 프로젝트 PD가 된 차석은 "상반기까지 한 번 더 제작에 매진해보겠다"고 말했다. 김강석은 황철웅에게 2016년 6월까지 T2 제작 지원을 요청했지만, 황철웅은 잔류를 거부했다. 사의가 받아들여지지 않자 그는 출근하지 않았다. 회사와 연락을 끊고 두문불출했다.

T2가 남긴 상흔

2016년 4월에 김강석은 결국 T2 제작 중단을 결정했다. 이즈음 그는 핀란드 게임업체 '슈퍼셀'을 자주 떠올렸다. 세계적인 인기를 끄는 모바일 게임 '클래시 오브 클랜'을 제작한 이 회사는 한 해에만 2조 원이 넘는 매출을 올리고 있었다.

추운 나라에 사는 이 게임 제작의 정예들은 프로젝트가 엎어질 때마다 한데 모여 성대한 축하 연회를 연다. 한 번의 성공 뒤에 열 번의 실패가 있다는 걸 알기 때문이다. 게임 개발이나 출시 단계에서 중단한 게임만 10여 종이지만 구성원들에게 책임을 묻는 대신 파티를 개최했다. 화기애애한 포스트모르템을 진행하면서 실패한 프로젝트에서 잘된 점과 잘못된 점을 가감 없이 분석하며 토론한 뒤, 실패로부터 배운 것을 회사의 자산으로 남겼다.

김강석은 그 정도로 쿨할 자신이 없었다. 그저 서운하고 힘들기만 할 뿐이었다. 묵은 감정을 비워내고 김강석이 메일 하나를 발송했다.

오늘 여러분께 한 가지 서운한 소식을 전합니다. 블루홀의 경영진과 T2팀의 리더들은 15개월 동안 달려온 T2 프로젝트를 중단하기로 결정했습니다. 무척 아쉽지만 이게 옳은 결정이라 보았습니다.

먼저 최선을 다해 프로젝트를 위해 헌신해주신 T2팀 구성원들에게 격려와 위로의 말씀을 전합니다. 이분들은 연합군의 다양한 프로젝트에 참여하시거나 임시 조직에 있으면서 새로운 기회를 준비하시게 될 것입니다.

이번 결정과 상관없이, 여러분의 노고에 깊이 감사드립니다. T2는 테라의 IP 활용, 넥슨과의 파트너십 등 여러 긍정적인 기대 요인도 있었으나 성공적인 출시까지는 많은 숙제가 남아 있었습니다. 다양한 해결책을 강구했으나 모두 실행이 여의치 않다는 현실을 정직하게 받아들이기로 했습니다.

새삼스럽게도 게임 제작이 참 쉽지 않다는 점, 그리고 때로는 물러서야 할 때가 있다는 점을 실감하게 됐죠. 지금 우리가 할 일은 현실을 겸허하게 받아들이고, 그동안 학습한 것을 정리하여 재도전을 위한 자산으로 삼는 것이라 생각합니다. 더 건설적인 제작사로 도약하기 위한 유익한 시간이 되기를 바랍니다.

저와 경영진은 T2를 통해 많은 실책을 범했고, 동시에 배웠습니다. 경영진이라고 완벽할 수는 없겠지만, 배운 것을 쉽게 잊지는 않겠습니다. 기대를 모았던 프로젝트가 아쉽게 중단되었지만, 블루홀과 연합군 제작팀에서 여전히 다양한 프로젝트를 진행하고 있기에, 더 나은 과정과 결과가 나오리라 기대합니다.

인수합병을 통해 연합군 진용을 갖췄지만, "회사가 잡탕이 되어가고 있다" "김강석의 전략이 틀렸다"는 말이 블루홀 안팎에서 스멀스멀 피어오르고 있었다. 연합군은 대부분의 전투에서 패배하고 있었다. 블루홀지노의 게임 데빌리언의 매출은 바닥을 기었고, 모바일 부문에선 엘린원정대를 시작으로 속속 프로젝트가 엎어졌다. "회사가 이상해지고 있다"며 달라진 회사에 날을 세우는 직원이 많아졌다.

그들은 "김강석이 내부 개발력을 불신하고 있다"고 비판했다. CEO가 내부에서 게임을 잘 만들 역량이 없다고 생각하니, 외부에서 인력을 데려와 팀을 꾸린다고 투덜거렸다. "김강석이 데려온 구성원은 수준이 낮고, 게임 개발 경험이 아예 없는 초보도 있다"며 반발했다.

모바일 게임의 태동기였다. 개발력이 우수하지 않아도 신선한 아이디어 혹은 한 가지 재미만 살리면 어느 정도 성과를 내는 시대였다. 블루홀 개발자들은 "김강석이 외부 인력의 별것도 아닌 과거 성과를 대단한 이력으로 여기고 있다"며 불평을 늘어놓았다. 개발자가 보기에 형편없는 수준의 팀도 내부 개발 팀보다 더 높이 평가하니, 김강석의 평가 기준을 신뢰할 수 없다는 말이 나왔다.

테라를 운영하던 직원들도 불만을 제기하고 나섰다. 그들에게 김강석은 테라로 벌어들인 돈으로 새로운 회사를 인수해 게임 개발비를 지원하는 무책임한 CEO였다.

생사고락을 함께하던 테라 구성원들이 더는 김강석에게 박수를 보내지 않았다. 어제의 동지들이 오늘은 등을 돌리고 있었다. 김강석에게 2007년 창업부터 함께 일하던 동료들의 험담은 견디기 어려운 상처였다.

엎친 데 덮친 격으로 T2가 블루홀에 남긴 상흔은 생각보다 깊고 짙었다. 직원들이 자신들만의 관점으로 T2 개발 중단을 바라보면서 이런저런 얘기가 나돌았다. T2 외의 다른 제작 라인 PD들도 "경영진이 제작 라인을 신뢰하지 않고 있다"며 툭툭댔다.

경영진의 일을 '견제'한다고 표현하면 적절할 것 같은데, 받아들이는 입장에선 브레이크만 걸고 필요한 도움은 주지 않아 경영진을 부정적으로 바라보고 있습니다.

제작 라인업을 늘려나가는 상황에서 경영진에 대한 불신이 성과에 영향을 주고 있었다. 직장인 익명 커뮤니티에선 PD와 회사를 비난하는 글이 올라오는 일이 잦아졌다.

게임업의 숙명

어지러운 분위기 속에서 장병규는 2016년에 처음 열리는 BLT 발표를 맡기로 했다. 그는 '경영진이 바라보는 T2 포스트모르템'이란 주제로 발표 자료를 만들었다. 장병규는 발표 초안을 소수의 직원에게만 보내 피드백을 받으려 했다. "초안이니 내게만 피드백을 보내주고, 다른 직원에겐 발표 내용을 알리지 말아 달라"며 자료 공유 금지를 당부했다.

그런데 익명 커뮤니티에 이런 게시글 하나가 올라왔다. "BLT 기대하지 마요. 장 선생 초안은 끔찍해. 아 물론 커뮤니케이션 어렵지." 초안이 유출된 것이다. 장병규는 불같이 화를 내며 씩씩댔다. 이후 자료를 수정하고선 "직원들과 눈높이를 맞출 필요가 있다"며 BLT를 하기 전 전체 직원에게 보내려 했다. 그는 이 자료에 대한 피드백을 다시 요청했다.

제 발표는 '현실 직시'에 가깝기에, 신나는 내용은 아닙니다. 경영진의 배려와 칭찬을 크게 기대하지는 말아 주시고, 참여하시기 전에 게임업의 현실을 직시하고 블루홀이 걸어갈 길을 이해해보겠다고 마음을 먹고 와주세요. 저도 인간입니다. 요즘 제 감정만 생각하면 심한 이야기가 나올 수도 있습니다. 제가 자제하겠지만, 혹시나 심한 말이 나오더라도 그만큼 힘들게 뭔가 지키고 싶은 것이 있구나, 이렇게 생각해주세요.

피플팀장 임재연은 장병규에게 '너무 나갈까 봐' 걱정이라며 우려를 전했다.

직원들의 사기가 가뜩이나 떨어져 있습니다. 조금만 삐뚤어지게 보면 우리를 야단치려고 하는 건가, 하고 여길 수 있습니다. '배려와 칭찬을 크게 기대하지 말라' '심한 이야기'란 표현도 문제입니다. 겁을 줄 만한 내용은 빼고, 객관적으로 돌이켜본 내용을 담담하게 공유하겠다는 약속을 전하면 좋을 듯합니다.

장병규는 임재연의 의견을 받아들여 발송을 취소했다.

이윽고 BLT 행사장에서 장병규가 마이크를 잡았다. '블루홀이 걸어갈 세상: 한국 게임업계에서 처음 시도하는 방향'이란 주제로 발표 내용을 바꿨다. "블루홀에 품격이라는 게 확보된다면, 걸어갈 만한 길일 것 같습니다."

장병규는 익명 커뮤니티에 올라왔던 게시글을 공개화면에 띄웠다. 그가 말했다.

조직과 팀은, 신뢰 위에서 올라가요. 법 위에서 올라가지 않아요. 법이라는 건 신뢰가 지켜지지 않을 때를 대비한 최소한의 안전장치입니다. 조직은 기본적으로 신뢰라는 강점을 기반으로 올라가야 돼요. 조직 구성원들도 인간이니까 감정이 중요할 수밖에 없지 않습니까.

지난 네오위즈부터 시작하면 20년 이상 일하고 있습니다. 조직 구성원으로 일할 때 진정성 없이 일한 경우는 한 번도 없었어요. 그런데 이 직원의 말은 저의 진정성을 의심하는 말이거든요. 20년 넘게 일한 프로페셔널로서 감당하기 힘든 말입니다.

저는 요즘 이런 나쁜 인간성들과 결국엔 싸우는 거 아닌가, 하는 생각을 가끔 합니다. 이게 게임업이기 때문이에요. 구성원들이 단순히 나빠서 생긴 문제가 아니에요.

가만히 생각해보면, 저희가 게임업을 하기 때문이에요. 게임업이 흥행 사업이기 때문이에요. 그래서 이런 분들이 존재해요. 다른 업보다 더 많이 존재합니다. 제가 보기엔, 세상에는 나쁜 인간성들도 돈을 번단 말이에요. 저는 품격이 이기는 사회가 됐으면 좋겠다는 생각을 기본적으로 가지고 있습니다. 이런 싸움에서 내가 지면 일단 쪽팔리겠다 싶습니다. 블루홀 경영은 나쁜 인간성과의 싸움입니다. 품격이 이기는 것을 보고 싶습니다.

장병규는 "성숙하지 못한 T2의 드롭 과정으로 많은 동료가 힘들어하거나 떠난다"고 운을 뗐다.

T2 프로젝트에서 노력했던 개발자분들이 30명이 넘습니다. 혹자는 이렇게 얘기할 수 있죠. 그래도 월급은 나왔지 않느냐. 하지만 돈만 가지고 살 수 없습니다. 인생이 그렇지 않죠. 그분들이 기울였던 노력과 땀, 게임을 출시하고자 했던 의지가 사실은 물거품이 됐으니 아쉬운 건 어쩔 수 없습니다.

T2 제작 리더십에 대한 비난이 많습니다. 프로젝트가 접히면 제작 리더십과 경영진이 욕먹게 돼 있어요. 구조상 어쩔 수 없습니다.

그런데 이 생각은 해주셔야 돼요. 제작 리더십은 게임을 드롭하고 싶어서 드롭한 게 아닙니다. 그분들도 좋은 게임을 만들어서 출시하고 성공하고 싶습니다. 그분들의 진정성은 인정해주셔야 합니다. 성공했으면 좋겠고, 잘됐으면 좋겠고…. 그게 사람 마음 아닙니까. T2팀 구성원 가족분들도 괴로워해요. 스트레스가 가족한테도 가는 겁니다. 경영진도 괴롭습니다. 블루홀은 투자자도 많아요. 투자자들도 괴로워합니다. 그뿐 아니라 넥슨과 퍼블리싱 계약도 했어요. 보도 자료도 다 내놨던 겁니다.

캠페인 주제처럼 기본기를 지킵시다. 품격 있게 살고 싶지만 현실은 보고 있으면 시궁창이죠. 그래서 괴롭습니다. 그렇다고 지향점이 바뀌진 않습니다. 지향점을 명확히 하고 그것을 향해 가는 과정의 괴로움을 견뎌내야 합니다.

프로젝트 드롭은 게임 제작업을 하면 어쩔 수 없는 일입니다. 드롭할 것은 드롭해야 돼요. 이걸 무서워하는 순간 망합니다. 다만 어떻게 하면 잘할까, 고민해야죠.

저희 못하는 거 맞습니다. 못하니까 괴로워하고 사람들이 떠났어요. 과오를 저질렀죠. 그걸 돌아보고 난 다음 조직적인 차원에서 프로세스를 바꾸든, 제도를 바꾸든 해야 합니다.

구성원 스스로도 성숙한 태도로 실패를 받아들여야 합니다. 조직 문화도 그걸 받아들일 수 있게 성숙해져야 합니다. 어쨌든 저희가 성숙하지 못하게 T2 프로젝트를 드롭한 건 사실입니다. 다음에 같은 실수를 반복하지 않도록 해야 합니다.

장병규가 말을 멈추고 2016년부터 블루홀이 겪은 수많은 실패 사례를 발표 화면에 띄웠다. 프로젝트 EXA가, 엘린원정대가, 데빌리언이, T2가 엎어지고 무산됐다. 2015년부터 축적한 실패의 대가를 합하면 100억 원을 족히 넘었다.

블루홀이 돈이 적진 않은 것 같네요. 저렇게 말아먹고도 살아 있는 거 보니까. 근데 좋은 일도 있어요. 합병한 피닉스의 볼링 게임 볼링킹이 매일 100만 명 정도가 접속하는 글로벌 게임이 됐어요. 성공 공식을 경험했기 때문에 캐주얼 모바일 게임을 꾸준히 만드는 스튜디오 형태로 발전했습니다. 합병한 곳 중에 성과를 벌써 내는 곳이 있는 거예요.

흑역사만 있는 게 아니라는 겁니다. 역사가 조금씩 만들어지고 있어요. 지금 제작되는 라인 중에서도 역사가 될 라인이 나오겠죠. 전 그렇게 믿고 있습니다.

게임 제작은 스트레스가 있을 수밖에 없어요. 프로젝트가 엎어지면 내부 분위기가 당연히 좋지 않겠죠. 그러다 보니 인신공격적인 비난과 뒷담화를 엄청 합니다. 많이 돌아다니는 말 가운데 이런 말도 있습니다. 테라 본부에 있는 분들이 아마 그런 얘기 하겠죠? '저 돈으로 테라 보너스나 더 주지.' 솔직히 그런 이야기를 할 수 있다고 생각해요. 인간인데 그렇게 생각하는 게 당연한 거 아닌가요?

그렇다면 왜 경영진은 이런 식으로 회사를 이끌고 나가는지 생각해주셔야 됩니다. 더 나아가서 우리가 왜 사는지 혹은 무엇을 위해서 블루홀이 가고 있는 건지 블루홀이 추구하는 가치와 방향은 무엇인지에 대해서도요. 지향점이 명확해야 스트레스를 받더라도, 뒷담화를 하며 싸우더라도 서로 협력하며 앞으로 나갈 수 있습니다.

검증된 제작 리더십

장병규는 모든 문제가 게임업이 비상식적이기 때문에 발생한다고 진단했다. 고객을 만나기 전까지 게임의 흥행은 알 수가 없다. 예측을 할 수 없는 흥행 사업이기에, 타석에라도 많이 서야 한다는 게 그의 지론이었다.

게임회사 경영진 입장에선 1~2개 제작 라인으로는 지속 가능한 회사를 만들 수 없습니다. 그리고 우연한 성공도 이 동네에선 실제로 일어납니다. 테라 IP도 중국 업체에 마구 주고 있습니다. 복권을 사는 것마냥 '한번 터져봐라' 하는 생각으로 말입니다. 예측이 어려우니 경영진도 힘들고 투자자도 괴롭습니다. 게임회사는 늘 프로젝트를 시작하고, 때로 개발을 취소해야 됩니다.

인간은 기본적으로 안정적이고 편안한 것을 좋아합니다. 변화를 좋아하지 않아요. 20대라면 그렇지 않을 수도 있겠지만 나이 들면 안정을 추구하게 돼요. 게임업의 속성 자체가 기본적으로 사람과 다른 겁니다.

장병규는 PD에 대한 불만이 나올 수밖에 없는 구조를 설명했다.

게임업 동네에선 검증된 제작 리더십이 희귀합니다. 제작 리더십이라고 스스로 주장하는 분은 정말 많습니다. 시장에 돌아다니는 이력서 중에 이름난 게임 PD를 했다고 주장하는 사람이 몇 명쯤 되는 줄 아십니까? 정말 많습니다.

그런 PD가 다 검증이 됐다면 한국 게임업계는 날아다닐 겁니다. 그런데 그게 아니지 않습니까. 스스로 제작 리더십이라고 이야기하는 사람들을 검증하는 일은 힘듭니다. 사람 관상을 보면 딱 압니까? 인터뷰해보면 압니까? 모릅니다.

이 업은 우연히 성공할 수 있으니까, 그 사람이 성공했다는 트랙 레코드도 믿을 수 없습니다. 판단하기 너무 힘들기에 경영진도 늘 실수하고 시행착오를 겪습니다.

한편으로 제작 리더십이 능력 있다고 해서 꼭 품격을 갖추고 있지도 않습니다. 품격 없는 리더들이 상당히 많습니다. 이기적인 사람도 꽤 많아요. 그런 이기적인 사람만으로는 블루홀이 가려고 하는 길을 갈 수 없습니다.

그래서 저희는 품격 있고 검증된 제작 리더십을 키워야 합니다. 희귀하기 때문입니다. 그래서 제작 리더십으로 도전하는 걸 허용해야 합니다. 심지어 실패하더라도요. 그렇지 않으면 저희는 앞으로 전진할 수 없습니다. 그렇기에 저희는 실패가 나올 수밖에 없는 조직입니다.

게임업은 사기꾼이 나올 수밖에 없는 업이기도 하죠. 사기 치기 너무 좋거든요. 제가 20억 원쯤 빚진 게임 제작 PD도 만나봤습니다. 이런 말을 들었습니다. 어차피 게임은 한 방이고, 20억 원을 빚져서 파산하나 30억 원을 빚져서 파산하나 똑같다는 겁니다. 이게 다른 업에서 상식적으로 말이 되는 이야기인가요?

그런데 이런 사람이 실제로 존재합니다. 10년째 안 나오는 게임도 있지 않습니까. 언젠가 나오면 성공하겠지, 하다가 지금도 출시를 못하고 있습니다. 비상식적인 일이 비일비재합니다. 게임업은 흥행 사업이고, 1~2개 제작 라인만 가져선 안 되고, 제작 리더십을 성장시켜야 되고, 심지어 사기꾼을 가려내야 하는 업입니다.

그러니까 저나 경영진 입장에선 지속 가능한 회사를 만든다는 게 굉장히 어려운 과제입니다. 과연 만들 수 있을까, 하는 고민을 실제로 합니다. 그런 고민을 거듭하다 그래도 가능하지 않을까, 하는 생각을 최근에 조금씩 하고 있습니다.

장병규가 진단하기에 품격 있고 검증된 제작 리더십이 드문 이유는 게임이란 제품의 기본 속성 때문이었다. 게임의 본질은 재미다. 재미는 감성이며 본능이지, 이성이나 합리가 아니다. 어떤 사람이 재밌게 느끼는 요소가 어떤 사람에겐 전혀 아닐 수 있다. 그렇기에 재미, 감성, 본능은 대화를 통해 공감하기 어려운 대상이다.

하물며 대중의 취향을 저격하는 재미를 만드는 사람은 어떻겠는가. 작가 한 사람이 소설을 써내듯, 혹은 영화 감독 한 사람이 촬영 현장을 총괄하듯, 소수의 리더십이 제작을 이끌 수밖에 없는 게 게임업의 본질이다.

재미를 발견하고 만들어나가는 과정은 시행착오의 과정이며, 제작자는 도자기 장인처럼 만들고 깨고를 반복할 수밖에 없는 운명에 놓인다. 아직 세상에 나오지 않은 게임의 재미 요소는 PD의 머릿속에만 있기에, 홀로 의사결정을 내릴 가능성이 높다. 독재적인 성격의 PD가 흔하게 등장하는 이유다.

더구나 MMORPG는 복잡하고 거대한 물건이다. 이 세상을 닮은 가상 세계를 창조하는 일은 그만큼 여러 사람의 노력을 요한다. 문제는 게임 속 작은 부분 하나를 바꾸면 전체 세계가 흔들린다는 것. 그러므로 제작 책임자는 의사결정을 다른 이와 함께 나눠 하기가 어렵다. 이런 속성 또한 리더십의 독단을 낳는다. 리더는 팀원에게 어떤 조치로 인해 변화하는 게임의 전체 모습을 짧은 시간에 일일이 설명하기를 수고로워한다. 그렇기에 그는 "일단 시키는 대로 하라"고 주문한다.

제작 리더십엔 대가가 따릅니다. 제작 리더십으로 살기 위해선 인생을 걸어야 합니다. 제작 리더십은 그들의 삶으로 책임을 집니다.

제작 리더십을 평가하기는 어렵고, 심지어 오래 걸린다. 일반 제작자는 직업인으로서 분기별, 반기별, 연도별로 평가받지만, 제작 리더십은 게임 개발 전체로 평가받는다. 제작 리더십은 오랜 기간 게임 제작에 투신하며, 한 게임을 완성하는 데 3년, 6년을 쓰는 경우가 부지기수다.

그렇게 게임이 시장에 출시돼 나타난 결과는 제작 리더십의 트랙 레코드에 영원히 기록된다. 이력에 빨간 줄이 두어 번 그어지면, 다시 제작을 맡기란 불가능하다. 좁은 게임업계에서 특정 리더십의 성패는 바로 소문이 나기 때문이다.

규모가 큰 게임일수록 스포트라이트를 받은 게임일수록 실패의 인장은 선명하게 찍힌다. 제작 리더십은 그 주홍 글씨를 평생 짊어지고 산다. 얼추 삼세판에 인생이 결정 나는 것이다.

장병규는 '제작자가 게임 제작에 인생을 걸고 있는가' '과연 팀
을 이끌 수 있는 것인가'를 가늠해보고 기회를 줄지 고민했다.

장병규의 머리로는 제작자들이 왜 그토록 제작 리더십을 하
고 싶어 하는지 도무지 이해하기 힘들었다. 만약 무엇인가에
인생을 걸어야만 한다면 적어도 여기엔 걸지 않을 것 같다는
게 그의 생각이었다. 그러나 제작자에겐 제작자의 인생이 있
다. 블루홀은 제작사이기에 제작자를 끌어안아야 한다.

저희가 만드는 게임 중에 엑스에이전시X-Agency가 있는데 퍼블리셔
를 못 구했어요. 아무도 퍼블리싱을 안 해줘요. 그 게임이 무슨 게임
인지 모르겠다는 거예요. 왜 재미있는지 모르겠대요.

저희 같은 제작사가 없으면 엑스에이전시가 세상에 나오겠습니
까. 물론 엑스에이전시의 흥행은 몰라요. 흥행에 실패하면, 또 떠나
는 사람이 나올 수 있는 겁니다. 그게 우리의 업이니까요.

하지만 적어도 출시는 해보고, 고객을 만나보고, 고객의 반응에
맞춰 수정해보고 다 해본 다음에 접어야 후회가 남지 않습니다. 배우
는 게 있을 거예요. 저희가 만들어야 하는 건 그런 기회입니다.

장병규는 블루홀의 제작 리더십을 명확하게 정의했다. "제작
리더십은 게임의 재미, 제작, 성공을 책임지는 한 사람 혹은 소
수의 사람들이다." 경영진은 게임 제작의 전권을 휘두르지 않
으며, 그래서도 안 된다. 게임의 재미를 개발하는 창의성은 어

디까지나 제작자에게서만 나올 수 있다. 제작 리더십이 독립적으로 게임을 제작하고, 경영은 마일스톤을 기반으로 제작을 견제한다. 경영과 제작 리더십은 프로젝트의 비전과 방향, 팀과 예산, 검증 방법을 두고 논쟁한다.

게임 제작은 제작 리더십이 독립적으로 하는 거예요. 경영진은 이를 견제하고요. 경영진이 견제할 때는 일상 업무를 견제하는 게 아니라 제작이 약속한 중간 결과물인 마일스톤을 기준으로 견제를 합니다. 이걸 제대로 할 수 있느냐 못 하느냐를 저희가 배워나가야 합니다만, 궁극적인 지향점은 변하지 않습니다.

제가 보기에 제작 관리 프로세스를 잘 정착시킨 한국 게임회사는 없어요. 제작 리더십은 한 사람으론 부족하다는 게 제 생각입니다. PD는 전지전능하지 않습니다. 절대 혼자 모든 것을 책임질 수 없어요. 제작은 다양하고 이질적인 직군들이 협업해야 하기 때문에 복잡합니다. 난도도 높죠. 심지어 재미를 발견하는 과정은 시행착오의 과정이기에 굉장히 괴로워요. 이걸 어떻게 혼자 짊어집니까. 그런데 한국 문화는 이 기준을 악화해요.

전체적인 사회 구조나 기본 문화가 보스 1명에 익숙합니다. 오너, 대통령, 심지어 PD 1명을 쉽게 탓하는 나쁜 문화가 있습니다. 한국 사람들은 너무 쉽게 이야기해요.

가만히 생각해보세요. 경영진이 혼자 일합니까. 대통령이 혼자 일합니까. 시스템이 그걸 허락하지 않아요. PD도 혼자 일하지 않습니다. 그래서 PD는 제작 리더십과 다른 겁니다. PD는 제작 리더십과 다르고, 제작 리더십은 1명이 아니라 2~5명이 될 수 있다는 생각을 해주셔야 합니다. 제작 책임은 기본적으로 PD가 지는 게 아니라 제작 리더십이 져야 합니다. 제작 리더십에는 당연하게 PD가 포함돼 있겠죠. PD도 당연히 책임을 져야 하지만, 리더십과 함께 지는 겁니다.

그다음 큰 책임은 또 경영진에 있습니다. 제일 큰 책임은 제작 리더십이, 그다음 욕먹는 건 경영진. 그리고 나서 마지막으로 구성원이 책임을 져야겠죠. 그렇게 순서가 가는 게 맞다고 생각합니다. 이런 지향점을 가지고 제작 관리를 해나갈 생각이고요.

연합군의 길

장병규는 블루홀 연합군 얘기도 잊지 않았다. 장병규가 생각하는 블루홀은 제작 리더십들이 성장해 스튜디오를 형성하고, 상호 시너지를 갖는 '스튜디오 연합'의 가치를 믿는 조직이었다. 장병규는 연합군이 시너지 효과를 낼 수 있다고 믿었다.

테라는 힘든 상황임에도 어쨌든 라이브 상태에서 돈을 법니다. 고객이 계속 있기에 IP 가치도 꾸준하다고 생각합니다. 이미 피닉스도 자체적으로 돈을 벌기 시작했어요. 검증된 제작 리더십, 트랙 레코드가 있는 제작자는 퍼블리셔 계약이 쉽습니다. 그렇다면 이분들이 제작하는 게임에 대한 투자는 퍼블리셔와 함께 할 수 있습니다.

그런데 퍼블리셔는 제작 리더십 후보들에게는 투자를 안 합니다. 트랙 레코드가 없는데 뭘 믿고 투자를 하겠습니까. 하지만 게임업계가 발전하려면, 누군가는 이 후보들에게도 투자를 해야 합니다.

제작 리더십, 특히 검증된 제작 리더십은, 더 나아가서 품격 있는 검증된 제작 리더십은 드물기 때문에 길러내야 됩니다. 역량과 경험, 무엇보다 태도가 적합하다면 제작 리더십으로 성장할 기회가 주어져야 해요. 그 역할을 저희가 하겠다는 겁니다. 그분들이 성장해서 수익을 내는 구조를 만들겠다는 겁니다.

투자와 수익의 밸런스를 맞추면서, 후보가 제작 리더십으로, 제작 리더십이 스튜디오로 발전해나가는 그림을 만들어야 합니다. 여기 계신 분들은 이런 시너지가 잘 안 느껴지실 수 있어요. 월급이 꼬박꼬박 나오면 아무 문제가 없다고 생각할 확률이 높거든요.

그래서 블루홀이 가는 연합군의 길에는 중요한 조건이 있습니다. 스튜디오를 만든 분들이 회사를 나가지 않으셔야 지속 가능해집니다. 저희와 오랫동안 함께 가주셔야 합니다.

성과를 내면 인센티브를 받지만, 성공의 일부는 나눠야 합니다. 성공의 과실을 독식하지 않고 다른 제작 리더십 후보를 키워야 합니다. 미래에 투자해야, 후학들을 키워야 이 업이 발전할 수 있다는 마음을 가진 제작 리더십이 되어야 합니다.

동료들의 안전망을 신경 쓰는 이 마음을 저는 이타심이라 얘기하고 싶어요. 하지만 길게 보면 이기심입니다. 블루홀이 굉장히 커지면 그분들이 블루홀 주주가 되고, 블루홀 주주로서 또 돈을 벌 수 있습니다. 광의의 관점에서 이기심을 가지고, 단기적으론 이타심을 보이는 행위를 해야 돼요.

이런 재무적 시너지뿐 아니라 비재무적 시너지도 있어요. W는 테라의 프로그래밍을 기본으로 제작하고 있고, 전체 인원의 20퍼센트를 테라 본부에서 충원했습니다. 스튜디오마다 문화는 다를지 모르지만 인적 자원을 공유하고 있습니다. 또 연합군으로 덩치가 커지면 게임을 배급하는 퍼블리셔에 잘 휘둘리지 않습니다. 영세한 독립 게임 개발사는 기본적으로 퍼블리셔에 흔들릴 수밖에 없어요. 저희는 규모가 있으니까 적어도 함부로는 못 합니다. 저희가 만들 게임이 꽤 많다는 걸 알면 미래를 생각해야 하니까 더 함부로 못 해요. 이게 연합의 힘입니다.

꾸준히 제작 리더십 후보들이 나오고, 그들이 게임을 만들고, 성공의 대가를 미래를 위해 나누는 선순환을 이룰 때 블루홀의 길이 의미가 있지 않을까 싶습니다.

장병규는 발표를 마무리하며 블루홀이 만들어갈 세상을 말했다.

연합군이란 길은 남들이 가보지 않은 길이에요. 프로젝트가 무너지고 구조조정이 일어나도 다시 새로운 시작을 할 수 있는 구조, 제작 리더십으로 성장할 수 있는 구조를 만들 수 있으니 저희가 가는 길은 굉장히 의미 있는 여정입니다. 블루홀이 게임 제작을 평생 업으로 생각하는 사람들의 터전이 되었으면 합니다.

직원들은 장병규의 발표 내용을 어떻게 받아들였을까. 임재연 피플팀장은 BLT가 끝난 후 직원 반응을 취합해 전달했다.

"솔직하게 말씀드리면 PT 내용이 정확히 뭔지 모르겠어요." "장병규 의장 말대로 되면 좋죠. 그런데 블루홀 수준이 그렇게 높은가요? 포스트모르템 하면 서로 네가 잘못했다 하면서 낙인만 찍을 거 아닙니까?" "좋은 의도는 알겠는데 세부적인 방법이나 마음가짐은 좀 다르게 가져주셔야 할 것 같아요. 발표 내용은 '좋은 회사 만들 것이니 나가지 말고 오래 잘 함께 지내자' 아닌가요? 그런데 다른 데서 더 좋은 조건을 제시한다면 당연히 나가지 않을까요? 차라리 '가고 싶은 데 있으면 나가라, 가보고 아니면 언제든 돌아와라' 이런 열린 모습을 보여주셨으면 좋겠네요. 지금은 나간다고 하면 '네가 그럴 수가 있어?' 이럴 거 아니에요."

장병규는 회사의 비전과 방향, 전략을 직원들과 좀 더 자주 커뮤니케이션해야겠다고 다짐했다. "부정적인 의견을 편하게 피드백을 주시면, 앞으로 좀 더 잘할 수 있지 않을까 싶습니다.” 조직이 커진 만큼 각자의 눈높이가 다르고, 이해관계도 복잡해졌다. 블루홀을 이해하는 직원이 줄어들고 있었다. 임재연이 보내온 이메일 답신 말미에, 장병규는 잭 웰치 전 GE 회장의 어록을 붙였다.

신물 날 정도로 비전을 이야기해야 하는 이유: 입에 재갈을 물리고 싶을 정도로 끊임없이 비전에 대해 얘기해야 한다. 언젠가는 하루 내내 너무도 많이 이야기해서 나 자신조차 지겨웠던 적이 있다. 그러나 모두가 비전을 완벽히 공유할 때까지는 끝없이 계속 반복해서 이야기해야 한다.

퇴사 이유들

T2 공동 PD가 됐던 차석은 다른 구성원 2인과 함께 다른 게임 회사로 이직했다. 김강석은 이들의 퇴직을 막거나 설득할 의향이 없었다. 소식을 접한 장병규가 답했다. “많이 아쉽지만, 저도 별다른 아이디어가 떠오르지는 않습니다.”

　황철웅은 여전히 회사에 나오지 않고 집 안에 틀어박혀 있었다. 몸은 서류상 블루홀에 매여 있었지만, 마음은 떠난 지 오

래였다. 퇴사하지 않아야 할 이유를 찾으며 스스로를 다스리고
있었다.

팀원 대부분이 회사를 떠나면서 팀은 산산조각이 났다. 공동
창업자인 자신까지 회사를 떠나면서 경영진에 부담을 지우고
싶진 않았다. 직원들의 사기와 신뢰가 떨어질 게 걱정이었다.
블루홀은 경영진에 대한 사원들의 신뢰를 가장 중요하게 생각
하는 회사였다. 소중히 가꿔온 블루홀의 문화를 흠집 내기 싫
었고, 창업자이자 조직원으로서 회사 가치를 정면으로 손상하
는 일을 하는 건 도리가 아니라고 여겼다.

테라 본부 직원 둘도 블루홀을 떠났다. 공교롭게 두 직원 모
두 장병규의 모교 카이스트 출신이었다. 서버를 관리하던 직원
은 카카오로 이직했다. 테라 서버 관리팀 가운데 프로그래밍
언어를 가장 잘 다룰 줄 안다는 평가를 받던 이였다. 떠날 때야
비로소 속 이야기를 꺼내 보였다.

그는 "수평적이고 자유로운 블루홀의 문화에 만족했지만, 그
이상의 것에서 부족함을 느꼈다"고 말했다. 개발자로서 더 배
우고 성장하고 싶었지만, 보고 배울 만한 시니어 개발자가 없
는 조직에 실망했다는 것이다. 또 "개인이 아무리 좋은 모습을
보였어도, 사업과 팀 성과가 부진하다는 이유로 회사로부터 빈
약한 보상을 받아들여야 하는 게 힘들다"고 토로했다.

카이스트 전산과 출신 병특 직원도 퇴사자 명단에 이름을 올
렸다. 2년 넘게 블루홀에서 일한 이 직원은 회사에 애정이 많

왔다. 무언가 잘못됐다는 생각이 들면 항상 피플팀에 의견을 제시하던 직원이었다. 그런데 연초부터 퇴직 이야기를 꺼내다, "더는 미룰 수 없다"며 회사를 서둘러 떠났다.

그는 블루홀 모바일 사업의 미래를 안타깝게 여겼다. "경영진이 모바일 게임을 이해하지 못하고 있고, PD들은 모바일 게임을 제대로 만들지 못하고 있다"고 평했다. 그에 따르면 블루홀 PD 대부분은 게임을 만들기만 하면 성공하던 과거 시대의 화석이었다. 격화하고 있는 모바일 게임 시장에서 과연 제대로 게임을 만들 수 있을지 심히 우려된다는 의견이었다.

직원 평가 제도에 대해서도 불만을 나타냈다. 평가를 두 차례 경험하면서 퇴사 결심을 굳혔다. 그는 "블루홀의 평가 방식과 보상은 현업의 상황과 의견을 전혀 반영하지 않고 하향평준화를 유도하는 한심한 제도"라며 "아버지가 속한 공무원 조직보다 못하다"고 했다.

그는 첫해보다 둘째 해에 두드러지게 업무 능력이 향상됐고 팀에 기여했다고 자부했다. 더 나은 성과를 냈음에도 팀 평가 결과가 좋지 않아 연봉 인상 폭이 오히려 줄었다. 스스로 훨씬 더 잘했다고 생각하는 시기보다 그렇지 않았을 때 평가가 좋게 나왔다는 사실을 도무지 납득할 수 없었다.

이어 "제발 부탁인데 퇴사하기 전이라도 시간을 꼭 낼 것이니 제도를 만들 때 현업 의견을 제대로 들어주셨으면 한다"고 말했다. 잘못된 평가로 마음이 상해 회사를 나가는 유능한 직원이 많다는 게 그의 마지막 말이었다.

장병규는 평가를 다른 시선으로 바라봤다. 그는 게임 제작자들과 평가 방식을 논의할 때마다 늘 당황스러웠다. 결과가 좋지 않으면 조직 구성원이 책임을 져야 한다는 게 그의 기본 생각이었다. "나는 열심히 했다" "나는 만들어달라는 결과물을 잘 만들어줬다"란 말은 장병규 귀에 "고객이 어떻게 반응하는지는 나는 상관이 없다"로 들렸다.

평가는 늘 매출이나 트래픽과 같은 고객 지표와 연동되어야 한다. 지시에 잘 따르는 구성원을 높게 평가하는 조직 수장을 최악이라 생각하면서도, 제작 리더십마다 지닌 철학에 따라 평가 방법이 다를 수 있다는 건 인정했다. 무엇보다 평가 원칙은 고정되어선 안 되고, 시대와 사람에 맞게 계속 달라져야 했다.

재미와 흥행의 상관관계

이상균이 이끄는 헌팅존팀은 모바일 게임 엑스에이전시 출시를 앞두고 있었다. 봄날 장병규가 이상균을 비롯해 다른 팀원과 점심식사를 하며 물었다. "엑스에이전시는 재미있나요? 팀원들이 재밌다고 느끼나요?" 이상균의 팀원이 답했다. "사람마다 다른 것 같은데, 저는 재밌게 하고 있습니다."

"개발팀은 게임에 애정이 있으니 남다르게 재밌다고 합리화할 가능성도 있지 않나요?" 이번엔 이상균이 대답했다. "당연히 그럴 수 있죠." "그렇다면 게임에 재미가 있다는 건 어떻게 알 수 있나요? 측정하려면 어떤 지표를 봐야 해요?"

장병규는 '게임의 재미란 무엇인가'란 주제로 이상균과 나누는 대화를 즐겼다. 이상균이 2012년에 블루홀에 입사했을 때도 장병규는 똑같은 질문을 던졌다. 이상균은 "지금까지 그 답을 찾으려 노력했다"며 "답은 모르겠지만, 이 질문에 대답할 수 있는 논리를 만드는 데 3년 반이 걸렸다"며 빙그레 웃었다. "질문에 대한 대답이 좀 길 텐데 괜찮으세요?" 장병규가 "괜찮다"며 자리를 깔았다.

"이 질문은 게임 개발업에 있어서 근원적이며 중요한 질문이고, 참 심오하기도 합니다." 이상균에 따르면 '재미가 있다는 걸 어떻게 알 수 있느냐'는 질문은, 필연적으로 꼬리에 꼬리를 무는 질문을 부른다. 가령 '재미를 어떻게 측정하는지, 혹은 측정하는 방법은 있는지'라는 질문은 결국 '재미란 무엇인가' '재미라는 것이 존재하긴 하는가' 하는 질문으로까지 확장된다.

어떤 프로젝트에도 적용할 수 있는, 재미를 측정할 수 있는 도구가 과연 있을까. 우선 절대적이고 보편적이며 불변하는 재미를 측정할 수 있는 도구는 '재미'의 존재를 전제로 한다.

재미가 과연 존재하는가, 하는 논의는 실은 아주 오래된 철학의 진리에 대한 논의와 닮았습니다. 전통적으로 진리를 대하는 철학의 3가지 관점이 있습니다. 절대주의와 상대주의, 회의주의입니다.

절대주의적 관점은 절대적인 진리가 존재한다고 본다. 소크라테스와 플라톤의 합리론이 이 같은 의견을 대표한다. 반면 상대주의적 관점은 절대적인 진리가 존재하지 않는다고 말한다. 아리스토텔레스의 경험론이 이런 생각이다. 회의주의적 관점은? 진리가 있든 말든 상관없다는 식이다. 소피스트나 니체가 이러한 회의주의적 시선의 강력한 대변자들이다.

이를 게임 제작업에 적용해보면, 절대주의적 관점은 게임의 재미를 측정하는 보편적인 수단이 존재한다고 믿는 것입니다. 상대주의적 관점에선 보편적인 재미는 존재하지 않고, 따라서 재미를 측정하는 보편적인 수단도 존재하지 않죠. 회의주의적 관점에선 게임의 재미와 흥행은 별 상관이 없다고 여길 겁니다.

일반적으로 게임회사의 경영진은, 어쩔 수 없이 절대주의의 강력한 신봉자들이다. 경영진은 자원 배분과 투자를 효율적으로 집행하기 위해 끊임없이 재미를 측정해 예측 가능성을 높이고 싶어 한다. 리텐션(유지), LTV(유저 생애 가치) 같은 잣대를 끊임없이 붙잡으면서 재미를 측정하려 시도하는 것도 이 때문이다.

반면 저는 상대주의적 관점으로 재미를 바라보고 있습니다. 재미는
기본적으로 체험에 기인한다고 생각하거든요. 체험에 대한 해석과
평가는 합리적으로 내려지는 것이 아니라 경험적으로 내려집니다.
사람마다 체험이 다른 만큼 재미에 대한 해석과 평가도 모두 다를 것
이 분명하니까요. 그래서 저는 처음부터 게임에 재미가 있다는 것을
알 수 없다고 생각합니다. 측정할 방법도 없다고 보고요.

이상균이 재차 물었다. "계속해도 괜찮으세요?" 장병규의 눈
이 반짝반짝했다. "계속해보세요. 재밌게 듣고 있어요." 상대주
의자 이상균은 "엑스에이전시는 재미있나요"란 질문으로 다시
돌아와, "게임의 재미가 상대적이라는 측면에서 게이머로서,
개발자로서, PD로서 대답을 따로 해보겠다"고 했다.

우선 개발자로서 대답은 "재미는 측정할 수 없으므로 보편적
으로 대답할 수 없다"였다. 게이머 입장에서 대답한다면, "어떤
게이머는 가위바위보 형식에 착안한 대전 게임이 신선해 보인
다며 계속 게임을 즐길 것이고, 2D 게임을 좋아하는 게이머도
호기심이 발동할 수 있다. 캐릭터에 관심 있는 게이머는 초반
캐릭터를 고르는 화면에서 여러 캐릭터가 죽 늘어서 있는 것만
으로도 재미를 느낄 것이다. 어떤 게이머는 승리가 짜릿해 게
임이 재밌다고 느낄 수도 있겠다."

이상균은 일본 게임 '몬스터헌터'를 100시간 정도 한 다음에
서야 재미를 느꼈다. 그가 개발한 엑스에이전시 역시 지금껏

존재했던 게임과 맥락이 조금 다른 재미를 자극하고 있다고 여겼다.

그럼 PD로서는? 게임 시장은 여러 게임을 즐기는 유저와, 오직 1~2개의 게임만 평생 할 수 있는 유저로 구성되어 있다고 생각했다. 여러 게임을 하는 '코어(중심) 게이머 집단'은 1980년대에 처음 형성됐다. 1980~1990년대에 유년기를 보낸 이 집단은 이제 30~40대가 되었다.

전통적 의미의 게임은 이 그룹을 겨냥해왔다. 예컨대 콘솔 게임은 코어 게이머 집단에 제품을 판다. 나머지 게임들은 이 코어 게이머 집단 이외의 시장을 발견하며 성장한다. 일례로 2010년 게임업체 '징가'는 코어 게이머들에게 게임을 팔지 않고, 그저 자신들이 만든 게임을 즐길 40대 미국 중산층 여성을 발견했다.

한국 모바일 RPG가 유독 한국에서만 잘되는 이유 역시 한국 모바일 RPG에 반응하는 새로운 유저들을 발견했기 때문이었다. PD로서 이상균은 "이런 맥락에서 실시간 모바일 대전 게임이란 장르를 즐길 수 있는 유저를 발견해낼 수 있다면, 경쟁력이 있다고 생각한다"고 말했다. "엑스에이전시를 원하는 유저가 세상 어딘가에 있다고 하면, 그 사람들에게 어떻게 이 게임을 알릴 수 있을까. 이런 생각을 부쩍 많이 하고 있습니다."

점심시간이 끝나가고 있었다. 장병규가 자리에 일어서며 물었다. "팀 사기는 어때요?"

솔직히 높은 편은 아닙니다. 고객은커녕 시장 파악도 안 된 상황에, 글로벌 출시를 처음 경험하는 지원 조직 등 제반 조건을 고려했을 때 한 방에 좋은 성적을 기대하는 건 비현실적이라는 걸 알고 있습니다. 낮은 성적을 받아들이고 원인과 이유를 분석하면서 장애물을 치워가는 게 당연한 절차라는 건 알지만, 힘이 안 나는 것도 사실이죠. 가시밭길인 걸 알고 있었지만, 막상 확인하니 팀 전체 사기가 낮아진 것 같습니다.

이후로 헌팅존팀은 삐걱거렸다. "인사는 뒤로하고, 마지막으로 드리고 싶은 의견이 있습니다." 헌팅존팀을 떠나 퇴직을 결심한 직원이 장병규에게 메일을 보냈다.

경영진 중에서도 의장님이 가장 헌팅존팀을 지지해주셨다고 알고 있습니다. 최근에 UX(사용자 경험) 부분에서 적극적으로 의견을 주시는 걸로 알고 있는데, 저는 이 부분이 잘못되었다고 생각하진 않습니다. 실제로 문제가 있는 부분이기도 하니까요. 하지만 그 이후로 팀 내에서 나오는 의견을 듣고 있다 보면 '이러면 의장님이 좋아하실까?' '의장님이 생각하시는 것이 이것인가?'란 이야기가 자주 나오고 있습니다. 옳지 않은 방법으로 개발이 진행되고 있다고 생각합니다.

헌팅존팀은 마일스톤을 모두 통과했다. 계획보다 조금 늦어지긴 했어도 출시를 앞두고 베타 서비스도 시작했다. 그 직원

은 "빌드를 뒤엎으면 마일스톤 통과가 불투명해지기 때문에,
차선책으로 대대적인 수정 없이 결점을 보완하는 식으로 개발
을 진행했다"고 했다. 그래서 '그때는 맞지만 지금은 틀린' 부
조화가 게임에 있다고 했다. 과거 의도와 현재 의도가 서로 상
충하면서도 공존하고 있어 게임성을 훼손하고 있다는 것이다.
문제가 된 UX 부분 역시, 새로 바뀐 내용에 맞춰 처음부터 UX
디자인을 개발하지 못했기 때문이었다.

앞으로도 적극적으로 의견을 주시면 좋겠습니다만, 기존에 잘못된
것을 과감히 버리고 디자인할 수 있도록 향후 일정을 다시 고려해주
셨으면 좋겠습니다. 지금 방향과 의도에 맞지 않는 기존의 잘못된 것
들은 버리고 다시 할 수 있어야 한다고 생각합니다. 그렇지 않으면
개발팀은 급한 마음에 유저를 위한 고민이 아닌, 의장님을 위한 고민
을 할 것 같습니다.

장병규가 끝인사를 전했다. "헌팅존팀 내부 분위기가 제가
예상한 바와 동일하네요. 그래서 고민이 더 많아요. 여하튼 무
럭무럭 잘 성장하시기를."

엑스에이전시는 글로벌 앱스토어와 구글플레이에 출시됐
다. 이상균은 기뻐할 수 없었다. 출시 전부터 회사 안팎에서 게
임에 대한 낮은 기대를 확인했고, 출시 후 반응도 시원찮았다.
언론 인터뷰를 앞두고 임재연과 우연히 마주친 그는 "요즘 마

음이 반반"이라 말했다. 블루홀을 떠날지, 아니면 계속 남아 무언가를 새롭게 시작할지 고민이 됐다. 떠날 생각을 했다가도 테라 IP를 활용한 모바일 액션 게임을 내고 싶다는 욕심도 들었다.

문제는 블루홀에 마땅한 인력이 보이질 않는다는 점이었다. 퇴직한 T2 구성원에게 다시 연락해 합류 의사를 묻기도 했다. 한 사람은 "왜 아직도 블루홀에 있느냐"고 되물었다. "우리 회사에 와서 만들라"며 이직 러브콜을 보내는 사람도 있었다. 이상균은 "아시다시피 오래된 구성원이 많이 흔들리고 있다"고 말했다. 그 이유를 이상균은 "블루홀이 과거의 좋은 모습을 잃어가고 있다"는 점에서 찾았다. 블루홀에서 의미 있는 일을 할 수 있다면 얼마든지 남을 생각이지만, 분위기가 갈수록 쌀쌀해지고 있었다.

블루홀에 전에 없던 정치 풍경이 보이는 게 문제였다. 예전만 해도 일을 하다 아니다 싶으면 김강석과 장병규에게 흉금을 터놓고 말했지만, 더는 그런 행동을 할 수 없게 됐다.

이상균은 장병규와 대화하다 "게임이 솔직히 말해 재미없으니"란 말로 얘기를 시작했다가 대뜸 장병규에게 "지금 책임을 회피하려고 그런 소리를 하는 거냐?"는 핀잔을 들었다. 장병규는 이상균에게 부쩍 "그 주제는 이 자리에서 이야기하기엔 부적절하다"는 말을 자주 꺼냈다. 이상균은 어떤 얘기가 적절하고, 어떤 얘기가 부적절한지 판단할 수 없었다. 그는 "숨이 막힌다"고 토로했다.

연합군의 청사진

'게임 제작의 명가.'

　제작의 연합군이란 기치를 내건 블루홀이 새로운 비전을 세웠다. 2015년 말부터 시작한 의견 수렴에서 1순위로 꼽힌 '명가'와 2순위인 '제작'이란 단어를 반영했다.

　장병규는 집을 뜻하는 한자 '가家'가 연합의 의미를 다소 내포하고 있다는 점이 맘에 들었다. '연합'이란 단어가 구성원의 공감을 크게 얻지 못하는 현실을 보면서, "이 단어를 내세워선 안 될 것 같다"는 의견도 냈다.

　장병규는 비전 문구에 '함께'라는 단어가 빠진 걸 아쉬워했다. 그는 "'함께'라는 단어를 지속적으로 강조할 필요가 있다"고 했다. 블루홀이 인수합병 전략을 시작할 때, 잘 알고 지내던 다른 게임업체 대표들은 연합의 가능성을 일축하며 합류를 거절했다. "인수 대상 회사가 힘들면 일시적으로 블루홀에 뭉치겠지만, 성공하면 결국 나갈 것"이란 이유였다. 블루홀 연합은 사정이 어려운 회사들이 모인 만큼 일시적으로만 유지될 것이라

는 지적이었다. 이 문제는 장병규에게 여전히 풀리지 않는 숙
제로 남아 있었다. BLT에서도 "단기적으로 이타심을 보이는 행
위를 해야 한다"고 강조한 것도 이 때문이었다.

　그럼에도 장병규의 마음속에는 '흥행 사업을 영위하는 한,
지속 가능한 회사가 되기 위해서 반드시 연합을 추구해야 한
다'는, 확신 비슷한 무언가가 점점 커지고 있었다. 그것이 개인
적인 믿음이라 할지라도 말이다.

　장병규는 연합이 과연 무엇인지를 오랫동안 숙고했다. 명쾌
하게 생각하기 위해 그는 종종 '나눠서 생각해보는' 방법을 사
용했다. 그는 블루홀을 구성하는 주체인 투자자, 제작 리더십,
다수 구성원 입장에 서보며 연합을 바라봤다.

　투자자의 관점에서, 투자자는 여러 프로젝트를 가동하는 게
임회사에 투자하고 싶어 한다. 흥행 사업에 대한 가치 평가는
0 아니면 1의 양자택일로 이뤄지며, 이때 투자자는 흥행 사업
을 영위하는 회사의 단계적인 성장을 가정하지 않는다. 일반적
인 스타트업은 단계적으로 성장하기 때문에 시리즈 A, B, C 투
자로 표현되는 투자 생태계가 순차적으로 작동하지만, 흥행 사
업은 아니었다. '모 아니면 도' 식의 투자를 투자자들이 기피하
면서 실리콘밸리에도 게임 분야 투자는 거의 사라졌고, 한국도
사정은 마찬가지였다.

　블루홀은 지속 가능한, 혹은 지속적으로 발전하는 회사가 되
기 위해서 끊임없이 여러 제작 라인에 투자를 해야 한다. 과장

해서 말하자면, 여러 제작 라인에 투자하는 회사가 없다면 흥행 사업은 발전할 수 없다는 게 장병규의 지론이었다. 빛나는 IP를 가진 게임업체는 경쟁자들보다 더 오래 버티겠지만, 수십 년간 살아남는 회사가 되기 위해선 여러 흥행에 도전할 수밖에 없다.

제작 리더십에게 연합은 어떻게 비칠까. 제작 리더십 입장에선 트랙 레코드를 쌓기 전까지는 연합에 속하고 싶어 하지만, 반대로 성공적인 트랙 레코드를 완성한 이후엔 연합에 남을 이유가 없다. 제작 리더십은 자신이 만든 성과를 연합과 나눠야 하기 때문에 독립해 나가려는 의지를 갖게 될 터였다.

국내외 게임업계에서 이러한 사례는 쉽게 찾아볼 수 있었다. 글로벌 히트 게임 콜오브듀티 시리즈를 만든 개발사 인피니티 워드Infinity Ward가 대표적인 예다. 제작 리더십은 로열티 문제로 회사와 갈등을 빚다 경쟁 게임업체 EA로 이직해 거의 동일한 게임을 만들었다.

장병규는 근본적인 대책을 세우기 힘들다는 걸 알면서도, 문제를 완화하기 위해 김강석과 자주 머리를 맞댔다. 제작 리더십들에게 주식 인센티브를 지급할 때 형평성을 고려했고, 합병을 타진할 때도 평생 함께 제작할 것이란 믿음이 약하면 논의를 중단했다.

구성원들에게 연합이란 어떤 의미일까. 여러 제작 라인을 가동하면서 회사 규모가 커지고, 사내 이동을 수월히 할 수 있는 환경이 블루홀 직원들에게는 유리하다. 규모는 구성원에게 안정감을 제공한다. 큰 회사는 어린이집 운영과 같은 복지제도를 운영할 수 있고, 구성원과 그 가족에게 신뢰를 얻기도 쉽다. 한 퇴직자는 "야구단이 있는 게임회사를 배우자가 될 사람이 선호한다"는 말을 남기고 떠나기도 했다.

안정감이 지속 가능한 회사를 만들진 않지만, 적어도 인재 유치엔 도움이 된다는 것을 장병규는 깨달았다. 자꾸 도전하고 계속 실패할 수밖에 없는 흥행 사업에서는 구조조정이 필요한 순간이 오기 마련인데, 한국은 노동 유연성이 낮다. 설사 노동 유연성이 높아지더라도, 사내 이동이 이직보다 효율적이다. 구성원들은 연합 안에서 다양한 제작 라인과 노하우를 공유할 수도 있다.

> 연합의 존재 이유는 더욱 커질 겁니다. 저는 블루홀 연합군이 부디 오래 살아남기를 바랍니다. 한국 게임업계에서 블루홀이 지닌 존재 가치를 증명해줬으면 좋겠습니다.

BLT 행사에서 장병규와 김강석은 입사한 지 5년이 된 직원들로부터 질문을 받았다. "앞으로 5년 후의 블루홀이 어떤 회사로 있기를 기대하고 예상하나요?"

김강석이 답했다.

외형적으로는 IPO(기업공개)를 통해 투자자들도 수익을 올리고, 블루홀 구성원도 경제적 안정을 누릴 수 있게 되기를 바라고요. 주식 시장과 업계에서 실력을 인정받고 성장이 기대되는 유망 기업으로 자리매김하기를 희망합니다.

그러기 위해서는 현재 진행 중인 제작 라인들이 반드시 성과를 내줘야 할 것입니다. 지금보다 파이도 커져야 하겠지만, 기왕이면 연합군 내의 여러 스튜디오는 물론 북미의 엔매스까지 골고루 성적을 내서 건실한 연합군이 된다면 금상첨화겠지요.

그런데 개인적으로는 이보다 더 중요한 소망을 이야기한다면, 경영진과 제작진이 서로를 존중하고 신뢰하는 가운데 막힘없이 토론하고 거침없이 비판하는, 그러나 합의된 결론을 향해 한마음으로 달리는 회사. 제작의 리더십과 실무진이 신뢰와 존중으로 팀을 이루어, 때로는 시장의 트렌드를 빠르게 따라잡는 프로젝트를, 때로는 세상에 쉽게 나오지 않을 독특한 아이디어를 과감히 프로젝트로 만드는 회사. 실패한 팀에 손가락질하지 않고, 성공한 팀이 그렇지 않은 팀을 무시하지 않는, 성공과 실패 모두에 겸허하게 열려 있는 회사.

위와 같은 조직 문화에 대해 자부심을 가지고, 기술이나 사업모델이나 전략보다는 이런 문화 자체가 세계적인 게임 명가로 가는 데 더없이 귀한 자산이며 경쟁력임을 알고 있는 회사. 그런 회사가 되면 참 좋지 않을까 생각합니다.

"경영진의 경영 철학 중에 5년 전과 비교해 변한 것과 변하지 않은 것이 있다면 각각 무엇인가요?" 장병규가 받은 질문이었다.

경영 철학이라면, 인재상, 조직 문화, 회사를 바라보는 철학 등을 의미하는 것 같은데, 그런 관점에서 5년 전에 비해 근본적으로 달라진 건 없습니다. 다만 블루홀 전체 규모가 커지다 보니, 그 규모에 맞게 경영 철학을 녹이고 실현하는 데 많은 어려움을 겪고 있습니다.

"저는 오너가 아닙니다"

장병규는 블루홀이 기존의 '오너 중심' 회사가 아닌 '이사회 중심' 회사인 것이 자랑스러웠다. 물론 오너 중심 회사에도 이사회가 있지만, 형식은 유사할지라도 실제 회사가 돌아가는 방식에서 둘은 서로 달랐다. "블루홀의 주춧돌이 되어주시기를 기대하면서 제가 말했던 내용을 다시 한번 정리해서 보내드립니다."
　장병규는 그가 생각하는 블루홀의 경영 철학을 메일로 정리해 기술본부의 직원 셋에게 보냈다. 며칠 전 이들과 함께 회사 전반에 대한 견해를 나눈 참이었다.

역할과 책임, 그리고 권한과 보상

저는 조직 구성원은 역할과 책임에 맞게 일하면 된다고 생각합니다. 역할과 책임을 하려면 그에 맞는 권한이 있어야 하고, 당연히 그런 역할과 책임, 권한에 따른 적합한 보상도 받아야 합니다. 특정한 의사결정을 할 때엔 해당 의사결정에 관한 역할, 책임, 권한을 가진 사람들만 참여하면 됩니다. 그 밖의 사람이 참여하려면 참관 자격으로 참여해야 합니다.

다른 의견이 나올 수 있고 의견 충돌이 있겠지만, 큰 문제는 아닙니다. 중요한 건 협의 기준이 근본적으로 딱 하나여야 한다는 점입니다. 그 기준은 '블루홀 전체 그림에서 최선인가?'가 되어야 합니다.

필요하면 공통의 상급자를 포함해 결정하고, 결정하면 한 방향으로 함께 전진해야 합니다. 블루홀의 지향점과 비전, 가치를 명쾌하게 정리하고 공유하지 않으면, 혹은 전략적인 우선순위를 파악하지 못하면 실무진끼리 협의가 맴돌 수도 있습니다. 그러면 상급자를 바로 포함하면 됩니다.

참고로 저는 위에서 아래로의 하향식top-down 방식과 아래에서 위로의 상향식bottom-up 방식을 함께 사용하는 게 좋다고 믿는 편입니다.

다시 강조하지만, 모든 의사결정의 공통 기준은 딱 하나, 블루홀이어야 합니다. 장병규가 되어서도, 김강석이 되어서도, 특정 조직이나 주주여서도 곤란합니다. 참고로 오너 체제에서는 오너가 기준이죠. 물론 인간은 불완전한 복합체이니 기준대로 실천하기가 말처럼 단순할 순 없겠지만, 적어도 그렇게 노력해야 합니다.

경영진 혹은 상급자의 한계

우리가 흔히 저지르는 실수 가운데 하나는 경영진이나 상급자가 실무진보다 역량과 경험에서 뛰어나다고 생각하는 것입니다. 과장하자면 직원들은 상급자를 전지전능하다고 생각합니다.

물론 일부 영역에서 분명히 뛰어나지만, 그들도 사람이기에 한계가 분명히 있습니다. 상급자는 언제든지 잘못된 판단을 할 수 있고, 특히 세부적인 실무 사항에 들어가면 거의 틀린다고 봐야 합니다.

그렇기에 경영진이나 상급자의 의사결정을 문자 그대로 받아들이면 조직이 멍청해지고, 결국 직원들은 그들을 뒤에서 탓하게 됩니다. 부하 직원은 상급자가 왜 그런 의사결정을 했는지 이해하려고 노력하면서도, 틀렸다고 생각하면 언제라도 이의를 제기할 수 있어야 합니다.

또한 말과 글을 옮기기는 어렵다는 사실을 통렬히 인식해야 합니다. 경영진과 본부장의 생각이 동일한 것으로 보이더라도, 메시지가 팀원 수준까지 전달되면 분명히 다르게 이해될 가능성이 상당히 높습니다. 의도적으로 커뮤니케이션을 챙겨야 합니다.

기술 본부

제가 이해하는 기술 본부 업무의 목표 가운데 하나는 원래 일어나야 할 일들을 기술로 더욱 강화하는 겁니다. 기술이 앞설 때가 있고, 현업이 앞설 때가 있습니다. 현업과 기술 본부는 서로 끊임없이 서로를 챙기면서 함께 성장해야 합니다.

그런데 상당히 많은 사람이 게으릅니다. 뭔가 변하려고 하면 일단 반대하는 경우가 잦죠. 한편으론 그런 게으름이 인류를 발전시켜왔다고 생각해야 합니다. 즉, 혁신은 게으름과 대화를 해야 합니다. 그 과정에서 혁신이 현실과 함께 움직이며, 블루홀의 진정한 성과로 이어질 수 있습니다.

물론 특정한 의사결정은 과감해야 하고, 필요하면 게으름을 다그치며 전진해야만 합니다. 그렇다 해서 모든 사항을 그렇게 해서는 곤란합니다. 따라서 기술 본부는 대화를 통해 점진적인 개선을 할지, 아니면 과거와의 단절을 통해 새로운 시대를 열지 지속적으로 고민해야 합니다.

저는 오너가 아닙니다

저희가 대기업이나 오너 시스템의 폐해에 대해 이런저런 말을 하지만, 한국 경제 체계 대부분이 오너 시스템을 근본으로 하고 있는 까닭에 오너 시스템에 익숙한 게 사실입니다. 감정적으로 오너 시스템을 싫어해도, 실은 그것에 의존하고 있는 것이죠.

오너 시스템도 빠르고 장기적일 수 있다는 관점에서 장점이 분명히 있습니다. 그러나 저는 블루홀이 장병규와 동일시되고, 장병규가 말하면 그에 맞춰 조직이 일사불란하게 움직이는 모습을 싫어합니다.

저는 오너가 될 역량도 없고, 그러고 싶지도 않습니다. 더구나 블루홀이 오랫동안 꾸준히 성장하는 회사이기 위해서는, 기존 오너 중심 회사들과 달라야 한다고 굳게 믿습니다. 대표이사에게는 대표이사의 역할과 책임이 있고, 이사회 의장에게는 이사회를 이끌어야 하는 역할과 책임이 있습니다. 이사회에서 결정할 것이 있고 이사회가 관여하면 곤란한 일도 있습니다. 역할과 책임에 맞게 균형과 견제를 통해 회사가 굴러가야 합니다.

위임

누군가에게 역할과 책임의 일부를 위임할 때에는 '그가 조직을 위하는가' '주어질 역할과 책임에 비추어볼 때 역량과 경험이 적절하고 학습하여 성장하는가' '팀으로 협업을 잘하는가'라는 관점에서 깊이 고민해야 합니다. 고민의 답이 긍정적이라면 맡기고, 맡긴 이후에는 한동안 무조건 밀어줘야 합니다.

　위임받은 사람의 세부적인 무언가가 마음에 들지 않을 수도 있겠지만, 다들 각자의 장점으로 승부해야 하는 것이죠. 그것이 대세에 영향이 없다면 함부로 관여하면 곤란하다고 생각합니다.

　끝으로, 저는 세 분이 블루홀의 중요 구성원이 되어주시기를, 업무를 하는 과정에서 성과를 내고 즐거워하시기를, 본인의 역할과 책임, 그리고 그 이상을 염두에 두고 주도적으로 일하실 수 있기를 기대합니다. 다른 회사와는 다른 블루홀을 함께 만들어가시기를 기원합니다. 긴 글 읽어주셔서 감사합니다.

위험 신호

블루홀은 2016년 6월 테라 중국 서비스 종료를 결정하고 서비스 운영 기한을 11월로 못 박았다. 김강석은 2015년 8월 정식 서비스를 시작한 뒤 1년도 채우지 못하고 백기를 들었다.

많은 분이 애쓰며 준비한 중국 서비스였지만 아쉽게도 성과는 기대와 달랐습니다. 현지 퍼블리셔인 쿤룬과의 협업이 만족스럽지 않았고, 집객이나 운영 등 여러 측면에서 어려움을 겪었습니다. 퍼블리셔와는 피차 사업적으로 필요한 합의를 모두 마쳤고, 이제는 남은 서비스 종료 절차가 합리적으로 진행되기만 바라는 입장입니다.

중국에서 테라의 서비스가 재개될 수 있을지는 불투명합니다. 사실 대형 메이저사들은 테라가 부담스러운 눈치입니다. 당분간은 기존 라이브 서비스를 더 단단히 하고, 모바일 등 테라의 확장 프로젝트에 주력하면서 테라를 더 멋진 IP로 만들어가는 노력을 꾸준히 경주할 생각입니다. 그리고 중국의 PC 온라인 게임 시장은 차기작 W로 다시 도전할 생각입니다.

중국 시장이 예전 같지는 않다고 하나, 던전앤파이터나 크로스파이어 같은 국산 게임, 월드오브워크래프트나 리그오브레전드가 해낸 일을 우리도 꼭 해내길 바랍니다. 그런 의지를 다지며, 테라 중국 서비스를 위해 땀 흘린 구성원들에게 감사와 위로를 보냅니다.

여러 직원이 다양한 이유로 블루홀을 떠날 의사를 밝혔다. 테라 서구권 사업팀 직원은 불면증으로 약을 먹다 퇴사 결심을 했다. 병원에서는 병의 원인을 업무에서 찾았다. 그 직원은 일을 그만하고 약을 끊을 생각을 했다.

표정은 '어, 이거 아닌데…' 하는 모습인데 이야기를 하지 않는 분위기가 회사에 있습니다. 모두 조심스러운 성격이라 그러신 것일 수도 있겠지만, 올 초부터 회사 분위기가 조금 바뀐 것 같다는 느낌이 들었습니다. 물론 저는 이전의 분위기를 더 좋아하는 사람입니다. 사람이 많아지면서 자연스레 그렇게 된 것인지, 외부에서 유입된 사람들 탓인지는 정확히 모르겠습니다.

회사를 떠나면서 그는 "가슴에 꽉 차 있던 것이 빠져나가는 느낌"이라며 마음이 편하고 좋다고 했다.

2013년 공채 1기로 입사한 한국일본사업팀 직원은 탈진 증세로 시름하다 퇴사했다. 블루홀은 그의 첫 직장이었다. 과중한 업무에 난도가 버거운 일을 맡으면서 심리적, 체력적 스트레스가 지속적으로 쌓여 건강에 무리가 왔다.

2015년 말 두 차례 탈진해 따로 면담하기도 했다. 이후 그는 "쉬고 싶다"며 휴직이나 무급 휴가 등 어떤 형태건 간에 업무에서 손을 떼고 싶어 했지만, 다른 팀원이 빠져나가면서 쉴 기회를 얻지 못했다. 줄어들지 않는 일을 묵묵히 해오다 탈이 났다.

블루홀의 휴직 제안도 거부하고 퇴직을 선언했다. "휴직해서 좀 나아져 돌아온다 해도 우리 팀과 PC 게임 사업실 모두 답이 보이지 않습니다. 나아질 건 전혀 없을 것이란 생각, 아니 확신이 들기 때문에 퇴직하는 게 낫겠다고 판단했습니다." 당장 취업도 생각하지 않았다. "일단 좀 쉬어야겠습니다. 좀 진지하게 고민하고 싶습니다. 제가 지금까지 해온 일이 저에게 맞는 일인지 되짚어봐야 할 듯합니다."

공채 1기로 입사한 사업본부 직원도 업무 스트레스를 호소하며 함께 떠났다. "블루홀이 맨땅에 헤딩을 너무 강조한다"는 게 퇴사 이유였다. '알아서 잘해야 한다. 스스로 찾아서 잘해야 한다.' 이런 구호에 도무지 적응할 수 없었다고 말했다. 그는 자신을 "시키는 것만 잘하는 사람"이라며 "그러니 힘들었다"고 토로했다. 알아서 잘하기는 막막했고, 맡아 해야 할 일이 부담스러웠다.

공채 1기 동기들 대부분 힘들어합니다. 공채 후배들도 같은 문제로 힘들어하고 있습니다. 이제 블루홀은 선택의 기로에 놓인 것 같습니다. 제대로 된 업무 매뉴얼이나 교육이 없으면 버틸 수 없는 규모가 됐습니다. 제대로 준비하지 않으면 신입이 들어와도 오래 못 버티고 나갈 겁니다. 하지만 블루홀은 계속 스스로 알아서 잘하라고만 합니다. 이제 더 이상 '알아서 잘하기'는 작동하지 않을 겁니다.

현업 부서의 전반적인 매니징 문제가 심각하다고 봅니다. 3년 전

입사 때보다 회사가 하향평준화된 느낌을 받고 있습니다. 연봉 경쟁
력도 약해지는 것 같아 안타깝습니다.

그는 퇴직 후 공기업 입사 시험을 준비하겠다고 말했다.
퇴직자들과 면담을 진행한 임재연 피플팀장은 위험 신호를
경영진에 알렸다.

블루홀 초기 합류한 구성원과 이후에 입사한 주니어 구성원 사이에
수준 차가 명백히 존재한다고 생각합니다. 신입들에게 입사 초기에
업무의 대략적인 밑그림을 그려주는 노력이 필요하다고 봅니다.
　매니저들이 너무 바쁘다 보니, '그 정도는 알아서 해야지'라는 생
각에 간과하고 넘어간 것이 계속 쌓인 것으로 보입니다. 이제 팀별로
새로운 구성원이 왔을 때 팀 정착과 업무 인수인계를 위한 매뉴얼,
교육이 꼭 필요하다고 봅니다.

제작 리더십의 번아웃

블루홀 공동 창업자인 테라 본부 김정한은 기진맥진해 있었다.
함께 일하는 동료들은 "지겨워서 일을 못 하겠다"고 아우성이

었다. 최소 인원을 유지하며 테라 라이브를 운영하길 3년째. 신입 직원을 번듯한 개발자로 키워내는 족족 다른 프로젝트로 내보냈다. 같이 일할 만하면, 다른 제작 부서로 떠나보내야 했다. 3년 차 직원이 팀에서 제일 고참이었다. 김정한은 "도대체 테라는 누가 운영하느냐"는 동료의 볼멘소리를 감수하며 일했다.

며칠 동안 생각을 거듭하다 장병규에게 '제 생각과 앞으로의 역할에 대해'란 제목의 이메일을 썼다. 블루홀 창업 이래 장병규에게 개인적으로 메일을 보내기는 처음이었다.

가슴 뛰는 일

블루홀이 잘되는 것이 가장 가슴 뛰는 일입니다. 단순히 공동 창업자로서의 책임감만이 아니라 저와 제 가족, 함께 일하는 동료들, 제 개인적인 꿈을 생각해봤을 때 블루홀이 잘되는 것이 저에게 가장 멋진 일입니다.

저의 상태

이상적인 목표를 가지고 한계와 포기를 외면한 채 주말이든 야근이든 달려들었던 적이 오래된 듯합니다. 특히 테라에 관련된 일에 대해서는 더욱 지쳐 있었습니다. 게임 제작자로서의 야성도 많이 줄어든 듯합니다. 그러나 다시 마음가짐을 다잡고 새로운 일을 하기엔 무리가 없습니다. 게임 플레이를 많이 해봐야 해서 어떻게 시간을 낼까 고민 중입니다. 크게 2가지 일에 대해 고민하고 싶습니다. 하나는 하고 싶은 일에 가깝고, 다른 하나는 필요한 일에 가깝습니다.

그가 '하고 싶은 일'은 테라 IP를 활용해 게임을 만드는 것이었다.

테라 IP를 계승하고 발전시키는 것은 블루홀에 유의미한 일이고 저 스스로도 하고 싶은 일입니다. 핵심 인력을 구성하고 재무적인 상황을 고려해 테라 IP를 바탕으로 한 신규 프로젝트를 시작하고 싶습니다. 글로벌 멀티 플랫폼을 활용하고 장르적인 특성과 테라의 특징을 재해석해 유니크한 게임성을 갖춘 게임 제작을 고민하고 있습니다. 이를 위해선 생산적인 개발 환경을 구축하고, 개발 과정에서 겪게 되는 여러 부침에도 블루홀을 믿어줄 핵심 인력을 튼튼히 구성해야 하겠죠.

'필요한 일'은 경영진과 제작 라인의 관계를 보완하는 역할을 맡는 것이었다.

최근 프로젝트 드롭 과정에서 회사가 불필요하게 많은 상처를 입었다고 생각합니다. 어쩔 수 없이 경영진이 제작팀과 직접 커뮤니케이션하게 되고, 그 과정에서 의도와 다른 오해가 생겼습니다. 그 오해가 회사에 대한 비난으로 이어지는 건 소모적입니다.

　제작을 견제하는 방식을 좀 더 세련되게 할 필요가 있습니다. 그렇지 않으면, 제작 리더십에 기회를 주고 경험을 쌓게 해 그다음의 성과로 연결하려는 경영진 노력이 물거품이 됩니다.

이와 더불어 제작을 돕는 공용 조직들이 제작 라인과 효과적으로 협업할 수 있도록 하는 노력도 필요하다 생각합니다. 두 조직에 오해가 쌓여도 이를 적절하게 해소하도록 도울 사람도 필요합니다. 자칫 잘못하면 단순히 메신저 역할에 그치며 모두에게 비난 받는 어중간한 역할일 수도 있겠지만, 단기적으로 회사에 필요한 일이라 판단됩니다.

장병규가 답장했다.

본인이 하고 싶은 것이 있고 회사가 필요한 일이 있다면, 이번에는 본인이 하고 싶은 일을 했으면 좋겠습니다.

공식적으로 어떤 일이 결정되고 추진되기 위해서는, 김정한 님이 본인이 하고 싶은 바를 경영진에 '제안'할 필요가 있습니다. 그걸 경영진이 검토해서, 신규 제작 라인처럼 킥오프를 할 것인지 아니면 작은 R&D팀으로 꾸릴 것인지 등을 '논의'해서 '결정'할 필요가 있겠지요. 당연히 그 과정에서 반대 의견이 나올 수도 있습니다. 그래서 김정한 님의 신규 게임 제작이 많이 늦어지거나 힘들 수도 있을 것입니다.

김정한의 가슴을 뛰게 만드는 일은 결국 게임 제작이었지만,

애석하게도 그가 하고 싶다고 할 수 있는 환경이 이제 블루홀
에 남아 있지 않은 듯했다.

　김정한은 장병규에게 편지를 보내고 두 달을 고민하다 게임
제작 도전을 포기했다. 제안 문서를 만들다 '안 되겠다'는 생각
이 떠올라 관뒀다. 막상 다시 시작해보려니 제작팀을 짜는 게
불가능할 정도로 상황이 열악했다. 사람을 뽑을 수도 없고, 있
는 사람을 쓰기에도 여력이 없었다.

　한번 내뱉은 거짓말은 다른 거짓말을 불러오는 법. 게임 제
작을 하겠다고 우기다간 인생에 큰 무리수를 거듭 둘 것 같았
다. 신규 제작에 착수하는 일은 회사나 자신에게 도움이 되지
않았다.

　김정한은 다시 테라 본부에 복귀해 테라 콘솔 버전 개발에
도전장을 내밀었다. 테라의 해외 시장 확장은 그 끝을 다했고,
한국과 일본 서비스로 근근이 이익을 내는 상황에서 테라의 영
토를 넓히는 도전을 선택했다.

　블루홀은 소니의 가정용 게임기 플레이스테이션과 마이크
로소프트 XBOX에 테라를 서비스할 계획을 세우고 있었다. 가
정용 콘솔 게임기는 PC처럼 네트워크로 연결돼 여러 사용자와
함께 게임을 즐길 수 있도록 진화했고, 이에 맞춰 콘솔 게임 장
르 또한 다양해지고 있었다. 콘솔용 MMORPG로 다시 한번 북
미와 유럽 시장에 기대를 걸어볼 만했다.

　그러나 굵직한 게임업체들도 PC용 MMORPG를 콘솔용으

로 전환하는 기술적인 장벽을 넘지 못하고 번번이 실패했다. 김정한은 2017년 상반기 콘솔 서비스 시작을 목표로 잡았지만, 콘솔용 게임 개발 방법을 알지 못해 계획조차 세울 수 없었다. 합류 제안에 본부 직원 대부분은 "개발이 어려운 데다 도중에 프로젝트가 무산되면 커리어에 도움이 안 된다"며 손사래를 쳤다. 그러다 입사 1~2년 차 주니어 직원 둘이 손을 들었다.

김정한은 이들과 소규모 팀을 꾸리고 맨바닥을 구르기로 작정했다. 테라 라이브를 운영하면서 자투리 시간에 콘솔 기술을 공부했다. 김정한은 어떻게든 젊은 후배들의 사기를 진작해주고 싶어, 목표를 잘게 쪼개 자잘한 성공 경험을 쌓을 수 있게끔 개발 계획을 짰다. 간단한 도전을 해내는 게 최우선 목표였다. "야, 됐잖아 이거 봐." "어우, 우리 진짜 잘하는 것 같아요." 배우고 실패하고 다시 배우기를 반복하며 개발 노하우를 쌓아갔다.

김정한과 함께 블루홀 초기 '3팀장'으로 불리던 황철웅과 박현규는 프로젝트 T2팀 해체로 입은 상처에 눈에 띄게 어두워졌다. 황철웅은 집에서 틀어박혔고, 박현규는 네팔로 떠났다. 박현규는 팀 해체 이후에 10년 근속 리프레시 휴가를 받았다. 히말라야 안나푸르나를 걸으며 설산을 봤다. 산맥을 덮은 하얀 눈이 거대한 허무로 가슴속에 내려앉는 것 같았다.

1995년부터 게임 제작에 뛰어들어 쉴 새 없이 달려왔다. 20년간 제작자로 살며 처음으로 2주 이상 휴가를 냈다. 박현규는 여태껏 한 번도 일주일 넘게 쉬어본 적 없다는 사실을 새삼스

레 상기해냈다. "인생 헛살았네." 피식 웃음이 났다. 그 세월 아
내는 병을 얻었다. 삶을 바꿀 필요가 있겠구나 싶었다.

박현규는 휴가에서 복귀해 퇴사의 뜻을 전했다. 그는 "건강
이 나빠진 아내를 최소한 1년간 돌봐야 하기 때문에 주 5일 출
근이 어려워졌다"며 "사적인 이유와 별개로 게임을 제작하는
일에 대한 열정이 식은 것 같다"고 했다. 줄곧 달음질했던 인생
에 쉼표를 찍을 생각이었다. 프리랜서로 게임 컨설팅을 하거나
주 5일 출근하지 않아도 되는 다른 게임회사를 알아볼 계획을
알렸다.

김강석은 박현규에게 딱히 뭐라 할 만한 답을 찾지 못했다.
공동 창업자이자 주요 주주이기 이전에, 박현규의 경력과 재능
이 아까웠다. 제작 관리나 조언 업무같이 제작 이외의 일을 맡
겨 블루홀에 남게 하는 방안을 고민했다. 장병규는 박현규가
T2 해체 이후 보인 모습에서 퇴직을 막지 못하겠다는 느낌을
받았다. 다만 "퇴직 이후 계획을 가급적 블루홀에서 하는 것을
생각해보면 좋을 것 같다"는 의견을 전했다.

경영진과 논의 끝에 박현규는 풀타임 유니폼을 벗고 벤치에
앉았다. 그는 블루홀과 파트타임 계약을 새로 맺었다.

김정한은 황철웅이 생각날 때마다 종종 연락해 그를 만나러
갔다. 회사에 나오지 않으니 집으로 찾아가는 수밖에 없었다.
황철웅은 자기만의 동굴에 웅크려 있었다. 1층 생활을 고집하
는 이 예술가는 지하층을 자신만의 문화 공간으로 꾸며놓았다.

소파와 TV, 게임기와 스피커가 있는 황철웅의 지하 공간을 김정한은 "남자의 동굴"이라 부르며 부러워했다.

김정한은 이곳에서 황철웅과 짜장면을 시켜 먹거나 담배를 태웠다. 그러고선 언제나 게임 이야기를 했다. 세간에 유행하는 게임의 잘된 점과 잘못된 점, 만들고 싶은 게임 따위를 소년의 얼굴을 하고서 주고받았다.

"형 좀 쉬었으면 나오라고." "회사 그만두지 마." "같이 일하던 사람이 떠나면 나는 외롭지." "회사 와서 이런 거 같이 하자." 김정한의 많은 말에 황철웅은 "생각해볼게"라고 답할 뿐이었다.

엄중한 현실

"대체 모바일 게임은 왜 만드시는 겁니까?" 2016년 여름, 김강석과 장병규가 마주치는 투자자마다 입을 모아 걱정을 했다. 테라와 블루홀피닉스의 모바일 게임을 제외하곤 모든 것이 마이너스였다. 모바일 게임 시장에서 블루홀의 존재감은 증발했다.

블루홀은 미래를 위한 투자를 계속해야 했지만, 자금 조달은 갈수록 어려워졌다. 북미 법인 엔매스엔터테인먼트를 매각하려는 시도는 실패로 돌아갔다. 연합군 깃발을 들고 게임과 투자 업계를 돌았지만, 돈 대신 걱정만 안고 돌아오기 일쑤였다.

"MMORPG 개발한다고 돈을 그렇게 많이 쓰시면 어떡해요?" "신작 프로젝트 W 준비도 하는 걸로 알고 있는데, 모바일 게임이 아니라 거기에 집중하셔야 되지 않아요?" "모바일을 할 거면 하든지, PC 게임 만드는 블루홀지노엔 왜 돈을 대는 거예요?"

한 유력 게임업체는 "나머지 회사들 다 날리고, 테라와 W만 남겨 사업한다면 투자하겠다"는 받아들이기 힘든 제안을 하기도 했다. 투자자 대부분이 블루홀이 벌이는 여러 프로젝트와, 그것에 따른 비용을 부담스러워하며 투자를 거절했다.

시장은 블루홀의 미래를 부정하고 있었다. 김강석은 "지금이 새벽 같은 시기였으면 좋겠다"며 애써 스스로를 달랬다. 많은 게임을 만들고 출시했지만 변변한 성적을 올리는 게임이 없었다. 연합군 안에서 피닉스게임즈만 두각을 나타냈다.

기대를 한 몸에 받는 구원투수 W는 2017년에나 출시될 예정이었다. 김정한이 매달리는 콘솔용 테라도, 김창한이 준비하는 배틀로열 게임도 마찬가지였다. 김강석은 이 지독한 보릿고개를 어떻게 넘겨야 할지 몰라 가슴이 턱 막혔다. 하반기에는 블루홀 연합군의 곳간 전체가 바닥날 것이다. 그것이 무서웠다.

재정 상황이 악화되면서 하반기 신입 공채 진행은 보류됐다. 지난 2013년부터 해마다 10~20명 안팎의 신입 공채를 진행했고, 상반기에도 공채로 9명을 뽑았었다. 블루홀의 미래를 위해선 학습하고 성장하는 신입사원이 필요했다. 무엇보다 블루홀은 게임 제작에 미친 인재들의 요람이 되길 원했다. 김강석은 공채가 가능한 시점이 오면 다시 채용을 진행하기로 했다. "10월 중순까진 시간이 있다고 하니, 경영진은 그렇게 알고 여러 경영 상황을 지켜보겠습니다."

장병규가 '엄중한 현실 인식 발표'란 주제로 직원들 앞에 섰다. 회사의 위기 상황을 있는 그대로 전했다. 앞으로 경영진이 어떤 투자 유치도 해내지 못한다면, 또다시 대규모 희망퇴직을 벌일 수도 있다는 우울한 전망을 전달했다.

"주도적인 현실 극복이 힘든 까닭에 가끔 무기력해집니다. 모쪼록 제작 리더십들은 최선을 다해주시기를 바랍니다." 이어 진인사대천명盡人事待天命이란 말을 꺼냈다.

운으로 성공을 거둔 게임업체들도 종종 있는 것 같은데, 블루홀은 정말 운이 없는 편인 것 같습니다. 그럴수록 사람이 할 수 있는 것을 끝까지 하는 수밖에 없습니다. 진인사盡人事의 조건이 있습니다. 적절한 환경과 재능, 그리고 지대한 노력입니다.

블루홀은 모바일 게임에서 할 수 있는 것은 일단 다 해봤다. 외부 개발자가 만든 모바일 게임 '레이드마스터'에 블루홀 이름표를 붙여 출시한 것도 그 가운데 하나였다. 제작사가 아닌 퍼블리셔로 역할을 바꾼 데 대해 한 직원이 의문을 제기했다.

경영진은 그간 블루홀은 제작사이지 퍼블리셔가 아니라고 말해왔습니다. 블루홀의 기조는 외부 제작 게임을 유통하지 않는다는 것이었습니다. 게임 개발사로서 역량을 쌓는 데 집중한다는 뜻이었고, 개발자 입장에선 긍정적이라 생각해왔습니다. 저같이 레이드마스터 서비스에 대해 의문을 품는 직원이 많습니다.

김강석은 "블루홀은 변하지 않았다"고 답했다.

2015년부터 블루홀은 인기를 끌 만한 가능성이 있는 작은 모바일 게임들을 세계 시장에서 서비스해보자는 목표를 세웠습니다. 내부에서 이런 게임을 많이 제작하기 어렵기 때문이기도 하고, 국내 소규모 캐주얼 스튜디오들의 글로벌 시장 진출을 도와 함께 성공하자는 의도도 있었죠. 이런 게임은 한국의 메이저 퍼블리셔들이 쳐다도 보지 않고 있습니다.

이 사업은 여러 게임을 서비스하면서 큰 규모의 트래픽을 확보하는 것이 관건이기에 여러 타이틀을 연이어 출시할 수 있어야 합니다. 블루홀은 올가을 최소 2종 이상의 외부 게임을 출시할 예정입니다.

다만 이 사업은 블루홀의 핵심 사업이라 볼 수는 없습니다. 지금은 탐색 단계이고, 초기 성과에 따라 여러 결정을 하게 될 것 같습니다.

장병규는 모바일 게임을 만드는 'Z(가명)'라는 팀을 좋아했다.

특히 팀을 이끄는 PD A를 아꼈다. 그런데 그 팀이 만든 모바일 게임은 어떤 퍼블리셔에도 환영받지 못했고 시장에서 낙제점을 받았다. A는 다시 한번 힘을 내보고 싶었다. 경영진에 미팅을 요청해 새로운 모바일 게임 제작에 나서고 싶다는 뜻을 전했다.

장병규와 김강석이 그의 제안을 논의했다. 일단 A에게 다시 기회를 주는 건 반대였다. 더 정확히 말하자면, 그가 홀로 제작 리더십이 되는 것에 반대했다. 김강석은 이번 반대가 성과 부진의 책임을 묻거나, A에 대한 불신을 표출하는 것은 아니라고 설명했다.

경영진은 회사를 이끌기 위해 기본적으로 원칙에 입각한 인사를 지향했다. 적합한 인재에게 적절한 역할과 책임을 맡겨야 한다는 기조를 갖고 있었다. 어떤 인재가 게임 기획자로선 국가 대표급이지만, 게임 제작을 총괄하는 PD로선 평균 이하일 수 있다.

김강석은 '특정 인재의 장점이 발휘되고 단점이 커버되는 팀 구성이 바람직하다'고 생각했다. 좌충우돌이지만 창의적인 사람과 답답할 정도로 신중하고 꼼꼼한 사람이 한 팀이 되어야 좋은 팀워크가 나올 수 있다고 봤다. 김강석은 A에게 그의 장단점을 말했다. 김강석이 극대화하길 바라는 장점은 재치 있는 기획자로서의 면모였다.

A는 게임에 대한 아이디어를 팀원과 활발히 공유하는, 그리

고 팀원의 신뢰를 받을 수 있는 리더였다. 반면 만들고자 하는 게임, 즉 제품에 대해 명확한 정의를 내리는 능력이 부족했다. 모호한 정의와 설명으로 구상한 게임은 실제 제품이 나왔을 때에도 모호했다.

팀에 필요한 인재를 판단하는 냉철함도 A에게선 아쉽게 느껴졌다. 팀원 가운데 같이 갈 사람과 아닌 사람을 신중하고 명쾌하게 구분할 줄 모르는 것 같았다. 다른 팀과 협업할 때나 팀 외부와 커뮤니케이션할 때는 유연함과 신중함이 부족하기도 했다. 이야기 끝에 김강석이 말했다.

앞으로 모바일 제작은 규모가 커지고 복잡해질 수밖에 없습니다. A님이 다른 좋은 리더십과 팀이나 짝을 이뤄 일하기를 희망합니다.

장병규가 보기에 A가 포함된 팀의 제작 리더십은 예산을 조금 초과하긴 했지만, 주니어급의 젊은 제작자를 이끌고 어떻게든 게임을 제작했다는 점에서 의미가 있었다. 그렇다 하더라도 제작력이 강하다고 평가하기는 어려웠다. 재미를 주거나, 잘 파는 것에는 실패했기 때문이다. 이들은 S급 게임을 만들지 못했다. 장병규가 김강석에게 이메일을 보냈다.

A님이 어떤 게임을 만들지 알 수 없기에 제작 리더십이 아니라고 단정하긴 힘들지만, 적어도 제가 상상하는 게임들의 제작을 맡기기는

어렵겠다는 판단입니다. 다시 게임 제작을 한다고 '재미'와 '파는 것' 2가지 측면에서의 발전이 기대되지 않기 때문입니다.

장병규는 이번 결정을 계기로 제작 리더십을 다시금 정의했다.

블루홀이 그토록 강조하는 제작 리더십은 제작을 이끄는 한 사람 혹은 소수의 사람들로, 어떤 게임을 ①재미있고 새롭게(방향 측면), ②제작할 수 있으며(제작 측면), ③파는 것까지도(마케팅/사업 측면) 고려할 수 있어야 합니다.

실패를 품는 법

김강석은 이상균 PD팀의 엑스에이전시 게임 서비스 중단을 결정했다. 아울러 김형준 PD의 V제작팀에도 제작 중단을 알렸다. 모바일 게임 둘을 동시에 포기하는 결정이었다.

아쉬움과 미련이 남았지만 불안정한 재정 상태로 제작과 서비스를 지속하는 건 무리였다. 포기하지 않고 끝까지 게임을 개선하는 작업을 할 수도 있겠지만, 기약 없는 장기 레이스가

될 수도 있다는 점에서 중단 버튼을 눌렀다. 김강석이 전사 직
원에게 알림 메일을 썼다.

우리 모두는 프로젝트의 시작과 중단, 때때로 선물처럼 주어지는 성
공을 경험하며 이 업을 영위해갑니다. 이 과정을 슬기롭게 소화하면
성장하고, 그렇지 못하면 도태되겠죠. 우리는 전자가 될 수 있도록
노력하겠습니다. 이런 과정을 통해 블루홀 모두가 '명가의 연합'이 되
는 날이 오리라 기대합니다.

블루홀 연합군에서는 여전히 기대를 모으고 있는 다양한 프로젝
트를 진행하고 있습니다. 두 팀의 구성원은 가급적 진행 중인 여러
프로젝트에 참여하셔서 그동안 체득하신 경험과 노하우를 발휘해주
셨으면 합니다.

중단되는 프로젝트에 위로를 보냄과 동시에, 또 다른 한편에서 곧
출격을 앞두고 막판 담금질에 열을 올리고 있는 프로젝트에 응원과
기대를 보냅니다. 블루홀지노의 데빌리언모바일, 블루홀피닉스의 아
처리킹, 이 두 프로젝트가 우리의 아쉬움을 많이 해소해주었으면 좋
겠습니다.

예측하기 어려운 흥행을 위해 게임 제작의 어려운 여정을 걸어가
는 데 오늘도 최선을 다하시는 모든 구성원에게 다시 한번 격려와 응
원을 전하고 싶습니다.

실패한 프로젝트를 처리하는 절차가 부당하다고 여긴 한 팀

장급 개발자는 장병규를 찾았다.

게임 프로젝트의 실패 가능성이 높다는 걸 전적으로 동의합니다. 흥행 산업엔 늘 본질적인 위험성이 도사리고 있고, 그에 더해 게임 개발은 고도로 전문화된 불안정한 기술들을 사용하고 있다는 점에서 그렇습니다. 또한 이질적인 인재들이 긴밀하게 협업해 재미라는 불명확한 결과물을 만들어내는 산업입니다. 많은 개발자가 이 사실을 믿고 싶어 하지 않지만, 이름난 게임 기업과 개발자들의 수많은 실패 사례는 이미 차고 넘칩니다.

실패를 통해 성장한다는 명제도 역시 동의합니다. 도전을 하지 않으면 배울 수 없고, 도전의 결과는 높은 확률로 실패로 귀결되기 때문입니다. 도전과 실패의 과정에서 노하우를 쌓아 다음 프로젝트의 성공 확률을 조금씩 높여나가는 것이 게임업에서 승부를 보려는 사람이 일하는 방식임에 틀림없습니다. 업에 대해 어느 정도 진지한 고민을 한 개발자라면, 여기까지는 동의하리라 생각합니다.

그는 "경영진과 개발자들의 생각 차이는 '실패를 통한 성장의 방법'을 어떻게 바라보고 있느냐에 있다"고 지적했다.

성장을 위해 지식을 축적하는 문제를 봅시다. 실패를 경험하고 그것을 바탕으로 성장하기 위해서는 실패 과정에서 경험과 지식을 축적해야 합니다. 문제는 게임 개발 과정에서 경험과 지식의 상당 부분이 문서화되어 쌓이지 않는 데 있습니다. 프로젝트가 실패할 때마다 포스트모르템 문서를 남기지만, 그 문서에 남는 개발 지식은 전체의 10분의 1이 채 되지 않습니다. 지식의 대부분은 개발자들의 머릿속에, 개발팀에, 빛을 보지 못한 게임 그 자체에 남습니다.

따라서 실패를 통해 성장하려면, 개발자 개개인이 최대한 회사에 잔류해야 합니다. 개발부터 출시까지 제작 사이클을 한번 경험해본 팀이 가능한 한 온전한 상태로 새로운 개발을 해야 하고, 게임을 구현했던 프로그래밍 코드를 최대한 재활용해야 합니다.

저는 오히려 묻고 싶습니다. 지난 수년간의 모바일 개발 노하우가 블루홀에 얼마나 쌓였느냐고. 새롭게 모바일 개발에 도전하는 팀은 이전 팀의 유산을 얼마나 활용할 수 있겠느냐고 말입니다.

그런 면에서 블루홀은 실패하고 있습니다. 개발은 성장하지 못했지만, 경영은 상황이 다릅니다. 경영진은 비교적 연속적으로 유지되고 있으니, 지금까지 도전의 노하우가 착실히 쌓여가면서 성장하고 있습니다. 기울어진 운동장에서 경영진이 지대를 추구하고 있다는 비판도 그래서 가능한 겁니다.

그의 판단에 블루홀 모바일 전략은 비효율적이었다.

모바일 후발 주자로서 블루홀은 빠르게 도전하고 학습해야 합니다. 그런데 모바일 게임 개발에서 빠른 도전을 방해하는 요소들 때문에 개발 시간의 대부분이 낭비되고 있습니다. 불안정한 기술로 인해 버그투성이 결과를 만들고, 문제를 발본색원하지 못하고 민간 처방 수준으로 땜질합니다.

팀 구성도 상황을 더욱 악화합니다. 개발 기간은 짧은데 인원을 빨리 뽑지 못하고 있습니다. 파트별로 적절한 인원을 구하지 못하면 한 부분이 어그러진 게임을 내놓는 악순환에 빠집니다.

빠르게 도전하고 학습하기 위해선 이미 만들어진 게임 코드를 최대한 재활용해야 합니다. 그러면 상당한 시간을 줄이고 게임의 재미와 품질에 좀 더 집중할 수 있습니다. 그저 남의 코드를 가져다 쓰는 것으론 일이 되지 않습니다. 남이 만들어놓은 코드를 분석하는 것보다 차라리 새로 개발하는 게 편하다는 개발자가 많습니다. 특히 개발 일정 압박으로 급하게 작성된 싸구려 스파게티 코드라면 더더욱 그러합니다.

최대 효율로 게임을 개발하는 방법은 결국 그 코드를 작성한 사람이, 이전 팀 동료와 함께, 같은 개발 인프라를 활용하여, 유사한 종류의 게임을 다시 개발하는 것밖에 없습니다. 그리고 이런 작업은 매우 빠르게 진행되어야 합니다. 모바일 게임 개발 기술의 개발 속도는 1년 전에 작성한 코드 절반은 낡은 것으로 만들어버립니다.

그는 "프로젝트가 종료되어도 개발자가 최대한 회사에 잔류하고 팀을 유지해 새로운 프로젝트를 개발하는 게 블루홀의 성장과 미래를 위해 필수적이다"며 "경영진이 변해야 블루홀이 산다"고 당부했다.

경영진은 인재풀을 유지하려면 비용이 들어간다고 늘 말합니다. 반면 새로운 팀을 꾸릴 때마다 하는 급한 채용과 관리, 사고 수습에 들어가는 비용은 생각하지 않습니다. 이 비용은 결국 게임 개발을 책임져야 하는 리더십에게 전가되고, 게임에 대해 고민할 시간을 빼앗습니다.

또 급하게 채용한 역량 낮은 인재는 게임의 퀄리티를 저하합니다. 블루홀이 쓰고 있는 프로젝트 간 인재 이동은 6개월 또는 그 이상의 단위로 경직돼 있습니다. 모바일 개발 일정에 인사이동을 맞추는 게 쉽지 않습니다. 경영진은 또 인재풀에는 A급 인재만 갈 수 있다고 말합니다. 하지만 당장 개발 일정 때문에 C급 인재를 채용해야 하는 PD는 6개월 전에 프로젝트 종료로 퇴직한 B급 인재도 아쉽습니다.

경영진은 팀 유지를 위해 수준 미달의 프로젝트를 시작할 수는 없다고 말하기도 합니다. 팀과 개인이 가진 노하우와 인프라, 문화를 유지하는 데 도움이 된다면 수준 미달의 프로젝트를 하는 게 나을 수도 있습니다. 팀과 리더십이 적절한 역량을 가졌다면, 팀이 와해되어 뿔뿔이 흩어지기보다는 적절한 시점에 다시 새로운 프로젝트를 시작하는 게 나을 수도 있는 것입니다.

프로젝트의 실패는 있을 수밖에 없다는 경영진의 말이 위선적으로 들립니다. 블루홀에서 프로젝트 실패는 곧 팀의 해체, 팀원의 해고와 이직으로 이어지고 있습니다. 이런 상황이 프로젝트의 취소 결정을 어렵게 만드는 주요 원인이 아니겠습니까.

경영진은 프로젝트의 성패에 따라 채용과 해고를 거듭하는 것은 보편적인 절차라고 쉽게 말하지만, 이런 말은 대형 게임업체가 아니면 할 수 없는 이야기입니다. 냉정하게 현실을 바라보자면 인재들에게 블루홀이란 회사의 위치가 그 정도는 아닙니다. 1등 게임사에서 프로젝트 종료로 해고된 인재는 그 회사에 재취업합니다. 하지만 블루홀에서 프로젝트 종료로 해고된 인재가 과연 블루홀에 재취업하겠습니까. 이직률 증가는 블루홀의 명예를 손상하면서 유능한 인재들의 지원 가능성을 저하하고 있습니다.

장병규는 "최근 블루홀이 예전과 달라졌다는 목소리를 듣고 있다"며 "어떤 부분은 오해이고, 어떤 부분은 변한 것을 인정한다"고 답했다.

우선 현재 느끼는 바가, 혹은 현재 조치가 회사의 경영 상황에 따른 일시적인 것인지 아니면 저희 업의 근본적인 특성인지를 나눠서 고민할 필요가 있습니다. 예를 들어 현재 인재풀에 다소 엄격한 기준을 적용하고 있는 것과 대형 게임사에 비해 기본급 수준이 낮은 것은 회사 살림에 따라서 변화와 개선이 가능합니다.

의견을 주시지 않은 것이 있습니다. 바로 제작 리더십에 대한 고려입니다. 저는 제작 리더십을 게임의 제작과 재미, 좀 더 나아가서는 사업적 성과까지 책임질 수 있는, 한 사람 내지 소수의 사람들이라 생각합니다.

그리고 저는 상당히 많은 의사결정이 제작 리더십에 대한 고려에서 출발한다고 생각합니다. 예를 들어 팀을 유지해서 다시 기회를 줄 것인가, 라는 질문은 해당 제작 리더십이 이번에 실패했음에도 재도 전을 한다면 좀 더 나아지고 성공할 가능성이 높아질 것인가, 라는 질문으로 이어진다는 것이죠.

구성원 개개인이 소중해도, 팀워크가 소중해도, 만들어진 자원과 코드가 훌륭해도, 결국 제작 리더십이 제대로 구성되지 않으면 사업 적 성과를 기대하기 힘들기에 프로젝트는 중단됩니다. 게임 출시 때 까지 게임의 성공 여부는 누구도 알 수 없지만 적어도 한정된 자원을 투자하는 경영진이 그 게임이 성공할 것이라고 기도할 정도는 되어 야 하지 않겠습니까.

이런 점을 한번 추가로 생각해주시면 좋겠습니다. 항상 좋은 피드 백과 능동적인 의견을 주셔서 감사드립니다.

경영인을 이해하기

장병규는 다른 개발 직원과 '게임회사 경영인 이해하기'란 제 목의 프레젠테이션 파일을 완성했다. 그 직원은 장병규에게 "개발자들은 경영 쪽에서 프로젝트를 접는 이유를 이해하지 못 하고, 경영인은 개발자들이 그 이유 정도는 당연히 알고 있을 것이라 착각하고 있다"며 "신입 공채를 교육하거나 신규 제작 프로젝트를 시작할 때 개발자들에게 경영인을 어떻게 바라봐야 하는지를 알려주는 발표 자료를 만들어보고 싶다"고 했다. 장병규는 이를 반겼고, 직원은 한 달 동안 자료를 작성했다.

"제 목적은 이 프레젠테이션 내용이 자주 발표되어 일반 상식이 되는 겁니다." 장병규는 직원과 티타임을 하며 발표 자료를 다듬었다. 부제로 '경영인은 왜 게임 개발에 관여할까?'를 붙였다.

내용은 이러했다. 게임을 출시하는 건 어렵다. 많은 개발 프로젝트가 시장에서 고객을 만나지도 못하고 중단된다. 출시 게임이 1종이라면, 미완의 게임은 10종 정도로 봐도 무방하다. 다양한 이유로 개발은 엎어진다. 게임성이 시대에 뒤떨어졌을 수도, 개발팀이 분열할 수도 있다. 회사가 인수합병이 될 수도, 투자금이 지나치게 높아졌거나, 투자자가 갑자기 바뀌는 경우에도 그렇다.

게임 개발은 지뢰밭을 향해 "약진 앞으로!"를 외치며 뛰어가는 일이다. 출시는 그만큼 힘이 들고, 그렇기에 출시만 하면 장밋빛 미래가 펼쳐질 것이라 기대한다. 그런데 출시만 하면 성공할까. 성공을 말하려면 최소한 그간 들였던 비용을 회수해 손해가 나지 않는 손익분기점BEP은 넘어야 한다.

그렇다고 BEP만 넘기면 되는 것일까. 최소한 투자금을 은행에 넣어두는 것보다는 이익을 더 내야 한다. 은행 이자율은 마지노선인 것이다. 은행 이자율보다 이익율이 낮을 바에야 그 게임은 당장에 접어야 마땅하다. 그럼 이자율만큼 이득을 내면 될까. 아니, 그보다도 높아야 한다. 다양한 사업끼리 경쟁하며 자본을 유치한다. 목돈 있는 사람들이 아파트나 주식에 투자하듯, 돈은 조금이라도 기대이익률이 높은 쪽으로 흐른다.

　진정한 마지노선은 게임 산업의 성장율일 것이다. 공중파나 케이블, 넷플릭스, 웹툰, 콘서트 행사에 투자하는 것보다 게임 제작에 투자해 얻는 이익이 커야 게임이 성공했다고 말할 수 있다.

　다시 말해 게임은 BEP를 넘기고, 발생한 영업이익률이 은행 이자율보다 높고, 게임을 대체하는 산업의 성장률보다 높아야 적어도 "수치상으로 성공했다"고 말할 수 있다. 투자자가 웃을 수 있는 수준으로 성공을 거둬야 게임 제작이 영속할 수 있는 것이다.

　그런데 게임은 흥행 산업이다. 성공을 누구도 장담할 수 없다. 모바일 퍼즐 게임 '애니팡'이 성공할 것이라 예상한 사람은 거의 없었다. 애니팡 출시 당시 여러 제작자가 "기다리면 무료로 할 수 있는 게임을 곧바로 하고 싶다고 누가 돈을 내겠느냐"며 비즈니스 모델을 비아냥댔지만, 고객들은 기꺼이 지갑을 열었다.

　반면 모두가 성공을 예상했지만 처참하게 무너진 게임도 있다. 한 대형 게임업체는 막대한 개발비를 들여 세계적인 히트 게임 디아블로3와 GTA 제작진을 스카웃해 모바일 액션 게임을 출시했지만 처참한 성적을 거뒀다.

그만큼 게임 산업은 예상조차 어려운 게임을 한다. 괜히 수많은 게임이 출시되고 이름 없이 사라지는 게 아니다. 게임 대부분이 BEP를 넘기지 못하기에, 게임 개발엔 높은 위험이 따른다. 개발부터 출시까지, 출시 후 홍보하고 이익을 내기까지 단계마다 위험이 도사리고 있다.

게임회사 경영인은 당연하게도 이 리스크를 모든 국면마다 줄이고 싶어 한다. 리스크를 관리하지 않는다면 재정은 점점 나빠지고 회사는 파산할 것이다. 게임 개발을 꿈꾸던 신입 사원들은 다시 직장을 찾아야 하고, 가장과 그의 가족의 삶은 어려워진다. 투자자는 금전적인 손해를 입고, 밀린 월급을 주지 못한 경영진은 노동법 위반으로 형사 입건될 것이다. 회사가 들였던 시간과 돈은 무용지물이 되고 인간관계는 사라지고 경영인에겐 갚아야 할 빚이 남는다.

그렇기에 게임회사 경영인은 위험을 관리하려 한다. 경영은 프로젝트 시작 단계에서 제작 리더십을 평가하고, 개발 단계에서 제작 리더십을 견제한다. 출시 단계에선 고객을 가급적 빨리 만나 게임에 대한 반응을 수치화된 지표로 수집해 대규모 마케팅 여부를 판단하고, 서비스 단계에선 이익을 극대화하기 위해 노력한다.

시작 단계에서 제작 리더십이 경영인의 평가 기준을 넘지 못하면? 개발 단계에서 제작 리더십이 신뢰를 잃는다면? 출시 단계에서 고객 지표가 나쁘다면? 서비스 단계에서 더 이상 이익이 나지 않는다면?

이 모든 경우에 프로젝트는 응당 중단돼야 마땅하다. 더욱이 개발팀은 한정된 회사 자원을 쓴다. 개발 일정이 계속 밀리거나, 개발비를 방만하게 관리하는 팀은 다른 팀에 돌아갈 자원을 낭비하고 있는 셈이다. 다른 프로젝트에 돌아갈 기회를 앗아가는 것이다.

경영진은 실패 비용도 관리해야 한다. 실패 비용을 최소화해야 다음번 새로 도전할 비용을 마련할 수 있다. 경영진은 어렵고 힘들게 개발 중단 결정을 내린다. 비인간적이라며 욕을 듣기도 하지만, 게임회사 경영인이라면 반드시 해야 한다. 이를 소홀히 한다면 지속 가능한 개발을 불가능하게 만드는 해사 행위를 하는 셈이다.

세계 최고의 게임회사 블리자드가 1991년에 사업을 시작한 이래 25년간 신규 IP로 출시한 게임은 19종이다. 1년에 0.8종 꼴이다. 게임 개발의 기본값은 출시가 아닌 중단이다. 이 사실을 게임 개발을 직업으로 택한 이는 받아들여야 한다. 이 사실은 게임 출시를 위해 힘겹도록 땀을 쏟아야 할 이유이기도 하다.

경영과 제작은 한배를 탄 운명 공동체로, 같이 살길을 도모해야 한다. 게임 출시에 실패한 개발자는 죄인이 아니고, 게임회사 경영인은 악마가 아니다. 지속 가능한 업을 위해 그저 제일에 충실할 뿐이다. 블루홀에서 게임 개발을 하는 일은 중단 되는 게임을 계속 만나는 일이기도 하다. 개발 중단은 상처가 아니라 다음 성공을 위한 훈련 과정일 뿐이다. 실수한 순간에 그대로 멈추면 실패이지만, 딛고 일어서면 성공이 된다.

자금 압박과 영토 확장

블루홀 재정에 시뻘건 경고등이 켜진 지 이미 오래였다. 장병 규는 개인 재산의 3분의 2를 투자나 담보로 회사에 출자한 상 태였다. 투자를 받지 못하면 또다시 대규모 희망퇴직을 단행해 야 하는 상황이 코앞에 왔다. 프로젝트 중단은 물론이거니와 간신히 이뤄놓은 연합군마저 갈갈이 찢길 처지였다.

장병규와 김강석은 투자자들을 만나고 설득하는 과정을 수 없이 반복했다. 그 결실이 게임업체 '카카오게임즈'와 '넵튠'으 로부터의 투자 유치였다. 두 회사는 각각 50억 원씩 총 100억 원의 투자 의향을 밝혔다. 사실 모든 투자금은 카카오게임즈로 부터 왔다. 카카오게임즈 대표 남궁훈은 모회사인 카카오 이사 회에서 블루홀에 대한 100억 원 투자를 설득하기 쉽지 않았던 탓에 투자금 절반인 50억 원은 넵튠을 경유해 블루홀에 전달할 복안을 냈다.

"프라이드 반, 양념 반 어떠세요?" 남궁훈은 그의 계략을 이렇게 설명했다. 장병규와 김강석이 반가워 웃었다. "프라이드 반, 양념 반이면 어떻습니까. 치킨만 오면 됩니다." 남궁훈은 카카오 이사회에 모바일 게임 '프렌즈 사천성'을 개발한 게임업체 넵튠에 투자하는 안건을 제출하면서, 사실은 블루홀에 돌아갈 추가 투자금을 넉넉히 배정하는 수를 냈다.

그렇게 남궁훈의 꾀에 따라 카카오게임즈와 카카오 성장나눔게임펀드가 넵튠과 총 100억 원 규모의 지분 투자와 전략적 제휴를 맺었다. 넵튠은 이 투자금 가운데 절반인 50억 원을 그대로 블루홀에 전달하기로 했다. 결과적으로 카카오게임즈가 약속한 100억 원이 블루홀 지갑에 들어오는 셈이었다.

"투자 및 퍼블리싱 협상과 관련하여 주요 조건을 공유드리며, 아래 조건에 이견이 없으시면 승인 요청드리고자 합니다." 김강석은 한숨 돌릴 틈도 없이 급하게 메일함을 열어 이사회에 이메일을 보냈다. "8월 이사회 때 밝힌 대로 자금 유입이 신속하게 필요해 10월 이사회 이전에 이메일로 승인을 요청드리게 되었습니다. 자세한 설명은 이사회에서 하겠습니다." 이사회가 곧 열릴 예정이었지만 하루하루가 아쉬웠다. 블루홀은 바싹 말라가는 중이었다.

2016년 겨울, 블루홀이 개발하는 블록버스터 MMORPG 프로젝트 W의 북미 유럽 판권 계약을 카카오게임즈와 체결했다.

카카오게임즈는 블루홀과 파트너십을 맺고 초대형 PC 온라인 게임 라인업을 확장해 북미와 유럽 시장에서 영향력을 확대할 심산이었다. 모바일 게임회사로 출발한 카카오게임즈가 오히려 PC용 MMORPG의 가치를 높이 산 것이다. 카카오게임즈는 줄곧 어려움을 맛봤지만 퍼블리싱을 맡은 MMORPG '검은 사막'이 모처럼 흥행 대박을 터뜨리면서 회사 분위기가 한껏 높아져 있었다.

카카오게임즈 입장에서 블루홀은 중구난방의 게임 개발사가 아니었다. 여러 흥행 카드가 많은, 개발 잠재력 있는 회사로 블루홀을 인정해줬다. 김형준 PD가 이끄는 신작 W는 명실상부한 블루홀의 기대작으로 테라의 뒤를 잇는 블루홀의 간판 게임이 되어야만 했다. 새로운 형식과 방대한 콘텐츠를 담는 대작이었다.

첫 삽을 뜬 2014년 1월부터 2016년 삼사분기까지 135억 원을 투입했고, W를 위해 모인 팀원은 80명을 바라보고 있었다. 출시 예상일인 2018년 11월까지 총 제작비용은 365억 원으로 추정됐다. 테라와 맞먹는 시간과 돈을 투입해 만드는, 반전을 위한 승부수였다.

블루홀은 카카오게임즈를 통해 일단 확보한 50억 원으로 W를 비롯한 다른 프로젝트에 투자를 계속할 수 있게 됐다. 만약 카카오게임즈까지 투자를 고사했다면 남은 카드는 블루홀 매각, 또는 돈 되는 게임을 보유한 블루홀피닉스와 테라 조직만을 따로 분리해 새 회사를 만드는 구조조정뿐이었다.

장병규는 "인원이 중요한 것이 아니고, 매년 계속하는 것이 중요하다"며 그간 미루던 하반기 신입사원 채용 공고를 냈다. 10명 이하의 적은 인원을 선발해 테라 본부에 배치했다.

W의 일본 퍼블리싱 계약도 체결됐다. 퍼블리셔는 네오위즈 게임즈의 자회사 '게임온'이었다. 게임온은 일본에서 테라, 검은사막, 아키에이지, 블레스 등 초대형 온라인 게임을 서비스한 믿음직한 퍼블리셔였다. 프로젝트 W의 성공 가능성은 더욱 높아졌다. 김강석은 미완으로 끝난 테라의 도전을 W가 이어주길 기대했다. 동서양에서 두루 인정받으며, 게임 제작의 명가라는 비전을 실현할 수 있는 성공작이 되길 바랐다. W팀은 2017년 상반기 비공개 테스트를 목표로 개발에 한창이었다. 김강석이 오랜만에 블루홀 연합군에 낭보를 알렸다.

최근 언론보도를 통해 우리의 기대작 W가 북미·유럽·일본과 파트너십을 체결한 걸 보셨을 겁니다. 2년 전 프로젝트를 시작한 이래 줄곧 조용히 스텔스 모드를 유지해왔지만, 그동안 제작팀은 엄청난 노력과 수고를 쏟아부으며 제작을 이어왔습니다. 그리고 올여름부터 해외 퍼블리셔들에 게임을 소개하고, 빌드를 시연하며, 그동안의 결과물과 앞으로의 비전을 나눴습니다.

저의 기대대로(!) 호평이 이어졌고, 드디어 준수한 조건으로 파트너십을 맺었습니다. 사실 타 지역에서도 문의가 이어지고 있지만, 차분하고 신중하게 대화를 이어갈 생각입니다.

최근 PC 게임, 특히 대작 MMORPG의 제작 환경은 말할 수 없이 열악합니다. 지식 산업의 근간인 인재 채용부터 난항이며 자본과 시장으로부터 의심스러운 눈짓도 많이 받습니다. 그러나 경영진은 MMORPG의 가치와 가능성에 대해 확신과 기대를 가지고 있으며, 김형준 PD를 비롯한 W 제작팀이 멋진 게임을 완성해주리라 굳게 믿습니다.

이 기회를 빌려, 어려운 여건 속에서 고군분투하시는 W 제작팀과 관련된 모든 구성원에게 격려와 감사의 마음을 전하고 싶습니다. 앞으로 여러 매체와 방법을 통해, 우리가 제작 중인 새로운 MMORPG를 세상에 알리게 될 겁니다. 환호와 박수도 받겠지만, 의심과 비판도 들려오겠죠. 몇 년 뒤에, 그 모든 것에 대한 우리의 답을 보여줍시다. 저와 경영진도 그날을 위해 최선을 다해 노력하고 지원을 아끼지 않겠습니다.

2016년 연말, 블루홀의 여러 프로젝트가 줄줄이 글로벌 출시를 앞두고 있었다. 블루홀지노의 데빌리언, 블루홀피닉스의 신작 아처리킹 등이었다. 모바일 게임을 여러 번 출시했는데도, 김강석은 그 기다림의 시간이 늘 힘겨웠다. 그럴 때마다 신에게 기도했다. 부디 승전보를 담은 이메일을 쓸 수 있도록 도와주십시오. 블루홀이 다시 내일로 갈 수 있도록.

떠나는 전우

황철웅의 거취를 두고 경영진은 고심을 거듭했다. 일단 그에게 퇴사를 권유하긴 싫었다. 테라 이후 황철웅이 맡은 프로젝트 2건이 출시되기도 전에 사그라졌지만, 그는 여전히 게임업계에서 매우 희소한 인재였다.

황철웅은 경영진의 요구가 완급과 속도 조절만 있을 뿐 실제론 굉장히 일방적이라고 느꼈다. 아니, 일방적인 것을 넘어서 굴욕적이었다. 굴욕을 참고 인내하다 보면 굴종이 될 것 같았다. 그런 자신을 바라보며 행복할 자신이 없었다.

프로젝트가 엎어지고 팀이 쪼개지는 과정에서 황철웅은 경영진의 의사결정과 역량, 사람을 다루는 방법을 겪었다. 인생의 밑바닥에서 박박 기면서 수모를 온몸으로 뒤집어썼다고, 황철웅은 생각했다. 더 이상 함께해서 좋을 것이 없다는 판단에 이르자 황철웅은 떠날 준비를 했다.

블루홀 공동 창업자 황철웅은 박현규에 이어 사직 의사를 통보했다. 장병규는 그와 이런저런 대화를 나눴지만 마음을 돌리는 데 실패했다. 황철웅은 퇴사 이유로 "블루홀에서 더 이상 할 일이 없다"고 말했지만, 장병규는 자신을 포함한 블루홀 경영진에 대한 신뢰 문제가 있을 것이라 짐작했다. 두 번이나 제작 프로젝트가 중도에 접혔기에, 그리고 그 이유에 대해 서로 견해차가 있었기에 더더욱 그랬다.

황철웅은 "블루홀은 나와 추구하는 가치가 다르기 때문에 새로운 도전을 못 할 것 같다"고 했다. 그 말이 장병규에겐 "PD를 하고 싶다"로 들렸다. 황철웅은 자신이 주도할 제작 라인이 접힐 가능성이 있기 때문에 블루홀을 나가겠다고 말하는 것으로 보였다. 장병규는 황철웅이 말한 '가치'라는 말을 이해하고 싶었다.

장병규가 묻고 황철웅이 답했다. "PC MMORPG를 만들던 EXA팀 시절엔 가치가 어땠습니까?" "가치를 실현해나가는 시기였습니다." "모바일 게임을 만들던 T2 때는요?" "경영진이 원하는 것을 하는 시기였습니다." "그럼 테라 때는요?" "도전과 새로움, 에너지가 있던 시기였습니다." "그럼 테라 PD를 맡은 이유는요?" "게임을 출시하기 위한 고육지책이었죠."

황철웅은 "아예 조직이 초기거나 조직이 완전히 커지면 내가 필요할 수 있겠지만, 정제된 효율성으로 승부해야 하는 지금 블루홀에선 내가 크게 필요하지 않을 것 같다"고 했다.

대화를 끝낸 뒤 장병규는 황철웅의 퇴사를 알리는 이메일을 경영진에게 보냈다.

개인적으로 황철웅 님과 같은 재능, 역량, 경험, 의지를 가진 분을 게임 제작업에서 찾기가 정말 어렵다고 생각하기에, 여러모로 매우 아쉽습니다. 제가 혹은 경영진이 게임 제작업을 좀 더 잘 이해했더라면, 관계가 달랐을 수 있을까, 하는 아쉬움도 많이 남습니다.

장병규는 황철웅에게 마지막 부탁 하나를 했다. 블루홀 공동 창업자로서 10년에 대한 소회를 직원 전체 메일로 써주었으면 한다는 것이었다. 마지막 남은 '3팀장' 김정한이 오랜 전우를 떠나보내는 심정을 적었다.

철웅 형과는 만 16년을 함께 일했습니다. 그 긴 기간 동안 싸운 기억 밖에 없을 정도로 치열하게 함께 일했습니다. 그런데 최근 두어 달 철웅 형 집에 찾아가 이런저런 이야기를 나누면서 왜 그리 서로에게 소홀했나 싶었습니다. 항상 외로웠는데 말이죠. 여튼 언젠가는 철웅 형과 다시 일하고 싶고, 그런 기회를 만들 수 있을 때 도움 주시면 감사하겠습니다.

장병규가 답했다.

역시 저보다 김정한 님 가슴에 맺힌 것이 더 많은 것 같네요. 저는 제작의 단독 PD만 아니라면 황철웅 님이 언제라도 블루홀에 돌아오시는 것에 힘을 실을 생각입니다.

남은 자들의 고투

지노게임즈 출신 박원희 PD는 새 모바일 게임 데빌리언 출시를 앞두고 신경이 한껏 곤두서 있었다. 블루홀에 몸담은 뒤 처음 출시하는 게임이었다. 회의실에서 바깥으로 종종 직원을 채근하는 그의 격양된 목소리가 들린다는 제보가 피플팀에 접수됐다. "최근에 많이 나아지신 것으로 알고 있었는데, 최근 프로젝트 상황과 겹쳐 극심한 스트레스가 터진 듯합니다."

데빌리언은 지노게임즈가 출시했던 PC MMORPG 데빌리언 IP에 테라의 IP를 결합한 게임이었다. 3D 그래픽 액션 효과에 더해 악마와 인간을 오가며 전투를 할 수 있는 재미를 노렸지만, 출시한 지 한 달도 지나기 전에 위기를 맞았다. 퍼블리싱을 맡은 게임빌에서 블루홀에 위험 신호를 보내왔다. 이용자별 하루 평균 결제액과 잔존율이 너무 낮다는 것이었다.

"저희 내부에서 지금 분위기는 너무 좋지 않은 상황이고, 경영진도 크게 실망하고 있습니다." 출시 초반부터 게임빌은 데빌리언을 실패한 게임으로 바라보고 있었다.

강상욱 PD가 이끌던 모바일 실시간 대전 게임 아처듀얼팀도 제작 중단을 결정했다. 제작이 접히면서 팀은 너덜너덜해졌고, 강상욱은 팀 단위 이직을 시도했지만, 재차 블루홀에 남기로 결정했다. 강상욱은 다른 팀원 둘과 함께 테라 콘솔 개발팀으로 이동했고, 팀장급 팀원과 아트 직원은 김강석을 비롯한 경영진에 크게 실망해 회사를 떠났다.

블루홀피닉스의 모바일 양궁 게임 아처리킹은 출시 일주일 만에 700만 누적 다운로드, 구글과 애플 앱스토어에서 무료 게임 1위라는 성적을 거두며 블루홀피닉스가 블루홀 연합군의 효자임을 또 한 번 증명했다. 블루홀피닉스가 2015년에 출시한 모바일 볼링 게임 볼링킹도 글로벌 누적 4천만 다운로드를 돌파하며 어려운 블루홀 사정에 도움이 됐다.

다수의 인원이 하나의 광활한 오픈 월드 맵에 입장해 최후의 1인이 되기 위해 싸우는 배틀로열 장르의 슈터 게임입니다. Free for All (1대1대1대1대1대1…)로 진행되기 때문에, 내 눈에 보이는 모든 사람이 적입니다. 총기를 이용해 먼저 공격을 하거나, 주변 사물을 활용해 은폐·엄폐하는 식의 전략을 구사하며 생존에 성공해야 합니다.

게임은 모든 플레이어가 하나의 닫힌 건물에 모여서 시작됩니다. 게임이 시작되면 건물의 문이 열리고 오픈 월드 내에서 자유롭게 이동할 수 있습니다. 초반에 플레이어들은 어떤 아이템도 착용하고 있지 않기 때문에, 달리거나 각종 탈것을 활용해 맵의 곳곳을 돌아다니며 생존을 위한 아이템을 찾고 착용해야 합니다.

가로세로 8킬로미터 사이즈 맵은 시간이 지나면 독가스가 퍼지면서 안전한 공간이 점점 줄어들게 됩니다. 게임 도중 안내가 나오면 맵을 확인해 안전 지역으로 이동해야 합니다. 독가스 지역에 있으면 체력이 점진적으로 낮아지며 결국 사망하게 됩니다. 게임은 최후의 1인만 남을 때까지 진행되며, 그전에 사망하는 플레이어들에겐 게임이 종료됩니다.

여름부터 김창한은 프로젝트 BRO 사내 테스터 참가자 모집에 한창 열을 올렸다. 모집 포스터에는 '플레이어언노운스 배틀그라운드PLAYERUNKNOWN'S BATTLEGROUNDS'란 게임 이름이 붙었다. 김창한이 브랜든 그린과 함께 구체화한 게임 설계에 대한 설명이 달려 있었다. 단 한 사람이 생존할 때까지 전투를 치르는 배틀로열은 주류 장르가 아니었다. 100명이 참여해 최후 생존자를 가리는, 생존 확률 1퍼센트의 투쟁은 대중성과 거리가 멀었다. 싸움에 패할 확률이 압도적으로 높은 게임을 어느 누가 좋아하겠는가.

사용자 계층으로 따지면 하드코어 장르에 속했고, 전 세계 게임 사용자 1퍼센트 정도가 이런 게임을 즐기고 있는 것으로 분석됐다. 그래도 김창한은 글로벌 시장으로 진출하면 가능성이 있다고 봤다. 1퍼센트 사용자라도 세계 시장 관점에서 바라보면 수가 많았다. 그는 주위에 "BRO가 성공할 것이란 확신이 들진 않지만, 적어도 내가 이 프로젝트에 완전히 올인하는 이상한 상태가 됐다"고 말했다.

게임 개발에 투신했던 지난 17년간 '텐투텐'은 일상이었지만, 과거와 달라져 있는 자신을 발견했다. 원래 생각이 많은 성격이었지만 자면서도 일을 생각할 정도였고, 그 외에 다른 생각이 들지 않았다. 김창한은 BRO 제작 프로젝트에 24시간 '꽂혀 있는' 상태가 왔다는 걸 직감했다.

해보지 않은 일을 하는 방법

몇 개월 뒤 BRO 프로젝트는 3차 마일스톤을 통과하고 마지막 개발까지 피치를 가했다. 향후 서비스 일정도 잡을 수 있는 시점이 됐다. 5차 마일스톤의 완료 시기는 2016년 12월 말, 사전 테스트 서비스와 판매는 2017년 1월로 예정하는 게 현실적이었다. 출시는 2017년 3월 말로 정했는데, 유저들이 받아들일 수 있는 수준의 완성도 있는 게임을 그때까지 개발할 수 있을지 불안한 상황이었다. 그럼에도 BRO팀은 3월 말엔 사전 구매가 가능할 수 있도록 사력을 다했다. 10여 명으로 시작했던 팀은 32명으로 늘었고, 그새 김창한은 브랜든 그린뿐 아니라 해외 전문가 두 사람을 새 식구로 들였다.

김창한은 오랜 시간 함께 달려온 팀원들에게 미안해하면서도, "17년 망했는데 1년 망한다고 해서 큰 손해 안 본다"라는 말을 자주 했다. '성공해야지'라고 생각하면 보수적인 행동을 하게 되는데 '망해도 된다'고 생각하면 해보지 않은 일을 도전하게 된다는 것이다.

해보지 않은 일을 하는 데 필요한 가용 자원이 부족했다. 절박했던 김창한은 문제를 해결하기 위해서라면 무엇이든 했다. '이걸 꼭 해내야 한다'는 생각이 강하게 들 때마다 그는 구글을 검색했다. 게임 속 캐릭터를 바꾸는 시스템을 구축하는 문제는 스페인의 한 개발업체를 찾아 해결했다.

국내 게임업체 대부분이 모바일 게임 제작에 전념했던 탓에, PC용 3차원 화상을 만드는 최신 렌더링 기술을 공부한 사람이 없었다. 협업할 전문가를 알아보던 차에 폴란드에서 활동하는 프로그래머 마렉을 온라인에서 발견했다. 마렉이 올린 작업물 소개 유튜브 동영상에는 김창한팀이 원하는 기술이 대부분 포함되어 있었다.

게임을 만들던 김창한은 게임의 핵심 요소 몇 가지를 놓쳤다는 걸 이내 깨달았다. 바로 총기 사용을 표현하는 건플레이 gunplay였다. 수십 종이나 되는 총의 각기 다른 특징을 사실적으로 표현해야 했다. 총을 쏠 때의 반동이나 격발 소리, 무기를 잡는 자세 등 총기 사용에 대한 액션과 사운드를 최대한 사실에 가깝게 구현해야 기존 게임과 결정적인 차별화를 이룰 수 있었다.

김창한은 마렉에게 접촉했다. 마렉은 경력 많은 프로그래머는 아니었지만, 폴란드에서 프로게이머로 활동할 정도로 총싸움 게임에 일가견이 있었고, 제작자로서도 애니메이션 구성에 감각이 있었다. 그가 가장 하고 싶은 일은 총에 관한 아주 사실적인 애니메이션과 소리를 만들어내는 일이었다.

마렉은 자신의 꿈을 이룰 수 있는 최적의 무대를 블루홀 BRO팀이라 여겼다. 마렉은 팀에 합류하자마자 각종 문제를 곧바로 해결해 팀원들의 인정과 기대를 한 몸에 받게 됐다. 이어 그는 김창한에게 친구인 애니메이터 파웰을 소개했다. "파웰과 콤비를 이루면 최고의 결과물을 낼 수 있다"고 했다. 김창한은 파웰도 영입했고, 이들과 함께 배틀로열 게임의 퀄리티를 최고 수준으로 끌어올리는 데 박차를 가했다.

게임 캐릭터의 움직임을 생동감 있게 구현하기 위해선 실제 사람의 연기를 복제하는 모션 캡처(동작 감지) 기술을 적용해야 했다. 한국에서 이런 작업을 하기엔 장소가 마땅치 않았고 비용도 상당했다. "한국은 비싸니 체코로 갑시다. 전에 일하던 회사에서 싸게 해준다고 하네요." 파웰의 제안으로 팀원 넷이 체코로 날아가 모션 캡처 작업을 했다. 이에 더해 현지 사격장을 방문해 직접 사격을 하면서 총소리를 채집하고, 다양한 총기 사진을 찍어 그래픽 작업에도 활용했다.

"한국 게임이 글로벌 성공 사례를 쓴다면 서울이란 지역성도 큰 역할을 한 것이네요." 서구권 개발자들이 속속 블루홀에 합류하는 모습을 흥미롭게 지켜보던 장병규가 말했다.

　서울은 뉴욕이나 도쿄, 상하이처럼 다른 나라 사람이 와서도 쉽게 섞일 수 있는 여건을 갖춘 세계적인 도시로 성장해 있었다. 그 여건이 대중교통일 수도, 주거 렌트 방식일 수도, 이태원 같이 외국인에 친화적인 장소일 수도, 다양한 음식점으로 가득한 거리일 수도 있다고 그는 생각했다.

　한국이 개발도상국으로 남았다면 해외 인재들은 게임 프로젝트에 합류를 꺼렸을 것이다. 대한민국 수도 서울의 인프라는 분명 배틀그라운드 개발에 간접적으로 기여하고 있었다.

　김창한은 마렉과 파웰의 신뢰를 얻기 위해 주중 점심과 저녁을 같이 먹고 주말엔 이태원에 이들을 데려갔다. 두 콤비는 그만큼 팀에서 중요했다. 폴란드인 특유의 고집 세고 독립성 강한 성향은 이들에게도 있었다. 총싸움 게임이란 실제와 최대한 가까워야 한다는, 리얼리티에 대한 신념이 두 사람에게 있었다.

　어느 날 김창한이 게임에서 물약 아이템을 먹으면 능력치가 올라가는 방식을 적용했다. "이게 무슨 슈팅(총싸움) 게임이냐, 판타지 게임이지." 김창한과 밥을 먹던 파웰은 빈정거리며 "리얼하지 않아 마음에 안 든다"고 했다. 김창한은 화가 머리끝까지 차올라, 서툰 영어로 "비꼬지 말고 시키는 대로 하라"며 소리를 질렀다.

　그 이후부터 함께 밥 먹기가 불편해진 김창한은 3개월간 점심, 저녁에 홀로 라면을 먹었다. 그러다 파웰과 함께 한국에 온

부인이 폴란드식 만두를 회사로 가져와 김창한에게 선물했다. 이어 저녁 식사에 김창한을 초대하면서 둘 사이의 불편한 관계를 푸는 역할을 했다. 하지만 그 뒤로도 김창한은 혼자 식사했다. 팀원과 어울려 밥을 먹는 일 자체가 그에겐 스트레스였다.

김창한은 무엇에 씐 사람처럼 BRO 개발에 몸과 정신이 온통 팔려 있었다. 회사 가까이에 살면서 아침을 먹지 않고 오전 8시에 일어나 10시에 출근했다. 출근하자마자 무조건 팀 전원 회의를 소집했다. 매일 약 한 시간 정도 전체 회의를 하다 보니 팀원들은 "이 시간에 차라리 게임 코딩을 하고 싶다"며 반발했지만, 김창한은 자신의 뜻을 굽히지 않았다.

팀원 30명에게 그날 할 일을 돌아가며 이야기하라고 했다. 김창한은 이를 통해 어떤 직원이 무슨 일을 하는지 파악했다. 이후 하루 종일 결정하는 일을 반복했다. 팀별로 업무 영역이 나뉘어 있으면서도 실상은 모두 엮여 있으니 그때그때 PD가 결정을 내려야 했다. 회의가 끝나면 언제나 불만이 생겨났고, 김창한은 책임자를 따로 불러 설득했다. 목표를 달성하게 하려면 일을 더 시켜야 하는지, 아니면 다른 방법을 생각해야 하는지, 혹은 목표를 바꿔야 하는 것인지 등을 이야기했다.

오후 10시에 일을 끝나고 귀가하면 11시가 되었다. 맥주 한두 캔을 들이켜야만 잠을 잘 수 있었다. 주말에도 직원들에게 전달할 메시지를 고민했다. 매주 월요일 아침 회의마다 김창한은 짧게는 30분, 길게는 한 시간짜리 발표를 했다. 일요일 밤마다 그의 스트레스 수치는 최고치를 찍었다. 다음 날 발표 때 무슨 말을 어떻게 효과적으로 전달해야 할지 머리를 싸맸다. 바쁜 와중에도 책을 항상 잡았고, 글을 쓰고 자료를 만들었다.

크리에이티브 디렉터의 자격

김창한은 어떤 주말엔 내내 브랜든 그린에게 보낼 편지를 썼다. 브랜든 그린은 좋은 의미로든 나쁜 의미로든 평범하지 않은 사람이었다. 20년간 회사 조직 생활을 한 적이 없는 그와 일하는 것에 김창한은 어려움을 겪었다.

브랜든은 자기주장이 확고한 자유인이었다. 대화 이전에 주장이 앞섰고, 감정은 수시로 들쭉날쭉했다. 영어로 의견을 나눠야 한다는 점에서 상황은 더욱 악화됐다. 개발 승인을 받은 지 일주일이 지난 시점에 모든 개발팀원이 "브랜든과 일하기 힘들다"며 두 손 두 발을 다 들기도 했다.

브랜든은 팀원에게 종종 소리를 지르면서 고집을 피웠다. 그러고선 김창한을 찾아와 "팀원이 말을 듣지 않는다"며 고자질하기 일쑤였다. 중재는 김창한의 몫이었다. "일할 땐 잘 설명을 해야 하고, 주장에는 일관성이 있어야 한다"며 그를 달랬다.

김창한은 주말 동안 고민을 거듭하다 결심했다. 프로젝트 승인을 위해 브랜든을 영입했지만, 개발을 끝내기 위해선 브랜든의 역할을 명확히 해야 한다고. 브랜든이 자신의 제안을 받아들이지 않으면 프로젝트를 회사에 반납할 마음까지 먹었다.

김창한은 브랜든에게 크리에이티브 디렉터에 대한 정의를 전달하며 "당신의 역할은 이것"이라며 단호하게 이야기했다. "받아들일 것이면 우리와 함께하고, 아니면 돌아가세요!" 브랜든은 수긍했다.

다음 날 브랜든은 김창한에게 "잠을 한숨도 이루지 못했다"고 말했다. "당신도 다른 게임업체들과 같이 내 이름만 가져가려고 하는 것 아닙니까?" 블루홀 이전에도 미국과 체코 게임업체가 배틀로열 게임 개발을 위해 브랜든을 영입했었다. 하지만 개발에 정통하지 않다는 이유로 브랜든은 멸시를 당했고, 상처를 입었다.

김창한은 그에게 "나는 당신을 존중한다"고 답했다. 이런 일 이후로도 김창한은 브랜든 그린과 싸우고 달래고 화해하길 반복했다. 게임 개발 후반부에 이르러 브랜든 그린은 "더 나은 크리에이티브 디렉터가 되는 방법에 관한 조언을 해달라"는 진지한 요청을 했다. 김창한은 스스로 좋은 PD인 것은 알 수 없지만 좋은 PD가 되고 싶었다. PD가 바라보는 좋은 CD는 무엇인지 고민하며 '더 나은 CD가 되는 방법'이란 제목을 붙인 긴 편지를 써 내려갔다.

CD는 비전을 만드는 사람이다

CDCreative Director는 제품의 비전을 제시하고 만드는 사람이다. 비전은 곧 제품의 가치를 정의하는 것이다. CD는 이 비전을 다양한 방법으로 제시하고 설득하며 현실로 만들어내는 역할을 한다. 비전이 실제 제품이라는 결과물로 만들어지기 전에는, 단지 추상적인 말과 글, 이미지 등으로 모든 게 표현된다.

따라서 비전을 들은 사람들(팀원)은 모두 다른 그림을 머릿속에 그리고 있게 된다. 이것을 꾸준한 노력을 통해 일치하게 만들고, 결과물이 나올 때까지 비전을 현실화하는 것이 CD의 역할이다. 이런 과정에서 비전의 문구는 점차 구체화되고 수정 보완되며 진화한다.

비전을 현실로 만들기 위해선 비전을 구현하는 사람을 설득해야 하고, 설득의 방법은 CD 스스로 찾아야 한다

비전이 현실화되어 실제 제품으로 탄생하기 위해선 실제로 비전을 구현하는 사람들이 그 비전이 무엇인지 알아야 하고, 그 비전에 동의할 수 있어야 한다. 사람들을 설득하고 공감하게 만드는 것은 매우 어렵지만, 이를 하는 게 CD의 가장 중요한 역할이다. 그 방법으로 모든 CD는 저마다의 방법을 고안해낸다. 일반적으로는 작은 성공을 쌓아서 신뢰를 얻는 과정을 거친다. 하나의 프로젝트 안에서 점차 신뢰를 쌓아갈 수도 있고, 과거의 성공에 기대 더 큰 비전을 설득하는 과정을 추구할 수도 있다.

비전을 현실화하는 과정에서 잘못된 비전은 스스로 수정해야 한다

비전은 아직 결과물이 없는 상태에서 미래를 놓고 그린 추상적 가치다. 그 때문에 틀릴 수 있다. 모든 팀원이 비전이 실제로 이뤄질 수 있는지 개발 과정에서 작은 검증 과정을 마련해야 하는 이유다. 직접 개발을 경험하고 세부적으로 수정하는 작업을 진행해야 한다. 이때 수정한 비전에 대해서 CD는 솔직하게 그 이유를 설명해야 한다. 설명 없이 비전을 바꾸면 일관성 없는 사람이 된다. 일관성 없는 CD는 신뢰를 쌓을 수 없다.

비전은 모호하지 않아야 한다

추상적인 문구는 필연적으로 모호해지기 마련이다. 끊임없이 이 모호함을 줄이고 구체적인 기준이 될 수 있도록 노력해야 한다. 예를 들어 어떤 제안은 '리얼하지 않기 때문에' 비전에 맞지 않고, 어떤 제안은 게임이기 때문에 '리얼하지 않아도 된다'고 한다면? 직원들은 기준을 잡을 수 없을 것이다. 이런 경우 CD는 제품에서 리얼함의 기준과 게임이기에 허용되는 범위를 더 구체적으로 정의할 수 있어야 한다. 사례 하나하나마다 기준을 바꾼다면 비전의 모호함은 커질 것이다.

아이디어는 비전이 아니다

많은 사람이 아이디어를 비전으로 착각한다. 사실 아이디어는 비전의 정반대에 위치해 있다. 아이디어는 거의 모든 사람이 가지고 있다. 모든 개발자와 게이머는 수많은 아이디어를 가지고 있다. 이 중에 좋은 아이디어가 비전이 되는 것도 아니다. 좋은 아이디어도 단지 아이디어일 뿐이다. 아이디어는 구체적인 것이고, 비전은 전체적인 제품의 가치를 표현하는 것이다.

CD는 스스로, 혹은 많은 사람들이 제시하는 아이디어 가운데 실제로 비전에 맞고, 현실적으로 구현이 가능하며, 중요도가 높은 아이디어의 가치를 평가할 수 있어야 한다. 이것이 PD를 포함한 많은 팀원이 CD에게 아이디어에 대한 의견을 구하는 이유다.

반대로 CD가 직접 아이디어를 제안하는 경우엔 매우 신중해야 한다. 사람들은 CD가 명확한 비전을 가지고 있을 것으로 가정하기 때문에, CD가 제안하는 아이디어는 그 비전에 매우 적합할 것이라고 여긴다.

그렇지 못한 아이디어를 CD가 직접 제안하는 일이 많아지면 CD의 비전 자체를 사람들이 신뢰하지 않는다. 설사 어떤 비전이 하나의 작은 아이디어에서 출발했다고 할지라도, 아이디어와 비전의 차이를 알지 못하면 좋은 CD가 될 수 없다. 그는 단지 우연히 좋은 아이디어를 생각해서 실행한 사람이 될 뿐이다.

아이디어와 디자인, 구현에 대하여

비전이 제품으로 현실화되려면 수많은 아이디어가 필요하다. 이 아이디어들은 디자인과 구현 단계를 거쳐서 최종적인 결과물이 된다. 많은 경우 아이디어에 대한 가치 판단은 실제 구현이 되고 난 이후에

유저들의 반응feedback을 받아야 확실해지는 경우가 많다. 이런 과정
은 다시 작은 단계로 쪼개져서 반복iteration 과정을 거친다.

　요컨대 고객 테스트를 포함한 반복 작업을 통해 비전과 아이디어,
디자인, 구현을 전체적으로 점점 수정하고 보완하면서 제품을 완성
한다. 모든 제품은 장인에 의해 구현된다. 그것은 프로그래밍 코드나
그래픽 자산, 밸런스 데이터balance data 형태를 띠는데, 이런 것들을
직접 만지고 만들어내는 사람들이 장인의 특성을 지닌다. 이 장인들
은 조금씩 결과물을 만들고, 이를 테스트하고 튜닝하는 일을 반복하
면서 퀄리티 있는 결과물을 내게 된다.

　아이디어는 구현 단계를 거치기 전에 설계design 단계를 거쳐야 한
다. 설계는 수많은 아이디어 또는 제품 특징feature들 간 상관관계를
고려해 서로 충돌하지 않도록 구조화하는 과정이다. 현실에서 아이
디어는 모든 사람이 가지고 있고, 많은 개발자는 스스로 어떤 영역을
구현할 수 있는 것처럼 보인다.

　하지만 게임이라는 매우 복잡한 물건을 전체적으로 설계할 수 있
는 사람은 굉장히 희귀한 자원이다. 설계 능력은 겉보기론 잘 알아볼
수 없다. 이러한 능력을 가진 사람을 알아보고, 이들이 일을 잘할 수
있게 만드는 일 또한 CD의 중요한 역할이다.

나와 제품의 분리가 필요하다(동일시의 위험성)

CD나 PD가 잘 빠지기 쉬운 함정은 제품과 자신을 같은 것이라 믿
는 것이다. 동일시의 함정을 경계해야 한다. 제품에 대한 자기 투영

은 때로는 매우 높은 열정을 만들어내기 때문에 긍정적인 영향을 주기도 하지만, 대체로 종국에는 부정적인 영향을 미친다.

제품에 대한 자기 동일시의 부정적인 점을 얘기해보자면, 제품에 대한 비난을 자기 비난으로 받아들이는 것, 제품을 개인 소유물로 간주하는 것, 결국 제품이 생명력을 가지고 스스로 나아갈 때 큰 상실감에 빠지는 것이 있다.

CD는 자기 자신과 자기가 하는 일 그리고 제품, 이 세 가지를 구분해 생각할 수 있어야 한다. 3가지를 분리해 대할 수 있어야 모두가 함께 즐겁게 일할 수 있다. 궁극적으로 제품이 온전히 고객 것이 되면서 더 나은 결과를 가져온다.

그렇다면 어떤 CD가 될 것인가?

CD로 일하는 방법은 사람마다 다르다. 자기에게 맞는 방법을 찾아내야 한다. 일단 CD로 일을 잘하기 전에 전제 조건이 있다. '비전을 만들어낼 수 있는 사람'이어야 한다. CD로 일을 잘하기 위한 방법을 찾기 전前 단계이자 전제 조건이다.

비전을 만들 수 없는 사람이라면 그다음 단계는 고민할 필요가 없다. 비전이 있다면 다른 사람에게 이를 설득하고, 이 비전에 동의하는 사람들이 비전에 맞는 일을 열정적으로 하도록 만드는 방법이 필요하다.

게임 개발 업계에서 커리어를 쌓아온 사람들은 구현 업무를 시작으로 설계를 하고, 어떤 분야의 책임자director가 되는 수순을 밟는다. 이런 경우 본인이 특정한 구현·설계 업무를 잘해왔을 가능성이 높기 때문에 비전을 설득하고 팀의 신뢰를 얻는 게 자연스러울 수 있다. 특히 '장인'들은 자신보다 제품 구현에 능숙하지 못한 사람의 말을 잘 듣지 않는 경향이 있다.

예를 들어 나 김창한은 프로그래머 출신이기에 그림을 그려본 적이 없다. 이런 경우 대체로 아티스트 직군은 내 의견을 신뢰하지 않는다. CD는 이런 환경에서 2가지를 끊임없이 노력해야 한다. 먼저 자신의 비전이 정말 제대로 된 비전인지 의심을 지속해야 한다. 그리고 자신의 비전을 어떤 방법으로 설득하고 신뢰를 쌓아갈 것인지 고민해야 한다. 이를 해내기 위한 방법은 스스로 찾는 수밖에 없다.

비판은 쉽고 만드는 건 어렵다

비판은 아이디어와 마찬가지로 누구나 할 수 있는 매우 쉬운 일이다. 어떤 제품이 세상에 나왔을 때 인터넷을 보자. 정말 수많은 사람들이 비판의 글을 쏟아낸다. 그들 대부분은 자신이 비판하는 제품의 반에 반만 한 것도 만들어낼 수 없는 사람일 것이다. 비판은 쉽고 만들어내는 건 생각보다 매우 어렵다.

쉬운 일을 하는 사람은 가치를 인정받을 수 없다. CD는 비판자보다는 창조에 기여하는 사람이어야 한다. 평가나 비판은 CD가 아니라도 수많은 사람이 대신해줄 수 있다. CD는 그 비판을 함께 들어주고 대안을 제시할 수 있어야 한다.

리더의 조건

김창한은 이어 '창조적인 일을 위한 리더십과 팀 매니지먼트
Leadership and Team Management for Creative Work'라는 부제목을
달고, 그가 생각하는 올바른 리더십에 대해 썼다.

**리더는 옳은 결정을 하는 것이 아니라 사람들이 옳은 일을 하게 '만드
는' 일을 해야 한다**

많은 리더가 착각한다. 옳은 결정을 내리는 일이 자신의 역할이라고
말이다. 결정은 시작일 뿐이다. 리더는 사람들이 옳은 일을 하게 만
들어야 한다. 사람들이 일하게 만드는 방법은 여러 가지가 있는데,
가장 나쁜 방법은 지시를 하는 것이다. 특히 창조적인 작업에서 지시
를 통해 일하게 만들면 결과가 좋을 수 없다. 가장 좋은 건 사람들이
스스로 좋아서, 열정을 바쳐 일하게 만드는 것이다. 리더가 스스로
판단하기에 좋은 생각과 결정을 했더라도 그건 아무런 가치가 없다,
그 일이 실제로 수행돼 결과를 만들어내기 전까지는.

**최고보다는 최선을 통해 일을 진행하고, 그것을 기반으로 다음 단계
에서 더 나은 결과를 만들어내는 것이 좋다**

우리는 예측할 수 없는 미래를 살고 있으며 세상의 변화는 점점 빨
라지고 있다. 그렇기에 100퍼센트 확신하는 결정이란 있을 수 없다.

끊임없이 현실에 적합하게 행동을 수정해나가야 한다. 계획을 세우되, 빠르게 그 계획을 변경할 수 있어야 한다.

우리는 예술을 하는 것이 아니라, 상업적인 비즈니스 행위를 하고 있다는 점이 매우 중요하다. 아티스트는 결과물이 스스로 맘에 들 때까지, 혹은 최고가 될 때까지 자기 시간과 생명을 다 쏟아부을 수 있다. 죽을 때까지 작품 한 점만 만들 수도 있다. 상업적인 프로젝트는 그런 운영이 불가능하다. 예산과 개발 기한이 있고, 함께 참여하는 사람들의 인생을 책임져야 할 때도 있다. 창의적인 제품은 돈을 쓴다고 해서 원하는 결과를 뚝딱 낼 수 없는 물건이다.

"최고를 지향하되 최선을 선택한다." 이것이 PD인 내가 하고 있는 일이다. 그 반대 쌍엔 이런 태도가 있다. "최고가 아니면 버린다." 이런 방식이 맞는 프로젝트도 존재하겠지만, 적어도 이번 BRO 프로젝트는 이 방식으론 아무것도 만들어내지 못할 것이다.

최선을 선택하고 또 다음에 최선을 선택하는 방식으로 작업하다 보면 처음에 예상하기 어려웠던 높은 수준으로 제품이 점차 진화할 것이다. 리더가 맘에 들지 않는다고 팀원에게 결과물을 버리게 하면, 그 일을 위해 최선을 다했던 그들의 동기는 심각하게 훼손된다. 팀원은 그다음에 더 나은 결과를 만들고자 하는 의지 자체를 잃어버리게 된다. 그렇게 되면 그 팀은 자꾸 뒤처질 것이다.

잘못을 지적하는 것보다 잘하는 걸 더욱 잘하도록 만드는 게 낫다
모든 사람에겐 장점과 단점이 있다. 어떤 사람이 하는 일에는 좋은 부분과 안 좋은 부분이 늘 함께 있다. 장점과 단점은 동전의 양면과 같아서, 둘로 나누어 좋은 것만 취할 수 있는 방법은 없다. 사람이기 때문에 그렇다.

우리는 항상 어떤 사람을 볼 때 혹은 그 사람의 결과물을 바라볼 때, 좋은 면을 볼 수 있고 나쁜 면도 볼 수 있다. 이 양면을 다 보고 나서 우리는 리더로서 어떤 일을 할 수 있을까? 단순하게 이야기하면 잘한 것을 칭찬하고 나쁜 부분을 지적할 수 있을 것이다.

나는 칭찬을 많이 하는 리더인가, 지적을 많이 하는 리더인가? 단점을 지적할 땐 장점이 더 극대화되기를 바라기 때문에 하는 건가? 아니면 단지 단점이 눈에 걸려 보기 싫어서 하는 건가? 많은 경영 서적에서 단점을 지적하는 것만으론 나아지지 않는다고 이야기한다. 단점을 지적해 고치는 것보다는 장점을 더욱 극대화하는 편이 낫다. 장점이 단점이라는 마이너스를 상쇄할 정도로 큰 장점이 되도록 만드는 게 낫다.

권위를 이용한 지시로 일을 진행하는 것은 매우 신중해야 하고, 심각한 일에 한해 제한적으로 사용해야 한다

권위를 이용해 업무를 지시하는 방식으론 창조적인 일을 제대로 하기 어렵다. 권위를 이용한 지시는 과거 생산직 공장 같은 환경에서나 쓰던 방식이다. 이 방법은 위기 국면에 제한적으로 사용해야 한다. 계속 권위를 내세우다 보면 팀의 활기와 창의성이 무너진다. 그리고 그 피해는 고스란히 결과물인 제품에 반영된다. 궁극적으론 팀원이 팀을 떠나는 요인이 된다.

좋은 리더는 자기보다 능력이 뛰어난 사람들을 많이 모아 최상의 결과를 끌어낸다. 나 같은 경우 대체로 지시하는 대신 부탁하는 방식으로 일을 하기도 한다.

지시에 따라 일하지 않고 스스로 창조적인 일을 하게 만드는 것이 중요하다

디렉터나 리더들은 하이 레벨의 가치와 핵심을 잡아주는 역할이다. 구체적인 결과물은 실제 구현자의 손에서 나온다. 디테일은 그들 손에 있다. 작고 유용하고 창조적인 아이디어 또한 그들 머리에 있다. 제품의 성패는 결국 개별 작업자들이 얼마나 창조적으로 자기 일을 하느냐에 달려 있는 것이다.

개별 작업자들이 스스로 생각과 의지로 일을 하고 있다고 생각하게 만드는 것이 중요하다. 심지어 비전이 하이 레벨 방향high-level direction이고 추상적인 문구로 이뤄져 있다면, 구현자는 구체적인 일을 하고 있기 때문에 핵심에서 크게 벗어나지 않으면 하고 싶은 일을 하게 두는 것이 낫다.

같은 맥락에서 비전과 핵심에서 크게 벗어나지 않고, 나중에라도 바로잡을 수 있는 정도의 '어긋남'에 대해선 그냥 일을 하도록 두는 편이 길게 보면 더 좋은 결과를 만들어낼 것이다.

말과 글은 화자의 의도보다 청자가 받아들이는 데에서 크게 좌우되므로, 권한이 있는 사람일수록 '내용' 자체보다 어떻게 전달되고 받아들여질 것인지를 더 오래 고민해야 한다

말은 내용으로 그 의미가 결정되지 않는다. 받아들이는 사람에 의해 그 의미가 결정된다. 권위를 가진 리더들은 말의 내용을 결정하는 데 들이는 시간보다 훨씬 많은 시간을 '의미가 잘 전달되는 방법'을 찾는 데 써야 한다. 듣는 사람이 제각각이라 그 의미를 제대로 전달하기 위해선 각자에 맞는 맞춤형 방법도 필요하다. 큰 노력이 필요한 일이다.

리더에게는 자기객관화 또는 자아성찰이 중요하다

스스로 선언하거나, 타이틀을 가졌다고 저절로 리더가 되는 게 아니다. 추종자들이 리더를 결정한다. 추종자가 있어야 리더가 있고, 추종자들 능력의 총합이 결국 리더의 능력이다. 리더가 신뢰를 쌓아 추종자를 규합하는 과정에서 제일 중요한 한 가지를 꼽는다면 자기객관화 혹은 자아성찰이다.

자기객관화는 자기를 있는 그대로 솔직하게 바라보는 행위다. 리더가 스스로를 A라고 생각하는데 다른 사람들은 B라고 생각한다면, 둘 사이에 인식의 차이가 발생한 셈이다. 이 거리만큼 신뢰를 쌓기 어려워진다.

예를 들어 리더 스스로 그림을 잘 그린다고 생각하는데, 아티스트 아무도 그걸 인정하지 않는다면? 그림에 관한 리더의 피드백을 아티스트는 겉으로 듣는 척하면서 속으론 결코 신뢰하지 않을 것이다. 반대로 리더 자신이 그림을 잘 그리지 못한다는 사실을 인식하고 있다면, 그림을 잘 그리지 못하는 사람 입장에서 피드백을 할 것이다. 그것은 그 나름의 의미로 아티스트에게 받아들여질 것이다.

어떤 리더가 될 것인가?

아시아에서는 전형적인 리더의 3가지 유형이 있다. 용장, 지장, 덕장이다.

용장은 스스로가 최고 수준의 능력을 가진 장수다. 게임 개발로 치자면 스스로가 최고 수준의 구현자이면서 디렉터인 경우다. 디렉팅을 하면서 동시에 여전히 중요하고 어려운 프로그램을 한다든지, 게임의 핵심 아트를 직접 그려내는 AD 같은 경우다. 용장은 직접 자기 손으로 결과물을 만들어서 보여줄 수 있기 때문에 리더십을 얻기 유리하다. 지장은 굉장히 똑똑한 장군이다. 모든 사람이 하는 일과 말, 내용을 다 이해하고 함께 토론할 수 있는 사람이다. 똑똑하기 때문에 따르는 사람들이 생긴다. 전략적 판단과 그로 인한 성공적인 결과를 보고 사람들이 신뢰한다. 덕장은 인품이 좋은 사람이다. 사람이 좋고 덕이 높아 주위에 사람들이 모인다. 덕장은 실무 능력이 부족하지만, 실력 있는 사람을 거느린다. 적절한 사람을 선택해 업무를 전적으로 위임하며 결과를 낸다.

중요한 건 어떤 유형의 리더라도 결과를 내지 못하면 신뢰를 쌓을 수 없다는 점이다. 모든 리더는 결과를 내기 위해 자신만의 방법을 사용한다. 억지로 방법을 만들어내는 게 아니라, 자기가 이미 가지고 있는 장점을 찾아내는 게 좋은 리더가 되는 유일한 길이다.

김창한은 이 편지를 브랜든에게 보내고서, 각 팀장과 경영진에게도 전달했다. 마음속 깊숙한 곳에서 분한 마음이 치밀어 올랐다. 프로젝트를 제안할 때부터 경영진에게 "배틀로열 게임이 차세대 e스포츠가 될 가능성이 있다"는 비전을 말해왔지만, 돌아오는 건 비웃음이었다. 지원도 지지도 없었다. 개발에 필요한 작은 도움을 구할 때마다 장문의 메일을 써야 했다.

담대한 비전을 말하며 "장기적인 BRO 보상 체계를 미리 구축하자"고 아무리 소리를 높여도, "그게 가능하겠느냐?" "그건 그때 가서 고민해보자" 따위의 답변이 되돌아왔다. 김창한은 울분을 땔감 삼아 스스로를 태우며 배틀그라운드를 빚어냈다. 개발팀을 이끌며 분노를 장전한 채 경영진을 대했다. 김창한과 BRO팀은 그들이 약속한 마일스톤을 거침없이 돌파했다.

2016년 테라의 영업이익은 130억 원이었지만, 블루홀은 영업 손실 73억 원, 당기 순손실 249억 원을 기록했다. 긴 터널이 끝날 기미가 보이지 않았다.

조직에 대하여

지난 20년 이상 경영과 관련된 책과 글을 읽으면서 생긴 버릇이 있다. 다양한 회사에 대한, 특히 해당 시대에 주목받는 회사에 대한 공부를 할 때면, 회사의 특성에 이어진 단점을 발견하는 버릇이다. 책과 글은 대개 장점만 다루는데, 어떤 회사든 장점만 있는 경우는 없었다.

이상적 조직이 '모든 사람이 만족하는, 경쟁력 있는 조직'이라고 한다면, 절대 존재할 수 없다. 누군가에게 적합한 조직은 누군가에게는 악몽일 수도 있다. 사람은 모두 다르기 때문이다.

조직은 혼자 달성하기 힘든 일을 함께 이루기 위해 필요한, 일종의 시스템이다. 크고 위대한 무언가를 지향할수록 좀 더 다양한 역량·경험, 역할·책임, 절차·구성 등을 요하고, 이를 조합할 때 이상적 장점만 취하는 것은 불가능하다. 어느 하나를 선택하면 어느 하나를 포기해야 한다. 그렇지 않으면, 결국 경쟁력 상실로 장기적으로는 반드시 도태된다.

구성원들이 자율적으로 일하고, 시간이 아니라 성과에 따라 평가받고, 동일한 역량·경험에 대해 동일한 연봉을 받는다면 꽤 괜찮은 조직처럼 들리지 않나? 그런데 이런 조직에서는 저성과자를 해고하지는 않아도 연봉은 동결해야 한다. 나는 친구이자 동료의 기본급을 동결한 적이 있는데, 아직도 그 괴로움과 해당 기본급을 정한 선임자에 대한 원망이 남아 있다.

크래프톤 구성원들에게 "성공할 것 같은 게임은?"이라는 질문을 간혹 듣는다. 단순한 질문이지만, 게임의 성공 여부를 알기 힘들다는 원론을 떠나서도 답변이 힘들다. 선택받지 못한 제작 라인들은 이미 패배자처럼 느낄 수도, 그래서 실패 가능성이 높아질 수도 있다. 자율적인 조직에서도 상사의 눈치를 보는 사람들이 의외로 많다. 눈치를 보지 않아도 칭찬은 누구나 바란다.

이상적 조직은 없기에, 조직과 내가 다르게 생각하는 경우는 흔하게 발생한다. 조직도 나도 변하고 성장하기에, 지금 나에게 적합한 조직이 미래에는 아닐 수도 있다. 조직에 애정이 있다면 다름을 해소하도록 노력하되, 다음을 인식했으면 한다.

하나. 의견충돌은 사실 큰 문제가 아니다. 논쟁의 기준이 근본적으로 하나라는 점을, 공공의 선이 존재한다는 점을 인식하는 것이 중요하다. 조직에서의 논쟁 기준은 '조직 전체 그림에서, 장기적 관점에서 최선인가?'여야 한다.

둘. 전체 시스템을 이해하려는 태도를 가지고, 다양한 주체와 지속적으로 소통해야 한다. 특히 조직이 클수록 변화에 시간이 걸릴 것이라 인식해야 한다. 국지적 이기심이나 단기적 대응만으로 해결할 수 없음을 인식해야 한다.

셋. 조직의 문제와 사람의 문제를 분리해야 한다. 의외로 조직이 아니라, 특정 사람이 문제인 경우도 많다. 심지어 제도나 절차로 풀기 힘든 문제도 많다.

이 모든 노력에도 불구하고 여전히 조직에 대한 불만이 있다면 본인에게 맞는 곳을 찾아야 한다. 평균 수명이 늘어나고, 사회와 기술의 변화가 빠르고, 글로벌 경쟁에 노출된 한국은 이제 평생 직장의 나라가 아니다. 조직과 내가 다르다면 과감히 떠날 수 있어야 한다.

2017

다시, 배틀그라운드:
프로젝트 BRO의
클라이맥스

KRAFTON

블루홀 창립 10주년. 김강석이 장병규에게 약속했던 3년의 CEO 임기가 끝나는 해이기도 했다. 6인의 창업자 가운데 사실상 절반이 떠나고 절반이 남았다. 지난해 전체 직원의 절반이 퇴사했다. 블루홀 재무 상황은 바닥을 보였고 임직원에게 줄 월급도 2개월분밖에 남지 않았다. 장병규는 과거 구조조정의 트라우마에 시달리며 10년의 감회를 적은 메일을 직원들에게 발송했다. 김창한의 신작 게임 '배틀그라운드'는 마지막 평가를 돌파하고 시장 출시를 눈앞에 뒀다. 블루홀 사업 개발실이 국내 게이머 대상으로 시행한 사전 평가에서 대부분의 게이머가 낙제점을 줬음에도, 그 모든 우려를 비웃듯 배틀그라운드는 파죽지세로 대한민국 게임 흥행의 역사를 새로 써나갔다. 블루홀은 이듬해 '크래프톤'으로 사명을 변경했다. 다시, 게임 시작을 알리는 휘슬이 울렸다.

약속과 편지

2017년 새해 김강석은 장병규에게 만남을 요청했다.

올해 가을이면 제가 약속했던 CEO 3년 임기가 끝납니다. 더 이상
CEO 역할을 하긴 힘들 것 같습니다. 희망을 가져보려 했는데 블루홀
식구들에게조차 인정을 못 받고 현실에선 돈만 축내고 있네요.

김강석은 스스로를 좀비가 됐다고 여겼다. 장병규는 그와의
약속을 재확인한 뒤 김강석을 블루홀이란 일터로 다시 돌려보
냈다.

벽두부터 김강석은 밑바닥에 가라앉아 있었다. '2016년 입
사자 175명, 퇴사자 204명.' 피플팀에서 보내온 지난해 인사
입사와 퇴사자 자료였다. 창업한 후로 한 해 200명이 넘는 직
원이 떠나긴 처음이었다. 2015년에 비해 입사자가 38명 감소
한 반면 퇴사자는 81명 늘어났다.

"블루홀 전체 직원이 415명인 상황에서 204명 퇴직은 매우
심각한 수준입니다." 피플팀 의견에 장병규는 짐짓 괜찮다는

시늉을 했다.

상당히 문제가 있는 상황에서 경영 파트에서 잘 견뎌주셨다고 생각하는 2016년이네요. 좋든 싫든 블루홀은 변화가 필요했고 그 변화가 지금까지 성공적이라 할 수는 없지만 어느 정도 마무리 단계라 생각합니다. 피플팀이 특히 고생이 많으셨습니다.

황철웅은 퇴사 소감을 적은 메일을 보냈다. 쓰다 지우기를 몇 번이나 반복했다. 장병규로부터 부탁받은 편지를 완성하는 데 제법 시간을 썼다. 그는 퇴사 소감 따위를 쓰기 싫었다. '진실은 중요하지 않다'고 되뇌며 경영진의 부담을 최소화할 수 있는 방향으로 편지를 적어 내려갔다. 어찌되었든 간에 그는 블루홀 창업자였다. 최소한 다른 이들이 곤란한 상황을 만들기 싫었다. '내 탓이다, 내 탓이다.' 자기 최면을 걸며 편지를 블루홀에 발송했다.

블루홀을 처음 창업할 때부터 멤버로 참여하여 어느덧 10년이란 긴 세월이 지날 동안 블루홀과 함께해왔습니다. 모든 분이 알고 계신 것처럼 시작부터 순탄치 않은 상황에서 여러 어려움을 딛고 일어서 테라를 출시했던 일이 엊그제 일처럼 느껴집니다.

테라 출시 이후 휴식기를 거쳐 혁신적인 MMO를 개발하기 위해 다시 개발에 뛰어들었으나 게임 시장이 급격히 모바일로 재편되면서 진행하던 프로젝트를 중단하게 됐습니다. 시장 변화에 맞춰 총력을 집중했던 모바일 게임 개발도 경험 부족으로 난항 끝에 개발을 중단했습니다.

과정을 떠나 결과적으로 이런 실패의 책임이 제게 있음은 변명의 여지가 없다고 생각합니다. 이러한 과정을 통해서 제가 가진 역량이 좋은 성과를 만드는 데 부족한 것은 아닌지, 지금까지 블루홀이란 울타리 안에서 안주하면서 성장하지 못한 것은 아닌지 반성하는 마음으로 저 자신을 다시 돌아보게 되었습니다. 지난 시간 동안 앞으로 가야 할 길에 대해 진지하게 생각하는 시간도 가졌습니다.

장시간의 깊은 고민 끝에 블루홀에 더 이상 누를 끼칠 수는 없다고 판단했습니다. 다시 한번 거친 세상에서 저 스스로를 강하게 단련시키고 성장시켜야 할 필요가 있다는 것을 절감했습니다. 따라서 저는 블루홀을 떠납니다.

이 결정이 많은 분께 큰 실망감을 드릴 수도 있다고 생각돼 여러 차례 망설였지만 제 의지는 확고합니다. 언제가 될지는 현재로선 알 수 없으나 개인적으로는 다시 블루홀과 함께할 날이 반드시 올 거라 생각하고 있습니다. 몸은 곁에 있지는 않겠으나 당분간 주요 주주로서 최선을 다할 것이며, 개인적인 도움이 필요하시다면 언제든 연락 주셔도 됩니다.

그동안 항상 저를 믿고 응원해주신 제작 리더십 여러분과 경영진께 매우 죄송하고 정말 감사하다는 말씀을 드리고 싶습니다. 한 분한 분 찾아가 인사드려야 함이 마땅하나 메일로 대신하게 됨을 이해해주시기 바랍니다. 새해 계획하시는 일, 바라시는 일 꼭 이루시길 바라며 이만 줄이겠습니다.

장병규가 황철웅의 편지를 블루홀 경영진과 연합군 리더십에 공유했다.

블루홀이 여기에 오기까지 황철웅 님이 많은 기여를 했고, 그래서 황철웅 님을 존중해야 한다고 저는 생각합니다. 또한 황철웅 님이 게임 제작업에서 찾기 힘든 본인만의 역량과 경험을 가지고 계시기에 블루홀과 함께하기를 바랐지만, 아쉽습니다. 모쪼록 황철웅 님의 퇴직에 대한 오해가 없기를, 그래서 여러분의 사기에 영향을 미치지 않기를 바랍니다.

마지막 마일스톤

2017년 1월, 프로젝트 BRO의 마지막 마일스톤 평가가 열렸다. 경영진이 물으면 김창한이 답했다.

경영진이 물었다. "마케팅 필요비용이 5억 원인가요?" "그렇습니다. 아직 최종 마케팅 계획을 받지 못해 정확하게는 안 나옵니다. 글로벌 온라인 게임 방송 플랫폼 트위치 쪽은 다음 주에 좀 더 구체적인 논의가 진행될 것 같습니다."

장병규가 물었다. "마케팅은 김창한 PD님이 직접 챙기시는 것인가요?" "네, 미국 현지 엔매스에 마케팅 디렉터가 없습니다. 궁극적으로 있어야 한다고 생각합니다."

"프로젝트 필요에 의해서 김창한 PD님이 챙기는 것으로 결정하였으니, 마케팅 디렉터가 있든 없든 마지막 성과는 김창한 PD님에게 달려 있어 질문한 것입니다. 아시아 시장 쪽은 어떻게 하실 것인지요. 여기도 김창한 PD님이 책임지는 것인가요?" "챙기고 있지만 애매합니다. 사업본부 쪽에서 해보고 싶다고 하시어 제가 중립적 입장에서 손들지 않은 상태로 진행됐습니다."

"책임이 없다는 것인가요? 중국에서의 성과는 그럼 누구 책임이라고 생각하십니까?" "포괄적으로 이 프로젝트 자체와 관련된 것에 책임지려 하고 있습니다." "그럼 중국이 잘 안될 경우 김창한 PD님 책임인 건가요?" "그렇습니다."

장병규가 질문을 계속했다. "아시아 시장에서 어떻게 일을 하고 진행할 것인지, 일정은 대략 어떻게 생각하시는지요?" "중국은 일단 퍼블리싱해야 한다고 생각합니다. 퍼블리싱하기 전에 우리가 할 수 있는 일, 가령 커뮤니티를 이용해 테스트를 더 해서 반응을 보고 시장을 판단하겠습니다."

"퍼블리셔 상대 업체는 어딥니까." "텐센트, 넷이즈, 완미입니다." "퍼블리셔 반응이 어때요?" 사업실장이 끼어들었다. "너무 마니악하다면서 부정적인 반응입니다. 아직은 시기상조라는 반응이 지배적입니다."

장병규가 다시 질문을 던졌다. "김창한 PD님도 첫 리포트를 받아서 보셨을 겁니다. 받고 난 후 생각이 어떠하십니까?" 김창한이 답한다. "한국이나 중국이나 마찬가지입니다. 새로운 장르는 기존 논리로 받아들여지지 않기 때문이라 생각합니다." "이유는 알겠습니다. 그래서 어떻게 하실 겁니까?" "앞으로 3개월은 북미 시장에 집중하는 게 먼저여야 할 것 같습니다. 시장 반응을 보고 결정해야 하지 않을까 생각하고 있습니다."

김강석이 장병규와 바통 터치를 했다. "그럼 아시아 사업은 테스트해보고 결과에 따라서 진행이 특별히 없을 수도 있는 것이고, 가변적인 것인가요?" "아시아 쪽은 한시적으로 3개월 해보는 것으로 사업본부 쪽과 얘기됐습니다." "다음 달 CBT 서비스 일정은 더 이상 변동은 없는 건가요?" "그렇습니다. 날짜를 찍고 가겠습니다."

"아직 1년간 40만 장 판매가 목표인 점에는 변함이 없고요?" "기본 목표가 40만 장이고, 기준은 첫 달 20만 장입니다. 첫 달 20만 장이면 연 40만 장이 될 수 있다고 주장하는 겁니다." "변동은 없는 건가요?"

항상 말씀드리지만 계획을 세울 수 없는 것이라, 40만 장은 1년

BEP(손익분기점)에 맞추기 위해 역으로 계산해낸 수치입니다. 다른 비슷한 게임 판매 정보를 참고해 세운 것이라 딱히 어떻게 목표를 더 올려야 할지 모르겠습니다. 더 잘하기 위해 노력하는 것이지만, 수치를 목표로 잡기 어렵다란 말씀입니다.

원래 목표가 40만 장인데 60만 장으로 올리기 위해서 무엇을 해야 할지 답이 안 나옵니다. 게임 반응이 나오고, 게이머들이 더 많이 좋아하게 하려면 어떤 것을 조정하고 수정해야 하는지는 알 수 있습니다.

다만 40만 장과 60만 장 목표를 기준으로 실행 계획을 잡기 어렵다는 게 제 주장입니다. 그래도 최소한 다른 경쟁 게임을 보았을 때 기본 이상 할 가능성이 있다고 말씀드리는 겁니다. 그걸 더 잘하기 위해서 액션을 다 바꾸고 있습니다.

마일스톤 회의가 성에 차지 않은 장병규는 그다음 날 김창한에게 메일을 보냈다.

마일스톤 평가 회의에선 제가 언급하지 않았는데, 다시 생각해봐도 의견을 드리는 것이 맞을 것 같아 연락을 드립니다. BRO의 최종 책임은 김창한 님에게 있기 때문에 김창한 님이 최종 결정할 이슈이긴 합니다만, 제가 김창한 님이라면 중국은 지금 신경을 하나도 안 쓸 것 같습니다. 이유는 직접 고민해보시는 것이 맞겠지만, 바쁠 것이 뻔하니까 제 생각을 정리해드리면 이렇습니다.

김창한 님은 BRO의 성과를 아직 알기 힘들다고 항상 강조했습니다. 저는 100만 장도 팔 수 있을 것 같다고 느끼지만, 김창한님의 속마음은 모르겠지만 계속 반복해서 말한 것처럼 BRO의 성과를 알기 힘들다고 믿는다면, 지금은 불명확한 미래 투자비용은 줄이고 하나에만 집중할 때입니다. BRO 제작이 연초 정도면 마무리 국면에 들어설 것처럼 보였지만 마케팅 자원을 만드는 것도 허덕일 정도로 지금도 개발이 치열하게 진행되고 있습니다. 하나에만 집중해야 할 때라는 방증이기도 하죠.

게임은 지역별로 차근차근 오픈하는 것도 의미 있습니다. 제작 능력과 마케팅 능력이 탁월하지 않다면 글로벌 동시 출시보다 오히려 지역별로 차근차근 확장하는 것이 훨씬 효과적인 방법인 것처럼 느껴지기도 합니다. 이 사항은 논란의 여지가 많지만, 여하튼 저의 직관은 그렇습니다.

중국은 퍼블리셔를 껴야만 한다는데, 초기 퍼블리셔들의 반응이 차갑다면 단기적으로 계약은 어렵다고 봐야 합니다. 대략 제 생각은 이 정도입니다. 2017년 북미 유럽에서 가급적 많은 판매가 일어나기를 기대하고, 지원이 필요한 사항이 있으면 편하게 상의해주세요.

장병규는 김창한에게 "프로젝트 BRO가 200만 장 팔리면 김창한 PD는 은퇴해도 좋다"는 농담을 하기도 했다. 판매고 40만 장이 되면 투자비용 40억 원을 회수할 수 있었다. 블루홀의 다른 조직에선 "BRO가 쓰는 돈이 과하다"는 비판도 나왔지만,

MMORPG 제작과 비교해 프로젝트 BRO에는 적은 비용과 인력을 투입했다. "모쪼록 BRO가 잘 판매되어, 조직에서의 여러 불신 중의 하나가 없어지면, 저는 정말 좋겠습니다."

BRO는 2월 CBT를 시작으로 3월 스팀에서 얼리엑세스 사전 판매를 앞두고 있었다. 얼리엑세스는 거의 개발이 끝난 게임을 고객에게 판매하는 유료 베타 테스트다. 여느 베타 테스트와 같이 유저들의 반응을 살핀 후 게임을 개선할 수 있는 데다 판매 수익을 막바지 게임 완성에 쓸 수 있다는 장점이 있었다.

김창한은 BRO의 정식 출시 시점을 여름으로 잡았지만, 돈을 받고 게임을 판다는 점에서 얼리엑세스 시작을 사실상 게임 출시로 간주했다.

떨어진 체력

"PD는 언제까지 저 상태를 유지할 수 있습니까?"

장병규와 김강석은 김창한과 함께 지노게임즈를 창업한 박원희에게 물었다. 제작이 마무리 국면에 들어서자 김창한이 밤낮없이 크런치 상태를 보였기 때문이다. 가뜩이나 마른 김창한의 볼은 깊게 파였고 뼈와 눈은 곧 튀어나올 것만 같았다. 장병

규와 김강석은 PD의 집중력과 컨디션이 과연 끝까지 잘 유지
될 수 있을지 걱정했다.

박원희는 자신의 경험에 빗대어 말했다.

데빌리언 게임을 출시할 때 굉장히 매몰된 시각으로 결정을 내렸거
든요. 집중력을 끝까지 유지하지 못하기도 했고요. 저는 그게 엄청
아쉽습니다. 정상적인 상황이라면 더 좋은 결정을 내렸을 가능성이
매우 높거나, 최소한 현재 상황에 적절한 결정을 내렸을 가능성이 높
아요.

데빌리언 모바일은 끝까지 차가운 이성으로 게임에 관련된 결정
을 해야 했는데 미숙한 면이 많았습니다. 출시를 절대 목표로 두고
상황을 조정해가는 과정에서 엄청나게 물러서게 됐습니다. 지금 생
각하면 정말 물러서지 말아야 할 것도 말이죠.

팀이 정말 죽을 것 같은 상황이 오랫동안 지속됐으니까 여력이 없
었고요. 팀원들은 지치고 힘들어하고, 한계 상황의 압력은 분명히 와
요. 이런 상황에서 PD는 점점 더 결정을 어려워하는 마지막 과정으
로 진입합니다. 생각할 것이 많다 보니 스스로에게 매몰되기 쉽죠.

이런 상황에서는 주변에서 약간 환기를 해주는 것만으로도 크게
도움이 됩니다. 큰 게임회사에선 개발팀과 다른 관점으로 게임을 바
라보는 비개발 부서가 이 역할을 해요. CBT처럼 게임을 테스트해보
고, 결과를 가지고 갑론을박을 하면서 이루어지는 부분도 있겠죠.

방어적이 되기 쉽겠지만, PD가 생각을 많이 뺄고 그 과정에서 스

스로 정리되는 면도 분명 있습니다. BRO 출시가 얼마 남지 않았지만 김창한 PD의 머리는 점점 더 복잡해질 겁니다. 판단력이 매우 좋은 사람이지만, 상황에 매몰될 수 있으니 옆에서 도와주시면 정말로 크게 도움이 되겠죠. 데빌리언 MMORPG 출시 때 1년 이상 일주일에 한 번씩 늦은 밤까지 술을 마시며 모든 생각을 쏟아내고, 같이 정리하곤 했습니다. 김창한 PD는 스스로 말하기만 해도 정리가 되는 사람이거든요. 또 복잡하고 어려운 걸 정리하는 과정을 말하고 싶어하는 욕구도 강하고요.

박원희는 PD의 집중력 관리에 대해서도 말했다.

데빌리언 출시 기간과 출시 전 2~3개월을 지금 돌아보면 집중력이 좀 떨어졌던 것 같아요. 직접적인 원인은 물리적인 체력 저하와 정신적인 소모가 너무 크니 일상적인 업무가 잘 안될 정도로 피폐해졌기 때문이겠죠.

그런데 다른 이유도 있었어요. 출시를 해야 하는데 기본 완성도가 잘 안 나오니까 굉장히 많은 작은 실무를 직접 처리했거든요. 작지만 완성도에 영향을 미치는 요소들, 경험을 좌지우지하는 수많은 디테일들요. 완성도 측면에서 게임 제작은 디테일이 매우 중요하니까요. 작은 일이라고 제가 무조건 스킬이 좋은 건 아니니, 물심양면으로 많은 노력을 기울일 수밖에 없었습니다. 중요한 결정이든 소소한 실무든 정신과 집중을 소모하는 건 마찬가지입니다.

그걸 몇 달씩 지속하니 머리가 잘 안 돌아가고 생각이 잘 안된다는 느낌이 올 정도가 되더군요. 뇌가 잘 작동하지 않는 느낌이 드니 커피(카페인) 의존성이 높아졌어요. 에너지 드링크도 계속 마시면서 주말까지 업무를 했고요. 이때는 잠을 자도 잘 회복되지 않더군요. 지금은 많이 회복했어요. 연말에 일주일 이상 의식적으로 리프레시를 위해 노력한 결과입니다. 절반 정도 회복한 것 같네요.

개인의 자원인 집중력에는 하루 수면으로 회복할 수 있는 수준이 있다. 그 이상으로 집중력을 사용하는 기간이 길어지면, 일상에서 평소 수준의 지적 능력이 발휘되지 않는다는 게 박원희의 주장이었다. "어쩔 수 없는 일 아니냐"는 반응이 나올 수 있지만, 박원희의 경험상 지적 능력이 떨어진 상황에선 감정 변화의 폭이 더 커지고, 감정 소모 또한 더욱 힘들게 느껴졌다.

PD의 부담을 누군가는 덜어줘야 해요. 편안한 대화를 나누는 것만으로도 큰 감정적인 지지가 될 수 있어요. 출시를 앞둔 게임의 막바지 개발 작업은 결코 기쁜 과정이 아니거든요. 정말 기분이 거지 같습니다.

10년의 감회

2017년 3월, 블루홀 10주년 행사가 코앞으로 다가왔다. 장병규는 기쁘지 않았다. 뽐내어 축하할 만한 성과가 크지 않다고 여겼다. 무엇보다 블루홀의 자금 상황이 여전히 좋지 않았다. 아니, 나빴다. 카카오게임즈와 넵튠으로부터 100억 원의 추가 자금을 수혈했지만 잔고가 곧 바닥날 지경이었다. 블루홀 임직원 월급이 2개월 치밖에 남지 않았다. 장병규가 개인 재산을 또다시 담보로 잡아 블루홀에 자금을 수혈할 방법도 끊겼다. 더는 수가 없었다.

장병규는 웃음기를 잃고 무표정할 때가 많아졌다. 안부를 묻는 말에 "괴로움이 목구멍 밑까지 올라와 있다"고 말했다. 끔찍했던 과거 구조조정의 트라우마에 시달리고 있었다. 직원을 내보내는 상황을 하루에 몇 번씩 생각했고, 그때마다 몸서리를 쳤다.

늘 생각하기를 멈추지 않았던 장병규지만, 정말 무슨 생각으로 사는지 몰랐다. 그는 여느 행사 때와 마찬가지로 키보드를 두드리며 직원들에게 이메일을 썼다. 어제에 이어 오늘도 비전을 말하고, 그것을 향해 달려나가기를 요구했다. 그가 블루홀에서 10년간 반복해온 일이었다.

10년이면 다양한 감회가 생길 줄 알았는데, 사실 그냥 덤덤합니다. 시간이 참 빠르다는 생각 정도가 드는 것 같습니다. 40대 중반이구나, 나이가 이제 좀 들었구나, 체력이 예전같지 않구나, 뭐 이런 생각이 듭니다.

10년 전인 2007년, 거창한 생각으로 블루홀을 시작한 것 같지는 않습니다. 젊음에, 욕심에, 나도 큰 회사 하나 만들 수 있겠다는 생각이 앞섰던 것 같습니다. 저도 다른 공동 창업자들이나 초창기 구성원들처럼 뭔가 치열한 고민을 했던 것 같지만, 지금 돌아보면 게임 제작업에 대한 깊은 사색은 없었던 것 같고 블루홀이 왜 이 세상에 존재해야 하는지에 대한 것도 별로 생각하지 않았던 것 같습니다.

그 이후 10년의 세월이 저에게는 질곡의 세월이었습니다. 물론 10년 정도 되니까 이제 이 업을 조금 알겠습니다. 정확히는 안다고 이야기하는 것을 아주 조심해야 한다는 것을 깨닫게 됐습니다.

여하튼 지난 10년의 이야기를 하는 건 왠지 이 자리에 어울리지 않는 것 같습니다. 저는 블루홀의 앞날에 대해 이야기해볼까 합니다. 우리의 비전은, 우리가 지향해야 하는 바는 '게임 제작의 명가'입니다. 최초 비전인 'MMORPG의 명가'에서 다수 의견을 청취하면서, 저와 경영진이 결정했습니다. 우리 비전을 달성하려면 무엇이 중요할까요?

첫째, 게임 제작의 명가는 '치열함과 장인정신'이 있어야 합니다. 다양한 직군이 일하는 게임 제작의 복잡도는 여러분도 익히 아실 겁니다. 게임 제작과 관련된 기술은 정말 나날이 발전합니다. 게다가 디테일에 충실하지 않은, 기능과 스펙에만 충실한 게임은 고객이 귀신같이 알아챕니다. 정말이지 우리가 하는 업은 '치열함과 장인정신'을 강하게 요구합니다.

둘째, 게임 제작의 명가는 '시행착오와 도전'을 해야 합니다. 게임은 결국 재미이고, 이성과 합리뿐만 아니라 본능과 감성인데, 그런 고객의 니즈는 계속 변하고 발전합니다. 고정적이지 않죠. 시대 흐름에 따라서도 변하고, 지역적·문화적 차이는 두말할 필요도 없습니다. 재미의 본질을 파악하고 새로운 게임의 장르를 만들어내야만 합니다.

그렇기에 우리는 계속 도전할 수밖에 없고, 엎어질 수밖에 없습니다. 전진을 위해서는 어쩔 수 없이 시행착오를 겪어야만 합니다. 도전, 시행착오, 그에 따른 실패. 솔직히 실패를 좋아하는 사람이 어디에 있습니까. 하지만 우리는 도전해야만 하고, 시행착오를 겪을 수밖에 없습니다.

셋째, 게임 제작의 명가는 '축적과 인내'를 해야 합니다. 얼마 전 KBS에서 조선업에 대한 다큐멘터리를 하는데, 제목이 〈축적의 시간〉이었습니다. 문득 블루홀이 생각나더군요. 우리는 축적된 시간을 돈으로 사서 쓰기도 합니다. 올해의 게임GOTY상을 받은 회사들은 대부분 자체 그래픽 엔진을 갖고 있어요. 그게 게임의 중요한 감성을 독특하게 만들어주니까요.

또한 게임 제작 프로세스도 혁신할 수 있죠. 우리가 자체 그래픽 엔진에 도전하려면, 정말 많은 축적의 시간이 필요합니다. 꾸준히 계속 전진해야 합니다. 이 과정은 정말이지 인내의 과정이겠죠.

게임 제작의 명가는 하루아침에 되지 않습니다. 축적과 인내가 필요합니다. 치열함과 장인정신, 시행착오와 도전, 축적과 인내. 단어만 들어도 힘들지 않으신지요? 이 업을 알면 알수록 참 쉽지 않다고 느낍니다.

우리는 '게임 제작의 명가'를 지향합니다. 그런데 이 비전은 고객의 인정으로만 완성될 수 있습니다. 명가가 되기 위해서는 스스로도 자부심을 가질 수 있어야 하지만 그런 자부심에 더해 고객이 우리를 명가로 인정해줘야 명가가 되는 것이죠. 우리의 자부심에 더해, 고객이 '그래 너네 게임 좀 만들지'라고 인정해주는 회사. 블루홀은 그런 회사를 지향합니다. 고객의 인정까지 가는 길은 참 쉽지 않기 때문에, 저희를 둘러싼 현실도 녹록하지 않기 때문에 여러분이 함께해주셔야 합니다.

블루홀이 멋진 꿈을 꿀 수 있는 건, 바로 여러분이, 바로 우리가 함께 있기 때문입니다. 물론 블루홀이 적당히 좋은 회사라 생각하고 취직하신 분들도 있겠죠. 하지만 블루홀은 게임 제작에 평생 헌신할 분들을 모시기 위해 노력하고 있습니다. 그러니 스스로 명가가 되기 위한 자존심을 갖고 그것을 절대 포기하지 말아야 합니다.

다소 긴 스피치를 맺으며 당부드립니다. 저는 블루홀이 '게임 제작의 명가'가 되기를 진심으로 바랍니다. 또 최선을 다할 겁니다. 여기 계신 여러분도 그런 비전에 동참해주시기를 바랍니다. 블루홀의 일상이 그런 비전을 실천하기 위한 토대가 되기를 희망합니다. 앞으로

10년도 멋진 항해를 함께할 수 있기를, 우리 모두 함께 건강하기를 기원합니다. 감사합니다.

김강석은 9380만 원이 드는 블루홀 10주년 기념행사 예산이 버거웠다. 실무팀에게 예산을 줄일 수 있는 방안을 찾아달라고 당부했다. "근속 사원 현금 보상이라도 줄여야 하나⋯. 물론 10년 근속은 대단한 일이지만 현실적으로 10명 분의 예산이 3천만 원을 넘어가니 고민스럽군요." 블루홀 근속 10주년 선물은 금으로 된 명함이었다. 장병규, 김강석, 박현규, 김정한을 비롯해 임재연, 강상욱 등 10인이 수상했다.

실무팀은 수상자마다 받을 금 명함에 직책을 새겨야 했는데, 장병규 직함이 걸렸다. "CSO(이사회 의장)로 기입하려 했지만, 그래도 혹시 몰라 연락드립니다. 원하시는 다른 문구가 있나요?" 장병규가 답을 했다. "저에게는 '공동 창업자'라는 명칭이 가장 명예로울 듯합니다." 김강석도 CEO(최고경영자) 대신 'Crew(팀원)'란 단어를 넣었다.

10주년 행사장 곳곳에 새 비전 '게임 제작의 명가'가 적힌 배너와 현수막이 보였다. 비전을 설명하는 설명서도 만들어졌다.

게임 제작의 명가. 블루홀의 꿈은 존경받는 제작 리더십과 품격 있는 구성원들이 각자의 역할에서 최고가 되기 위한 노력을 통해 명작 게임을 만드는 것입니다. 우리의 게임이 전 세계의 유저들에게 재미와 감동, 행복을 선사하길 바랍니다. 정말 쉽지 않은 길이 될 것입니다.

무엇보다 제작 리더십이 매우 중요합니다. 경영은 제작 리더십이 독립적으로 제작할 수 있도록, 끈기를 갖고 도전할 수 있도록 지원하고 조언할 것입니다. 강력한 제작 연합을 구축하여 다양한 플랫폼, 다양한 장르의 제작 라인을 갖추고, 시너지를 만들어갈 것입니다.

게임 제작에는 재미보다 인내가 우선합니다. 명작 게임은 고통스러운 순간을 견디고 인내의 시간을 쌓는 과정을 통해 만들어집니다. 성공의 과실을 나눌 것이고, 성장과 선택의 기회를 충분히 가질 수 있도록 노력할 것입니다.

끊임없이 변하는 시장과 유저에 대해 학습을 멈추지 않는 동료, 품격 있게 협업할 수 있는 동료와 함께하기를 소망합니다. 게임 제작을 평생의 업으로 생각하며 유행에 좌지우지되지 않는 그런 동료와 함께, 블루홀을 좋은 삶의 터전으로 만들어가고자 합니다.

온도차

비슷한 시기 미국에 있던 김창한은 자신이 만든 배틀그라운드의 열기에 고취되어 있었다. 스팀에서 정식으로 출시되기를 앞두고 진행한 CBT와 얼리엑세스 사전 판매 이벤트에서 유저 반웅이 나타났다. 게이머들은 '플레이어언노운스 배틀그라운드 PLAYERUNKNOWN'S BATTLEGROUNDS'를 '배틀그라운드' 혹은 '배 그'로 줄여 부르고 있었다.

사전 테스트 당시 초반 기세가 심상치 않았다. 세계 최대 온 라인 게임 방송 플랫폼인 트위치에서 2주 연속으로 시청 순위 2위에 이름을 올렸고, 사전 주문 3일 만에 판매량 1만 4,444장 을 기록했다. 기분 좋은 출발이다.

하드코어 총싸움 게이머 200만 명을 팬으로 두고 있는 한 유 튜버는 배틀그라운드 게임 영상을 자발적으로 올렸고, 총싸움 장르를 즐기는 온라인 게임 방송 진행자들과 선수들은 이례적 으로 칭찬 세례를 했다. 중국 게이머들도 영상과 게임 정보를 공유하며 적극적으로 반응했다. 김창한은 기존에 세운 목표치 이상으로 배틀그라운드를 판매할 수 있다고 확신했다.

> 원래는 단순히 기존 배틀로열 게임인 H1Z1과 동일선상에서 경쟁하 는 니치 마켓nitch market(틈새시장) 게임을 목표로 했었죠. 배틀그라 운드가 총싸움 장르의 코어 유저들에게 어필할 수 있다는 건 이제 차 원이 다른 시장을 노려볼 수 있다는 점에서 의미가 큽니다.

김창한이 표현한 차원이 다른 시장은 e스포츠와 주류 게임 방송 시장이었다. 그가 경영진에게 전한 이 말은, 막상 뚜껑을 열어보니 배틀그라운드가 주류 게임 시장에서 영향력을 발휘할 만큼 게임성이 있는 제품이란 의미였다. 김창한은 장병규에게 "정식 출시 후에 서비스를 제대로 하려면 지금 사람을 뽑아 조직을 키워야 한다"고 건의했다. 그는 배틀그라운드 서비스를 위해 아예 별도의 독립 조직을 원했다.

지금까지 BRO팀은 개인의 임기응변이 가미된 무정형의 조직으로 운영돼왔습니다. 조직 규모가 커지고 넓은 영역의 일을 진행하기 위해선 조직 운영을 체계화해야 합니다. 개발을 포함한 모든 영역에서 인력이 필요합니다. 별도로 글로벌 협업을 위한 운영 계획도 세우고 있습니다.

지금까지 배틀그라운드팀은 빠른 의사결정과 기민한 실행을 통해 기회를 포착하고 목표를 수정하고, 그것을 현실화하는 방식으로 일해왔습니다. 그랬기에 짧은 기간에 여기까지 왔습니다. 앞으로도 빠른 의사결정과 실행력을 잃지 않고 계속 도전하는 것이 새로운 시장에서 비전을 현실화하는 길이라 믿습니다.

경영진의 통제 아래 개발·글로벌 사업을 통일해 추진하는 단일 독립 조직으로 명확히 해주시길 요청드립니다. 좀 더 구체적인 인력·예산안, 사업·계획안은 3월 말을 목표로 작성할 수 있습니다. 중요한 방향을 먼저 결정해주시면, 내외부 구인을 통해 조직을 구성하는 일부터 바로 시작할 수 있습니다.

장병규는 잔뜩 부풀어 있는 김창한과 온도를 맞추지 못하고 있었다. 장병규가 수신인 목록에서 김창한을 제외해놓고 나머지 경영진에게 의견을 보냈다.

일단 3월 말까지 성과를 봐야 하니, 우선 담당 경영진이 김창한 님 의견을 충분히 이해하고 논의를 한번 진행하는 것이 맞을 것 같습니다. 만약 김창한 님의 자신감(?)이 맞다면 2017년은 현금 흐름 면에서 아주 괴로운 상황은 벗어날 가능성이 높겠네요.

장병규의 대답엔 이유가 있었다. 배틀그라운드를 출시하기 전 블루홀 사업 개발실은 한국의 코어 게이머 5명에게 배틀그라운드를 미리 해보게 했다. 평가자 대부분이 낙제점을 줬다. "대중적으로 어필할 수 있는 게임은 아닌 것 같네요." 이들은 배틀그라운드의 장점으로 국내 시장에서 보기 힘든 개성을 가진 게임이란 사실을 꼽았다.

기존 배틀로열 게임들의 장점을 잘 담아내 완성도가 뛰어납니다. 그래픽이 매우 깔끔하고 총기 종류도 다양합니다. 전투 움직임은 현실적이면서 자연스럽습니다.

하지만 마니악한 장르의 게임이기 때문에 호불호가 크게 갈릴 것으로 전망했다.

초반에 인원이 많고 빠르게 아이템을 획득해야 하기 때문에 긴박감이 있으나, 후반부로 갈수록 유저들과 마주치기 힘들고 이동 수단을 찾기 어려워 페이스가 느려지는 것이 큰 단점입니다. 조작 안내가 부족해 서바이벌 게임을 처음 접하는 유저들은 시스템을 이해하는 데 어려움이 있습니다. 결과적으로 진입장벽이 높습니다.

국내 퍼블리셔들도 비슷한 평가를 내리며 사업 제휴를 거절했다. "PC방에서만 배틀그라운드 서비스를 하는 게 어떻겠느냐"고 제안한 곳도 있었다. "하드코어 하고, 수요가 적은 '니치'한 게임은 한국에서 통하기 어렵습니다."

"바람이 불고 있어요. 이 바람이 어디까지 불지 저도 모르겠습니다."

김창한은 사전 판매와 CBT로 감지한 대박의 징후를 경영진에 소개했다. 중국에서 배틀그라운드 라이브 중계 영상 시청자 수가 80만 명이었다. H1Z1 같은 기존 배틀로열 게임의 2배가량이었다. 홍보·마케팅 비용을 전혀 쓰지 않았는데도 트위치와 유튜브의 게임 스트리머(온라인 방송자)들이 자진해 게임을 즐겼고, 3주간의 CBT 기간 동안 트위치 방송 10위권에 늘 이름을 올리고 있었다. 게임업체와 e스포츠 팀이 파트너십을 원하는 러브콜을 보내고 있었다.

트위치 본사의 파트너십 디렉터가 연락해 오기도 했다. 게임

출시부터 온라인, 오프라인 게임 토너먼트 방송까지 함께해보
자고 제안했다. 트위치는 스팀 같은 자사의 온라인 게임 유통
플랫폼에서 배틀그라운드를 빨리 유통하고 싶어 했다.

김창한이 보기에도 배틀그라운드는 이미 블루홀이라는 회사
나 아시아라는 영역을 넘어서, 전 세계 스트리머들이 좋아하는
게임으로 자리 잡아가고 있었다. 김창한은 일할 사람이 절실했
다. 이번엔 김강석에게 "출시 다음 단계를 논의해야 한다"고 말
했다.

물 들어올 때 노 저으라는 말이 있잖아요. 물이 생각보다 많이 들어
오고 있는데 노를 저을 사람이 없습니다. 지금까지 실패를 감수하는
과감한 공격을 감행했다면 이제는 조금 안정감 있는 운영이 필요한
때라고 생각합니다. 관심을 갖고 도와주셔야 합니다.

김강석이 답신을 보냈다.

우선 BRO의 성과를 긍정적으로 전망한다는 소식과 더 큰 비전을 목
표로 도전하자는 제안을 반갑게 받았습니다. 또한 그동안 김창한 님
이 필요할 때마다 적절하게 프로젝트의 현황과 전망, 목표 등에 대해
정리하고 커뮤니케이션을 해주셨기 때문에 이 사안도 그렇게 진행할
수 있으리라는 기대가 있습니다.

출장에서 복귀하시면 저와 대화를 좀 더 나누고 내용을 한층 구체

화하고 정리해 경영진 테이블에서 리뷰하고 결정하도록 하시죠. 저
나 경영진이 아직 BRO에 대한 이해도가 낮은 편이라 메일만으로는
다 이해가 안 되어서 그런 과정은 필요할 것 같습니다.

한편으론 김강석은 경영진에 위험 신호를 알렸다.

제 관점으로는 블루홀 현금 흐름이 좋지 않은 수준이 아니라 위험한
수준입니다. 5월이 되면 현금이 한 자릿수(10억 원 미만)가 됩니다.
BRO가 충분히 좋은 시그널을 주고 있지만, 설사 BRO가 성공적으
로 현금을 창출하더라도 여러 이유로 올해는 규모 있는 이익을 내야
만 하는 상황입니다. 현금에 대해 경영진이 조금 더 보수적인 시각을
가져야 한다고 생각합니다.

"금일 오전에 급히 나갈 자료입니다. 확인 바랍니다." 2017년
3월 27일 월요일 오전. 홍보실에서 급하게 언론사에 뿌릴 보도
자료를 작성했다. 지난 주말 동안 미국 시장에서 불어온 배틀
그라운드 출시 성과 때문이었다. 배틀그라운드는 한국 게임 흥
행의 역사를 갈아치우고 있었다. 자료의 소제목만 뽑아보면 이
러했다.

블루홀, 배틀그라운드 주말 동안 매출 1100만 달러 달성. 스팀 얼리
엑세스 시작 3일 만에 매출 1100만 달러 달성. 판매량 40만 장 달성

하며 스팀 최고 인기 제품 1위 등극. 동시 시청자 수 15만 명 돌파하며 트위치 글로벌 전체 게임 1위 기록.

김창한이 BRO팀에게 어김없이 메시지를 보냈다.

저도 이제야 정신을 차렸습니다. 처음에는 현실 감각이 없어서 계획을 세우기가 어렵더군요. 간단히 첫 주말 성과를 요약하면 출시 후 3일간 35만 장 판매, 매출 1천만 달러, 동시접속자 수는 어제 5만 4천 명, 오늘 밤은 6만 명을 넘을 수도 있겠네요. 지금 우리에게 평생에 오지 않을 기회가 왔습니다.

배틀그라운드는 '게임 카운터스트라이크: 글로벌 오펜시브CS:GO' 이후 거의 20년 만에 새로운 형태의 총싸움 게임이 e스포츠가 될 수 있는 가능성을 보여줬습니다.

본질로 보면 e스포츠는 일반 스포츠와 마찬가지로 관객viewer, 스타 플레이어star player, 경쟁competition이 있다면 성립할 수 있습니다. 배틀그라운드는 이 3가지를 모두 보여줬을 뿐만 아니라 오히려 관객 중심viewer-driven 형태가 가능하다는 점에서 기존의 모든 e스포츠와는 다른 길을 갈 것입니다.

기존 e스포츠는 먼저 그 게임을 즐기는 플레이어가 많아야 했습니다. 수많은 플레이어가 곧 관객이었습니다. 그 게임의 플레이어가 아니면 게임 경기를 보는 걸 즐길 수 없었죠. 이것이 아직도 모든 e스포츠가 공중파를 탈 수 없는 이유입니다.

배틀그라운드는 한 번도 플레이를 하지 않았더라도 경기를 보며 즐길 수 있다는 걸 보여줬습니다. 이것은 굉장히 중요한 차이이고, 이 점 때문에 다른 e스포츠보다 더 큰 가능성이 있는 겁니다. 축구를 직접 하지 않아도 월드컵에 열광할 수 있듯이 말입니다. 그렇다면 우리는 배틀그라운드를 배틀로열 형식을 갖춘 게임 가운데 유일한, 최고의 작품으로 공고히 만들어야 합니다.

알다시피 배틀로열 게임 형식은 매우 심플하기 때문에 누구나 쉽게 만들 수 있습니다. 후발 주자들은 배틀그라운드를 베꼈다는 소리를 듣지 않기 위해 이것저것 다른 점을 넣을 겁니다. 하지만 오히려 배틀로열 게임의 핵심은 심플함에, 그리고 리얼함에 있습니다.

따라서 우리는 뭔가를 더 확장하려고 하기보단 더욱 기본적인 것들의 품질을 높이는 데 초점을 맞춰야 합니다. 이 기본적인 것들의 품질을 누구도 따라오지 못하게 만들어야만 합니다. 앞으로 1년 동안 이걸 해낸다면 진짜로 역사를 새로 쓸 수 있고, 그 주인공은 여러분이 될 겁니다. 빠르게 조직을 정비하고 다시 신발 끈을 묶어야 합니다.

공식 출시를 8월 게임즈컴GamesCom(독일에서 열리는 유럽 최대 규모의 게임 전시회)에 맞춰서 하고 싶습니다. 개발 스케줄을 고려해야 겠지만 가능하면 이 시점이 좋다고 생각합니다. 늦어도 9월에는 할 수 있도록 합시다.

평가 등급 S

배틀그라운드 바람은 매서웠다. 블루홀 홍보팀은 눈코 뜰 새 없이 해외발 낭보를 국내로 실어 날랐다. 김강석이 장병규와 다른 경영진에 BRO팀 평가에 관한 이메일을 보냈다.

BRO팀 평가는 출시 이후로 미뤘다고 합니다(평가 기간 2016년 1월~ 2017년 3월). 이례적으로 성공적인 출시를 했으니, 평가에도 반영해야겠죠. 기본적으로 평가는 두 분의 의견을 반영하는 게 맞다고 봅니다. 김창한 PD는 자기평가(조직 평가)를 S(최고 등급)로 냈습니다. 의견 주십시오.

해당 경영진도 이견이 없다며 덧붙였다. "정확한 과녁 설정과 지난 1년 BRO팀이 열심히 한 것이 성공을 가져왔다고 봅니다." 장병규도 신이 나서 답장을 썼다.

네, 좋은 평가를 하는 것이 당연히 맞습니다! 1년 내에 출시를 했다는 점, 목표를 높게 잡지 않았으나 어쨌건 목표한 바를 훨씬 뛰어넘었다는 점 등. 물론 블루홀 전사 조직과 협업이 잘되었으면 더 좋았을 것 같지만, 그것보다 훨씬 큰 공이 있으니까요~!

　김창한은 블루홀 10년 역사상 처음으로 최고 평가 등급 S를 받은 직원이 됐다. 경영진은 서둘러 김창한의 요구대로 배틀그라운드 서비스를 위한 별도 조직을 꾸렸다. 김창한이 본부장을 맡고, 브랜든 그린이 크리에이티브 디렉터에 앉았다. 또한 개발실과 게임디자인팀, 액션&건플레이팀, 개발팀, QA파트, 스페셜엔지니어링팀, 아트팀 등이 배틀그라운드만을 위해 새로 구성됐다. BRO팀은 펍지**PUBG, PLAYERUNKNOWN'S BATTLEGROUNDS**로 이름을 바꾸고, 블루홀의 자회사로 재정비에 착수했다.

　조직 구성에 대한 김창한의 요구는 구체적이었다. 그는 먼저 임시 조직을 정규 조직으로 만들어달라고 건의했다.

　한시적으로 계약직이나 타 부서 파견, 임시 조직 형태로 펍지에 몸담은 사람들을 모두 정규직으로 만들고 정규 조직 발령으로 변경해야 합니다. 자신의 자리와 미래가 불안해서는 오너십을 가지고 일에 집중할 수 없는 건 당연합니다. 다른 고민 없이 일에 집중할 수 있는 환경을 제공해야 합니다.

　저는 억지로 사람에게 일을 시키지 않으니, 의사가 분명한 사람들은 모두 조직을 옮겨주시면 좋겠습니다.

　이어서 조직의 역량을 확대할 것을 주문했다.

외부 인력 구인도 적극적으로 하겠지만 블루홀에서 성장한 사람들에게 새로운 일에 역량을 집중할 수 있는 기회를 적극적으로 줬으면 좋겠습니다. 전에 다른 메일에서도 말씀드렸듯이 저에게 있어 역량의 집중은 조직을 불리는 것이 아니라 유능한 실무진이 오는 것입니다.

그는 당장 펍지에서 필요한 핵심 포지션으로 글로벌 사업 총괄, 서구권 마케팅 책임, 중국팀 책임, 개발 프로젝트매니저PM를 꼽았다.

글로벌 사업 총괄은 글로벌 시장 전체를 바라보며 상위에서 사업을 총괄할 사람입니다. 서구권 마케팅 책임은 미국 현지 인재를 채용해야 합니다. 온라인 광고 프로모션 경험은 당연하고, 오프라인 이벤트와 게임 토너먼트를 기획하고 실행해야 합니다. 스팀 판매 마케팅 경험도 있어야 하겠죠. 중국팀 책임은 폭발적으로 반응하고 있는 중국 게임 커뮤니티를 관리할 팀을 이끌어야 합니다. 개발 PM은 제가 사업 영역에 시간을 더 쓸 수 있도록 짐을 나눠 질 사람입니다.

2017년 3월 말 블루홀 이사회를 참관한 서기가 정리한 배틀그라운드 논의 결과는 다음과 같았다.

오늘(3월 31일 금) 아침 기준 60만 3천 장 판매. 조직 발령 완료. 채용 시작. 4월 중 트위치 파트너십 관련 논의 예정. 중국 퍼블리셔(넷

이즈, 텐센트, 퍼펙트월드), 러시아 퍼블리셔(워게이밍, 알유) 미팅 예
정. 모두 먼저 연락이 왔는데 훌륭한 상대들이니 퍼블리셔를 더 찾을
필요는 없음. 4월에는 주로 대화를 많이 하고 스터디할 예정.

새 조직 펍지의 수장이 된 김창한이 팀원에게 변화를 알렸다.

본부 승인을 시작으로 조직을 개편했습니다. 조직에 실室이나 팀과
같이 위계hierarchy가 생겼습니다. 더 큰 일을 해내기 위한 시작입니
다. 조직 운영의 방향에 대해서 말씀드리겠습니다.

우리의 작은 축포는 지난주 화요일 회식으로 끝났습니다. 우리는
전 세계에 어떤 개발자도 마주하기 어려운 기회 앞에 서 있습니다.
새로운 글로벌 e스포츠를 목표로 달릴 것이고 멈추지 않을 겁니다.
만약 어떤 이유로든 계속 축포를 쏘면서 여유를 부리고 싶은 사람이
있다면 저에게 찾아오세요. 그간의 공로와 기여를 인정하면서 일도
안 할 수 있게 해드리겠습니다.

다만 제가 말할 수 있는 것은, 지금까지 우리가 고생하며 이뤄낸
것보다 더 큰 성취가 앞으로 있을 것이란 점입니다. 이를 기억하세
요. 여러 사람이 제가 미쳐서 여기까지 왔다고 하는데, 저는 이 비전
이 실현되기 전에 미친놈을 벗고 인간이 될 생각이 없습니다.

우리는 개발 초기부터 수평적 조직, 오픈마인드와 투명한 정보 전
달을 큰 방향으로 삼았습니다. 원칙을 철저히 지키진 못했지만 이런
기조가 있었기에 외국인을 포함한 이질적인 많은 사람의 결과물을

하나로 모아낼 수 있었습니다. 앞으로 더 큰 목표를 위해 더 많은 사람이 합류할 겁니다. 더 큰 도전을 위해 더욱 노력할 것이며, 해야 할 일과 기여할 일이 더 많아질 것입니다.

이 과정에서 자신이 잘할 수 있는 실질적인 일에 집중하지 않고 일찍 팀에 합류했다고 텃세를 부리거나, 소위 정치나 권력, 사적 관계를 통해 영향력을 지키려고 하거나, 성과가 있어 보이게 하려고 하거나, 남의 일을 방해하는 행위를 한다면 절대로 용납하지 않을 것입니다.

실제로 한 일만 본인의 것이라는 원칙으로 팀원을 바라볼 것입니다. 지금까지와 마찬가지로 직위와 연차를 막론하고 그 사람이 잘하는 것이 있다면 그 잘하는 일을 할 수 있도록 터전을 열어주는 일을 제가 할 것입니다.

우리에게 직위란 권한보다는 의무와 책임의 자리입니다. 효율을 위해 여러 결정 권한이 주어지겠지만, 직위를 막론하고 치열한 토론은 여전히 장려될 것이며, 결론이 나지 않으면 제가 결정할 겁니다. 직위는 영원한 것이 아닙니다. 잠시 위임되었을 뿐입니다. 권한을 일이 잘되는 데 사용하지 않고 다른 사람의 능력을 발휘하지 못하게 제한하거나 세력 싸움을 하는 데 사용한다면 묵과하지 않을 것입니다.

다만 제가 여기서 분명히 약속할 수 있는 것은 공정한 평가와 보상, 그리고 우리의 비전을 분명히 이뤄낼 것이라는 점!

김창한은 이어 앞으로의 개발과 사업 방향을 제시했다.

지난번 관객 중심의 e스포츠를 언급했습니다. 지금까지 해왔듯이, 우리가 발견한 것들을 강화할 겁니다. 또한 새로운 발견을 통해 새로운 의미와 가치를 정의하고 이를 수정해나갈 겁니다. 이런 과정을 지속적으로 공유하겠습니다.

우리가 새로 발견한 가장 중요한 것은 '스트리머의 게임 플레이 → 보는 재미로 인해 관객 증가 → 스트리머는 방송 지속'이라는 고리가 형성됐고, 이를 통해 '관객이 게임을 구매하고 게임을 실행'하는 또 다른 순환 고리가 만들어졌다는 점입니다.

한 가지 예로 트위치 스트리머 서미트summit는 "내가 직접 배틀그라운드를 게임하는 장면을 방송하자 시청자 수도 늘었다"고 밝혔습니다. 이 고리, 혹은 노선route은 기존 게임과 거의 정반대입니다.

기존 게임은 먼저 게임성과 마케팅을 통해 이용자를 확대했습니다. 이 이용자층에 기반해 스트리머들이 방송을 시작했습니다. 게임 리그오브레전드LoL 스트리밍이 가장 많은 이유, 2500만 장 이상 판매된 게임 오버워치 스트리밍이 많은 이유도 이 때문입니다. 스트리머 입장에서는 타깃 고객이 많은 시장을 공략해야 이득이기도 합니다. 우리는 이 고리를 역전시켰습니다.

따라서 우리의 노선을 전 세계적으로 확대하고 강화해야 합니다. 이런 배경에서 게임에 등장하는 총기나 캐릭터 등을 사용자 취향에 맞게 다양하게 바꾸거나, 게임 참여 인원을 사용자가 맘대로 조정할 수 있는 커스텀custom의 중요성이 점점 더 커지고 있는 겁니다. 또한 판매량이나 최대 동시접속자 수 지표보다 온라인 게임 방송 스트리밍 지표가 더 중요한 이유이기도 합니다.

우리의 본질적인 가치인 제품과 서비스 퀄리티를 더욱 고도화해야 합니다. 여러 차례 말씀드렸지만 여러분이 자신이 잘하는 것에만 집중해준다면, 우리는 해낼 것이고 역사의 주인공은 여러분이 될 것입니다.

김창한은 뒤이어 경영진에게 '편지의 목표 또는 비전에 대하여'란 제목의 메일을 보냈다. "근거 자료를 준비할까 하다가 의미 없어 보여 글로만 적습니다. 수치가 필요하시다면 추후에 제출하겠습니다."

그는 경영진에 대한 적대감을 있는 그대로 드러냈다. 배틀그라운드는 블루홀을 한 번도 경험해본 적 없는 상황에 데려다 놓았다. 배틀그라운드의 흥행 질주는 기존에 없던 속도였다.

김창한은 몸이 달았고, 경영진에 분노했다. 전장의 최일선에선 그는 "배틀그라운드의 성취를 가볍게 생각할 게 아니라 기회를 최대한 살려야 한다"며 경영진에 끊임없이 지원 신호를 보냈지만 다급한 외침 대부분이 불발로 끝났다.

김창한이 생각하기에 펍지가 피부로 느끼는 상황을 블루홀 경영진은 체감하지 못하고 있었다. 배틀그라운드가 열어젖힌 거대한 가능성을 제대로 바라보지 못하고 있었다. 펍지의 발목이 잡히는 것 같아 보이면 김창한은 불같이 화를 내거나 표정을 일그러뜨렸다.

블루홀 또는 블루홀 경영진은 배틀그라운드가 어느 정도 결과를 내면 만족하실 수 있을까요? 제가 앞으로 아무것도 하지 않고 저 대신 일반적으로 유능한 누군가가 맡아서 큰 실기를 하지 않고 열심히만 달려준다면, 올해 스팀에서 500만 장을 판매할 것이고 중국과 러시아의 톱 퍼블리셔와 계약 및 출시를 할 것이고, 콘솔 엑스박스와 플레이스테이션에도 출시를 할 것이고, 글로벌 e스포츠 기업 ESL을 비롯해 각종 e스포츠리그도 생길 것이고, 내년까지 2천만~3천만 장이 팔릴 것이고, 연말에는 누적 매출 1조 원을 낼 수 있을 것입니다.

이 정도면 만족하시겠습니까? 물론 이것이 그냥 된다거나 매우 쉽다고 이야기하는 것은 아닙니다. 하지만 만약에 우리가 온라인 게임의 역사를 새로 쓰는, 단지 연 매출 1조 원이냐, e스포츠냐, 중국 동시접속자가 몇백만 명이냐가 아닌 그 무언가를 처음으로 만들어낼 수 있는 비전까지 포부로 가져볼 수 있다면 어떻게 하시겠습니까?

역사를 쓴다는 것, 글로벌에서 역사를 쓴다는 건 누구도 가보지 못한 길을 가는 것입니다. 그 끝이 어디인지 알 수 없는 곳을 향해 가는 것입니다. 과거를 공부하되 답습하지 않고 우리가 발견한 첫길을 가는 것입니다.

배틀그라운드는 지금 새로운 역사를 쓸 수 있는 가능성이 있습니다. 그 길은 간단하지 않을 것입니다. 아무도 모르는 길이기 때문입니다. 그래서 우리는 더 본질적인 문제를 끝없이 질문 하면서 시도하고, 배우고, 수정하고, 도전해야 합니다.

배틀그라운드가 지금까지 걸어온 1년 4개월에서 이미 저는 수없이 많은 저항에 부딪혔습니다. 매우 작은 결정과 실행을 하는 과정에서도 스스로에게 수백, 수천 번 질문을 하고 실행했습니다. 왜냐하면 다들 지금까지 그렇게 하는 건 처음 본다는 반응이었기 때문입니다. 저 스스로도 확신할 수 있는 근거가 부족해 수많은 고민과 갈등을 해야만 했습니다.

관객 중심의 게임 서비스인 배틀그라운드 초반 놀랄 만한 성과의 원인에 대해선 여러 내외 요인이 아귀가 맞아떨어진 것이기에 단순하게 설명할 수 없습니다. 하지만 가장 쉽고 중요한 특징을 말해보자면 이 2가지를 꼽을 수 있겠습니다.

첫째, 보는 사람이 더 재미있다.

둘째, 경쟁 원리가 작동한다.

저는 이것을 관객 중심이라고 칭하고 있습니다. 배틀그라운드의 관객 중심 현상은 기존 게임과는 현격히 다른 현상을 보여주기 시작했습니다. 기존 e스포츠 게임들은 먼저 게임이 흥행하고서 폭넓은 사용자층이 생겼습니다. 이 사용자층이 스트리밍, 유튜브, e스포츠 관객으로 전환되며 2차 소비가 일어나거나 새로운 사용자를 끌어들였습니다. 이어서 다시 관객이 게임을 하게 되는 순환 구조가 만들어집니다.

그래서 e스포츠 대표 게임들이 부분 유료화를 통해 사용자층을 확장하는 전략은 성장 순환의 촉진제가 될 수 있었습니다. 배틀그라운드는 정반대로 작동합니다. 먼저 스트리머가 게임을 하고 관객이 늘어납니다. 스트리머는 자기 관객이 늘어나기 때문에 배틀그라운드를 계속 플레이합니다. 관객은 방송에 참여하고 싶어 게임을 구매하고 플레이에 동참합니다.

트위치 스트리밍 트래픽이 유지되는 한 배틀그라운드의 판매는 지속될 것이고, 전 세계 모든 지역에서도 이 같은 모습을 볼 수 있을 겁니다. 지금 트위치 1등 스트리머는 배틀그라운드를 메인으로 방송하고 있습니다.

이 게임은 사용자보다 관객이 더 먼저 커져버렸고, 이런 현상은 계속 커질 겁니다. 이것이 벌써부터 ESLElectronic Sports League, 드림핵DreamHack 같은 주요 글로벌 e스포츠 리그 관계자들이 연락해오는 이유입니다. e스포츠는 충분한 관객이 있다면 시작할 수 있으니까요.

우리는 또 이러한 질문을 해봐야 합니다. 아마존은 왜 게임 제작에 뛰어들었나? 아마존은 왜 트위치를 사들였나? 아마존은 왜 아마존 게임 스튜디오와 트위치 양쪽에서 e스포츠 전담 팀을 운영하는가? 아마존은 왜 내부에서 자신만의 배틀로열을 만들고 있는가?

우리의 고객과 주요 파트너는 누구인가? 지금까지 게임의 고객은 당연히 플레이어였습니다. e스포츠는 게임의 수명과 매출을 늘리기 위한 마케팅 수단이었지 그 자체가 게임 서비스의 목표가 아니었습니다. e스포츠 시장은 나날이 커져가지만 그 시장의 파이는 게임 제작사나 서비스사에 직접 돌아가지 않습니다. 미국 블리자드가 게임 스타크래프트2의 중계권을 독점하려다 한국의 e스포츠 업계의 반발을 샀던 역사도 있습니다.

그러면 관객 중심이자, 관객이 게이머보다 압도적으로 많아질 우리 게임의 고객은 누구일까요? 현재까진 여전히 구매자나 플레이어로 한정될 겁니다. 그렇다면 앞으로 우리의 고객을 관객으로까지 확장할 수 있는 방법이 존재하는가? 아니면 다른 총싸움 게임과 같이 e스포츠를 활성화해 판매를 극대화하면 되는가? 트위치는 북미와 유럽에서, 중국을 제외한 아시아에서 무서운 속도로 성장하고 있습니다. 이제 북미와 유럽에서 트위치를 빼고는 게임 사업에 대해 논할 수 없게 됐습니다.

현상의 원인에 대해 사회경제적 배경을 제외하고라도 우리는 이런 질문을 해볼 수 있습니다. 우리는 트위치와 어떤 파트너십을 맺어야 하는가? 전통적인 퍼블리셔의 역할보다 이들의 역할이 더 큰 것은 아닌가? 이들의 주요 고객은 관객인데, 시너지 관계로 충분한가?

퍼블리셔와 플랫폼을 넘어설 수 있는가? 글로벌 온라인 서비스 환경이 변화하면서 로컬 퍼블리셔는 설 자리를 잃어가고 있습니다. 전통적인 퍼블리셔는 해외 개발사가 직접 수행하기 어려운 배급, 결제, 서비스를 대행했기 때문에 70퍼센트 이상의 몫을 받을 수 있었습니다.

현재 중국을 제외하고는 이 3가지 모두를 온라인으로 해결할 수 있습니다. 결국 남는 건 콘텐츠 IP와 플랫폼입니다. 게임 서비스 플랫폼은 아시다시피 모바일의 양대 마켓(애플스토어, 구글스토어), 콘솔, PC의 스팀, 각 로컬 플랫폼 등이 있습니다.

퍼블리셔 없이 플랫폼을 매개로 제품과 고객이 직접 만나는 현상이 가속화되고 있으며, 결과적으로 PC 게임은 스팀으로 그 수요가 몰리고 있습니다. 플랫폼으로 기반이 옮겨가면서 플랫폼 종속성은 심화합니다. 게임업체들은 스팀의 힘을 놀라워합니다. 그러나 콘텐츠의 흥행 요인을 플랫폼 파워에서 찾는 건 깊이 없는 마케터들이나 하는 짓입니다. 역시나 플랫폼 또한 제품과 고객이 만나는 여러 수단 중 하나입니다. 제품과 고객(마켓), 이 2가지 요소만이 본질적인 요소입니다.

배틀그라운드는 겉으로는 스팀과 트위치에 크게 종속된 게임으로 보입니다. 현실적으로도 스팀과 트위치를 우선해 사업을 진행하고 있습니다. 그러면 언젠가 본질적인 요소인 배틀그라운드 게임 자체의 힘이 플랫폼의 힘을 넘어서게 될 때, 어떤 모습이 될까요?

우리 스스로가 플랫폼이 될 겁니다. 우리는 여러 플랫폼에 올라가 있겠지만 본질적인 힘은 우리가 가지게 되고, 플랫폼들은 우리를 두고 서로 경쟁할 겁니다.

예를 들어 동남아시아에 최대 게임 유통 플랫폼 가레나가 있다면, 우리는 가레나와 스팀을 경쟁시킬 겁니다. 가격을 우리가 결정할 것이며 마진을 그들이 선택하게 만들 수도 있습니다. 지금은 불가능한 미래처럼 보입니다.

그러나 우리가 본질에 집중해 준비한다면 가능할 수도 있습니다. 왜냐하면 배틀그라운드는 기존의 게임 판매와 서비스 방식과 정반대로 작동하는 제품이기 때문입니다.

중국에서 단순한 퍼블리셔가 아닌 파트너를 만들 수 있는가? 그렇다면 중국에서는 어떻게 할 것인가? 좋은 퍼블리셔를 만나 좋은 계약 조건을 얻는 것만으로 충분한가? 온라인 세계화가 가속화하는 상황에서 글로벌 콘텐츠가 가지는 힘이 로컬 콘텐츠를 넘어서는 순간은 언제 올 것인가? 퍼블리셔에 거의 모든 것을 맡기고 겨우 25~30퍼센트의 몫을 받는 것에 만족하는 것이 최선인가? 우리의 제품이 물량 마케팅이 아니라 관객 기반으로 작동한다는 확신이 있을 때, 우리는 어떤 전략으로 우리의 포지션을 극대화할 수 있는가? 과거 중국에서의 성공담과 실패담을 맹신하지 않고 현재를 있는 그대로 본다면?

목표가 무엇이고 끝은 어디인가? 목표는 변합니다. 끝도 모릅니다. 다만 기존의 역사를 썼던 글로벌 게임들과는 다른 그 무엇, 숫자가 아닌 새로운 역사의 시작을 여는 그 무엇이 중요합니다. 이것을 해내기 위해선 정말로 진지하게 모든 걸 투자해서 본질적인 질문에 다가가야 한다고 생각합니다.

저는 이것을 이룰 때까지 모든 것을 바칠 각오가 되어 있습니다. 물론 누군가는 보수적으로 이에 접근하고 관리하고 또 준비해야 한다는 걸 알고 있습니다. 하지만 이 비전이 도전할 가치가 있다고 생각하신다면 경영진은 어떻게 하시겠습니까?

게임 속 지도를 늘리자, 전 세계 시장에 빠르게 진출해라, 유명 퍼블리셔랑 계약해야지, 아시아는 부분 유료화를 해야 하는 거 아닌가…. 팀 내에서 논의해도 금방 나올 수 있는 업계의 일반적인 이야기 말고, 정말 경영진이 할 수 있는 실질적인 도움은 무엇입니까? '내가 해봐서 잘 알아' 말고 이 새로운 길에서 어떻게 고민하고 실행하시겠습니까?

온갖 감정이 김창한 속에 웅크려 있었고, 이따금씩 그 감정은 여러 형태로 표출됐다. 출시 2주가 지난 주말 오후, 김창한은 집 근처 카페에서 나이키 창업자 필 나이트의 자서전《슈독》을 읽다가 화장실로 가서 어린아이처럼 울었다. 스물여섯에 사업을 시작해 우여곡절로 점철된 저자의 인생은 그에게 "여기서 멈추지 말고 계속 뛰라"고 말하고 있었다. 김창한은 그다음 날 같은 책 20권을 주문해 팀장들에게 지급했다.

결승선을 향해

배틀그라운드는 글로벌 서비스를 시작한 지 16일 만에 최단기간 100만 장 판매 기록을 쓰면서 괴물 게임으로 올라섰다. 김창한은 이 소식을 팀에 전하며 '자부심'이란 단어를 내세웠다.

우리는 과거에 B급 제품을 만들어왔습니다. 일본이나 미국 기업들을 선망하며 스스로를 낮추곤 했습니다. 우리는 우리 자신의 실력이

B급이라서 B급 제품을 만들었던 것이 아니었단 걸 증명하고 있습니다. 많은 합리화가 있었습니다. 패배주의가 있었습니다. 환경을 탓했습니다.

우리의 게임은 새로운 환경과 장르에서 이제 선두에 있습니다. 우리가 선두에 있는 겁니다. 더 이상 탓할 게 아무것도 없습니다. 이제 여러분 스스로가 세계 최고임을 증명하는 일만 남았습니다.

우리가 이것을 1년에 해낸 걸 두고 누군가는 쉽게 이야기할지 모릅니다. 운이 좋았다고 말할지 모릅니다. 맞습니다. 운이 좋았습니다. 그러나 우리가 시작할 때의 비전에 모든 것이 들어 있습니다. 배틀로열, 트위치, 시청자, 글로벌 서비스, 새로운 장르, e스포츠, 빠른 개발, 커뮤니티 스노우볼이 그 증거입니다.

우리 스스로도 반신반의했지만, 우리는 우리가 할 수 있는 최선의 노력으로 명확한 비전을 향해왔습니다. 우리는 앞으로도 계속 어려울 것이지만 자부심을 잃지 맙시다.

그렇다면 세계 최고임을 어떻게 증명해야 하는가.

최고를 위한 전략은 심플합니다. 누구보다 빠르게 혁신하고 최고의 퀄리티를 유지하면 됩니다. 최고가 될 수 없기 때문에 복잡하고 얕은 수를 사용하는 겁니다. 최고가 될 수 있다면 다른 복잡한 것을 생각할 이유가 없습니다. 심플하게 최고의 제품과 서비스를 만듭시다.

우리는 이제 막 출발한 마라톤 경기에서 초반 선두에 섰습니다.

중간에 지쳐 쓰러지지 않도록 해야겠지만 얕은 수를 고민하기보다 본질에 집중할 것입니다. 수많은 카피캣이 나올 겁니다. 우리가 쉽게 한 일은 남도 쉽게 할 것이고, 우리가 어렵게 해낸 일은 남이 따라오기 어려울 것입니다.

어렵게 해낸 일만이 가치가 있습니다. 이미 중국 게임업체 스네일게임즈는 배틀로열 게임을 만들겠다고 공표했습니다. 과거 사례를 들어 중국에서 무료 카피캣을 걱정하는 사람이 꽤 있습니다. 하지만 카피캣을 걱정해 우리 스스로가 스스로의 카피캣이 되진 않겠습니다. 그 대신 아무도 따라오지 못할 정도로 앞서 있는 것에 집중합시다.

우리는 여전히 진화하고 있습니다. 우리의 미래가 어디인지, 그 끝이 어디인지 아직 가늠하기 어렵습니다. "결승선은 없다There Is No Finish line — 나이키Nike"

김창한은 결승선 테이프를 끊기 위해선 "파트너가 돈을 벌게 해야 한다"고 강조했다.

관객 중심을 이야기하면서 "우리의 고객을 관객으로 확장할 수 있는가?"라는 질문을 했었습니다. 계속 진지하게 고민하겠지만, 현재로선 거기까지 넘보는 건 욕심에 가깝지 않을까 싶습니다.

만약 우리 사업의 본질이 게임 플레이 콘텐츠와 서비스를 판매하는 것이라면, 우리 제품을 팔리게 해주는 파트너들이 돈을 벌게 하는

데 최선을 다해야 합니다. 우리가 콘텐츠와 서비스에 대한 확고한 독점적 지위를 고수할 수 있다면, 파트너가 돈을 벌 수 있게 하는 일을 더욱 잘할 수 있습니다.

예를 들어 트위치를 활용한다면 우리 파트너인 스트리머들은 게임 판매 수익을 나누어 얻을 수 있습니다. 우리는 다른 게임보다 더 많은 수익을 우리 몫에서 떼어줄 수도 있을 겁니다.

다른 예로 글로벌 e스포츠 기업 ESL의 온라인 리그 시스템에서 우리 게임의 커스텀 버전의 게임을 판매할 수도 있을 겁니다. 이 커스텀 게임은 별도 리그로 운영되거나, 관련 통계를 새롭게 제공해줄 수도 있을 겁니다. 그곳엔 미래의 e스포츠 스타를 꿈꾸거나 경쟁심 높은 충성 게이머들이 가입할 겁니다. 이런 종류의 게임 서비스를 별도로 판매할 수도 있을 것이며, 그 매출을 상금으로 만들 수도 있습니다.

우리가 스스로 플랫폼이 된다는 건 이런 의미입니다. 우리의 파트너가 돈을 벌 수 있도록 최선을 다해야 합니다. 스트리머, 유튜버, e스포츠 프로 선수단, 방송국, e스포츠 리그 조직원organizer이 돈을 벌 수 있도록 만들어야 합니다.

출시 한 달째 김창한은 펌지의 고삐를 늦출 생각이 없었다. 극심한 네트워크 지연 현상을 해결하기 위해 분초를 다투며 콘텐츠 업데이트를 해냈다.

물러서지 않고 업데이트를 이뤄낸 개발팀 모두를 칭찬하고 싶습니다. 얼마나 많은 긴박한 순간과 결정의 순간들, 물러서고 싶은 마음들이 충돌하고 있었을지 상상이 갑니다. 그럼에도 불구하고 물러서지 않고 모두가 힘을 합쳐 업데이트를 해냄으로써 우리의 개발력과 정신이 아직 생생히 살아 있다는 것을 보여줬습니다.

하루 동시접속자 수가 12만 명이 넘은 서비스를 업데이트하는 건 매우 어렵고 살 떨리는 일입니다. 아마 조금 더 안정적인 업데이트를 위해 개발 과정을 정비하는 노력이 이어질 겁니다. 콘텐츠 사전 테스트 기간도 늘릴 겁니다. 당연한 수순이고 그렇게 해야 합니다.

하지만 이 모든 일이 결국엔 하나의 목표에 수렴해야 한다는 것을 우리는 명심해야 합니다. 우리의 목표는 더 빨리, 더 효율적이고 효과적으로 고객이 만족하도록 하는 겁니다. 만약 우리가 과정 그 자체에만 집중한다면? 스트레스 없는 개발에만 집중한다면? 과정은 목적이 되어버려 고객을 바라보는 일은 뒷전으로 밀릴 겁니다.

고객보다 절차를 우선하는 팀으로 전락해선 안 됩니다. 이 주객전도 현상을 겪지 않으려면 우리가 지금 하고 있는 일이 제품과 서비스를 혁신하기 위해서인지, 아니면 우리 자신의 일을 쉽게 만들고자 하는 것인지를 명확히 구분해야 합니다. 아무런 일을 하지 않으면 아무 문제도 발생하지 않습니다.

우리 앞에 두 마리 토끼가 있다면 그 둘을 모두 잡는 방법을 찾아야 합니다. 둘 중에 하나만 잡는 쉬운 선택을 해서는 우리의 비전을 현실로 만들어낼 수 없습니다.

김창한은 "고객을 어떻게 정의하느냐에 따라 개발 방향을 수립할 수 있다"고 언급했다.

고객은 당장 우리에게 돈을 주는 사람만이 아닙니다. 지난 메일들에서 저 또한 고객 정의를 확실히 하지 못하고 왔다 갔다 하는 모습을 보였습니다. 그 원인은 고객을 우리에게 직접 돈을 주는 사람으로 협소하게 정의하고자 했기 때문입니다.

앞으로 달라질 수 있겠지만 지금 점점 더 분명하게 보이는 걸 말씀드리자면, 우리의 주主고객은 관객viewer, 부副고객은 게임을 즐기는 플레이어player입니다. 우리의 파트너는 게임 콘텐츠 생산자입니다. 콘텐츠 생산자는 몇 가지 부류로 나눌 수 있습니다. 실시간 개인 방송, 게임 편집 방송 제작자, e스포츠 리그 조직원 정도가 현재 보이는 콘텐츠 생산자입니다.

그렇다면 배틀그라운드가 게임이냐 아니냐, 같이 제품의 정의를 논쟁하기보다 파트너를 지원해 우리의 주·부 고객이 만족하는 쪽으로 개발의 큰 방향을 잡아야 합니다. 따라서 콘텐츠 관점에서 개발 방향은 크게 2가지가 있습니다.

첫째 방향은 보는 맛을 극대화한 e스포츠가 될 수 있도록 만들어야 합니다. e스포츠가 되기 위해선 플레이 안정성과 밸런스, 공정한 경쟁을 기본으로 하면서 리플레이, 관전, 해설 등 중계를 위한 시스템이 완전해져야 합니다.

둘째 방향은 더욱 다양한 2차 콘텐츠가 생성될 수 있도록 하는 겁니다. 커스텀 게임을 확장하며 이를 시도할 것이고, 궁극적으로 사용자가 직접 게임을 수정할 수 있는 모딩modding 기능을 제공해 새로운 플레이를 만들어낼 수 있게 해야 합니다.

메인 배틀로열 게임에서 사용자 만족을 위해 콘텐츠를 추가할 때는 총기, 차량, 지도와 같이 아주 기본적인 것만을 제공해야 합니다. 그 대신 개발 완성도를 극대화하는 폴리싱polishing(광내기 작업)에 더 신경 써야 합니다. 다양하고 복잡한 게임 플레이는 커스텀 게임이나 모딩을 통해 먼저 검증되도록 해야 합니다. 얼리엑세스 출시 후 유저들이 밀려들면서 그에 따른 문제를 해결하느라 단기적인 문제 해결에 집중한 게 사실입니다.

앞으로는 단기·중기·장기 계획을 수립해 병렬적으로 개발을 진행해야 합니다. 또한 팀장들은 신규 인력이 빠르게 팀에 적응할 수 있도록 신경 씁시다. 곧바로 업무에 투입돼 병렬로 진행하는 일들에서 효율을 낼 수 있어야 합니다. 저는 사업 방향에 대해선 거의 언급하지 않고 있지만, 늘 사업과 개발을 분리할 수 없다고 믿습니다. 개발 방향이 곧 사업 방향입니다.

과녁과 화살

배틀그라운드는 출시 39일 만에 판매량 200만 장을 돌파했다. 동시접속자 수 14만 명을 달성하며 스팀 내 인기 게임 순위에서 1, 2위를 다퉜다. 펍지는 전 세계에서 한꺼번에 16만 명이 접속하는 게임 서비스를 매주 업데이트했다.

먼 데서 빛은 보이는데, 당장 눈앞이 깜깜했다. 나뭇가지를 끊어내고 풀을 헤치며 길을 냈다. 밤이건 주말이건 전 세계에서 이뤄지는 게임 방송을 모니터링했고, 일주일에 수십 개의 게임 커뮤니티에서 이벤트를 진행했다. 이와 동시에 국내외 업체 수십 곳과 비즈니스 협의를 진행했다. 쉴 없이 새 구성원이 조직에 합류했다.

김창한은 팀원을 "아메바"라 불렀다. 그들은 자발적으로, 또 동시다발적으로 스스로 일을 찾아 열정적으로 일하고 있었다. 직원들은 글로벌 서비스의 무게감을 극복하면서 스스로와 투쟁했다.

5월 펍지에 처음으로 쉼표가 찍혔다. 1일은 근로자의 날, 3일은 석가탄신일, 5일은 어린이날이었다. 김창한은 일본으로 갔다. 그는 1년 전 도쿄에 머물던 자신을 기억하고 있었다.

오랜만의 연휴를 잘 보내셨나요? 오늘은 조금 감상적인 과거 이야기를 할까 합니다. 새로 합류한 구성원도 많기에 옛날이야기를 하는 것도 의미가 있을 것 같습니다. 저는 지금 도쿄에서 이 메일을 쓰고 있는데, 1년 전 이맘때도 도쿄에 있었습니다.

당시 프로젝트 승인 후 8주간의 첫 번째 스프린트를 끝내고 며칠 연휴가 있었습니다. 우리에게는 내부 테스트가 가능한 빌드playable build가 없었습니다. 이 절박한 심정을 팀에 전달해야겠는데 도무지 좋은 생각이 나지 않아 힘겨운 휴가 기간이었습니다.

휴가 이후 모두를 사무실에 모아놓고 화난 목소리로 다그쳤던 기억이 납니다. 누군가에겐 절박함이 전달되었고, 누군가에게는 비전이 전달되었고, 누군가에게는 단지 화내는 보스였을 테지만 어쨌든 그다음 사이클을 끝내고 첫 번째 비공개 테스트를 진행했습니다.

그 빌드의 상태는 아는 사람은 알지요? 하지만 테스트를 했다는 것이 더 중요한 가치였습니다. 그로부터 1년이 지났습니다. 저를 포함해서 1년 후에 우리가 최대 동시접속자 수 16만 명이 넘는 서비스를 하고 있을 것이라 예상한 사람이 있었을까요?

아무런 광고와 프로모션을 하지 않아도 판매량이 줄지 않고 있습니다. 아마 5월이 끝나기 전에 300만 장이 팔릴 것 같습니다. 작년에 누군가가 저에게 매출 목표가 무엇이냐고 물어보면 "우리는 단지 비전을 보고 도전을 하는 것이고, 개발비와 1년 운영비 이상만으로도 도전의 가치가 있다"고 말했습니다. "매출이라는 결과는 단지 따라올 것이다"라고 말해왔습니다.

지금 우리 자신도 놀랄 만한 결과를 보고 있지만 이것이 단지 우연이라고 하기는 어렵습니다. 스트리머, 관객, 배틀로열 장르의 가능성을 포착해, 우리가 잘하는 방식으로 최선을 다해 최고의 속도로 개발하고 커뮤니티를 키워온 결과입니다.

1년 동안 우리는 주말 외부 테스트 10회를 통과했고 거의 매주 내부 플레이 테스트를 진행했습니다. CBT 3개월 전에 방향을 완전히 바꿔버리는 개발을 강행했었습니다.

아마도 다른 사람이 보면 미쳤다고 했겠지요? 매번 테스트 일주일 전까지도 테스트를 연기하지 않고 강행하는 게 맞는지를 두고 수백, 수천 번 고민했습니다. 팀원들은 게임 방향을 두고 매일 싸웠고, 결론이 나지 않으면 제가 강제로 결정을 하기도 했습니다.

"이대로 가면 게임 망한다"는 이야기를 저에게 직접 전달한 사람이 여럿입니다. 누군가는 비전을 믿었고, 누군가는 의리 때문에 누군가는 이곳이 단지 직장이라는 이유도 자리를 지켰고, 누군가는 비전이나 일하는 방식에 동의를 하지 못해서 팀을 떠났습니다.

개발하고 테스트하고 유저에게 선보이기 전까지는 실제 가치를 평가하기 어렵습니다. 대중은 우리보다 수가 많고 더 큰 창의력을 가지고 있습니다. 우리가 새로운 도전과 개발 속도를 중요하게 생각하는 이유입니다. 고객이 만드는 커스텀 게임은 우리가 예상하지 못한 방향으로 발전하고 있습니다. 우리가 기본적인 기능을 제시하면 고객은 더 나은 것을 역으로 보여줍니다. 이것이 우리가 진화하는 방식입니다.

앞으로 1년 후 펍지의 어떤 미래를 보고 있습니까? 여러분! 미래를 제한하지는 맙시다. 현재가 과거의 예상치가 아니었듯, 내년 펍지는 우리 예상 밖에 있을 겁니다. 미래를 제한하지 않을 때, 그 가능성을 열어두었을 때만, 우리는 예상치 못한 미래를 만들어낼 수 있습니다. 단지 우리는 현재 고객의 반응과 요구를 선입견 없이 있는 그대로 받아들이고, 우리가 할 수 있는 최선으로 만들어서 되돌려줄 뿐입니다. 그러면 결과는 따라올 겁니다. 내년 5월 연휴에 여러분은 어떤 생각으로 과거 1년을 돌아보게 될까요?

2017년 상반기 배틀그라운드는 출시 13주 만에 누적 매출 1억 달러, 판매량 400만 장을 돌파했다. 전체 판매의 95퍼센트가 해외에서 발생했다. 미국(24퍼센트), 중국(19퍼센트), 러시아(6퍼센트) 순이었다. 스팀 동시접속자 수는 23만 명을 기록했고, 트위치 동시 시청자 수는 최고 35만 명을 찍었다. 전체 시청자 15퍼센트에 해당하는 12만 명이 매일 배틀그라운드 방송을 시청한 셈이었다. 7월 판매량은 600만 장을 넘으며 2017년 스팀 유료 게임 가운데 100만 장이 넘게 팔린 유일한 게임이 됐다.

블루홀은 2017년 8월 독일에서 열리는 유럽 최대 규모 게임 전시회 게임스컴Gamescom에서 글로벌 e스포츠 기업 ESL과 함께 배틀그라운드 이벤트 경기 대회를 개최했다. 세계 최고 수준 플레이어와 유명 스트리머 80명이 경쟁해 우승자를 가리는데, 총 상금 35만 달러를 걸었다. 배틀그라운드 공식 트위치, 페이스북, 유튜브, 믹서, 트위터 채널에 게임 경기를 실시간으로 방송했다.

약속한 만큼

김강석은 배틀그라운드가 쏘아 올린 축포에 환호하지 않았다. 다만 안도할 뿐이었다. 출시 초반부터 휘몰아친 흥행 바람에 주위의 투자자와 경영자들은 너도나도 축하 인사를 건넸다.

솔직히 기대를 하지 않은 것은 아니지만 생각보다 좋은 출발을 한 것은 사실입니다. 그러나 갈 길이 멀기도 하고, 망망대해에 떠가는 작은 배에 잠시 순풍 좀 분다고 생각하고 있습니다.

순풍은 곧 태풍이 되어 블루홀을 집어삼키고서는, 지금껏 가본 적 없는 망망대해로 밀어냈다.

혜성처럼 등장한 배틀그라운드는 블루홀의 모든 재무적 문제를 일순간에 해결했다. 국내외 내로라하는 기업들이 보내온 투자 제안서가 김강석 책상에 탑처럼 쌓였다. 테라라는 게임이 그랬던 것처럼, 앞으로 배틀그라운드라는 단 하나의 게임이 블루홀을 이끌어갈지도 모르는 상황이 됐다.

김강석은 2016년부터 이사회와 주요 주주에게 자신의 사임 계획을 알려왔다. 배틀그라운드의 대흥행으로 좋은 시절이 왔는데 CEO를 좀 더 해야 하지 않겠느냐는 의견도 있었다. 그는 장병규에게 이메일을 썼다.

내일이나 모레 중에 뵙고 이야기 나누게 될 기회가 있을 것 같지만, 혹시 엇갈릴 수 있으니 메일로 먼저 드립니다. 타이어의 마모가 심해서, 무엇을 하든 갈아 끼우고 달리는 게 맞을 것 같습니다.

이사회와 다른 경영진에도 사임 의사를 알렸다.

10년이면 할 만큼 했고, 너무 오래 했습니다. 그리고 블루홀이 김강석이란 한계에 갇혀서도 안 됩니다. 무엇보다 지친 CEO가 어려운 회사를 끌고 가는 건 말이 안 된다고 봅니다. 저 말고 다른 사람이 하는 게 맞습니다.

김강석은 알지 못했다. 테라의 실패와 배틀그라운드의 성공을 내다보지 못했다. 블루홀이 개발하거나 출시했던 모든 게임 가운데 김강석의 예상이 적중한 것이 있었을까. 지난 10년간 그가 쏜 화살은 과녁을 빗나가기 일쑤였다. 그래도 과녁의 정중앙을 겨냥해 활시위를 당기는 일을 멈추지 않았다. 성공은 하늘의 일임을 알면서도, 힘들게 제작사의 길을 걸었다. 그래서 배틀그라운드의 성공이 그에겐 하나의 계시로 읽혔다.

지금껏 그래온 것처럼 이 길로 계속 뛰어보라는 응원 같았다. 작은 성공을 10년 만에 이뤘다. 블루홀이 추구해온 믿음이 옳았다는 것을 시장에서 증명했다. 이를 발판 삼아 블루홀이 가고자 하는 길을 계속 걸을 수 있게 된 것에 가슴을 쓸어내릴

.

뿐이었다. 장병규와 기약한 마지막 3년을 채웠다. 약속한 만큼만 여기 와 있었다. 2017년 9월, 김강석은 CEO 자리에서 물러났다.

2018년에 배틀그라운드는 블루홀이 그토록 바랐던 매출 10억 달러짜리 게임이 됐다. 그해 전 세계에 있는 모든 유료 게임을 통틀어 1위 자리를 차지했다.

　블루홀은 크래프톤으로 사명을 바꿨다. 이름은 중세 유럽 장인들의 연합 '크래프트 길드Craft Guild'에서 착안했다. "연합의 가치를 담을 수 있는 더 큰 그릇으로 회사를 만들어나가겠다"는 포부를 담기 위해서였다. 명작 게임 제작에 대한 장인정신과 실패를 두려워하지 않는 개발자의 끊임없는 도전Keep the Craftsmanship On이란 의미를 담았다. 게임 제작의 명가를 지향하면서 글로벌 시장에서 성장하겠다는 뜻도 녹였다. 로고는 장인 연합의 상징인 깃발 모양으로 디자인했다. 연합 체계에서 각 스튜디오를 책임지는 제작 리더십이 독립적으로 게임을 개발하고, 스튜디오 간 시너지를 만들어나가기로 했다.

펍지 대표 김창한은 2020년 크래프톤 대표에 선임됐다.

최초에 대하여

1990년대 후반 네오위즈 공동 창업자로 주당 100시간씩 일할 때 우연히 관련 업계 사람들 모임에 한 번 나간 적이 있다. 그 모임에서 "월 2억 원 이상은 선례가 없다"며 장비 투자에 조심해야 한다는 말을 많이 들었다. 당시 네오위즈는 현금이 넉넉한 상황이 아니었기에 그 말이 잊히지 않는다.

결과는? 네오위즈는 월 30억 원 이상의 수익을 냈다. 고객을 이해하고, 적극적으로 장비를 선투자한 결과였다. 만약 그들이 맞았다면, 현금이 모자랐을 것이니 흑자 부도였을 수도 있다.

펍지 초기, 김창한이 "바람이 부는데, 그 끝이 어딘지 모르겠습니다"라는 표현을 한 적이 있다. 인생을 살아가며 바람을 느끼고 인식하는 순간은 정말 드물다. 바람이 불어도 대부분 바람인지 모른다. 바람이라 인식해도 평소처럼 살아가는 경우도 많다. 그렇다. 평생 세 번만 온다는 바람을 놓친 것이다.

김창한은 그 발언을 한 이후, 한동안 정말 미친 사람처럼 지냈다. 내일 망할 것처럼 행동하다가, 어떨 때는 세상을 정복한 것처럼 보였다. 나도 협업의 속도와 감정을 맞추기가 힘들 정도였으니 함께 일하는 사람들은 오죽했을까. 누구도 가보지 않은 길을 가는 사람들은, 한때 미친 사람처럼 보일 수밖에 없다.

최초가 된다는 것은, 당연히 누군가 또는 어떤 조직의 지대한 도전과 노력의 결과겠지만, 어쩌면 바람처럼 우연히 시작될 수도 있다. 비범한 성공을 위해서는 그때를 놓치지 말아야 한다. 바람을 일으킨 노력과 조직, 아니 그 이상을 바쳐야 할 수도 있다.

최초라는 것은 관습, 기존 질서, 기존 조직과의 투쟁이다. 최초이기 때문에 수많은 대중의 기존 믿음과 싸워야 한다. 기득권이 만들어둔 질서를 흔들 수밖에 없다. 평범하게 살아가기를 바라는 수많은 구성원을 독려하고, 필요하면 조직 구성원을 전폭적으로 물갈이해야만 한다. 이 정도면 충분하다는 현실적 타협과 끊임없이 싸워야 한다.

누구도 가보지 않은 길을 가는 것은 스스로에 대한 확신과 의심의 반복이다. 따라 할 것이 없으니, 끊임없이 스스로 의심할 수밖에 없다. 의심과 시행착오를 통해서 다른 이들과는 다른 확신범이 되어간다. 하지만 자만과 강한 확신은 오히려 나락의 입구일 수 있다. 의심과 확신이 선순환을 이룬다면 최초의 길은 큰 성공으로 이어질 것이다. 악순환을 이룬다면 성공은 찰나일 것이다.

최초일 경우, 예측보다 속도에 집중해야 한다. 계획보다 실행에 집중해야 한다. 최초이기 때문에 예측하고 계획하기 힘들다. 아는 것보다 모르는 것이 많다. 심지어 두렵기도 하다. 본질적인 것을 고민해야 하는 시간과 에너지는 항상 부족하다. 따라서 다양한 시행착오와 도전을 병행해야 하며, 국지적 전투에서 지는 것을, 수많은 시도에서 실패하는 것을 받아들여야 한다.

최초라는 전쟁에서 승리하는 것에, 전진하는 것에 집중해야 한다. 최초로 도전하는 사람과 팀을 응원하고 품을 수 있는 조직을 만들기 위해서는, 최초로 도전하는 다양한 조직을 우리 사회가 담을 수 있으려면, 최초의 특성이 각기 다르다는 점을 스스로 깊이 인식해야 한다. 빠른 추격자가 아닌 최초의 선도자가 되기 위해서는, 2가지 시스템 자체가 다르다는 점을 인식해야 한다.

에필로그

먹먹함. 말문이 막히는 느낌. 크래프톤이 걸어온 길을 온전히 함께한 당사자 중의 한 사람으로서 이 책을 읽은 소감입니다. 희로애락의 세월이었던 것 같은데, 결국 성공한 것 같은데, 다른 누군가에게는 지난날들이 시궁창으로 느껴졌을 듯합니다.

　대중은 성공만을 기억하고 역사는 사후적으로 해석되는 경향이 짙기에, 구성원들에게 제때 월급을 주기 위해 10년 동안 고민해온 회사의 발자취를 기록으로 남기고 싶었습니다. 그렇게 2018년 가을에 시작된 '크래프톤 10년사 발간' 프로젝트가 《크래프톤 웨이, 배틀그라운드 신화를 만든 10년의 도전》이라는 책으로 드디어 결실을 맺습니다.

프로젝트를 시작하면서, 크래프톤의 이야기가 흡인력 있게 읽히기를, 그래서 더 많은 사람에게 진솔하게 다가갈 수 있기를 바랐습니다. '크래프톤 10년사'라는 취지에 맞추어 사실에 충실하기를 바랐습니다. 또한, 현실이 그렇지 않기에, 이 책이 기업 스토리를 가장한 성공 신화나 위인전이 되지 않기를 바랐습니다.

　크래프톤에서는 임직원 인터뷰와 필요한 자료를 제한 없이 제공했고, 해당 인터뷰와 자료를 해석하고 발췌하여 독자에게 전달하는 것은 이기문 기자의 역할과 책임이었습니다. 예를 들어, 이 책에 실린 인용문 대부분은 크래프톤 내부에서 실제로 회람되었던 글들로, 저자는 원문의 뜻을 훼손하지 않으면서 가독성을 높이는 방향으로 내용을 다듬었습니다.

이 책이 사실에 충실하면서도 쉽게 읽힌다면 그것은 온전히 저자의 능력 덕분입니다. 2년이라는 긴 시간 동안 지치지 않고 집필 작업에 매진해주신 이기문 기자에게 감사합니다.

경영은 변주입니다. 제가 직접 쓴 '장병규의 메시지'의 경우, 가급적 기본에 충실하려고 노력했습니다만, 그 내용을 교조적으로 받아들이시기보다는 맥락에 귀 기울여주시기를 부탁드립니다. 경영은 사람이라는 핵심 요소를 포함한 다양한 요소들의 저글링이기에, 실행에 정답이 없는 경우가 많습니다.

성공 스토리는 모두 개별 스토리입니다. 제가 지금 지닌 지혜를 2007년에 이미 가졌더라면, 크래프톤을 창업하지 않았을 수도 있습니다. 어쩌면 무지했기에 무모한 도전을 시작했던 것일 수도 있습니다. 이 책을 읽고 영감과 직관을 얻을 수는 있겠으나 그대로 따라 할 필요는 없습니다. 우리는 각자의 방식으로 살아가는 것이니까요.

크래프톤은 과거보다 미래가 더욱 밝습니다. 글로벌 고객들이 게임을 중심으로 한 엔터테인먼트를 점점 더 많이 즐기고 있습니다. 4차 산업혁명으로 상징되는 문화와 기술의 발전으로 더 폭넓은 기회가 기하급수적으로 늘어나고 있습니다.

크래프톤에는 창업부터 지금까지 수많은 구성원이 켜켜이 쌓아온 DNA가 있습니다. 성공과 성장을 향한 열망, 비전에 대한 헌신, 무수한 도전과 시행착오, 장인정신, 글로벌 팀워크와 수평적 소통 등등. 말로 표현하기 힘들긴 하지만, 크래프톤의 뿌리는 분명 깊고 탄탄합니다. 크래프톤이 뿌리를 잊지 않고 더욱 멋진 회사로 거듭나서, 머지않은 미래의 언젠가, 독자들이 현재 진행 중인 크래프톤의 역사도 만날 날이 오기를 바랍니다.

끝으로, 오늘의 크래프톤은 지면의 제약 등의 이유로 이 책에 미처 담지 못한 훨씬 많은 분의 스토리가 쌓여 만들어졌다는 점을 밝힙니다. 오늘의 크래프톤이 있기까지, 그리고 이 책이 나오기까지 도움을 주신 수많은 분께 고맙다는 말씀을 드리고 싶습니다. 특히 '크래프톤 10년사 발간 프로젝트'의 시작을 위해 애써주신 퍼블리 박소령 님, 초고가 탄생할 수 있도록 집필 방향을 잡아주신 크래프톤 김강석 님, 김헌 님에게 감사드립니다. 그리고 인터뷰에 참여해주신 구성원들, 꼼꼼한 피드백을 해주신 크래프톤 임재연 님을 비롯한 많은 분의 협업으로 이 책이 세상에 나왔음을 여기 기록해둡니다.

크래프톤 이사회 의장 **장병규**

KRAFTON